組織の経済学

伊藤秀史
小林　創
宮原泰之

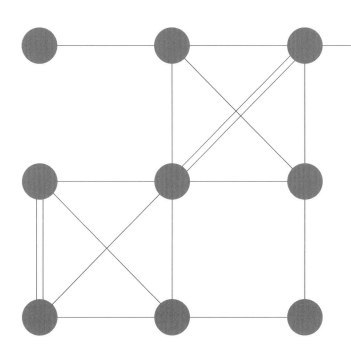

有斐閣

まえがき

筆者たちは，それぞれの勤務校で組織の経済学に関する講義を担当しており，それらの講義ノートをもとに本書は執筆された。伊藤は学部と MBA コース，小林と宮原は学部で教えてきた。

本書の執筆には長い時間を要した。有斐閣の担当者から最初に執筆打診のメールをいただいたのは 2011 年 1 月 21 日のことであった。そして，第 1 回目の打合せは 2011 年 8 月 25 日に行われ，最終稿が完成するまでに 20 数回もの打合せが行われた。その間，筆者間でコメントを出し合い，加筆・修正を何度も重ねた。そのため，本書は分担執筆ではなく，各章が 3 人による共著といえる内容になっている。

これほどの時間を要したのには理由がある。学部学生に向けた組織の経済学の教科書を執筆するにあたって，お手本とでもいうべき，組織の経済学として定形化された内容というものが，日本語だけでなく英語で執筆されたものを含めても存在せず，われわれ自身で内容の構成を吟味し，研究動向も踏まえながら標準的な内容として何を含めるべきかを考える必要があったのである。

学部上級と MBA 向けの教科書には世界的な名著がある。スタンフォード大学のポール・ミルグロムとジョン・ロバーツによって執筆され，*Economics, Organization and Management* というタイトルで 1992 年に出版された（邦訳：奥野正寛・伊藤秀史・今井晴雄・西村理・八木甫訳『組織の経済学』NTT 出版，1997 年）。ただ，この教科書もその出版から四半世紀以上の月日が経つ。

この教科書は学部上級および MBA の学生を対象に書かれているため，読者にはある程度の前提知識が求められる。本書が対象読者とするほとんどの学部学生は企業で働いた経験はなく，企業組織でどのようなことが行われているのかを想像するのは難しいと思われる。また，組織の経済学ではミクロ経済学やゲーム理論などの分析手法が用いられるが，それらについて十分な知識を持っていないであろうと予想される。

以上のような状況を踏まえ，学部学生にどのような内容を提供すべきかについて一から議論してきた。その結果，組織の経済学の新しい教科書ができ上がったと考えている。この新しい教科書は学部学生だけでなく，実際に組織に従事している社会人の方々にも有用であろうと信じている。

本書の特徴として新しい点は，(1)組織におけるジレンマ，(2)コーディネーション問題，(3)信頼の形成，という組織における3つの根源的問題をゲーム理論を用いて分析することから始めていることである。本文に加えて章末の付録でもゲーム理論の基本的な内容を解説しているので，読者は組織の経済学における分析道具であるゲーム理論の基礎についても学ぶことができる。

これらの3つの根源的問題は組織におけるさまざまな問題の本質を抽象化しているため，分析方法を拡張していくことで，組織における他の現象にも応用することが可能となるのである。

そして，本書では，この3つの根源的問題を踏まえて，組織の問題をどのように解決するのかについて議論している。具体的には，ミルグロム＝ロバーツの教科書でも考察されていた，契約を用いた組織マネジメントについて，初学者にもわかりやすい形で議論することからスタートした後，その契約によるマネジメントがうまく機能しない場合に，どのような手段があるかについて考察している。とくに，契約に基づくマネジメントがうまく機能しないケースについては，ミルグロム＝ロバーツの教科書の出版以降，学問領域としての組織の経済学の研究の中で大きく進展した領域である。

さらに本書では，組織における権限配分，組織文化のあり方，そして組織におけるリーダーシップといった，一見それぞれの組織における個別性が強いと思われるテーマについても，近年の研究成果を援用しながら，それらの背景にある相互作用の一般性について議論をしている。

以上のように，本書では数理モデルを用いて，少し入り組んだ組織現象を理論的に分析している。そのため，読者の中にはその議論を難しく感じる箇所があると思う方もいるかと想像するが，途中で投げ出さずに，最初はわからないところは飛ばしながらでも，最後まで読み通してほしい。数理モデルを用いるため数式が登場するが，高校数学を理解していれば十分に読み進めることができるであろう。可能な限り数値例を用いたり，微分積分をまったく使わずに説明するなどの工夫を行っている。数式を用いたモデルの厳密な定式化については，以下のウェブサイトに付録を掲載しているので，興味のある読者は参照してほしい。

http://www.yuhikaku.co.jp/books/detail/9784641165502

具体的・実際的ではなく理論的な議論を行うことによる利点は，現実の企業

組織が抱える問題の構造をつかんだり，問題の本質は何であるかを捉えたりすることができるようになることである。それは，一見異なる問題であっても構造は同じであることに気付けるようになることでもある。組織の諸問題を統一的な視点から構造的に捉えられるようになって，結果として組織の見え方が変わってくるものとわれわれは考えている。この利点により，学部学生のみならず，何かしらの組織で実際に働いている社会人の皆さんにとっても，組織の問題を考えるうえで大変有用な道具や視点を提供できているのではないかと考えている。

　本書は上述のような理論分析を重点的に解説しているが，それに対応する実際の企業の事例や実証研究，あるいは実験室実験に基づく研究成果もふんだんに取り入れてコラムなどで紹介している。これは，理論・事例・実証・実験それぞれを比較検討することで，理論分析の具体的な運用方法やその限界を理解することができ，それによってさらに現実の組織行動の理解を深めることができると意図したからである。

　まえがきを締めくくるにあたって，まず，編集者として，第1回目の会議から長い間，筆者たちの原稿の遅れなどに耐えながら，ともに本書の原稿と格闘していただいた，尾崎大輔氏と渡部一樹氏に感謝する。そして何よりも，本書を生み出す核となっているのは，これまで筆者たちの講義やゼミナールにおいて，講義中や講義の後にコメントを提供してくれた学生の存在である。最後に彼ら・彼女らに感謝してまえがきを終えたいと思う。

　　　2019 年 11 月

著者一同

著者紹介

伊藤 秀史（いとう　ひでし）
早稲田大学大学院経営管理研究科教授
1988 年，スタンフォード大学ビジネス・スクール博士課程修了（Ph.D.）。京都大学経済学部助教授，大阪大学社会経済研究所助教授，一橋大学大学院商学研究科教授を経て，2017 年より現職。
主な著作に，『日本企業 変革期の選択』（編著，東洋経済新報社，2002 年），『契約の経済理論』（有斐閣，2003 年），『インセンティブ設計の経済学——契約理論の応用分析』（小佐野広との共編著，勁草書房，2003 年），『ひたすら読むエコノミクス』（有斐閣，2012 年），などがある。

小林 創（こばやし　はじめ）
関西大学経済学部教授
2002 年，神戸大学大学院経営学研究科博士課程修了（博士）。大阪府立大学経済学部助教授，同准教授，関西大学経済学部准教授を経て，2013 年より現職。
主な著作に，"Optimal Sharing Rules in Repeated Partnerships"（with K. Ohta and T. Sekiguchi, *Journal of Economic Theory*, vol. 166, pp. 311-323, 2016），"Folk Theorems for Infinitely Repeated Games Played by Organizations with Short-Lived Members"（*International Economic Review*, vol. 48, no. 2, pp. 517-549, 2007），"Emergence of Leadership in Teams"（with H. Suehiro, *Japanese Economic Review*, vol. 56, issue 3, pp. 295-316, 2005），などがある。

宮原 泰之（みやはら　やすゆき）
神戸大学大学院経営学研究科教授
2000 年，神戸大学大学院経済学研究科博士後期課程修了（博士）。神戸大学経済経営研究所非常勤研究員，神戸大学大学院経営学研究科助教授，同准教授を経て，2016 年より現職。
主な著作に，「会議による社会的損失に関する一考察」（『国民経済雑誌』第 217 巻第 4 号，61〜77 ページ，2018 年），"Finitely Repeated Games with Monitoring Options"（with T. Sekiguchi, *Journal of Economic Theory*, vol. 148, issue 5, pp. 1929-1952, 2013），"The Folk Theorem for Repeated Games with Observation Costs"（with E. Miyagawa and T. Sekiguchi, *Journal of Economic Theory*, vol. 139, issue 1, pp. 192-221, 2008），などがある。

v

目　次

まえがき　i

第Ⅰ部　組織ではどのような問題が起きるのか？

第1章　イントロダクション ——————————————— 2
●市場か組織か

1　市場経済における企業組織 ·· 2
2　市場取引の費用 ·· 4
3　垂直的統合の費用 ·· 10
　　3.1　統合されることによるインセンティブの低下　11
　　3.2　マルチタスク問題　12
　　3.3　インフルエンス活動　15
4　企業の境界から内部組織へ——本書の構成 ·························· 16
Column 1-1　サイモン，コースと企業の境界　5
　　　　 1-2　ウィリアムソンと取引費用分析　9
　　　　 1-3　ハート，ホルムストロームと契約理論　14

第2章　組織におけるジレンマ ————————————— 23

1　組織におけるジレンマ ·· 23
　　1.1　チーム生産　23
　　1.2　チーム生産におけるジレンマ　24
　　1.3　ピア・プレッシャー　27
　　1.4　不平等回避　28
　　1.5　チーム生産における設計　30
2　組織のゲーム理論的分析 ·· 31
　　2.1　ゲーム理論　31
　　2.2　戦略形ゲームの定式化　32
　　2.3　ゲームの構造——囚人のジレンマ・ゲーム　34
　　2.4　プレーヤーの合理性と支配戦略均衡　37
3　組織のパフォーマンスの評価 ·· 40
　　3.1　組織の効率性とは　41
　　3.2　パレート効率性　42

vi

    3.3　パレート効率性と公平性　44
    3.4　組織のパフォーマンスの比較　45
4　組織の設計問題 ･･･ 46
    4.1　価値最大化原理　46
    4.2　セカンドベストの組織の状態　50
付録：ゲーム理論 ･･ 54
    1　2人プレーヤー戦略形ゲーム　54
    2　強支配関係　56
    3　戦略形ゲーム　57
    4　支配された戦略の逐次消去，支配戦略均衡　59
    5　パレート効率性　60
Column 2-1　不平等回避　29
    2-2　囚人のジレンマ・ゲームの経済実験　36
    2-3　チーム生産　52

第3章　コーディネーション問題 ——————— 61

1　コーディネーション問題とは ･･････････････････････････ 61
2　コーディネーション・ゲーム ･･････････････････････････ 63
3　ナッシュ均衡 ･･ 64
    3.1　ナッシュ均衡の定義　64
    3.2　囚人のジレンマとナッシュ均衡　68
    3.3　ナッシュ均衡の存在と混合戦略　69
4　さまざまなコーディネーション・ゲーム ･･････････････ 75
    4.1　利害一致とコーディネーション　75
    4.2　リスクを伴うコーディネーション　77
    4.3　ボトルネックとコーディネーション　80
    4.4　利害対立とコーディネーション　86
5　コーディネーション問題の解決 ･･･････････････････････ 87
    5.1　集　権　化　89
    5.2　リーダーシップ　90
    5.3　情報伝達　91
    5.4　企業文化　91
付録：ナッシュ均衡の定式化 ･････････････････････････････ 94
    1　2人ゲームのナッシュ均衡　94
    2　n人ゲームのナッシュ均衡　95
    3　2人ゲームの混合戦略　96
Column 3-1　鹿狩りゲーム　83
    3-2　ボトルネック・ゲームの経済実験　85

目　次　**vii**

　　　3-3　男女の争い　88

第**4**章　信頼の形成————————————————99

1　組織における信頼の形成 ……………………………………99
2　トラスト・ゲーム——展開形ゲームと部分ゲーム完全均衡 ……101
　　2.1　トラスト・ゲーム　**101**
　　2.2　ゲーム・ツリーと展開形表現　**102**
　　2.3　展開形ゲームにおける戦略　**104**
　　2.4　展開形ゲームにおける均衡　**105**
　　2.5　ホールドアップ問題　**108**
3　信頼形成のための制度 ………………………………………112
　　3.1　交渉による解決　**112**
　　3.2　第三者による仲裁　**116**
4　プレーヤーの個人的特性 ……………………………………119
　　4.1　プレーヤーのタイプと私的情報　**119**
　　4.2　私的情報が存在するゲームの展開形表現　**120**
5　契約の締結と履行 ……………………………………………122
付録：展開形ゲームの定式化と部分ゲーム完全均衡 ……………124
　　1　展開形表現の定式化　**124**
　　2　展開形ゲームにおける戦略と均衡　**126**
　　Column 4-1　トラスト・ゲームの経済実験　**113**

第**II**部　組織の問題をどのように解決するのか？

第**5**章　組織設計とプリンシパル゠エージェント関係１————132
　　●基 礎 編

1　契約によるコミットメント …………………………………132
　　1.1　トラスト・ゲームとコミットメント　**132**
　　1.2　契約設計　**134**
2　プリンシパル゠エージェント関係 …………………………136
　　2.1　基本モデル　**138**
　　2.2　効率的な組織の状態　**141**
　　2.3　分　析　**142**
　　2.4　注 意 点　**145**
3　業績連動報酬 …………………………………………………146

viii

    3.1　隠された行動と立証可能な業績　146
    3.2　効率的な組織の状態　148
    3.3　分　析　150

4　破産制約条件‥‥‥‥‥‥‥‥‥‥‥‥‥‥‥‥‥‥‥‥‥‥‥‥‥‥‥153

    4.1　新たな制約条件　153
    4.2　セカンドベストの組織の状態　156
    4.3　留保利得がゼロの場合　158

5　業績連動報酬によらないインセンティブ‥‥‥‥‥‥‥‥‥‥‥159

6　次章に向けて‥‥‥‥‥‥‥‥‥‥‥‥‥‥‥‥‥‥‥‥‥‥‥‥‥‥162

Column 5-1　企業統治とプリンシパル゠エージェント関係　139
     5-2　モラル・ハザードという用語はどこから来たのか　154
     5-3　業績連動報酬のインセンティブ効果　160

第6章　組織設計とプリンシパル゠エージェント関係2 —————166
●発 展 編

1　複数エージェント‥‥‥‥‥‥‥‥‥‥‥‥‥‥‥‥‥‥‥‥‥‥‥166

    1.1　基本モデル　166
    1.2　効率的な組織の状態　168
    1.3　分　析　169
    1.4　従業員の業績が相関する場合　174

2　チーム業績契約とチーム生産‥‥‥‥‥‥‥‥‥‥‥‥‥‥‥‥179

    2.1　基本モデル　181
    2.2　分　析　182
    2.3　チーム生産　184

3　マルチタスク問題‥‥‥‥‥‥‥‥‥‥‥‥‥‥‥‥‥‥‥‥‥‥‥187

    3.1　マルチタスク組織　189
    3.2　費用代替性のある業務のマルチタスク　191
    3.3　価値と業績指標の乖離1——業績操作　195
    3.4　価値と業績指標の乖離2——均等報酬原理　197
    3.5　業績連動報酬への含意　200

4　2階層組織を超えて‥‥‥‥‥‥‥‥‥‥‥‥‥‥‥‥‥‥‥‥‥200

Column 6-1　相対業績契約の利用とインセンティブ効果　178
     6-2　相対業績契約の負のインセンティブ効果　180

第7章　長期的関係 —————————————————203

1　将来を見据えた取引‥‥‥‥‥‥‥‥‥‥‥‥‥‥‥‥‥‥‥‥‥203

2　繰り返しゲームとは‥‥‥‥‥‥‥‥‥‥‥‥‥‥‥‥‥‥‥‥‥204

目　次　ix

3　有限回繰り返しゲーム ·· 206
　3.1　段階ゲーム　207
　3.2　有限回繰り返しゲームにおける部分ゲーム，戦略，利得　207
　3.3　有限回繰り返しゲームの部分ゲーム完全均衡　208
　3.4　T 回繰り返しゲームの部分ゲーム完全均衡　209
　3.5　自明な部分ゲーム完全均衡　212

4　無限回繰り返しゲーム ·· 213
　4.1　無限回繰り返しゲームにおける利得　214
　4.2　無限回繰り返しゲームにおける部分ゲーム完全均衡　218

5　長期的関係におけるチーム生産 ·································· 219
　5.1　トリガー戦略　219
　5.2　協調均衡　221
　5.3　最適分配スケジュール　224

6　信頼の維持 ··· 226

7　長期的関係の功罪 ··· 229

8　観測構造 ··· 232
　8.1　不完全公的観測　233
　8.2　不完全私的観測　234

Column 7-1　割引因子　216
　　　　7-2　フォーク定理　231

第8章　関係的契約 ——————————————————— 237

1　関係的契約とは ··· 237

2　観察可能であるが立証不可能な行動 ··························· 238
　2.1　立証不可能な行動・状態　239
　2.2　段階ゲーム　240
　2.3　無限回繰り返しゲーム　243
　2.4　関係的契約の定義　244
　2.5　固定給報酬　245
　2.6　効率賃金　250
　2.7　ボーナス報酬　253

3　隠された行動と立証不可能な業績 ······························· 259
　3.1　段階ゲーム　260
　3.2　無限回繰り返しゲーム　262
　3.3　関係的契約の導出　262

4　客観的評価，主観的評価 ··· 267

Column 8-1　リンカーン・エレクトリックのケース　266

第9章　戦略的情報伝達 ──────────────────── 270

1　組織における意思決定と戦略的情報伝達 ················· 270

2　準備：個人の意思決定と予想の更新 ··················· 271

3　会話の役割──チープ・トーク ····················· 273

    3.1　チープ・トークと完全ベイジアン均衡　273
    3.2　利害対立と情報伝達　278
    3.3　曖昧な情報伝達の効果　281

4　態度で示す情報伝達──シグナリングとしての根回し ·········· 284

    4.1　組織における根回し　284
    4.2　費用を伴う情報伝達──シグナリング・ゲーム　286
    4.3　根回しによる情報伝達の効率性　289

5　イエスマン──組織における群衆行動 ················· 291

    5.1　イエスマンの発生　291
    5.2　基本モデル　293
    5.3　情報精度の異質性　296

    Column 9-1　退出するか声を上げるか（Exit or Voice）　283
           9-2　情報共有と情報伝達技術　290

第III部　組織の違いは何から生じるのか？

第10章　意思決定プロセスと集権化・分権化 ────── 304

1　組織における意思決定プロセス ····················· 304

2　権限関係と権限委譲 ·························· 306

3　分権化の基本トレードオフ ······················ 307

    3.1　局所情報の利用　307
    3.2　モチベーション効果とコントロールの喪失　308
    3.3　簡単なモデル分析　310

4　戦略的情報伝達と権限委譲 ······················ 314

    4.1　モデルの設定　314
    4.2　分析：分権化　317
    4.3　分析：集権化　317
    4.4　分析：比較　321

5　コーディネーション問題と権限委譲 ················· 322

    5.1　複数均衡　322
    5.2　情報の偏在，伝達，共有　323

目　次　xi

　6　権限委譲のコミットメント問題と非公式な権限委譲 ·················· 325
　　　6.1　モデルの設定　326
　　　6.2　分析：集権化　327
　　　6.3　分析：公式権限の委譲　328
　　　6.4　分析：コミットメント問題と非公式な権限委譲　330
　　Column 10-1　情報通信技術の発展と集権化・分権化　309
　　　　　　10-2　業績連動報酬と集権化・分権化　312

第11章　企業文化 ──────────────────────── 334

　1　企業文化とは ··· 334
　2　複数均衡と企業文化 ··· 337
　3　不測の事態と企業文化 ··· 339
　4　評判の維持機能としての企業 ··· 344
　　　4.1　評判の維持　344
　　　4.2　企業文化と評判　349
　　　4.3　企業文化に従うことのインセンティブ両立性　352
　　　4.4　評判の維持装置としての企業　353
　5　組織の同質性 ··· 355
　　　5.1　モ デ ル　355
　　　5.2　一致信念　358
　　　5.3　不一致信念　359
　　　5.4　組織の同質性　360
　6　企業内言語 ··· 362
　　　6.1　不測の事態とコード　362
　　　6.2　最適コード　363
　　Column 11-1　企業文化と経済理論　336
　　　　　　11-2　我が信条（Our Credo）　343
　　　　　　11-3　ホンダの企業文化変質　354
　　　　　　11-4　企業合併と企業内言語　365

第12章　リーダーシップ ──────────────────── 368

　1　リーダーシップとは ··· 368
　2　率先垂範とリーダーの信頼形成 ······································· 369
　　　2.1　率先垂範としてのリーダーシップ　370
　　　2.2　長期的関係とリーダーの信頼形成　376
　3　リーダーの生まれ方 ··· 380
　　　3.1　リーダーシップのあり方　381

xii

3.2 リーダーシップが生まれる環境1——非対称な要因　**382**
3.3 リーダーシップが生まれる環境2——不完全な部分情報　**383**
4 **リーダーシップのスタイル**……………………………………**384**
4.1 共感型のリーダーシップ　**384**
4.2 ビジョンを示すリーダーシップ　**386**
4.3 行動調整役としてのリーダーシップ　**390**
Column 12-1 ハーマリン・モデルの経済実験　**375**

あとがき **395**
索　引 **397**
　事　　項　**397**
　企 業 名　**401**
　人　　名　**401**

本書のコピー, スキャン, デジタル化等の無断複製は著作権法上での例外を
除き禁じられています。本書を代行業者等の第三者に依頼してスキャンや
デジタル化することは, たとえ個人や家庭内での利用でも著作権法違反です。

第Ⅰ部

組織では
どのような問題が
起きるのか？

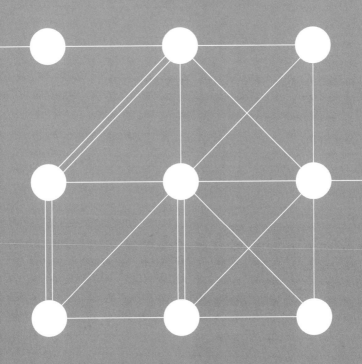

第1章
イントロダクション
市場か組織か

1 市場経済における企業組織

　ある寓話から始めよう。火星からの謎の訪問者が，社会構造をみせてくれる望遠鏡を手に地球に接近した。望遠鏡は市場取引を赤い線，企業を緑の領域で示してくれる。訪問者が地球のどこに近づいても，眼下に広がるのは緑の領域の方が優勢だった。何しろ大多数の住民は従業員であり，企業の境界内に属するからである。訪問者が火星の本部に伝えた内容によると，宇宙からみた地球は「密な赤い線のネットワークが多数の小さな緑の地点を結んでいる」ではなく「赤い線でつながれた多数の緑の領域が大きく広がっている」だった。訪問者は緑の領域が組織，赤い線が市場取引という名前であり，さらに，社会構造が市場経済とよばれていると聞いて驚いた。「組織経済の方が適切な名称ではないか？」

　この寓話の出典は，1978年にノーベル経済学賞を受賞したハーバート・サイモン（Herbert A. Simon）の1991年の論文である。市場経済というコトバが表すように，われわれのまわりの多くの取引は「市場」で行われる。たとえば，アップルはiPhoneの開発・設計を主たる業務としており，製造組み立てを台湾の鴻海精密工業などに委託するとともに，日本を含む世界中の200社以上のメーカーから材料・部品を直接調達している。しかし，市場経済では生産・販売のプロセスがすべて市場を介して行われているということではない。実際アップルは基本ソフト（iOS）を自社で開発してiPhone，iPadに搭載し，さらにApple Storeで販売する。

　当該「事業分野で企業が価値を生み出すために必要となる活動」は基本的活

動とよばれ，その事業分野で「製品を供給するために必要なさまざまな業務や生産工程の段階（原材料の確保，研究開発，部品の生産から卸売，小売，サービスまで）を，社内に内製化，内部化する」垂直的統合の程度は，競争戦略上，重要な要因となる。アップルは iPhone については製造の大部分を外注して設計・開発と販売に専念しているが，基本ソフトの開発に関しては垂直的統合ということになる。ソニーも Xperia の製造の大部分を外注して設計・開発をメインとするが，アップルとは異なり，基本ソフトの開発を自社で行わずグーグルが開発した Android OS を搭載する。一方，富士通の arrows は，基本ソフトは Android OS だが，「開発から製造，組み立て，品質管理，梱包出荷に至るまで，徹底的に管理された国内の自社工場で一貫作業」されていた。つまり，製造組み立てにおける垂直的統合の程度は高い。このようにスマートフォンという事業分野ひとつについてみても，垂直的統合の程度は会社ごとに異なってくる。また，執筆当時と出版以降で垂直的統合の程度が変化しているかもしれない。

　垂直的統合の程度（以下，自社が担当せずアウトソースした場合の市場取引との対比で，企業内取引とよぶ）の大きさを測ることは容易でないが，貿易統計を利用することで，企業内での取引の重要性を大まかに理解することができる。多国籍企業の親会社と現地子会社の間の取引を企業内取引とよぶならば，米国では輸入については企業内取引の割合は 50% に迫り，輸出では 30% 前後である。日本では輸出における企業内貿易比率は，図 1-1 が示すように，2000 年代では 30% から 50% の間を推移している。

　読者の多くは，経済学は「市場取引を分析する学問」であり，経済学に登場する企業は，組織にもマネジメントにも言及されない「ブラック・ボックス」であるというイメージを持っているかもしれない。実際，標準的なミクロ経済学では，企業は家計とともに市場への参加者として登場する。そして登場する企業は，資本，労働力，原材料などさまざまなインプットを，製品やサービスに技術的に変換してアウトプットとして販売する主体であり，常に最小費用・最大利潤を達成する非常に優秀な経営を行っている。このように単純化された企業のモデルは，複雑な資源配分の仕組みを分析するうえではきわめて有効だが，その内部で経営者・従業員がどのように関与してインプットからアウトプットへの変換を行っているのかについては，何も記述されていない。あたかも設立されたころのソニー，アップル，グーグルなどのように，優秀な起業家が

図 1-1 企業内貿易比率の推移

(出所) 冨浦英一 (2014)『アウトソーシングの国際経済学』日本評論社, 60 ページ。

すべてを決定し, 自分自身で実行しているかのような存在である。

しかし, 垂直的統合の程度の分析は, 実は経済学でも古くから行われ, 多くの研究成果が蓄積されている。今日でも学術論文やビジネス書で引用される古典的論文は 1937 年に出版されており, 垂直的統合の程度の決定に関する経済分析への貢献によって, 1937 年の論文の著者を含む少なくとも 5 名の経済学者がノーベル経済学賞を受賞しているのである (本章の一連の Column を参照のこと)。

本書のタイトルにある**組織の経済学** (organizational economics) とは, 組織, とくに企業組織を分析対象とした経済学の応用分野である。その目的は大きく 2 つにまとめられる。第 1 に, 企業のブラック・ボックスを開けて, 内部組織のさまざまな特徴・機能を明らかにすること, 第 2 に, 企業と市場を異なる資源配分のための仕組み・制度と位置づけて比較分析を行い, 垂直的統合の程度がどのように決まるかを明らかにすることである。本書の第 2 章以降は第 1 の目的に焦点を合わせるので, この章では主に第 2 の目的について解説する。

2 市場取引の費用

あるオーナー経営者が, これまで販売されたことのなかった, まったく新しい製品のアイデア, もしくは, 既存の製品だが業界で標準的なデザインとはまったく異なるデザインのアイデアを得たとしよう。経営者は, このアイデアに

Column 1-1 サイモン，コースと企業の境界

本章の各 Column では，組織の経済学の進展に貢献したノーベル経済学賞受賞者を何名か紹介する。

本章冒頭の寓話の著者ハーバート・サイモンは，1978年に「経済組織内での意思決定プロセスの先駆的研究」で受賞した。彼の 1951 年の論文「雇用関係の公式理論」は，雇用契約が通常の財の取引における契約とは異なり，不確実性が解消してから決定を行う権限を一方の取引当事者に与えるという特徴を持つことに注目し定式化を行った*。彼は不確実性が解消する前に決定を行う契約と比較して，雇用契約には柔軟性のメリットと権限保有者による搾取のデメリットがあることを明らかにし，どのような条件で雇用契約が選択されるのかを考察した。組織の重要な特徴である権限関係を厳密に分析した先駆的研究である。

ハーバート・サイモン
(dpa/時事通信フォト提供)

伝統的には市場への参加者でしかなかった企業に対する見方は，1991 年にノーベル経済学賞を受賞したロナルド・コース (Ronald H. Coase) の 1937 年の古典的論文によって大きく変わった†。「企業の本質」という題名のこの論文で，コースは冒頭の寓話のように企業を市場と対比させ，市場と同様にさまざまな人々の交わる場であるが市場とは異なるルールで機能する取引様式とみなし，共通の経済学の枠組みで分析する可能性を開いたのである。このように

ロナルド・コース
(AFP＝時事提供)

市場と企業を比較制度的に捉えると，そもそも企業とは，そして企業と市場を分かつ境界とは何か，さらにどのような取引を企業内で行い，どのような取引を市場で行うか，という問題設定が本質的に重要になってくる。

なぜ企業が代替的な仕組みとして存在するのだろうか。この問いに対するコースの解答は「価格メカニズムを利用するための費用が存在する」であった。市場における取引の仕組みは，価格メカニズムとよばれるように価格が中心的な役割を果たす。しかし，適切な価格を見出すこと，価格を決めるための交渉，価格を明記した契約の起草，価格をめぐる争いの解決など，価格メカニズムを利用するためには多くの労力と時間がかかる。

コースは，企業が存在し取引を企業内に取り込むことによって，これらの費用が大幅に減少すると考えた。その主な理由は 2 つある。第 1 に，互いに取引を行う労働者，供給業者，顧客などの間でそれぞれ取引のための契約を結ぶよりも，企業という法人格が各当事者と契約を結ぶことによって，必要な契約自体の数を減らすことがで

6 第 I 部 組織ではどのような問題が起きるのか？

きる。この視点は，企業を**契約の束もしくは要**（nexus of contracts）とみなす企業モデルとして知られており，企業統治や会社法の分析枠組みに応用されている。

第2の，より本質的な理由は，企業内に取り込まれた取引の管理は**権限関係**（authority relation）が基本となるという点にある。コースは権限の範囲を明確にすることによって，上記の価格メカニズムを利用するための費用が大幅に節約されると考えた。

* Simon, H. (1951) "A Formal Theory of Employment Relationship," *Econometrica*, vol. 19, pp. 293-305.
† Coase, R. H. (1937) "The Nature of the Firm," *Economica*, vol. 4, pp. 386-405.（宮沢健一・後藤晃・藤垣芳文訳『企業・市場・法』東洋経済新報社，1992年，第2章）

基づく製品を製造する業務をアウトソースするか，それとも自社で行うかどうかを決定しなければならない。

このような選択問題に直面したときにまず考慮されるのは，アウトソースと内製のどちらの方が製造面での費用優位性があるか，であろう。製造能力に差がなければ，より安く製造できる方が望ましいことはいうまでもない。このような直接的な製造費用を比較して結論づけるだけならば，アウトソースか内製かの選択は自明な問題となる。

では，製造自体にかかる費用は他社に任せても自社で行ってもほとんど差がない場合はどうだろうか。まったく新しいアイデアの製品であればそのようなこともありうる。また，既存のメーカーを買収して自社の内部に取り込む場合には，この前提が自然である。組織の経済学は，そのような場合でもアウトソースする場合と自社で製造する場合とでは，微妙な，間接的な費用の相違があることを明らかにしてきた。

まず，オーナー経営者がアウトソースする場合を考えよう。そのためには，第1に自社のアイデアに基づく製品を製造してくれるメーカーをみつけ，十分な製造能力があるかどうかを確かめなければならない。第2に，メーカーがみつかった後に，価格その他の取り決めを交渉して，契約にまとめなければならない。第3に，契約どおりに取引が進むかどうかを適宜監視し，必要に応じて契約違反に対処しなければならない。第4に，契約に記載されていない事態が発生した場合には，どのように対応するかを改めて決めなければならない。これらのことを行うために，オーナー経営者は多大な時間と労力を伴う。その機会費用[1]は無視できるものではない。この点は，オーナー経営者が

メーカーのカタログから汎用品を選んで購入すればよい単純な場合と比べてみれば明らかだろう。

　さらに，オーナー経営者がいったん適切なメーカーをみつけて取引を始めたならば，その関係を終わりにして新たに別のメーカーとの取引に変更することが難しくなっていく。続いた関係を終わりにすることがもたらす感情的・心理的な理由もあるかもしれない。しかし，より本質的な理由は，オーナー経営者の新しいアイデアに基づく製品の製造という特徴そのものにある。経営者はメーカーに新しいアイデアとそれに基づく製品を説明するために多くの時間と労力を費やすことになる。その過程で当該メーカーと良好な取引を行うための独特の慣行やノウハウを学習するかもしれない。当該メーカーとの関係が終わりになると，そのメーカーについて学習した慣行やノウハウは（すべてとはいわないまでもかなり）無駄になってしまう。そして，新たなメーカーに対してアイデアと製品を説明するためと，そのメーカー独特の慣行やノウハウを学習するために，時間と労力を費やさなければならない。

　同様にメーカー側も，オーナー経営者との関係を終わりにすることが難しくなっていく。新たなアイデア，それに基づく製品について学習し習得した知識，製造のために投資しカスタマイズされた型や工具などは，オーナー経営者との関係がなくなると無駄になってしまう。

　その結果，オーナー経営者とメーカーが取引関係を続けることで生み出される彼らの利益の総和（以下，総価値とよぼう）は，彼らが関係を終結させて，それぞれ次善の外部機会で取引を行うことで生み出される総価値を上回る。この状況は図 1-2 に表されている。横軸はメーカーの利益，縦軸はオーナー経営者の利益を表す。両者が関係を継続することで生み出される最大の総価値は V である。取引関係が終結した場合には，メーカーは次善の外部機会で利益 v_s，オーナー経営者は利益 v_b を得る。したがって，取引関係が終結した場合の総価値は $v = v_s + v_b$ で，図より $V - v > 0$，すなわち取引関係の継続は終結を上回る価値を生み出す状況となっている。

　彼らが関係を続ける方が次善の外部機会よりも高い総価値を創出するという状況では，競争による規律づけが働きにくくなる。たとえば，メーカーが製

1）　機会費用は入門レベルの経済学で登場する重要な概念である。章末の文献ノートで紹介する参考文献を参照されたい。

図 1-2 取引関係継続の価値——市場

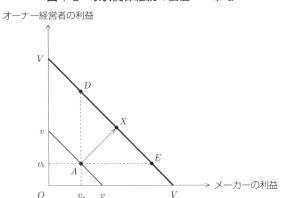

品の製造に対して高い価格をふっかけてきても，別のメーカーとの取引に移ることは簡単にはできなくなる。そこで，両社が交渉によって関係を継続することを選び，生み出される最大の総価値を分ける状況を想像しよう。さらに，メーカーとオーナー経営者が，創出される総価値のうち，それぞれの外部機会を上回る部分を円満に等しく分けると仮定してみよう[2]。図 1-2 でこの交渉結果は，メーカーとオーナー企業が外部機会での利益を得る点 A を通る 45 度線と，関係を継続した場合に生み出される総価値が V となる利益の組み合わせを表す直線との交点 X で表されている[3]。

円満な交渉を前提とすれば，オーナー経営者がメーカーに製造をアウトソースしても何ら問題は生じないようにみえる。しかし，取引を続けることで外部機会を上回る総価値が生み出される源泉は，オーナー経営者があらかじめメーカーの独特の慣行やノウハウを学習したこと，およびメーカーがあらかじめオーナー経営者の新たなアイデア，それに基づく製品について学習し製造のために投資を行ったことにある。これらの事前の活動によって総価値は $V - v$ だけ増加するが，オーナー経営者もメーカーもその増加分の半分しか得ることができない。したがって，もしも事前の活動に費やす時間や労力の機会費用が十

---

[2] 生み出される総価値が最大になる取引関係の望ましさについては，第 2 章第 4 節の「価値最大化原理」を参照されたい。ちなみにこの交渉結果は，ゲーム理論におけるナッシュ交渉解（Nash bargaining solution）に対応する。

[3] 図の点 X におけるメーカーの利益は $v_s + (1/2)(V - v)$，オーナー経営者の利益は $v_b + (1/2)(V - v)$ となる。読者はこのことを確認してみてほしい。

Column 1-2　ウィリアムソンと取引費用分析

2009年にノーベル経済学賞を受賞したオリバー・ウィリアムソン（Oliver E. Williamson）は，コースの洞察を精緻化し，企業の境界の問題を**取引費用**（transaction costs）の分析によって行う枠組みを完成させた*。彼はコースが論じた「価格メカニズムを利用するための費用」を取引費用として整理し，取引費用の存在によって契約は，(i) 取引主体のとるべき義務が規定されていないという意味で「穴」がある，(ii) 契約が観察可能な事態に不十分な形でしか条件づけられていない，という2種類の意味で**不完備**（incomplete）なものになりやすいことを指摘した。さらに本章の本文第2節で説明されるように，取引が進行するに従って市場取引で

オリバー・ウィリアムソン
（Imaginechina/時事通信フォト提供）

競争による規律づけが働きにくくなること，およびその条件を明らかにした。そして，統合し権限関係のもとで取引を統治することによって，市場を通じた取引で生じる取引費用を節減できる場合に，取引が企業に内部化されると論じた。

ただし，彼の分析枠組みは第2節の議論とは異なる。第2節では，円満な交渉によって生み出された総価値が当事者間で分けられるが，事前の活動を控えてしまうことが市場取引の問題点である。対照的にウィリアムソンは，競争による規律づけが働きにくくなることによって，生み出された総価値を奪い合う交渉が円満なものとならず，無駄な時間や労力など資源の出費，交渉の行き詰まりなどによって，生み出された総価値が減少してしまう，と論じた。

またウィリアムソンは，統合の費用についても，本文第3節冒頭にあるように「組織の肥大化・官僚化」を指摘するのみでは不十分であることを明らかにし，市場の方がうまく機能するならば，なぜ組織内に市場の機能を取り込めないのかという問題設定を明確にして，重要な分析を行った。

* Williamson, O. E. (1985) *The Economic Institutions of Capitalism: Firms, Markets, Relational Contracting*, Free Press.

分に大きいならば，オーナー経営者とメーカーの少なくとも一方，もしくは両社が上記の事前の活動を控えてしまい，外部機会を上回る総価値が生み出されない可能性が残るのである[4]。

4）　たとえばメーカーの事前の活動の機会費用を10，オーナー経営者の機会費用を60としよう。事前の活動を行い関係を継続すれば総価値 $V = 100$ が生み出され，取引関係が終結してもメーカーとオーナー経営者はそれぞれ利益 $v_s = 30$, $v_b = 20$ を次善の機会で得ることができる。しかし，事前の活動を行わなかった場合にはこれらの総価値も利益

10　第Ⅰ部　組織ではどのような問題が起きるのか？

　以上の分析は，市場取引で競争による規律づけが働きにくくなり生じる間接的な費用が存在することを例示している。

3　垂直的統合の費用

　次に，オーナー経営者が製品の製造を自社で行う場合を考えよう。アウトソーシングの場合との比較をわかりやすくするために，オーナー経営者がメーカーを買収し，統合された企業のオーナー経営者となり，統合前のメーカーの経営者は，統合企業の製造部門のトップになったとしよう。前節の最初に列挙した4種類の費用のうち，明示的な契約にまとめ，監視し，想定されていない状況での対応を決定するための費用は，統合によって節約されるだろう。

　さらに，前節後半で説明した，市場取引で競争による規律づけが働きにくくなり間接的な費用が生じる状況を改善する可能性もある。メーカーが統合企業の製造部門になると，製造部門がオーナー経営者のアイデアに基づく製品の製造を担当しない場合の外部機会での利益が，独立のメーカーの場合から変化する。かつてメーカーが所有していた工場，商標，パテント等をオーナー経営者が利用する自由度は向上する一方，メーカー経営者が利用する際の制約は大きくなるので，外部機会での前者の利益は増加し，後者の利益は減少すると考えられる。これは，図 1-2 の点 A の位置がたとえば図 1-3 のように左上に移動することに対応する。図 1-3 においても総価値の増加分 $V - v$ をオーナー経営者と製造部門が折半することに変わりはないが，オーナー経営者の取り分は統合によって増加する。よって，オーナー経営者が統合されたメーカーの慣行やノウハウを学習するインセンティブは高まる。つまり，市場取引ではオーナー経営者が時間と労力をかけて事前の活動を行わない場合でも，統合によって事前の活動を行うようになる可能性があることがわかる[5]。

　　もすべてゼロとなるとする。すると図 1-2 の X に対応する交渉結果の利益は，注 3) によりメーカーは 55，オーナー経営者は 45 となる。このことを先読みするならば，オーナー経営者は事前の活動を控えてしまう。

5)　注 4) で，事前の活動を行った場合には，統合企業の製造部門となったメーカーとオーナー経営者は次善の機会でそれぞれ利益 $v_s = 10$，$v_b = 40$ を得るとしよう。すると交渉結果の利益は，メーカーは 35，オーナー経営者は 65 となる。オーナー経営者は事前の活動の機会費用 60 よりも高い利益を得ることを予測できるので，事前の活動を行うようになる。

第1章 イントロダクション　11

図 1-3　取引関係継続の価値——垂直的統合

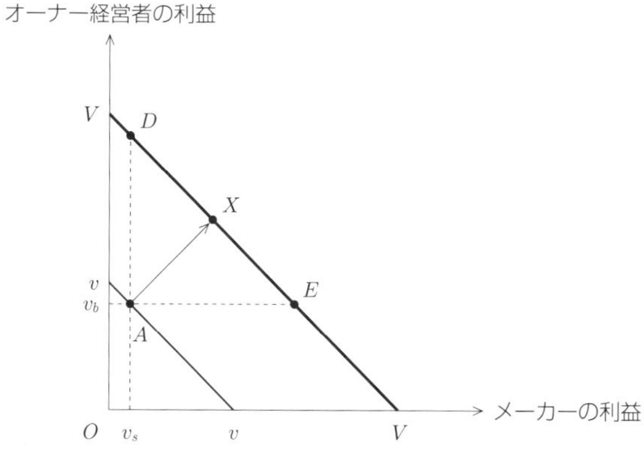

オーナー経営者の利益

V　D

X

v
v_b　E

A

O　v_s　　v　　V　メーカーの利益

　では，統合することで新たに生じる費用は何だろうか。「統合すると組織が
肥大化・官僚化して情報伝達や決定が遅れる」と指摘されることがあるが，こ
の指摘は自明ではない。統合企業のオーナー経営者は，製造部門をあたかも独
立なメーカーであったときと同様に扱い，内部価格を規定してアウトソーシン
グのときと同様の取引関係を続けることで問題を回避することができるからで
ある。さらに，アウトソーシングのときよりも高い価値を創出できる状況が生
じたならば，そのときのみ統合の利益を実現するために権限を行使すれば，統
合は常にアウトソーシングよりも優れた選択肢ということになってしまう。

　しかし，垂直的統合の程度の決定が重要な戦略のひとつであることからも，
統合の費用が存在することは明らかである。この統合の費用を厳密に理解する
ことは簡単ではなかったが，組織の経済学は統合の費用の存在を明らかにして
きた。以下では3種類の理論を紹介しよう。

3.1　統合されることによるインセンティブの低下

　読者はすでに説明された図 1-2，図 1-3 から，垂直的統合が生み出す費用を
指摘することができるだろう。オーナー経営者によるメーカーの買収統合は，
前者が事前の活動に時間や労力を費やすインセンティブを改善するが，オーナ
ー経営者の新たなアイデア，それに基づく製品について，あらかじめ学習する
時間や労力を費やすインセンティブは，独立のメーカー経営者であった場合よ
りも低下する。したがって，オーナー経営者の事前の活動が総価値の増加に決
定的に重要な状況では垂直的統合は市場取引よりも望ましくなる可能性が高い

が，メーカー側の事前の活動が決定的に重要な場合には垂直的統合は望ましくないことになる。

しかし，この結論はオーナー経営者によるメーカーの買収統合と市場取引とを比較した場合であることに注意しなければならない。逆にメーカーがオーナー経営者の企業を買収統合したならば，立場は逆転する。つまり，統合によってメーカー経営者が事前に活動するインセンティブは高まるが，かつてのオーナー経営者は統合企業の（たとえば）製品開発部門長となることで，事前に活動するインセンティブは弱まってしまう。したがって，メーカー側の事前の活動が決定的に重要な場合には，メーカーによる垂直的統合が望ましい。

この理論の基本的なメッセージは，垂直的統合によって統合する側が事前に活動するインセンティブは強まり，統合される側のインセンティブは弱まること[6]，したがって，どちらが統合するか，という側面も総価値を高めるためには重要な要因となることにある。また，どちらのインセンティブも価値創出のために重要ならば，アウトソーシングの方が一方が他方を買収する統合よりも優れた選択肢となる可能性が高い。さらに，複数の資産の間にどのような関係があるのか，オーナー経営者とメーカー経営者の人的資本が価値創造に不可欠かどうか，などの要因も考慮しなければならないことを教えてくれる。詳しくは本章最後の文献ノートで紹介される文献を参照してほしい。

3.2 マルチタスク問題

第2の理論では，オーナー経営者，メーカーの経営者が多くの活動に時間や労力を費やしていることに注目する。ここでは統合前のメーカー経営者（統合後の製造部門長）による3種類の活動に限定して説明する。（1）長期的な取引関連資産価値を高める資産維持活動。資産価値の評価は難しいため，この活動の成果を測定することはできない。オーナー経営者は取引関連資産をメーカー経営者に所有させる（独立のメーカーへのアウトソーシングに対応する）か，自ら所有する（製造部門は統合企業の一部となり，垂直的統合に対応する）かを選択する。（2）オーナー経営者の製品製造のための短期的なコスト削減または品質向上努力。これらの成果は測定可能で，オーナー経営者は報酬をどの程度成果に連動させるかを決定する。（3）オーナー経営者以外との取引に費やす活動。

---

6) この問題は，実は第2章で学習する「チーム生産」の問題と本質的には同じである。

オーナー経営者は他社との取引を認めるか否かを選択する。これらの活動間には代替性が存在し，ひとつの活動により多くの時間と労力を費やせば，他の活動への時間と労力が犠牲になるという機会費用が発生する。

アウトソーシングの場合には，メーカー経営者は工場，商標，パテント等の資産を利用できる自由度が高く，またそれらの資産が生み出す利益を享受するので，(1) の活動を行うように強く動機づけられている。したがって，オーナー経営者は (2) の活動を行う強いインセンティブを，コスト削減や品質向上に連動した報酬を通してメーカー経営者に与えても，(1) の活動を疎かにすることを心配しなくてもよい。また，(2) のインセンティブを十分強くすることによって，(3) の他社との取引に費やす活動にメーカー経営者の時間と労力が過度に奪われることを防ぐことができる。つまり，アウトソーシングの場合には，オーナー経営者はメーカー経営者の 3 種類の活動のいずれに対しても強力なインセンティブを与えることができる。

しかし，オーナー経営者がメーカーを統合した場合には，統合前のメーカー経営者は製造部門長となり，資産を利用する自由度および資産から享受できる利益が制約される。その結果，(2) や (3) の活動のための強いインセンティブをオーナー経営者が与えると，製造部門長は (1) の活動を疎かにしてしまう。たとえば，工場の長期的なメンテナンスの手を抜いて短期的な生産のために酷使したり，商標の評判維持を軽視してしまうかもしれない。したがって，統合企業のオーナー経営者はコスト削減や品質向上に連動して大きく変化する報酬を控え，製造部門が他社との取引を行うことを禁止することが望ましくなる。

この理論によると，アウトソーシングと垂直的統合のどちらが望ましいかは，業績測定をどのくらい費用をかけず，正確に行うことができるかに依存する。(2) の活動の成果を十分に容易かつ正確に測定できるならば，アウトソーシングのもとですべての活動に強いインセンティブを与える方が望ましいが，さもなければコスト削減や品質向上に連動した強力な連動報酬がもたらすコストが大きいために，垂直的統合が望ましくなる。

また，オーナー経営者から求められている水準以上の協力，暗黙の知識習得，取引関係全体の評判形成活動など，測定する適当な指標が存在せずメーカーの内発的な動機に頼らなければならない活動が重要な場合も，垂直的統合が望ましい。一般的に個人が自身の目標や責任を果たすイニシアティブをとる強

Column 1-3　ハート，ホルムストロームと契約理論＊

2016年にノーベル経済学賞を受賞したオリバー・ハート（Oliver Hart）とベント・ホルムストローム（Bengt Holmström）の受賞理由は「契約理論への貢献」である。

契約理論（contract theory）はひとことで表すとインセンティブ設計の理論である。インセンティブとは「期待というアメと，恐れというムチを与えて，人を行動へ誘うもの」であり，契約理論の「契約」とは，文字どおりの契約よりも広く，インセンティブを与える仕組み全般を意味している。人や組織（を動かす人）の行動に問題があるとき，人をその行動に導いたインセンティブに注目することで，人自身の問題に帰着させず，人を取り巻く契約，制度などの仕組みを分析することができる。契約理論は組織の経済学において非常に重要な分析ツールであり，本書ではとくに第5章および第6章で，基本的な分析枠組みを解説する。

オリバー・ハート
（AFP = 時事提供）

このColumnでは，彼らの貢献のうち本章で紹介された企業の境界問題と関連する部分を紹介する。第2節および第3.1項で展開された理論は，ハートとその共著者であるサンフォード・グロスマン（Sanford J. Grossman），ジョン・ムーア（John H. Moore）などによって展開された**財産権理論**（property rights theory）に基づく。この理論は組織の経済学のみならず産業組織論，企業金融，法の経済分析，国際貿易，企業統治，開発経済など多様な分野に応用されている[†]。

ベント・ホルムストローム（AFP = 時事提供）

この理論はウィリアムソンの理論と同様に，不完備契約を前提としているが，生み出された総価値を奪い合う事後の交渉は円満だが，事前の活動を控えてしまうという「ホールドアップ問題」の観点から企業の境界の決定を分析する。ホールドアップ問題については第4章第2節を参照されたい。

本文第3.2項は，ホルムストロームがポール・ミルグロム（Paul Milgrom）と行った「マルチタスク問題」の分析に依拠している[‡]。本文および第6章第3節を参照されたい。

　　＊このColumnは部分的に，2016年ノーベル経済学賞の内容について一般向けに詳しく解説した次の記事に依拠している。伊藤秀史「契約理論はわれわれの身近で役立っている――2016年ノーベル経済学賞2人の重要な業績」東洋経済ONLINE 2016年10月24日。
　　†Aghion, P., M. Dewatripont, P. Legros, and L. Zingales eds. (2016) *The Impact of Incomplete Contracts on Economics*, Oxford University Press.
　　‡Holmström, B. and P. Milgrom (1991) "Multitask Principal-Agent Analyses:

Incentive Contracts, Asset Ownership, and Job Design," *Journal of Law, Economics, and Organization*, vol. 7（special issue），pp. 24-52.（1994）"The Firm as an Incentive System," *American Economic Review*, vol. 84, pp. 972-991.

力なインセンティブを与えるという点で市場は秀でているが，それによって失われる，測定が困難なさまざまな活動を促進する点では統合の方が望ましい。これらの理論仮説のもう少し詳しい解説，整合的な現実例の紹介などは，文献ノートで紹介される文献を参照してほしい。

メーカー経営者，製造部門長が異なる複数の活動に従事することで生じる問題は「マルチタスク問題」とよばれ，第6章第3節で詳しく解説されることになる。

3.3 インフルエンス活動

第3の理論は，アウトソーシングか垂直的統合かという選択の問題を直接分析するものではなく，垂直的統合が生み出す間接的な費用を指摘するものである。

第10章で詳しく解説されるように，企業組織のメンバー間の関係の基本は権限関係にある。権限とは，許容された選択肢の集合から特定の選択肢を選ぶ権利で，企業の従業員は，事前に定められた報酬と引き換えに，法律・判例・慣習などで限定された範囲内で雇用主の指揮命令を受け入れなければならない。市場取引においても，契約を通して一方の当事者が一定の決定権限を得る形で権限関係は成立しうるが，いくつかの理由で権限関係は市場よりも企業組織の特徴となる（第10章を参照のこと）。

オーナー経営者によるメーカーの買収によって，メーカー経営者が製造部門長としてオーナー経営者と権限関係に入ると，組織下位の製造部門長には，権限を有するオーナー経営者の決定に影響を与えようと働きかけをする誘惑が生まれる。このような影響活動は組織の経済学で**インフルエンス活動**（influence activities）とよばれ，分析が行われている。

インフルエンス活動は，組織における価値の分配に関わる意思決定に影響を及ぼそうとする試み，と定義される。たとえば，企業の従業員が自分を昇進させるように上司に働きかけたり，事業部の投資計画が他事業部の投資計画よりも優先的に採用されるように経営者を説得しようと試みることなどである。

このようなインフルエンス活動は次のような間接的な費用を発生させてしま

16　第I部　組織ではどのような問題が起きるのか？

う。(1) 価値を生み出すためでなく，価値をどのように分けるかに影響を与えようとして組織のメンバーが時間，労力，資源などを費やすことで，それらが価値を生み出す生産的な活動に費やされなかったことによる機会費用が生じる。(2) インフルエンス活動が功を奏して意思決定が歪められてしまった結果，より大きな価値が生み出される決定が行われなかったことで損失が生じる。(3) インフルエンス活動を抑制するために組織の政策，構造，意思決定プロセスなどが変更された結果，インフルエンス活動がなければ生じなかったであろう組織の非効率性が生まれる。これらの統合の費用は**インフルエンス・コスト**（influence costs）とよばれている。

　たとえば，潜在的には価値を生み出す情報を組織下位から得る機会を制約し「官僚的」で柔軟性に欠けるルールに基づく決定プロセスを採用すること，報酬の格差を縮小し，在籍年限等に依存した昇進決定を行うことなどが (3) の例である。また，相対的に将来性に乏しく，事業の縮小やレイオフが発生する可能性が高いような事業分野において，インフルエンス・コストは大きくなる傾向がある。なぜならば，このような分野の事業部長は，インフルエンス活動を通して事業の将来の見込みが必ずしも悪くないと経営者に思わせ，自分の昇進の可能性を改善する余地が大きいからである。こうしたインフルエンス活動を慎ませる方法のひとつは，この事業部を企業本体から分離して，本社レベルの経営資源に対するアクセスを制限してしまうことである。仮に他の事業とシナジーがあったとしても，インフルエンス・コストが非常に大きい場合には，シナジーをあきらめて分離する方が望ましい可能性さえある。

4　企業の境界から内部組織へ──本書の構成

　組織の経済学の2つの目的のうち，「企業と市場を異なる資源配分のための仕組み・制度と位置づけて比較分析を行い，垂直的統合の程度がどのように決まるかを明らかにすること」について概観してきた。しかし，そこでの分析はオーナー兼経営者のような単純な企業に限定されており，「企業のブラック・ボックスを開けて，内部組織のさまざまな特徴・機能を明らかにすること」からはほど遠いようにみえる。本書はまさにこの第1の目的に焦点を合わせるものである。以下で本書の構成と各章の内容を簡単に紹介する。

　本書全体は3部構成で，第I部「組織ではどのような問題が起きるのか？」

では組織のメンバー間の関係を大きく3種類に分類し，それぞれ第2〜4章で解説する。第Ⅰ部は本書で用いる「ゲーム理論」を学習する準備も兼ねており，3種類の関係は，それぞれゲーム理論で登場する代表的な3種類の戦略的相互依存関係に対応している。組織で生じるメンバー間の関係の多くは，この第Ⅰ部で説明される状況のいずれかに対応している。

第2章は，組織における共同作業の問題として「チーム生産」という概念を紹介し，そこで生じる組織のジレンマを考察する。この問題は，ゲーム理論における「囚人のジレンマ」に対応している。またこの章は，ゲーム理論とりわけ「戦略形ゲーム表現」の基本的な概念および組織のパフォーマンスを評価する基準を紹介する役割も兼ねている。

第3章では，第2章とは異なる共同作業の問題を考察する。第2章の問題は組織のメンバー間の利害不一致から生じるモチベーション（動機づけ）の問題だが，第3章の問題はコーディネーション（調整）問題とよばれ，メンバー間の利害対立がない状況でも発生しうる。本章でも第2章と同じく相互依存関係を戦略形ゲームで表現する。そして，ゲーム理論で最も重要な解概念のひとつである「ナッシュ均衡」を定義し，コーディネーション問題の分析に応用する。

第4章では，組織におけるメンバー間の信頼関係の形成について考察する。そのためにゲーム理論の「展開形ゲーム表現」の概念を説明し，上司と部下の間の「トラスト・ゲーム」とよばれる構造のゲームを分析する。さらに上司が正直なタイプか合理的なタイプかのような個人的属性が，上司自身にしかわからないような「私的情報」である状況を分析する手法も紹介する。

第Ⅱ部「組織の問題をどのように解決するのか？」では，組織の諸問題を解決するための組織設計において重要となる3種類の概念を説明する。第5，6章の中心概念は「契約」である。第4章で導入されるトラスト・ゲームでは，上司がいかにして部下の信頼を得るかが良好な関係のための鍵となるが，契約によるコミットメントは，そのひとつの手段となる。第5，6章は，部下や従業員の行動を上司や雇用主が観察できない状況で，測定可能な業績指標を用いてどのように契約を設計するか，という問題を考察する。このような上司と部下，もしくは雇用主と従業員の間の関係は「プリンシパル＝エージェント関係」または「エージェンシー関係」とよばれ，組織の経済学や契約理論の基本的な枠組みとなる。

18　第Ⅰ部　組織ではどのような問題が起きるのか？

　第7，8章の中心概念は「長期的・継続的関係」である。雇用主と従業員の間の雇用関係も，トヨタ自動車と部品製造会社間の取引関係も，1回限りではなく多期間にわたる継続的な関係である。このような長期的関係のもとでは，短期的には望ましい逸脱であっても将来の協力的な関係が失われることの損失を考慮して，逸脱せず良好な関係を維持できる可能性が生じる。第7，8章では，このような長期的・継続的関係を分析するための手法として，「繰り返しゲーム」および「関係的契約」を解説する。

　第Ⅱ部最後の第9章の中心概念は「情報伝達」である。組織のメンバーが分業することによって，メンバー間の保有する情報も異なってくる。組織のパフォーマンスを向上させるためにはメンバー間で情報を共有することが望ましいが，メンバーは保有する情報を戦略的に隠匿したり歪めたりしようとするかもしれない。第9章では，このような問題を分析するためのゲーム理論の手法を導入するとともに，「チープ・トーク」「シグナリング」「イエスマン」などの概念を解説する。

　第Ⅲ部「組織の違いは何から生じるのか？」では，組織を特徴づける3種類の要素を紹介し，第Ⅰ，Ⅱ部の分析ツールと概念を応用して考察する。第10章は組織における意思決定プロセスと権限委譲の設計，第11章は企業文化，そして第12章はリーダーシップを対象とする。

● ま と め

□　市場経済とよばれる経済においても，企業組織内での取引は大きな役割を果たしている。

□　経済学は「市場取引を分析する学問」であり，経済学に登場する企業は，組織にもマネジメントにも言及されない「ブラック・ボックス」であるというイメージとは裏腹に，組織の経済学とよばれる分野が多くの成果を蓄積してきた。

□　組織の経済学の主な目的は，第1に，内部組織のさまざまな特徴・機能を明らかにすること，第2に，企業と市場を異なる資源配分のための仕組み・制度と位置づけて比較分析を行い，垂直的統合の程度がどのように決まるかを明らかにすることである。本書の第2章以降は第1の目的に焦点を合わせる。

□　既存のメーカーを買収・統合して自社の内部に取り込む場合と，独立のメーカーのままで製造をアウトソースする場合とでは，垂直的統合とアウトソーシングの間に直接的な製造費用に差は生じない。しかし，組織の経済学はさまざまな間接的な費

用を明らかにしてきた。

- □ アウトソーシングの場合には，競争による規律づけが働きにくくなることで生じる間接的な費用が存在する。取引当事者が取引の総価値を増加させるために行う事前の活動が，過小になるためである。

- □ 統合すると組織が肥大化・官僚化して情報伝達や決定が遅れるとは限らない。アウトソーシングのときの独立のメーカーと同様の取引関係を，統合された製造部門と続けることで，統合企業は問題を回避することができる可能性があるからである。

- □ 本章では3種類の統合の費用を紹介した。第1に，統合された側の事前の活動のインセンティブは，統合しない場合よりも低下する。

- □ 第2の統合の費用は，統合される側が複数の活動に従事するマルチタスクの状況で生じる。測定可能な活動に対する強いインセンティブが他の測定困難な活動に費やす時間や労力を奪ってしまうことから，強力なインセンティブを提供することが難しくなるためである。

- □ 第3の統合の費用は，統合によって統合する側とされた側が権限関係に入り，後者が前者の意思決定に影響を及ぼそうとするインフルエンス活動で生じるインフルエンス・コストである。

● 文献ノート

冒頭の寓話の出典は Herbert A. Simon（1991）"Organizations and Markets," *Journal of Economic Perspectives*, vol. 5, pp. 25-44。*Journal of Economic Perspectives* は米国経済学会（American Economic Association）が出版する雑誌で，一般紙と学術誌の間の知識のギャップを埋めることを目的としている。無料でダウンロードすることができる。執筆時点でのリンクは https://www.aeaweb.org/journals/jep。

アップルの iPhone の部品調達については，たとえば大槻智洋（TMR 台北科技代表）による記事「アップル経済圏の栄枯盛衰──裏読み『アップル経済圏』（上）」日本経済新聞電子版 2017 年 6 月 15 日を参照されたい。基本的活動，垂直的統合の程度については，伊丹敬之・加護野忠男（1989）『ゼミナール経営学入門』日本経済新聞社，51，69 ページに基づく。富士通 arrows についての記述は，以下のリンク先を参照した（執筆時点）。

http://www.fmworld.net/product/phone/m03/special/machigainai04.html

なお，貿易統計を利用した，米国における企業内取引の割合の典拠は，Pol Antràs（2015）*Global Production: Firms, Contracts, and Trade Structure*, Princeton University Press, p. 16 である。日本における企業内貿易比率の推移（図 1-1）の典拠は冨浦英一（2014）『アウトソーシングの国際経済学』日本評論社，60 ページである。

第2節で登場する機会費用をはじめとして，本書は経済学，とくにミクロ経済学の基

本的な考え方や概念についての入門レベルの知識を前提としている。未習者には以下のような入門書を事前に学習しておくことを薦める。

- □ 伊藤秀史（2012）『ひたすら読むエコノミクス』有斐閣
- □ 安藤至大（2013）『ミクロ経済学の第一歩』有斐閣
- □ 柳川隆・町野和夫・吉野一郎（2015）『ミクロ経済学・入門——ビジネスと政策を読みとく（新版）』有斐閣

文献ノートの残りでは，組織の経済学全般についての参考文献を読みやすいと思われる順番で紹介する。最初の 3 冊は組織の経済学に基づく一般書，ビジネス書である。

1. Fisman, R. and T. Sullivan（2013）*THE ORG: The Underlying Logic of the Office*, Twelve (hardcover) and Princeton University Press (paperback).（土方奈美訳『意外と会社は合理的——組織にはびこる理不尽のメカニズム』日本経済新聞出版社，2013 年）

   現実の組織でみられる一見「不条理な」実態がなぜ観察されるのかを，組織の経済学の知見に基づいて平易に説明する。多くの事例と読みやすい文体の本だが，そこに書かれている内容の裏には，組織の経済学の研究成果がある。本章との関連では，第 1 章でコースの企業の境界についての貢献が説明されている。

2. 新原浩朗（2006）『日本の優秀企業研究——企業経営の原点 6 つの条件』日本経済新聞社（日経ビジネス人文庫）

   オリジナルは 2003 年に出版された。長期停滞の中でも高い業績をあげ続けている日本の「優秀企業」の共通の特質を，「事実を淡々とただひたすら調べまわる」ことによって 6 つの条件に集約した本である。その条件は一見「当たり前」なものばかりだが，それらを徹底することがいかに難しいかを示しているといえる。抽出された優秀企業の共通要因を理論がどのように裏付けるかを「補論」で展開しており，そこで紹介されている理論の多くは組織の経済学の成果である。とくに「第一の条件 分からないことは分けること」が本章と関連する。

3. Roberts, J.（2004）*The Modern Firm: Organizational Design for Performance and Growth*, Oxford University Press.（谷口和弘訳『現代企業の組織デザイン』NTT 出版，2005 年）

   本書の目的は，複雑な組織デザインの問題を理解し，分析し，課題を成し遂げるために有効な枠組みを提供することにある。英国『エコノミスト』誌の 2004 年ベストビジネス書に選ばれたもので，日本企業をはじめ多くの「現代の企業」の事例に満ちた本であるが，内容は組織デザイン問題を考えるための基礎となる，組織の経済学の先端理論に基づく。若干の図やグラフ以外は平易な文章で書かれており，本書自体には数式はいっさい出てこない。しかし，その記述の裏には，著者自身のオリジナルな研究成果をはじめとした膨大な学術成果があり，凡庸なビジネス書のような単純でわかりやすい内容ではない。しかし見返りも大きい本

である。

次に，本書と同水準の教科書を紹介する。

4. 柳川範之 (2000)『契約と組織の経済学』東洋経済新報社

   本章第 2 節および第 3.1 項で紹介された理論 (Column 1-3 を参照のこと) のわかりやすい教科書である。会社法，公的企業，民営化，金融契約などへの応用も詳しく解説する。

5. 鈴木豊 (2016)『完全理解 ゲーム理論・契約理論』勁草書房

   第 11 章で，本章第 2 節および第 3.1 項で紹介された理論を解説している。

6. 神戸伸輔 (2004)『入門 ゲーム理論と情報の経済学』日本評論社

   本章第 2 節および第 3.1 項で紹介された理論が，第 19 章で解説されている。また第 18 章では組織の経済学の知見を日本の人事システムの分析に応用している。

7. 中林真幸・石黒真吾編 (2010)『比較制度分析・入門』有斐閣

   組織の経済学は，異なる組織構造，制度，慣行およびそれらのパフォーマンスを比較し望ましい仕組みを考察するという意味で，制度の比較経済分析の視点を備えている。また，日本企業の組織や取引形態の観察が理論分析に新たな視点を提供してきた分野でもある。本書は「学部生に手の届く比較制度分析の教科書」であり，第 2 章で組織の経済学の紹介，第 6 章で本章第 2 節および第 3.1 項と関連するアウトソーシングと垂直的統合の考察が，本章よりも詳しいモデル分析によって行われている。第 7 章では自動車産業における部品取引の実証分析が紹介されている。

8. Milgrom, P. and J. Roberts (1992) *Economics, Organization and Management*, Prentice Hall. (奥野正寛・伊藤秀史・今井晴雄・西村理・八木甫訳『組織の経済学』NTT 出版，1997 年)

   組織の経済学の世界で最初の教科書である。古くなっているところもあるが，現在でもこの分野を勉強する際に参照すべき本である。本章との関連では，著者たちはインフルエンス活動，インフルエンス・コストという概念の提唱者であり，第 6 章，第 8 章で詳しく解説されている。また，アウトソーシングと垂直的統合を区別する資産の所有については第 9 章，マルチタスク問題については第 7 章を参照されたい。

以下は研究者および研究者をめざす大学院生向けの本である。

9. Gibbons, R. and J. Roberts eds. (2013) *The Handbook of Organizational Economics*, Princeton University Press.

   本書は，組織の経済学における，現時点での基礎理論・分析手法および理論・実証研究成果を包括的にまとめた書物で，この分野を専攻する研究者および大学院生にとっての必読書である。詳しくは『経済科学』名古屋大学経済学研究科，第 61 巻第 2 号，51~54 ページに掲載された書評 (伊藤秀史) を参照されたい。

10. Hart, O. (1995) *Firms, Contracts, and Financial Structure*, Oxford University Press. (鳥居昭夫訳『企業 契約 金融構造』慶應義塾大学出版会，2010年）

本章第2節および第3.1項で紹介された理論の創始者（Column 1-3 を参照のこと）が，オックスフォード大学での講義録をベースに企業の境界と企業金融への自身の貢献を整理して解説する。

11. Bolton, P. and M. Dewatripont (2005) *Contract Theory*, MIT Press.

契約理論の標準的教科書で，第6章でマルチタスク問題，第11章で財産権理論が詳しく説明されている。

12. 伊藤秀史（2003）『契約の経済理論』有斐閣

契約理論の教科書で，マルチタスク問題は第5章，財産権理論は第9章で詳しく説明されている。

最後に，企業の境界をもう少し詳しく解説した参考文献を紹介する。

13. 伊藤秀史「市場と組織——原理の相互浸透と企業の境界」伊藤秀史・沼上幹・田中一弘・軽部大編（2008）『現代の経営理論』有斐閣，73～102ページ

第2章
組織におけるジレンマ

1 組織におけるジレンマ

多くの組織において，よく観察される現象がある。それはジレンマとよばれる現象である。複数の成員からなる組織を想像してほしい。組織の成員は共同してある作業を行わなければならない状況にあり，各成員は協調的な行動か非協調的な行動のいずれかを選択できるものとする。全員が協調的な行動を選択する場合と全員が非協調的な行動を選択する場合を比べると，全員が協調的な行動を選択する方が組織の目的からして望ましい。また，各成員個人の利益の観点からも好ましい状況にあることは全員が認識している。しかし，自分以外の成員が協調的な行動を選択するのであれば，自分は非協調的な行動を選択する方がより多くの利益をもたらすため，結果として，全員が非協調的な行動を選択するということが実現してしまうことは，よく観察される現象である。

このように各成員が個人的な利益を追求した結果，組織全体にとってより望ましい結果があるにもかかわらず，組織にとって最悪の結果が実現してしまうような状況を組織におけるジレンマという。以下では，非常に単純な組織を考え，組織におけるジレンマについて考察する。

1.1 チーム生産

チーム生産とよばれる単純な共同作業の問題を考えることによって，単純なチームであったとしても，協調的な結果を実現することは簡単ではないことを確認してみよう。チームは2人の成員から構成されているものとし，それぞれ，メンバー1とメンバー2とよぶことにする。それぞれのメンバーは行動

24　第 I 部　組織ではどのような問題が起きるのか？

を選択することができる。2 人が行動を選択すると選択された行動の組み合わせに応じて，チームに収益が実現する。そして，この収益をチームのメンバーで分け合うものとする。このような生産を**チーム生産**（team production）という。パートナーシップ生産とよばれることもある。

1.2　チーム生産におけるジレンマ

ここでは，チームの収益をメンバー 1 とメンバー 2 で等しく分け合うような状況を考えてみよう。

まず，メンバー 1 と 2 は行動を独立して選択するものとする。ここで「行動を独立して選択する」とは，各メンバーは他のメンバーがどの行動を選択したのかを知らずに行動を選択することを意味する。または，同時に行動を選択するものと考えてもよい。それぞれのメンバーは「努力する」か「怠ける」かのいずれかの行動を選択しなければならない。

メンバーが努力するとそのメンバーには**不効用**（disutility）が生じる。不効用とは努力することによる苦労の度合いを表しているものと解釈する。ここでは苦労の度合いを金銭的に評価することができるものと考え，不効用は金額で表されるものと想定する。よって，以下では行動を選択することによる不効用ではなく，**費用**（cost）とよぶことにする[1]。メンバーが怠けた場合には費用は発生しないものと仮定する。メンバーが努力したときのそのメンバーの費用の大きさを 3 とし，怠けた場合の費用を 0 と仮定しよう。

次に，各メンバーが選択した行動に応じて収益が実現する。2 人とも努力した場合には 10，1 人のみが努力した場合には 6，2 人とも怠けた場合には 2 の収益がチームに生じるものとする。努力する人数が増えるにつれて，収益が 4 ずつ増加するような生産を想定している。収益の分配方法を定めたもののことを**分配スケジュール**とよぶことにする。ここでは，実現した収益はメンバー間で等しく分配するように定めているので，この分配方法を等分配スケジュールとよぶことにする。

---

1)　経済学でいう不効用とは必ずしも主体に金銭的費用を発生させるものではない。たとえば，大学生が講義の予習をすることによる不効用を考えてみるとよい。予習をすることによる直接的な金銭的費用は発生しないが，できれば予習をせずに済ませたいと考える大学生は多いはずである。予習しないことと比較して，予習をすることによる大変さを不効用とよぶのである。経済学では機会費用ともよばれる。

メンバーの**利得**（payoff）は収益の取り分と行動による費用の差で与えられると仮定しよう。メンバー1の利得について説明しよう。まず，メンバー1が努力する場合を考える。メンバー1は努力すると3の費用が発生する。そして，受け取る収益はメンバー2が努力するか怠けるかに応じて変わり，実現する収益は10または6である。ここで着目している等分配スケジュールのもとでは，メンバーたちは収益を均等に分け合うものと想定されているので，メンバー2が努力する場合には，10の収益が実現し，メンバー1の利得は$0.5 \times 10 - 3 = 2$となる。また，メンバー2が怠けて，6の収益が実現した場合には，1の利得は$0.5 \times 6 - 3 = 0$となる。

同様にして，メンバー1が怠ける場合を考える。メンバー1は怠けると費用は発生しない。メンバー2が努力するか怠けるかに応じて，実現する収益は6または2である。メンバー2が努力して，6の収益が実現した場合のメンバー1の利得は$0.5 \times 6 - 0 = 3$となる。また，メンバー2が怠けて，2の収益が実現した場合には，メンバー1の利得は$0.5 \times 2 - 0 = 1$となる。

メンバー2の利得についても同様に導出することができる。このように，メンバーの利得は相手が選択する行動に依存する。選択された行動と利得を表にまとめると表2-1のようになる。

表の縦の見出しはメンバー1の選択可能な行動が記されており，横の見出しはメンバー2の選択可能な行動が記されている。それぞれのマスには，行動の組に対応するメンバー1と2の利得の組が書いてある。左側の数字はメンバー1の利得を表し，右側の数字はメンバー2の利得を表している。

次に，上で定義されたチーム生産が行われるとどのような結果が実現するのか考えてみよう。それぞれのメンバーは他のメンバーの行動を所与として，自分の利得を最大にするように行動するものと仮定する。つまり，必ずしも組織全体の利益を考えて行動するわけではない。

まず，メンバー1の立場に立って考えてみよう。メンバー1はメンバー2

表2-1 チーム生産──等分配スケジュール

		メンバー2	
		努力する	怠ける
メンバー1	努力する	2, 2	0, 3
	怠ける	3, 0	1, 1

が努力するであろうと想定しているとする。メンバー1は努力することを選択すると2の利得が得られ，怠けることを選択すると3の利得が得られる。よって，メンバー1は怠ける方がより高い利得を得られるので，怠けることを選択することが得になっている。

一方，メンバー1がメンバー2は怠けるであろうと想定したとする。メンバー1は努力することを選択すると0の利得が得られ，怠けることを選択すると1の利得が得られる。この場合も，メンバー1は怠けることの方がより高い利得を得られるので，怠けることが得になっている。つまり，メンバー2がいずれの行動を選択しようとも，メンバー1にとって怠けることが得になっている。

次に，メンバー2の立場に立って考えてみよう。メンバー2についてもメンバー1と同様の結論を導くことができる。メンバー2がメンバー1は努力するであろうと想定したとする。メンバー2は努力することによって2の利得が得られ，怠けることによって3の利得が得られる。よって，メンバー2は怠けることが得になっている。

一方，メンバー2はメンバー1が怠けるものと想定すると，メンバー2は努力することによって0の利得が得られ，怠けることによって1の利得が得られる。この場合も，メンバー2は怠けることが得になっている。つまり，メンバー1がいずれの行動を選択しようとも，メンバー2にとって怠けることが得になっている。

よって，このチーム生産が行われると両方のメンバーが怠けるという結果が実現することが予想される。各メンバーは相手がどのような行動を選択しようとも怠けるという行動を選択することが得になっており，メンバー1もメンバー2も努力する理由はないのである。

このように，各メンバーが「努力する」という協調的な行動を選択する方が，各メンバーが「怠ける」という非協調的な行動を選択するより，お互いに高い利得を得ることができるにもかかわらず，結果として，「怠ける」という非協調的な行動を選択することになり，お互いに低い利得を得るような状況を**囚人のジレンマ**（prisoners' dilemma）という。このようによばれる理由は第2.3項で説明する。

第 2 章　組織におけるジレンマ　27

表 2-2　チーム生産——ピア・プレッシャー

メンバー 2

		努力する	怠ける
メンバー 1	努力する	2, 2	$0, 3-p$
	怠ける	$3-p, 0$	1, 1

1.3　ピア・プレッシャー

　前項では，メンバーの利得は自分が受け取る収益と自分が選択した行動による費用のみで決まった。つまり，同僚が選択する行動は実現した収益の受け取りを通じて間接的にメンバーの利得に影響を与えるような状況を想定していた。しかし，同僚の行動が直接，利得に影響を与えるような状況も現実には考えられる。たとえば，同僚は努力しているにもかかわらず，自分が怠けた場合に同僚からの圧力を感じ，追加的な費用が発生することもありうる。このような同僚からの圧力を**ピア・プレッシャー**（peer pressure）という[2]。このプレッシャーによる費用を p とすると，等分配スケジュールにおけるメンバーの利得は表 2-2 のように表される。

　ピア・プレッシャーによる費用を表す p が 1 より小さい場合には，囚人のジレンマと実質的には同じ状況である。メンバー 2 がどのような行動を選択しようとも，メンバー 1 は「怠ける」を選択する方が「努力する」を選択するよりも高い利得を得ることができる。メンバー 2 についても同様に考えることができる。よって，結果として各メンバーは「怠ける」を選択することになる。ピア・プレッシャーが小さい場合にはジレンマが発生することになる。

　一方，p が 1 より大きい場合には，メンバーたちは囚人のジレンマとは異なる状況に直面していると認識することになる。メンバー 1 がメンバー 2 は「努力する」を選択するであろうと予想する場合，メンバー 1 にとって「努力する」を選択することが好ましい。一方，メンバー 1 がメンバー 2 は「怠ける」を選択するであろうと予想する場合，メンバー 1 は「怠ける」を選択することが好ましい。メンバー 1 にとって好ましい行動はメンバー 2 が選択す

---

[2]　メンバーは同僚だけでなく，組織のさまざまなメンバーから圧力を受けうる。極端な現実の例としては，上司からの強力な精神的プレッシャーがある。しばしば，パワハラとよばれるものである。

28　第Ⅰ部　組織ではどのような問題が起きるのか?

表2-3　チーム生産——不平等回避

メンバー2

		努力する	怠ける
メンバー1	努力する	2, 2	$0, 3(1-g)$
	怠ける	$3(1-g), 0$	1, 1

るであろう行動に応じて変わってくる。同様にメンバー2についても，メンバー1がどの行動を選択するかに応じて，得となる行動が変わってくる。

1.4　不平等回避

　メンバーの利得が相手の利得から影響を受けるような状況も考えられる。たとえば，相手より高い利得を得ることに対して罪悪感を感じるような人がいることは現実的にありうる[3]。

　引き続き，等分配スケジュールにおけるチーム生産を考えよう。メンバーは行動を選択し，収益の半分を受け取ったときに得ることになる利得は表2-1で与えられる。これを**第一次の利得**とよぶことにする。メンバーは自分が受け取った第一次の利得と相手が受け取った第一次の利得を比較して，相手より自分の方が高い利得を得ている場合には罪悪感を感じるものとする。たとえば，罪悪感を感じた場合には，自分の第一次の利得の一定割合が減少するものとしよう。利得の減少の割合を g とし，0以上，1以下の値（$0 \leq g \leq 1$）であるとする。このとき，等分配スケジュールのもとにおける，メンバーの利得は表2-3のように表される。

　上記のメンバーの利得のことを第一次の利得に対する**最終利得**とよぶことにする。メンバーがこのような最終利得を考慮しながら行動を選択するような状況も前項と同様に考察することができる。

　$g = 0$ の場合は，自分が相手より高い利得を得ることに対して，罪悪感をまったく感じないことを表していると解釈することができる。一方，$g = 1$ の場合は，自分が相手より高い第一次の利得を得るとその利得を完全に打ち消すほどの罪悪感を抱くものと解釈することができる。

　$g < 1/3$ の場合，つまり，不平等による罪悪感をそれほど感じない状況にお

---

3)　一方で，相手より高い利得を得たことで優越感を持つ人間も現実にはいる。

第 2 章　組織におけるジレンマ　29

Column 2-1　不平等回避

　近年，経済理論の予測が正しいかどうかを実験室実験で検証することが盛んになった。大学生や大学院生を被検者とする研究が主流である。被検者は実験での成果に応じて謝金を受け取ることができる。経済実験で理論予測とは異なる結果が得られることがあることは多くの実験研究によって報告されてきた。その原因を，プレーヤーが合理的でないとするものとプレーヤーは単純に自分の利得のみを最大化しているわけではないとする 2 つの考え方がある。後者の考え方については，エルンスト・フェールとクラウス・シュミットの不平等回避とよばれるモデル* が実験結果と整合的な説明をする有力なモデルであると考えられている。

　自分（プレーヤー i）とある他人（プレーヤー j）の 2 人が経済実験に参加しているものとする。実験で自分が得る報酬を x_i と書き，相手が得る報酬を x_j と書く。このときの自分の最終的な利得を $\pi_i(x_i, x_j)$ と表す。不平等回避のモデルではプレーヤー i の利得は次のように表されるものと想定される。

$$\pi_i(x_i, x_j) = \begin{cases} x_i - \alpha_i(x_j - x_i) & \text{if } x_j \geq x_i \\ x_i - \beta_i(x_i - x_j) & \text{if } x_i > x_j \end{cases}$$

ここで，$\alpha_i \geq 0$ かつ $\beta_i \geq 0$ とする。

　不平等回避のモデルでは最終的な利得を最大にするようにプレーヤーは行動するものと仮定される。つまり，プレーヤーは自分の報酬のみを気にするのではなく，相手が得る報酬も考慮して行動を選択するものと仮定されるのである。$x_i > x_j$ の場合には，相手より多く報酬をもらったことに対して罪悪感を抱き，$x_j > x_i$ の場合には，相手を羨望することを表している。さまざまな実験によると，$\alpha_i \geq \beta_i$ かつ $0 \leq \beta_i < 1$ とすると現実との当てはまりがよいようである。一般に罪悪感よりも羨望の方が強いと考えられる。

　不平等回避のモデルに関する解説は川越（2007）が参考になる[†]。

　　* Fehr, E. and K. Schmidt (1999) "A Theory of Fairness, Competition, and Cooperation," *Quarterly Journal of Economics*, vol. 114, pp. 817-868.

　　[†] 川越敏司（2007）『実験経済学』東京大学出版会，第 4 章。

いては，囚人のジレンマと実質的にはまったく同じ状況にある[4]。各メンバーは相手がどの行動を選択しようとも，「怠ける」を選択することによって，努力することより高い利得を得ることができる。よって，結果として，各メン

---

　4)　相手が努力するとき，自分が怠けることが得になるのは，$2 < 3(1 - g)$ が満たされるときである。つまり，$g < 1/3$ が成り立つ場合である。

30 第 I 部 組織ではどのような問題が起きるのか?

バーは「怠ける」を選択することになり，ジレンマが発生することになる。一方，$g \geq 1/3$ の場合，つまり，不平等による罪悪感を強く感じる状況においては，メンバーにとって好ましい行動は相手が選択するであろう行動に応じて変わってくる。このような状況において，どのような行動が結果として選択されるかについては，第3章で考察することにする。

1.5 チーム生産における設計

ピア・プレッシャーが小さい（$0 \leq p < 1$），または，不平等に対する罪悪感が小さい（$0 \leq g < 1/3$）場合，等分配スケジュールのもとではジレンマが発生するため，分配スケジュールを適切に設計し，ジレンマを解消したいと考えることは自然であろう。以下では，説明の簡単化のため，ピア・プレッシャーや不平等に対する罪悪感がない状況を考えることにする。つまり，メンバーの利得は実現した収益の取り分と行動を選択することによる費用の差で表されるとする。

次のような実現した収益に連動して受け取る割合が変わる**業績連動分配スケジュール**に変更してみる。メンバー1とメンバー2は実現した収益が2のとき，それぞれ収益の50%を受け取り，実現した収益が6のとき，メンバー1は収益の70%，メンバー2は収益の30%を受け取り，実現した収益が10のとき，メンバー1は収益の60%，メンバー2は収益の40%を受け取るものとする。メンバー1を優遇するような分配スケジュールとなっている。

選択された行動と利得の組み合わせは表2-4のように表される。

たとえば，メンバー1が怠け，メンバー2が努力した場合は6の収益が実現するので，メンバー1は収益の70%を得て，メンバー2は収益の30%を得る。よって，メンバー1の利得は $0.7 \times 6 - 0 = 4.2$，メンバー2の利得は $0.3 \times 6 - 3 = -1.2$ と計算される。他の行動の組についても同様に計算でき，表2-4が導出できる。

表2-4 チーム生産──業績連動分配スケジュール

		メンバー2	
		努力する	怠ける
メンバー1	努力する	3, 1	1.2, 1.8
	怠ける	4.2, −1.2	1, 1

このときジレンマは解消されているのだろうか。業績連動分配スケジュールを採用した場合，結果として，どの行動の組が実現するのか調べてみる。まず，メンバー 2 の立場に立って考えてみよう。メンバー 1 は「努力する」を選択するであろうという予想をメンバー 2 が持っている場合，メンバー 2 は「怠ける」を選択することが得になる。また，メンバー 1 は「怠ける」を選択するであろうという予想をメンバー 2 が持っている場合も，メンバー 2 は「怠ける」を選択することが得になる。よって，メンバー 1 がどのような行動を選択しようとも，メンバー 2 は「怠ける」を選択することが得になっているので，「努力する」を選択することはないであろう。

一方，メンバー 1 の立場に立って考えると，上のロジックにより，メンバー 2 は「怠ける」を選択するであろうとメンバー 1 は予想することになる。このとき，メンバー 1 は「努力する」を選択することが得になる。よって，結果として，メンバー 1 は「努力する」を選択し，メンバー 2 は「怠ける」を選択するであろうと予測することができる。

ジレンマは完全には解消されていないが，1 人のメンバーは「努力する」を選択するので，等分配スケジュールの場合より，ジレンマは部分的に解消されたと考えてよいだろう。分配スケジュールを設計することは組織におけるジレンマを解消する方法のひとつであると考えられる。

2 組織のゲーム理論的分析

前節では等分配スケジュールのもとではジレンマが発生し，組織にとって望ましくない状態が実現すること，そして，分配スケジュールを設計することによって，部分的にジレンマを解消することができることをインフォーマルに解説した[5]。ここでは，ゲーム理論と経済学の概念を使って，前節の分析をいくぶん理論的に再解釈してみることにする。

2.1 ゲーム理論

ゲーム理論（game theory）とは戦略的相互依存関係の状況を分析するための

---

5) 経済学では，厳密な数理モデルを用いずに解説したり，特定の数値例を使って説明することを「インフォーマルな解説（説明）」という。

32 第Ⅰ部 組織ではどのような問題が起きるのか？

数学理論である。戦略的相互依存関係の状況とは，複数の意思決定主体が存在し，各意思決定主体の意思決定が互いに影響を与えるような状況のことをいう。たとえば，第1.1項のチーム生産も戦略的相互依存関係の状況を表している。意思決定主体は各メンバーであり，行動を選択することが彼らがすべき意思決定であった。そして，メンバーたちの利得は自分が選択する行動だけでなく，他のメンバーが選択する行動に応じて変化する。

より詳しくいえば，戦略的相互依存関係の状況とは，各意思決定者の利得は自分の行動だけでなく，自分以外の他の意思決定者が選択する行動に応じて利得が変わるような状況のことをいう。ゲーム理論ではこのような戦略的相互依存関係の状況を**ゲーム**（game）とよぶ。戦略的相互依存関係の状況を分析するということは，その状況をゲームとして表現し，そして，そのゲームにおいて起こりうる結果を予測することである。

ゲーム理論には戦略的相互依存関係の状況を表現するいくつかの方法がある。分析対象となる戦略的相互依存関係の状況に応じて適切な表現方法を選択しなければならない。ここで分析するチーム生産の戦略的相互依存関係の状況については，**戦略形ゲーム表現**（strategic form game representation）という表現方法が適切である。戦略形ゲームとは各意思決定主体が同時に行動を選択するような状況を数理モデルとして表現したものを指す[6]。

次項で戦略形ゲームの厳密な定義を行う。ゲームの結果の予測に関する解説は第2.4項で行う。

2.2 戦略形ゲームの定式化

ゲーム理論では意思決定主体のことを**プレーヤー**（player）とよぶ。プレーヤーが選択する行動計画を**戦略**（strategy）という。ここで，「行動」ではなく

---

[6] 他に**展開形ゲーム表現**（extensive form game representation）とよばれる表現方法がある。その表現方法は意思決定主体が順番に行動を選択するような状況を表現する場合に適している。第4章でそのようなゲームについて分析するので，ここでは簡単に違いを説明しておく。展開形ゲーム表現では，意思決定主体が行動を選択するタイミングを明示している。戦略形ゲームでは順番に行動を選択するような状況を表現することができないというわけではなく，展開形ゲームとは異なり，戦略的相互依存関係が始まる最初の時点で，将来行動を選択するタイミングが回ってきたときにどの行動を選択するかをあらかじめ決めておき，将来，行動を選択するタイミングがきたときにあらかじめ決めておいた行動を粛々と実行していくものと想定される。

「行動計画」という用語を使っている理由は，状況によっては，プレーヤーは行動を選択する機会が複数回与えられる可能性を考慮しているためである。このとき，行動計画とは，行動を選択する機会が与えられたときにどの行動を選択するかをすべての機会について列挙したものを意味する。行動を選択する機会が複数回ある状況については第4章で分析する。

　本章では，プレーヤーが行動を選択する機会は一度のみの状況を分析するので，プレーヤーの行動と戦略（行動計画）を同一視しても差し支えはない。このとき，「戦略」とは選択する「行動」を指定することを意味する。つまり，プレーヤーが選択する対象が「行動」であり，どの行動を選択するのかを指定したものを「戦略」という。このように確実にある行動を選択するような戦略のことを**純粋戦略**（pure strategy）という。

　それに対し，ランダムに戦略を選択するものを**混合戦略**（mixed strategy）という。たとえば，「努力する」を指定する純粋戦略を80%の確率で選択し，「怠ける」を指定する純粋戦略を20%の確率で選択するようなものである。この章では純粋戦略に限定して説明を進めるので，以下では単に「戦略」と書いた場合には純粋戦略のことを意味するものとする。混合戦略を明示的にした分析については第3章で解説する。

　先に戦略形ゲームの定義を与え，例を使って概念を解説していこう。

> **戦略形ゲーム**：戦略的相互依存関係の状況の戦略形ゲーム表現とは，（1）その状況に登場する各プレーヤー，（2）各プレーヤーの選択可能な戦略，（3）各戦略の組に対応する各プレーヤーの利得，を列挙することである。表現されたゲームのことを戦略形ゲームという。

　第1.1項の等分配スケジュールにおけるチーム生産を戦略形ゲームとして表現してみよう。まず，（1）チーム生産に登場するプレーヤーはメンバー1とメンバー2である。メンバー1をプレーヤー1とよび，メンバー2をプレーヤー2とよぶことにする。（2）プレーヤー1の戦略は「努力する」または「怠ける」を選択することであり，プレーヤー2の戦略は「努力する」または「怠ける」を選択することである。最後に（3）プレーヤーの利得を列挙する。つまり，プレーヤー1とプレーヤー2が選択可能な戦略の組すべてについて，各プレーヤーの利得を列挙すればよい。プレーヤーの利得は表2-5と表2-6のように表される。

34 第Ⅰ部 組織ではどのような問題が起きるのか？

表2-5 プレーヤー1の利得

（プレーヤー1の戦略，プレーヤー2の戦略）	⇒	プレーヤー1の利得
（努力する，努力する）	⇒	2
（努力する，怠ける）	⇒	0
（怠ける，努力する）	⇒	3
（怠ける，怠ける）	⇒	1

表2-6 プレーヤー2の利得

（プレーヤー1の戦略，プレーヤー2の戦略）	⇒	プレーヤー2の利得
（努力する，努力する）	⇒	2
（努力する，怠ける）	⇒	3
（怠ける，努力する）	⇒	0
（怠ける，怠ける）	⇒	1

　以上により，チーム生産が戦略形ゲームとして表現されたことになる。チーム生産のような単純なゲームでさえ，戦略形ゲームで表現することは煩雑なことであるようにみえるかもしれない。実をいうと，すでに第1.1項の表2-1でチーム生産は戦略形ゲームとして表現されていたのである。表2-1には戦略形ゲームとして列挙すべき（1）チーム生産に登場する各プレーヤー，（2）各プレーヤーの選択可能な戦略，（3）各戦略の組に対する各プレーヤーの利得，のすべてが明記されているのである。

　戦略形ゲームを表2-1のような表として表したものを**ゲーム・マトリックス**（game matrix）という[7]。単純なゲームについてはゲーム・マトリックスを作成することで，戦略形ゲームを定式化したことになる。プレーヤーの数が多い場合やプレーヤーが選択可能な戦略の数が多い場合には，ゲーム・マトリックスとして表すことは難しくなる。そのような場合には，戦略形ゲームの定義に示される（1）から（3）をこの項で表現したように逐一列挙しなければならない。

2.3　ゲームの構造——囚人のジレンマ・ゲーム

　あるゲームを戦略形ゲームとして表現することは，その**ゲームの構造**

7）　多くのゲーム理論の教科書では利得表という用語を使っている。本書では，第4章で登場する**ゲーム・ツリー**と対応させるためにゲーム・マトリックスという用語を使うことにした。

第 2 章　組織におけるジレンマ　**35**

表 2-7　囚人のジレンマ・ゲーム

容疑者 2

		黙秘	自白
容疑者 1	黙秘	$-1, -1$	$-5, 0$
	自白	$0, -5$	$-3, -3$

(structure of the game) をひとつ定めることを意味する。またはゲームの性質と解釈してもよい。ここで，第 1.1 項の等分配スケジュールにおけるチーム生産の戦略形ゲームを考えよう。このゲームは表 2-1 のゲーム・マトリックスで表されるゲームの構造を持っていることになる。とくに，表 2-1 のようなゲームの構造を持ったゲームは**囚人のジレンマ・ゲーム**とよばれ，ゲーム理論において，最も重要なゲームの構造のひとつである。

　囚人のジレンマ・ゲームとよばれる理由は，次のようなゲームがもとになっているからである。警察がある犯罪に関わったと思われる 2 人の容疑者を勾留している。この 2 人が共謀して犯罪を行ったことは明らかであるが，決定的な証拠がなく，犯した罪に相応しい，厳しい罰を与えることはできない。いずれか一方の容疑者からの自白があれば，厳しい罰を与えることができる。

　警察はそれぞれの容疑者を別々の部屋で尋問している。それぞれを容疑者 1 と 2 とよぶことにする。もし，容疑者 1 と 2 の両方が黙秘した場合には，証拠不十分で 1 年の懲役になる。容疑者 1 のみが自白し，容疑者 2 は黙秘した場合，容疑者 1 は釈放され，黙秘した容疑者 2 は 5 年の懲役が科される。容疑者 2 のみが自白した場合も同様である。容疑者 1 と 2 の両方が自白した場合には，両者とも 3 年の懲役が科されるものとする[8]。すると，この状況は表 2-7 の戦略形ゲームで表現することができる。

　この囚人のジレンマ・ゲームは次の特徴を持つ。(1) それぞれの容疑者はもう一方の容疑者が「黙秘」を選択しようが，「自白」を選択しようが，自分は「黙秘」を選択するよりも「自白」を選択する方が利得が高い。(2) 両者とも「自白」を選んだときと両者とも「黙秘」を選択した場合を比較すると，

---

8)　一方が自白し，他方が黙秘した場合，自白した方の罰は軽減され，黙秘した方に重い罰が科せられる状況は従来の日本の司法制度からすると奇妙に思われるかもしれない。囚人のジレンマ・ゲームが考え出された米国では司法取引が認められており，それが反映されている。なお，日本では 2018 年 6 月 1 日より司法取引は施行された。

36 第 I 部 組織ではどのような問題が起きるのか？

Column 2-2　囚人のジレンマ・ゲームの経済実験

　囚人のジレンマ・ゲームはメリル・フラッド（Merrill M. Flood）とメルビン・ドレシャー（Melvin Dresher）が 1950 年に行った実験が起源である。「囚人のジレンマ」という解釈を与えたのは数学者のアルバート・タッカー（Albert W. Tucker）であるといわれている。等分配スケジュールにおけるチーム生産以外の囚人のジレンマの例として，公共財の過少供給問題や共有地の悲劇などがある。

　囚人のジレンマ・ゲームは経済学だけでなく，他の社会科学の分野や生物学において重要なゲームである。心理学や社会学の分野では社会的ジレンマとよばれることもある。

　フラッドとドレシャーはこの実験研究を論文として出版することはなかったが，この実験以降，囚人のジレンマに関する数多くの実験がなされてきた*。

　現在のところ，決定的な実験結果は得られていないようである。実験の最初の方では協調的な行動（黙秘）が選択され，実験が進むに従って非協調的な行動（自白）を選択するということが観察されることが多いこともあるし，その逆が観察されることもあるようである。

　　＊ 以下の文献で 90 年代までの囚人のジレンマに関する実験研究の紹介がなされている。
　　Kagel, J. and A. Roth（1997）*The Handbook of Experimental Economics*, Princeton University Press, Chapter 1, III.A.

両者にとって後者の方が利得が高い。このような特徴を持つ戦略形ゲームのことを囚人のジレンマ・ゲームというのである[9]。

　表 2-2 と表 2-3 は表 2-1 の等分配スケジュールにおけるチーム生産をもとにした戦略形ゲームであるが，ゲームの構成要素の一部（この場合，利得）が異なるゲームであるので，元のゲームとは異なるゲームということになる。つまり，より厳密にいえば，2 つのゲームについて，登場するプレーヤー，プレーヤーが選択可能な戦略の種類や数，または，プレーヤーの利得が一致していない場合，それらは異なるゲームである。しかし，$p < 1$ かつ $g < 1/3$ のとき，表 2-1，表 2-2，表 2-3 に表される戦略形ゲームは利得が異なっているので，異なるゲームであるが，ゲームの構造的には同じものと考えることができる。つまり，すべて囚人のジレンマ・ゲームと同じ構造である。

---

　9)　刑が確定する前の問題を prisoners' dilemma とよぶことに違和感を覚える読者もいるかもしれないが，英語の prisoner には拘禁中の容疑者という意味もある。

2.4　プレーヤーの合理性と支配戦略均衡

　戦略的相互依存関係の状況を戦略形ゲームとして定式化した後はそのゲームを解くことになる。つまり，結果として，どのような戦略の組が実現するのかを予測することになる。そのためには，まず，プレーヤーがどのような基準に従って戦略を選択するのかを想定しておく必要がある。ゲーム理論では，「各プレーヤーは，自分以外のプレーヤーが選択する戦略に対する予想を与えられたものとし，その予想のもとで，自分の利得を最大にするような戦略を選択する」ものと想定される[10]。ゲーム理論では，このようなプレーヤーのことを**合理的なプレーヤー**という。以下ではこのような意味での合理的なプレーヤーを仮定して分析することにする。この仮定のもとでは，プレーヤーはいかなる予想のもとにおいても得にはならないような戦略は選択しないはずである。

　さらに，すべてのプレーヤーが合理的であることはプレーヤー間の共通認識であると想定する。この想定により，すべてのプレーヤーが，他のプレーヤーはいかなる予想のもとにおいても得にはならないような戦略がある場合には，そのプレーヤーはその戦略は選択しないはずであると予想することになる。

> **強支配戦略**：戦略形ゲームが与えられたものとする。あるプレーヤーの2つの相異なる戦略を考える。それらを戦略 α と戦略 β とよぶことにする。他のプレーヤーたちがどのような戦略を選択しようとも，そのプレーヤーにとって戦略 α を選択する方が戦略 β を選択するより，厳密に利得が高い場合，戦略 α は戦略 β を**強く支配する**という。同じ意味であるが，戦略 β は戦略 α に**強く支配される**という[11]。

　各プレーヤーは，ある戦略に強く支配されるような戦略は選択しないであろうと想定することは，合理的なプレーヤーの仮定と整合的である。なぜなら，

---

10)　プレーヤーがどのような予想を持つのかについては，解概念の定義の中で定められる。ゲーム理論にはさまざまな解概念が存在する。向学心豊かな読者はナッシュ均衡という解概念をすでに知っているかもしれない。ナッシュ均衡は解概念のひとつである。本章で紹介する支配戦略均衡も解概念のひとつであり，ナッシュ均衡とは別の解概念である。支配戦略均衡という解概念は他のプレーヤーが選択する戦略についてどのように予想するかということについては制約を課さない。あらゆる予想を考えることになる。

11)　章末の付録の「2 強支配関係」で強支配戦略の厳密な定義を行う。また，そこでは弱支配戦略の定義も行う。

38 第Ⅰ部 組織ではどのような問題が起きるのか？

あるプレーヤーが戦略 α に強く支配された戦略 β を選択しようとしているのであれば，そのプレーヤーは他のプレーヤーがどの戦略を選択すると予想したとしても，戦略 α より厳密に低い利得を得ることになり，個人の利得最大化という想定と矛盾するからである。

　等分配スケジュールにおけるチーム生産の戦略形ゲームについて考えてみよう。つまり，表 2-1 で表されるゲーム・マトリックスを考える。プレーヤー 1 にとって，「努力する」という戦略は「怠ける」という戦略に強く支配されている。プレーヤー 2 がどのような戦略を選択しようとも，プレーヤー 1 にとって「怠ける」という戦略を選択する方が厳密に利得が高いからである。同様に，プレーヤー 2 にとって，「努力する」という戦略は「怠ける」という戦略に強く支配されている。以下に，支配戦略の定義を与えておく。

> **支配戦略**：戦略形ゲームが与えられたものとする。あるプレーヤーの戦略 α がそのプレーヤーのそれとは別のあらゆる戦略を強く支配するとき，そのプレーヤーにとって，戦略 α は**支配戦略**であるという。

　もう一度，等分配スケジュールにおけるチーム生産の戦略形ゲームについて考えると，各プレーヤーにとって，「怠ける」という戦略は支配戦略になっていることは明らかである。支配戦略が存在するのであれば，合理的プレーヤーは支配戦略を選択する。合理的な選択の結果として実現することが予測可能な戦略の組のことを**均衡**という[12]。この章では，以下に定義される支配戦略均衡という概念を用いて分析をする。

> **支配戦略均衡**：戦略形ゲームが与えられたものとする。すべてのプレーヤーについて支配戦略が存在するとき，その支配戦略の組のことを**支配戦略均衡**という。

　すべてのプレーヤーが合理的であり，そして，それがすべてのプレーヤー間で共通認識であると想定する場合，あるプレーヤーについて支配戦略が存在するのであれば，他のプレーヤーはそのプレーヤーが支配戦略をプレーするであろうと予想することになる。

---

[12]　ゲーム理論ではさまざまな均衡の考え方が存在する。最も有名なものはナッシュ均衡とよばれるものである。それについては，第 3 章で説明するので，ここではふれないことにする。

第 2 章　組織におけるジレンマ　　**39**

　等分配スケジュールにおけるチーム生産では，戦略の組（怠ける，怠ける）は支配戦略均衡となっている。このとき，支配戦略均衡において，各プレーヤーは 1 の利得を得ることになる。プレーヤー 1 とプレーヤー 2 の利得を（プレーヤー 1 の利得，プレーヤー 2 の利得）のようにベクトルとして表すとき，(1, 1) を**支配戦略均衡利得の組**とよぶ。または，単に均衡利得の組という。また，戦略の組（怠ける，怠ける）以外の戦略の組は支配戦略均衡とはならないことは明らかである。

　どのような戦略形ゲームについても，各プレーヤーに支配戦略があるとは限らない。あるプレーヤーの異なる 2 つの戦略に着目した場合に，一方の戦略がもう一方の戦略を強く支配する，また，同じ意味であるが，後者が前者に強く支配される場合，これらの 2 つの戦略は**支配関係にある**という。そうでない場合は，2 つの戦略は**支配関係にない**という。

　業績連動分配スケジュールにおけるチーム生産の戦略形ゲームを考える。つまり，表 2-4 で表されるゲーム・マトリックスを考える。プレーヤー 2 には支配戦略が存在し，「怠ける」という戦略が支配戦略となっている。

　一方，プレーヤー 1 にとって，「努力する」という戦略と「怠ける」という戦略は支配関係にない。なぜなら，プレーヤー 2 が「努力する」という戦略を選択するのであれば，プレーヤー 1 は「怠ける」という戦略を選択する方が利得が厳密に高く，プレーヤー 2 が「怠ける」という戦略を選択するのであれば，プレーヤー 1 は「努力する」という戦略を選択する方が厳密に利得が高いからである。

　業績連動分配スケジュールにおけるチーム生産においては，一見，支配戦略均衡は存在しないように思える。しかし，あるプレーヤーについて支配された戦略が存在する場合には，他のプレーヤーはそのプレーヤーがその戦略をプレーしないであろうと予想し，すべてのプレーヤーについて支配された戦略を消去していくという作業を繰り返すことによって，各プレーヤーが選択する戦略を予測することができる。

　表 2-4 のゲーム・マトリックスでは，プレーヤー 2 にとって「努力する」という戦略は「怠ける」という戦略に支配されている。よって，プレーヤー 2 が合理的なプレーヤーであれば，プレーヤー 2 は「努力する」を選択することはしないであろうとプレーヤー 1 が予想することになる。プレーヤー 2 の戦略から「努力する」を消去すると，プレーヤー 1 はプレーヤー 2 が「怠

ける」を選択するものとして，プレーヤー1にとって最も利得の高くなる戦略を選択することが合理的である。結果として，プレーヤー1は「努力する」を選択することになる。

このように，支配された戦略を繰り返し消去することによって，各プレーヤーの戦略がただひとつのみ残るとき，その戦略形ゲームは**支配可解である**(dominance solvable) という[13]。支配された戦略の繰り返し消去によって得られたプレーヤーの戦略の組を先と同じように支配戦略均衡ということにする。表2-4で表される戦略形ゲームは支配可解であり，戦略の組（努力する，怠ける）は支配戦略均衡である。

3 組織のパフォーマンスの評価

前節では分配スケジュールが与えられたときに，どのようにしてプレーヤーが選択する「戦略」を予測できるかについて解説した。そこでは，分配スケジュールに応じて，支配戦略均衡として実現する「戦略の組」は変わる可能性があることが明らかになった。戦略の組が決まるとそれに従って戦略が遂行され，「行動の組」が実現する。

以下では，分配スケジュール（t と表す）とそのもとで選択された行動の組（a と表す）の組み合わせ，つまり $(a; t)$ のことを**組織の状態**とよぶことにする。分配スケジュールは収益の分配方法を定めるので，行動の組が同じでも分配スケジュールが異なるとメンバーは異なる利得を受け取る可能性がある。よって，$(a; t)$ でもって組織の状態とするのである。

まず，第3.1項と第3.2項で組織の観点から望ましい組織の状態とはどのようなものかを定義する。そこでは選択可能な組織の状態に着目するため，「戦略」ではなく，「行動」について言及していくことにする。また，そこでは理想的な組織の状態を定義することが目的であるので，第3.3項までは行動の組が支配戦略均衡として実現可能であるかどうかは考えないことにする。

最後に第3.4項で支配戦略均衡として実現可能な行動の組に着目して，等分配スケジュールと業績連動分配スケジュールのどちらを採用することがより望

---

13) いうまでもないが，各プレーヤーが支配戦略を持つ戦略形ゲームは支配可解であることは明らかである。

ましい組織の状態を実現するのかを考察する。

3.1　組織の効率性とは

　異なる2つの分配スケジュールが選択可能であるときに，どちらを採用することが組織にとって望ましいのかを判断する基準を解説する。ここでは，**効率性**（efficiency）という観点から組織のパフォーマンスを評価する方法を解説する。

　大雑把にいえば，効率的な状態とは無駄のない状態のことをいう。1人のメンバーのみから構成される組織の場合であれば，そのメンバーの利得を最大にするような行動を選択している状態が効率的な状態である。1人のメンバーのみから構成される組織の場合，そのメンバーの利得と組織としての利得は同一視してもよい。このとき，もし，組織の利得を最大にするような行動とは別の行動が選択されているのであれば，それは無駄が発生している状態にあると考えられる。なぜなら，より高い利得が得られる行動が選択可能であるにもかかわらず，それとは別の行動を選択していることは，本来得られたであろう利得を無駄に捨てていることと同じだからである。

　複数のメンバーから構成される組織については，ある状態が効率的であるかどうかを判断することは自明なことではない。たとえば，1人の経営者と1人の従業員から構成される企業組織を考え，次の2つの状態を比較してみるとよい。賃金は非常に低く抑えられており，従業員は低い利得を得ているが，経営者の利得が非常に高い状態を状態Aとよぶことにし，逆に，従業員は非常に高い賃金をもらい，高い利得を得ているが，経営者は低い利得を得ている状態を状態Bとよぶことにしよう。

　経営者の利得がその企業の利潤と同一視できると想定したとする。このとき，この企業の外部の人間，たとえば，この企業の株を購入しようと検討している投資家の観点からすると，人件費を抑えて高い利潤を得ている状態Aは状態Bより効率的な状態にあると考えるであろう。

　一方で，状態Bにおいては，従業員が高い賃金を得ているおかげで，状態Aより従業員のモチベーションが高く，組織としてのパイは状態Bの方が大きく，状態Bの方が状態Aより効率的な状態であると考えることもできる。このように，複数のメンバーから構成される組織の場合，どちらの状態が組織の観点からより効率的な状態であるかを判断することは自明であるとは限らな

い。

　組織の経済学では，組織のある状態が効率的であるかどうかを組織のメンバーの利得の観点から定義する。それは**パレート効率性**（Pareto efficiency）という概念を用いて定義される。これは組織の経済学だけでなく，社会科学のあらゆる分野において採用されている効率性の定義である。

3.2　パレート効率性

　ある分配スケジュール（t）が組織として選択可能であり，その分配スケジュールのもとで，ある行動の組（a）がメンバーにとって選択可能であるとき，その組織の状態（$a; t$）は選択可能であるということにする。繰り返しになるが，以下では行動の組が「支配戦略均衡として実現可能かどうかについては問わない」という想定のもとで各概念が定義されることを意識しながら読んでほしい。

　まず，パレート支配の概念を定義しておく。

> **パレート支配**：組織のメンバーと選択可能な組織の状態が列挙されたものとする。ある組織の状態とそれとは別の組織の状態が与えられたものとする。このとき，前者の状態において，すべてのメンバーの利得は後者の状態における利得より厳密に大きいか等しく，少なくとも 1 人のメンバーについては厳密に大きくなっているとき，前者の状態は後者の状態を**パレート支配する**という。または，後者の状態は前者の状態に**パレート支配される**という。

　また，ある組織の状態から，その状態をパレート支配するような組織の状態に移った場合には**組織の状態はパレート改善された**ということにする。上の定義を使うことによって，パレート効率性を次のように定義することができる。

> **パレート効率性**：組織のメンバーと選択可能な組織の状態が列挙されたものとする。ある組織の状態が与えられたとき，その組織の状態をパレート支配するような別の組織の状態が存在しないとき，その組織の状態は**パレート効率的である**という。

　この定義によると，パレート効率的な組織の状態はただひとつのみではなく，複数存在する可能性がある。また，ある組織の状態がパレート効率的であるかどうかは，その組織にとって選択可能な組織の状態がどのように定義されているかに応じて変わる可能性がある。それらを以下で確認してみよう。

第2章　組織におけるジレンマ　43

表2-8　業績連動分配スケジュールにおける組織の状態

	努力する	怠ける
努力する	D1 3, 1	D2 1.2, 1.8
怠ける	D3 4.2, −1.2	D4 1, 1

　チーム生産におけるパレート効率性について考えてみよう。まず，分配スケジュールは業績連動分配スケジュールに固定されており，この組織は分配スケジュールを選択することは可能ではないと仮定しよう。このとき，業績連動分配スケジュールのもとでは，組織のメンバーであるメンバー1とメンバー2が選択可能な行動の組は（努力する，努力する），（努力する，怠ける），（怠ける，努力する），（怠ける，怠ける）である。よって，組織として4つの組織の状態が選択可能ということになる。これらの組織の状態をそれぞれ状態D1，状態D2，状態D3，状態D4とよぶことにする。この組織が選択可能な組織の状態は表2-8に示されている。

　このとき，パレート効率的な組織の状態は3つある。それらは，状態D1，状態D2，状態D3の3つの状態である。たとえば，状態D2，つまり，業績連動分配スケジュールのもとで（努力する，怠ける）が選択された状態を考えてみよう。状態D2は状態D4をパレート支配しているので，状態D2は状態D4にパレート支配されていない。また，状態D1については，状態D2は状態D1をパレート支配してもいないし，状態D1にパレート支配されてもいない。同様に，状態D3についても，状態D2は状態D3をパレート支配してもいないし，状態D3にパレート支配されてもいない。よって，状態D2はパレート効率的であることが確認できた。同様にして，状態D1も状態D3もパレート効率的であることを確認することができる。パレート効率的な組織の状態が複数あることが確認された。業績連動分配スケジュールが固定されたとして，このときに状態D1，状態D2，状態D3のいずれかが実現しているのであれば，この組織は，パレート効率性の観点からは効率的に生産が行われていると判断することができるのである。

　次に，このチーム生産において，分配スケジュールを選択することが可能であり，等分配スケジュールか業績連動分配スケジュールのいずれかを選択することができる状況を考えてみよう。ここでは，分配スケジュールがどのように

44　第Ⅰ部　組織ではどのような問題が起きるのか？

表 2-9　分配スケジュールを選択可能な場合の組織の状態

	努力する	怠ける			努力する	怠ける
努力する	D1 3, 1	D2 1.2, 1.8		努力する	E1 2, 2	E2 0, 3
怠ける	D3 4.2, −1.2	D4 1, 1		怠ける	E3 3, 0	E4 1, 1
	業績連動分配スケジュール				等分配スケジュール	

選ばれるのかは気にしないことにしよう。たとえば，メンバー1でもメンバー2でもない第三者が分配スケジュールを選択するものとしておく。

　等分配スケジュールのもとでも，メンバー1とメンバー2が選択可能な行動の組は（努力する，努力する），（努力する，怠ける），（怠ける，努力する），（怠ける，怠ける）である。よって，組織として4つの組織の状態が選択可能ということになる。これらの組織の状態をそれぞれ状態E1，状態E2，状態E3，状態E4とよぶことにする。よって，この状況においては，状態D1から状態D4と状態E1から状態E4の8つの組織の状態が選択可能ということになる。

　組織が選択可能な分配スケジュールが業績連動分配スケジュールのみである場合は状態D2はパレート効率的であった。等分配スケジュールまたは業績連動分配スケジュールのいずれかを組織が選択可能な場合に，依然として状態D2がパレート効率的であるかどうかを確認してみる。いま，状態E1は選択可能な組織の状態のひとつである。状態E1と状態D2を比較してみよう。状態E1においては，メンバー1もメンバー2も2の利得を得ている。一方，状態D2において，メンバー1は1.2の利得，メンバー2は1.8の利得を得ている。よって，状態E1においては，各メンバーは状態D2より厳密に高い利得を得ることができるので，状態D2は状態E1によってパレート支配されている。つまり，状態D2はパレート効率的ではないことを意味する。よって，組織が選択可能な組織の状態に応じて，組織の状態がパレート効率的であるかどうかは変わることが確認された。

3.3　パレート効率性と公平性

　ここで，パレート効率性は効率性に関する定義であり，正義，公平，平等などのような価値判断については何も言及していないことに注意してほしい。たとえば，状態E1とD3に着目しよう。これらはともにパレート効率的であ

る。

状態 E1 においては，メンバー 1 とメンバー 2 はともに努力をしており，同じ利得を得ている。ある意味，公平かつ平等な状態であるといえよう。一方，状態 D3 においては，メンバー 1 は怠け，メンバー 2 は努力しているのにもかかわらず，メンバー 1 の方がより高い利得を得ている。不公正または不平等な状態にあるように思われる。しかし，パレート効率性という基準からは状態 E1 の方が状態 D3 より望ましいという判断をすることはできないのである。

3.4　組織のパフォーマンスの比較

組織の効率性に関する定義を与えたので，次に組織のパフォーマンスの比較を行ってみよう。第 2 節で分配スケジュールに応じて，支配戦略均衡として実現する行動の組は変わる可能性があることを確認した。パレート効率性という概念を定義したことによって，効率性という観点から，異なる 2 つの分配スケジュールが採用されている組織について，どの組織が望ましいかをわれわれは判断することができる。

チーム生産において，組織がある分配スケジュールを採用したとすると，それに対応する戦略形ゲームを定式化することができることは第 2 節で確認した。等分配スケジュールが採用された場合，その戦略形ゲームにおける支配戦略均衡において実現する行動の組は（怠ける，怠ける）である。つまり，状態 E4 が実現することになる。そのときの均衡利得の組は $(1, 1)$ である。一方，業績連動分配スケジュールが採用された場合，その戦略形ゲームにおける支配戦略均衡において実現する行動の組は（努力する，怠ける）である。つまり，状態 D2 が実現することになる。そのときの均衡利得の組は $(1.2, 1.8)$ である。

実現可能な組織の状態：組織として選択可能である分配スケジュールと，その分配スケジュールに対応する戦略形ゲームにおける支配戦略均衡において実現する行動の組を考える。そのとき，その組織の状態は**実現可能である**という。

このように定義すると，組織として等分配スケジュールまたは業績連動分配スケジュールのいずれかが選択可能な状況においては実現可能な組織の状態は状態 D2 と状態 E4 のみである。

状態 D2 は状態 E4 をパレート支配している。よって，効率性という観点か

46 第 I 部 組織ではどのような問題が起きるのか？

らは，業績連動分配スケジュールを採用している組織の方が等分配スケジュールを採用している組織より効率的であると判断することができる。等分配スケジュールを採用している組織は，業績連動分配スケジュールに変更することによって，組織の状態をパレート改善することができる。

4 組織の設計問題

　チーム生産のような単純な例から組織における重要な問題を理解することができる。等分配スケジュールを採用するチーム生産は囚人のジレンマ・ゲームと同じゲームの構造を持っていることを確認した。また，分配スケジュールを業績連動分配スケジュールに変更すると囚人のジレンマ・ゲームとは異なるゲームの構造になることも明らかになった。ゲーム理論的な観点からすると，組織の設計とはゲームの構造を設計することであるといってよい。

　パレート効率的な組織の状態は**ファーストベスト**（first-best）とよばれる。組織の設計問題とは，ファーストベストの状態を均衡として達成することは可能であるのか，もし，可能でなければ，どこまでファーストベストに近づくことが可能であるのかを明らかにすることである。

　チーム生産においては分配スケジュールを変更することによってゲームの構造を変更することができるが，分配スケジュールのみがゲームの構造を変えるわけではない。第 1.1 項で定義したチーム生産においては，メンバーたちは同時に行動を選択するものと想定した。状況によっては，メンバーが行動を選択する順番を決めることも組織設計の対象になりうる。また，ピア・プレッシャーを活用できるような組織文化を作り出すことも組織設計の対象となる[14]。しかし，ここでは，分配スケジュールの設計に焦点を当てることにする。

4.1 価値最大化原理

　前節では，等分配スケジュールまたは業績連動分配スケジュールの 2 つの分配スケジュールのみ選択可能な状況を考えた。そして，どちらの分配スケジュールを選択することが，組織にとってより効率的であるのかを比較する方法を解説した。それぞれの分配スケジュールについて，ひとつの組織の状態が実

---

14)　組織文化については第 11 章で解説する。

現可能であった。そして，一方の組織の状態がもう一方の組織の状態をパレート支配していたため，どちらの分配スケジュールを採用している組織が望ましいのかを判断することができた。

ここでは，ありとあらゆる分配スケジュールが選択可能であるものと想定する。そして，最も効率的な組織を構築するにはどの分配スケジュールを採用すべきかを考えたい。組織が選択可能な分配スケジュールは無数に存在する。そのような状況において，実現可能な組織の状態をすべて見つけ出すためには，それぞれの分配スケジュールについて，戦略形ゲームを定式化し，支配戦略均衡を導出しなければならない。実現可能な組織の状態も無数に存在する可能性がある。そのような場合，パレート効率的な組織の状態も無数に存在することになる。

無数にある分配スケジュールの中から，組織にとって望ましい分配スケジュールを見つけ出すことは困難であることが予想される。しかし，ある状況においては，比較的簡単に組織にとって望ましい分配スケジュールを見つけ出すことができる。それは組織の各メンバーの利得が行動に関する効用（または不効用）と金銭によって得られる効用に分離可能であり，しかも，金銭による効用は金額そのもので表される場合である[15]。つまり，受け取る金額と行動を選択することによる効用の和または差として利得が定められる場合である。このような利得は**金銭に関して加法的である**という。

第1.2項と第1.5項で想定されたようにメンバーの利得は受け取る金額と行動を選択することによる費用の差で定義されているので，金銭に関して加法的な利得となっている。先の例を使って，利得が金銭に関して加法的な場合の最適な行動決定を説明しよう。メンバー1のみに着目する。メンバー1は「努力する」と「怠ける」のいずれかを選択することができ，努力する場合には3万円の費用，怠ける場合には費用は発生しない。

ひとつの分配スケジュールとして，メンバー1が「努力する」を選択した場合には18万円を受け取り，「怠ける」を選択した場合には1万円を受け取るという分配スケジュールを考えよう。このとき，メンバー1は努力すると15（= 18 - 3）の利得を得ることになり，怠けると1（= 1 - 0）の利得を得る

---

15) 経済学の専門用語でいえば，組織の各メンバーの行動の選択に関して資産効果（wealth effect）がないことを意味する。

48 第I部 組織ではどのような問題が起きるのか？

ことになる。このとき，努力することが得になる。

別の分配スケジュールとして，メンバー1が「努力する」を選択した場合には100万円を受け取り，「怠ける」を選択した場合には83万円を受け取るというものを考えよう。このとき，メンバー1は努力すると97 (= 100 − 3) の利得を得ることになり，怠けると83 (= 83 − 0) の利得を得ることになる。このとき，努力することが得になる。

このように，利得が金銭に関して加法的である場合，これらの分配スケジュールにおいて，メンバー1が努力する場合と怠ける場合でメンバー1が受け取る金額の差額は17万円であり，いずれの場合においても努力することと怠けることの費用の差3を上回っているので，努力する方が得になる。

前者の分配スケジュールにおいては，怠けることによって受け取る金額は約94%減少するのに対し，後者の分配スケジュールにおいては，17%減少するのみである。現実においては，前者の状況においては，怠けることによる受け取り額の減少を避けて，努力することを選択し，後者の状況においては，怠けたとしても十分な金額を受け取ることができ，努力することによる金額の変化率は些細なものであるので，怠ける方が得であると判断する意思決定者が存在することは十分にありうる。本書では，このような意思決定者の存在を軽視するというのではなく，説明の簡単化のために，利得が金銭的に加法的な意思決定者に着目する[16]。

利得が金銭的に加法的である場合には，受け取る金額の変化率に反応するのではなく，行動を変えることによる費用の差と受け取る金額の差額を比較して，行動を決めるので，どのような組織が望ましいのかを考えることは比較的容易になる。それは組織のメンバーの利得の和を最大にするような組織が最も望ましいのである。これは以下の**価値最大化原理**（the value maximization

---

16) 上記の例については，メンバー1が受け取る収益を t とし，費用を $d = 0$ または $d = 3$ とすると，利得が金銭に関して加法的である場合，利得は $t − d$ と表され，受け取る金額と行動による費用の差で表される。一方，金銭に関して加法的ではない利得の例は $\sqrt{t} − d$ である。このとき，努力して18万円を受け取り，怠けて1万円を受け取ることを比較すると，$\sqrt{18} − 3 > \sqrt{1} − 0$ となり，努力することが得になる。一方，努力して100万円を受け取り，怠けて83万円を受け取ることを比較すると，$\sqrt{100} − 3 < \sqrt{83} − 0$ となり，怠けることが得になる。利得が金銭に関して加法的である場合には，いずれの場合にも努力することが得になる。利得が金銭的に加法的ではない状況に関する分析については，より上級のミクロ経済学に関する書籍を読まれることを勧める。

principle）としてまとめることができる。

> **価値最大化原理**：いかなる分配スケジュールも選択できるものとし，組織の各メンバーについて，利得が金銭に関して加法的であるとする。組織の状態がパレート効率的となるのは，組織のメンバーたちの利得の和が最大化される場合に限られる。逆に組織の状態がパレート効率的でない場合，当事者すべてが厳密に選好する別の（組織のメンバーの利得の和を改善する）組織の状態が存在する。

　利得の金銭加法性が成り立つ場合，組織の状態がパレート効率的であるならば，必ず組織のメンバーの利得の和が最大化されていることを主張しているわけだが，これは，組織の目的を利得の和を最大化することに設定すべきであるということを必ずしも意味しているわけではないことに注意しておきたい。

　営利目的の組織と NPO 法人のような営利を目的としない組織では目的は異なることは想像しやすい。また，企業組織でさえ，その目的は利潤最大化のみであるとは限らない。ある企業においては，株主を重視して企業価値を最大にするように経営することが目的とされる。また，別の企業にとっては，株主の利益に重きを置かずに従業員重視の経営を行うことが目的ということもある。

　価値最大化原理は，組織に応じて，その目的が異なるとしても，価値最大化原理の前提が成り立つ場合には，組織の目的の最大化が行われており，かつ，その組織の状態がパレート効率的であるのなら，組織のメンバーの利得の和も最大化されているということを意味している。

　利得が金銭に関して加法的である場合，分析上の 2 つの利点がある。ひとつは，無数にある組織の状態の中でパレート効率的であるような組織の状態はどのような性質を満たしているものであるかを特徴づけることができることである。もうひとつは，各組織の状態について，効率的な組織の状態に順位を付けることができることである。

　本章で考察したチーム生産では，メンバーの利得の和を最大にするのは行動の組（努力する，努力する）が選択される場合である。その次にメンバーの利得の和が大きいのは行動の組（努力する，怠ける）または（怠ける，努力する）が選択される場合である。そして，最もメンバーの利得の和が小さいのは行動の組（怠ける，怠ける）が選択される場合である。よって，行動の組（努力する，努力する）が選択されるような組織の状態のみがパレート効率的な組

50 第 I 部 組織ではどのような問題が起きるのか？

織の状態であることがわかる。その次に効率的な組織の状態は行動の組（努力する，怠ける）または（怠ける，努力する）が選択される組織の状態である。よって，行動の組（努力する，努力する）は行動の組（努力する，怠ける）より効率的であるというように，分配スケジュールを無視して組織の状態ではなく，行動の組に対して効率性の概念を適用することができる。

　ある行動の組が支配戦略均衡として実現可能となるような分配スケジュールが存在するとき，その行動の組は実現可能であるということにする。すると，価値最大化原理の前提が成立する場合，「ありとあらゆる分配スケジュールが選択可能な状況において，最も効率的な組織はどのようなものか」という問いは「実現可能な行動の組の中で最も効率的な行動の組は何か」という問いに置き換えて考えることができる。

4.2　セカンドベストの組織の状態

　チーム生産における組織設計を考えてみよう。まず，行動の組（努力する，努力する）が支配戦略均衡として実現可能な分配スケジュールが存在するかどうか確認する。収益 $x = 2, 6, 10$ について，メンバー 1 が受け取る金額を $t_1(x)$ と書くことにし，メンバー 2 が受け取る金額を $t_2(x)$ と書くことにする。収益のすべてをメンバー 1 とメンバー 2 ですべて分け合うので，$x = 2, 6, 10$ について，$t_1(x) + t_2(x) = x$ が成り立たなければならない。この条件のことを**予算バランス条件**（budget balance condition）という。

　支配戦略均衡が存在するためには，与えられた分配スケジュールにおける戦略形ゲームは支配可解でなければならないので，少なくとも 1 人のメンバーについて支配戦略が存在しなければならない[17]。いま，メンバー 1 が支配戦略を持つような分配スケジュールを考えると，以下が満たされなければならない。

$$t_1(10) - 3 > t_1(6) - 0 \tag{1}$$

$$t_1(6) - 3 > t_1(2) - 0 \tag{2}$$

　不等式 (1) はメンバー 2 が「努力する」を選択するときに，メンバー 1 は「努力する」を選択することが得になっており，不等式 (2) はメンバー 2 が

---

　17)　支配可解については第 2.4 項を参照せよ。

「怠ける」を選択するとき，メンバー 1 は「努力する」を選択することが得になっていることを表している。つまり，メンバー 1 にとって「努力する」を選択することが支配戦略になるためには，不等式 (1) と (2) が成り立たなければならないことを意味する。

このとき，合理的なメンバー 2 はメンバー 1 が「怠ける」を選択しないであろうと予想し，メンバー 1 の戦略から「怠ける」を消去する。よって，メンバー 1 が「努力する」を選択すると想定して，メンバー 2 は「努力する」を選択することが「怠ける」を選択するより得になっていなければならないので，以下の不等式が満たされなければならない。

$$t_2(10) - 3 > t_2(6) - 0 \tag{3}$$

不等式 (1) から (3) のすべてが満たされれば，行動の組（努力する，努力する）は実現可能ということになる。しかし，それは実現可能ではない。(1) の両辺と (3) の両辺を足し合わせると以下のようになる。

$$4 = 10 - 3 - 3 = t_1(10) + t_2(10) - 3 - 3 > t_1(6) + t_2(6) - 0 - 0 = 6 \tag{4}$$

つまり，不等式 (4) は不等式 (1) から (3) を同時に満たすような分配スケジュールは存在しないことを意味している。よって，行動の組（努力する，努力する）は実現可能ではない。最も効率的な行動の組を実現する分配スケジュールは存在しないのである。

次に 2 番目に効率的な行動の組（努力する，怠ける）または（怠ける，努力する）が実現可能かどうかについては，行動の組（努力する，怠ける）は第 1.5 項で取り上げた業績連動分配スケジュールにおける戦略形ゲームにおいて支配戦略均衡として実現可能であることをすでに確認している。よって，2 番目に効率的な行動の組は実現可能である。

以上により，最も効率的な行動の組が選択されるような組織の状態は実現可能ではないが，2 番目に効率的な行動の組が選択されるような組織の状態は実現可能であることが明らかとなった。多くの場合，最も効率的な組織の状態を実現することは可能ではなく，実現可能ではあるが，効率的ではない組織の状態に甘んじなければならないことがある。このような，ファーストベストではないが，実現可能な組織の状態の中で最も効率的な組織の状態のことを**セカンドベスト**（second-best）という。

52 第Ⅰ部　組織ではどのような問題が起きるのか？

Column 2-3　チーム生産

　企業組織におけるチーム生産的側面に着目した先駆的研究はアルメン・アルキアンとハロルド・デムゼッツによるものである*。企業においてはメンバーたちが独立して生産を行うのではなく，チームを形成し共同して生産を行う方がより効率的となることがあることを強調した。

　アルキアンとデムゼッツの研究では，現在の組織の経済学の分野における基礎となる概念が提案されている。(1) チーム生産においては，各メンバーが協調的な行動を選択するインセンティブを与える必要があること，(2) チームの成果を観察するだけでは各メンバーの貢献を特定することは不可能であるため，管理者によるモニタリングが必要であること，(3) 管理者にモニタリングのインセンティブを与えるために残余請求権を与えること，について議論している。残余請求権とはメンバーに報酬を支払った後に残った財産をどのように使うかを決定できる権利のことである。

　経済学関連の学術専門雑誌 *American Economic Review* で，*American Economic Review* 創刊から 100 年のトップ 20 論文のひとつとして上記のアルキアンとデムゼッツの論文は選出されている†。*American Economic Review* は経済学分野で最高峰の査読付き国際専門雑誌のひとつである。

　アルキアンとデムゼッツはチーム生産を数理モデルとして定式化していない。本章のチーム生産のモデルはベント・ホルムストロームによる研究を参考にしている‡。ホルムストロームの研究では，管理者に残余請求権を与えるべき理由は，必ずしも，モニタリングのインセンティブを引き出すためでなく，予算バランス条件を緩めるためであると主張されている。つまり，何も行動は選択しないが，余った収益を受け取る管理者（プリンシパル）がチームに存在するだけで，効率的なチーム生産が可能となることがあることを示した。このホルムストロームの研究はプリンシパルと複数エージェント関係における先駆的研究であり，多くの発展研究がある。研究者向けの解説であるが，チーム生産については伊藤 (2003) の第 6 章が詳しい§。

* Alchian, A. and H. Demsetz (1972) "Prodction, Information Costs, and Economic Organization," *American Economic Review*, vol. 62, pp. 777-795.

† 20 論文のうち 15 論文はノーベル経済学賞受賞者が関わった研究である。
Arrow, K., D. Bernheim, M. Feldstein, D. McFadden, J. Poterba, and R. Solow (2011) "100 Years of the *American Economic Review*: The Top 20 Articles," *American Economic Review*, vol. 101, pp. 1-8.

‡ Holmström, B. (1982) "Moral Hazard in Teams," *Bell Journal of Economics*, vol. 13, pp. 324-340.

§ 伊藤秀史 (2003)『契約の経済理論』有斐閣

第 2 章　組織におけるジレンマ　　53

● ま と め

□ 等分配スケジュールを採用するチーム生産の戦略形ゲームは囚人のジレンマ・ゲームと同じ構造をしており，パレート効率性を実現することは不可能である。

□ 非効率性を改善するためには組織設計が必要である。組織設計とはゲームの構造を設計することであり，チーム生産においては分配スケジュールを設計することである。

□ 価値最大化原理の前提が成り立つ場合，パレート効率的な組織の状態においてはメンバーの利得の和が最大化されている。

□ チーム生産においては，ファーストベストの組織の状態は実現可能ではなく，セカンドベストに甘んじなければならない。

● 文献ノート

本章の本文で説明したゲーム理論に関する概念の解説については以下の文献がレベル的に近い。

1. 岡田章（2014）『ゲーム理論・入門――人間社会の理解のために（新版）』有斐閣，第 3 章，第 4 章

2. 神戸伸輔（2004）『入門　ゲーム理論と情報の経済学』日本評論社，第 2 章「ゲームのやりかた」

付録で解説するゲーム理論に関する概念の説明のレベルに近い文献は以下のものである。

3. 神取道宏（2014）『ミクロ経済学の力』日本評論社，第 6 章「同時手番のゲームとナッシュ均衡」

4. 渡辺隆裕（2008）『ゼミナール　ゲーム理論入門』日本経済新聞出版社，第 2 章「戦略形ゲームの基礎」，第 6 章「混合戦略」

パレート効率性の概念はどのミクロ経済学の教科書でも解説されている。前掲の神取（2014）でも解説されている。ミクロ経済学の教科書では「資源配分」に対してパレート効率性は定義されている。本章では「組織の状態」に対してパレート効率性を定義した。資源配分という概念を企業組織という文脈に適用して名称を変えただけで同じものを意味している。

本章ではプレーヤーの利得が金銭的要因のみに影響を受ける状況に着目したが，金銭以外の要因を考慮した組織の経済学に関する研究も多く存在する。近年の行動経済学の発展がそのような研究を促進している。

本章で簡単に紹介したピア・プレッシャーと不平等回避に関する先駆的研究は以下のものである。

5. Kandel, E. and E. Lazear （1992）"Peer Pressure and Partnerships," *Journal of Political Economy*, vol. 100, pp. 801-817.

54 第 I 部 組織ではどのような問題が起きるのか？

6. Fehr, E. and K. Schmidt （1999）"A Theory of Fairness, Competition, and Cooperation," *Quarterly Journal of Economics*, vol. 114, pp. 817-868.

付録：ゲーム理論

　これまで，若干インフォーマルなゲーム理論的分析を行ってきた。ここでは，概念をより厳密に定式化することにする。戦略形ゲームとそれに関連する概念，そして，パレート効率性について，厳密な定式化をする。

1　2人プレーヤー戦略形ゲーム

　ここでは，第2.2項で定式化した戦略形ゲームを厳密に定義する。まず，プレーヤー1と2の2人のプレーヤーのみが存在する場合について定式化し，その後に一般的にn （≥ 2） 人のプレーヤーの場合について定式化する。

　プレーヤー1と2が存在するものとする。プレーヤー1が選択可能な行動が列挙されているものとする。そして，プレーヤー1が選択する行動をa_1というように，アルファベットの添字にプレーヤーの名前を書いて表すことにする。同様に，プレーヤー2が選択可能な行動が列挙されているものとし，プレーヤー2が選択する行動をa_2と書く。

　行動をどのように選択するのかを記述したもののことを戦略という。ある行動を確実に選択することを指定するような戦略のことを**純粋戦略**という。たとえば，行動a_1を確実に選択することを指定するプレーヤー1の純粋戦略を単にa_1と表すことにする。混乱が起きないように行動について言及するときには「行動a_1」と明記し，戦略について言及するときには「戦略a_1」と明記する。

　純粋戦略を確率的に選択することを指定する戦略のことを**混合戦略**という。たとえば，プレーヤー1はa_1，a_1'，a_1''の3つの行動が選択可能であるとする。よって，3つの純粋戦略が選択可能である。このとき，3分の2の確率で純粋戦略a_1を選択し，3分の1の確率で純粋戦略a_1'を選択し，0の確率で純粋戦略a_1''を選択するというものはひとつの混合戦略を表している。

　以下では純粋戦略に着目するので，単に「戦略」と書いた場合は純粋戦略のことを指しているものとする[18]。

　プレーヤー1が戦略a_1を選択し，プレーヤー2が戦略a_2を選択することを(a_1, a_2)と表し，これを戦略の組とよぶことにする。戦略の組(a_1, a_2)が選択された場合のプレーヤー1の利得を$u_1(a_1, a_2)$と書く。同様に，戦略の組(a_1, a_2)が選択された場合のプレーヤー2の利得を$u_2(a_1, a_2)$と書く。u_1とu_2のことをそれぞれプレーヤー1と

　18）　混合戦略を考慮した定式化については第3章の付録で行われる。

表2-10 業績連動分配スケジュール下におけるチーム生産（表2-8再掲）

		メンバー2	
		努力する	怠ける
メンバー1	努力する	3, 1	1.2, 1.8
	怠ける	4.2, −1.2	1, 1

2の利得関数という。プレーヤーの利得関数とは戦略の組ごとにある実数を割り当てる関数のことである。

業績連動分配スケジュール下におけるチーム生産を使って利得関数を説明しよう（表2-10）。

メンバー1の選択可能な戦略は a_1 =「努力する」と b_1 =「怠ける」であり，メンバー2の選択可能な戦略は a_2 =「努力する」と b_2 =「怠ける」である。このときの各プレーヤーの利得関数は次のように表される。

$$u_1(a_1, a_2) = 3, \quad u_2(a_1, a_2) = 1$$
$$u_1(b_1, a_2) = 4.2, \quad u_2(b_1, a_2) = -1.2$$
$$u_1(a_1, b_2) = 1.2, \quad u_2(a_1, b_2) = 1.8$$
$$u_1(b_1, b_2) = 1, \quad u_2(b_1, b_2) = 1$$

2人プレーヤーの戦略形ゲームの定義は次のとおりである。

> **2人プレーヤー戦略形ゲーム**：2人プレーヤーの戦略形ゲームとは，各プレーヤーが選択可能な戦略と各プレーヤーの利得関数を列挙したもののことである。

ゲーム理論では考察する戦略的相互依存関係の状況を分析する場合，まずその状況を記述することから始める。それは戦略形ゲームをひとつ定めることであり，その戦略的状況に巻き込まれている意思決定者（プレーヤー），各意思決定者が選択可能な戦略，そして，各意思決定者の利得関数を列挙することでもって，戦略的状況を記述したものとするのである。

戦略形ゲームは戦略的状況を記述するだけであり，どのような結果が予測されるか（分析結果）については何も教えてくれない。結果を予測するには均衡概念を導入する必要がある。ゲーム理論にはさまざまな均衡概念が存在する。採用する均衡概念に応じて予想される結果は変わりうる。

本文で紹介した支配戦略均衡は均衡概念のひとつである。多くの読者が知っているであろうナッシュ均衡も均衡概念のひとつである。その他に本書では部分ゲーム完全均衡や完全ベイジアン均衡が登場する。分析対象に応じて適切な均衡概念を選択することになる。ここでは支配戦略均衡について説明することにし，他の均衡概念については後の

56　第 I 部　組織ではどのような問題が起きるのか？

章で説明される。

　まず，本文で紹介した戦略の強支配関係を 2 人プレーヤー戦略形ゲームについてフォーマルに定義することにする。

2　強支配関係

　すでに第 2.4 項で解説しているが，戦略の支配関係をより厳密に説明する。まず，強支配を定義し，強支配関係を定義する。

> **強支配**：プレーヤー 1 のある戦略 a_1 とそれとは別のある戦略 b_1 を考える。このとき，プレーヤー 2 のどのような戦略 c_2 についても，
>
> $$u_1(a_1, c_2) > u_1(b_1, c_2)$$
>
> が成り立つとき，戦略 a_1 は戦略 b_1 を**強く支配する**（strictly dominate）という。また，戦略 b_1 は戦略 a_1 に**強く支配される**（strictly dominated）という。
> 　同様に，プレーヤー 2 のある戦略 a_2 とそれとは別のある戦略 b_2 を考える。このとき，プレーヤー 1 のどのような戦略 c_1 についても，
>
> $$u_2(c_1, a_2) > u_2(c_1, b_2)$$
>
> が成り立つとき，戦略 a_2 は戦略 b_2 を強く支配するという。また，戦略 b_2 は戦略 a_2 に強く支配されるという。

> **強支配関係**：プレーヤー 1 の相異なる 2 つの戦略を考える。このとき，一方の戦略がもう一方の戦略を強支配しているとき，プレーヤー 1 のこれらの戦略は**強支配関係にある**という。そうでなければ，**強支配関係にはない**という。同様に，プレーヤー 2 の相異なる 2 つの戦略について，一方の戦略がもう一方の戦略を強支配しているとき，プレーヤー 2 のこれらの戦略は強支配関係にあるという。そうでなければ，強支配関係にはないという。

　本書では扱わないが，関連する概念として戦略の弱支配関係について説明する。強支配関係とともにゲーム理論における重要な概念である。

> **弱支配**：プレーヤー 1 のある戦略 a_1 とそれとは別のある戦略 b_1 を考える。このとき，プレーヤー 2 のどのような戦略 c_2 についても，
>
> $$u_1(a_1, c_2) \geq u_1(b_1, c_2)$$
>
> が成り立ち，プレーヤー 2 のある戦略 d_2 については
>
> $$u_1(a_1, d_2) > u_1(b_1, d_2)$$
>
> が成り立つとき，戦略 a_1 は戦略 b_1 を**弱く支配する**（weakly dominate）という。ま

た，戦略 b_1 は戦略 a_1 に**弱く支配される**（weakly dominated）という。

　同様に，プレーヤー 2 のある戦略 a_2 とそれとは別のある戦略 b_2 を考える。このとき，プレーヤー 1 のどのような戦略 c_1 についても，

$$u_2(c_1, a_2) \geq u_2(c_1, b_2)$$

が成り立ち，プレーヤー 1 のある戦略 d_1 について，

$$u_2(d_1, a_2) > u_2(d_1, b_2)$$

が成り立つとき，戦略 a_2 は戦略 b_2 を弱く支配するという。また，戦略 b_2 は戦略 a_2 に弱く支配されるという。

　強支配関係と同様にして，弱支配関係を定義することができるのでその定義は省略する。

　弱支配と強支配の違いは，単に強支配の定義における強い意味の不等号（＞）を弱い意味の不等号（≧）に置き換えただけではないことに注意してほしい。プレーヤー 1 の戦略 a_1 が戦略 b_1 を弱く支配する場合には，プレーヤー 2 のすべての戦略 c_2 について弱い意味の不等号が成り立つだけでなく，ある戦略 d_2 については厳密な不等号が成り立たなければならない。もし，そのような戦略 d_2 が存在しない場合，プレーヤー 2 のすべての戦略 c_2 について，プレーヤー 1 の戦略 a_1 と戦略 b_1 の利得が等しいことを意味する。このとき，戦略 a_1 と戦略 b_1 は実質的に違いはなく，戦略 a_1 の方が戦略 b_1 よりもよいと考えることはできないからである。

　プレーヤー 1 の戦略 a_1 が b_1 を弱く支配しているとする。プレーヤー 2 がどのような戦略を選択しようとも，プレーヤー 1 は a_1 を選択することによって，プレーヤー 1 の利得は b_1 を選択するよりも**悪くなることはない**。つまり，戦略 a_1 は b_1 より弱い意味で好ましい。

　一方，プレーヤー 1 の戦略 a_1 が b_1 を強く支配している場合，プレーヤー 2 がどのような戦略を選択しようとも，プレーヤー 1 は a_1 を選択することによって，プレーヤー 1 の利得は b_1 を選択するよりも**厳密に高い**。つまり，戦略 a_1 は b_1 よりも強い意味で好ましい。

3　戦略形ゲーム

　2 人プレーヤー戦略形ゲームを拡張して，より一般化された戦略形ゲームと強支配関係を定義することができる。

　戦略形ゲーム：戦略形ゲームとは，登場するプレーヤー，各プレーヤーが選択可能な戦略，各プレーヤーの利得関数を列挙したもののことである。

　登場するプレーヤーの人数が n 人の場合，n 人プレーヤー戦略形ゲームという。いうまでもないが，$n = 2$ の場合は 2 人プレーヤー戦略形ゲームである。

58 第 I 部 組織ではどのような問題が起きるのか?

n 人プレーヤー戦略形ゲームを考える。プレーヤー i のある戦略を a_i と書くことにする。戦略の組とは各プレーヤーの戦略をプレーヤー 1 からプレーヤー n の順番に並べたもののことであり,次のように表される。

$$(a_1, a_2, \ldots, a_{i-1}, a_i, a_{i+1}, \ldots, a_n)$$

表記が長くなるので,次のような略記を使うことにする。

$$a = (a_1, a_2, \ldots, a_{i-1}, a_i, a_{i+1}, \ldots, a_n)$$

添字が付いていない場合は戦略の組を表しているものとする。この記法を使うと,戦略の組 a におけるプレーヤー i の利得は単に $u_i(a)$ と表すことができる。

次に n 人プレーヤー戦略形ゲームにおける強支配関係を定義する。2 人プレーヤー戦略形ゲームと同様に支配戦略の概念を定義することができる。その前にもうひとつ略記を導入しておく。プレーヤー i 以外は戦略の組 a に対応する戦略を選択するが,プレーヤー i のみ,戦略 b_i を選択するという戦略の組を以下のように表す。

$$(b_i, a_{-i}) = (a_1, a_2, \ldots, a_{i-1}, b_i, a_{i+1}, \ldots, a_n) \tag{5}$$

注意すべき点は,(b_i, a_{-i}) と書いた場合に以下のように解釈すべきではないことである。

$$(b_i, a_{-i}) = (b_i, a_1, a_2, \ldots, a_{i-1}, a_{i+1}, \ldots, a_n)$$

(b_i, a_{-i}) は戦略の組を表しているので,(5) のようにプレーヤー 1 からプレーヤー n の順番に戦略を列挙したものであると理解するのが,ゲーム理論における表記法の慣習である。

そして,単独で a_{-i} と書いた場合には,プレーヤー i 以外のプレーヤーの戦略をプレーヤー 1 からプレーヤー n の順番に並べたものであり,次を意味するものとする。

$$a_{-i} = (a_1, \ldots, a_{i-1}, a_{i+1}, \ldots, a_n)$$

これらの略記を使うことによって,強支配や弱支配の定義は 2 人プレーヤー戦略形ゲームの場合と同様に定義できるのである。ここでは,強支配の定義のみを説明する。

> **強支配**:プレーヤー i のある戦略 a_i とそれとは別のある戦略 b_i を考える。このとき,プレーヤー i 以外のプレーヤーのどの戦略の組 c_{-i} についても,
>
> $$u_i(a_i, c_{-i}) > u_i(b_i, c_{-i})$$
>
> が成り立つとき,戦略 a_i は戦略 b_i を**強く支配する**という。また,戦略 b_i は戦略 a_i に**強く支配される**という。

略記を導入したことによって,2 人プレーヤーの場合とほぼ同様の理解をすることが可能となるのである。戦略 a_i が b_i を強く支配するとは,プレーヤー i は,相手たち

（自分以外のプレーヤーたち）の各戦略の組について，戦略 a_i の方が b_i より厳密に高い利得をもたらすということである。これは，2人プレーヤー戦略形ゲームにおいて，戦略 a_1 が b_1 を強く支配する場合，プレーヤー1は，相手（プレーヤー2）の各戦略について，戦略 a_1 の方が b_1 より厳密に高い利得をもたらすことと同様に理解することができる。

あるプレーヤーの2つの戦略について，一方の戦略がもう一方の戦略を強く支配する場合，この2つの戦略は強支配関係にあるという。また，プレーヤー i のある戦略 a_i が自分の他のすべての戦略を強く支配する場合，戦略 a_i のことをプレーヤー i の**支配戦略**という。

4　支配された戦略の逐次消去，支配戦略均衡

n 人プレーヤー戦略形ゲームにおける支配戦略均衡を定義する。ある戦略形ゲームが与えられたとしよう。合理的なプレーヤーは強く支配された戦略を選択しないことは第2.4項で説明したとおりである。戦略形ゲームから強く支配された戦略を削除していくことを考えよう。

戦略形ゲームにおいて，強く支配された戦略を持つプレーヤーが存在するものとして，そのプレーヤーの強く支配された戦略を削除するものとする。強く支配された戦略が複数存在する場合には，それらをすべて削除してもよいし，一部の強く支配された戦略のみを削除してもよい。また，複数のプレーヤーが強く支配された戦略を持つ場合は，複数のプレーヤーのそれらの戦略を一気に削除してもよい。もともとの戦略形ゲームから強く支配された戦略を削除することによってでき上がる戦略形ゲームのことを**縮約戦略形ゲーム**という。

さらに，この縮約戦略形ゲームから強く支配された戦略を削除することによって，新たな縮約戦略形ゲームができ上がる。そして，さらに，この新たな縮約戦略形ゲームから強く支配された戦略を削除する。この手順のことを**強く支配された戦略の逐次消去**という。

この手順を続けていくと，強く支配された戦略が存在しなくなる。戦略の消去の順番に依存することなく，強く支配された戦略の逐次消去の結果，必ず同じ縮約戦略形ゲームが導出される。

強く支配された戦略の逐次消去の結果，各プレーヤーの戦略がただひとつ残るとき，この戦略形ゲームは**支配可解**であるという。その戦略の組のことを**支配戦略均衡**という。囚人のジレンマ・ゲームは支配可解であり，戦略の組（怠ける，怠ける）は支配戦略均衡である。なお，支配戦略を持つプレーヤーは支配戦略均衡において必ず支配戦略を選択することになる。支配戦略均衡は存在しないこともある[19]。

---

19)　次章で紹介されるコーディネーション・ゲームには支配戦略均衡が存在しないことを確認せよ。

60   第 I 部　組織ではどのような問題が起きるのか？

5　パレート効率性

　n 人プレーヤー戦略形ゲームについて，パレート支配の概念を定義した後，パレート効率性の定義を行う。第 3.2 項では行動の組に対してパレート効率性の定義を行った。ここでは純粋戦略に限定しており，戦略と行動を同一視できるので，戦略の組に対しパレート効率性を定義する。

> **パレート支配**：以下の条件が満たされるとき，戦略の組 a は戦略の組 b をパレート支配するという。各プレーヤー i について，
> $$u_i(a) \geq u_i(b)$$
> が成り立ち，少なくとも 1 人のプレーヤー j については，
> $$u_j(a) > u_j(b)$$
> が成り立つ。

次にパレート効率性を定義する。

> **パレート効率性**：戦略の組 a をパレート支配するような戦略の組が存在しないとき，戦略の組 a のことを**パレート効率的な戦略の組**という。

　第 1.2 項と第 1.5 項で考察したチーム生産では，分配スケジュールに応じて利得が変わることを確認した。つまり，分配スケジュールに応じてゲームの構造が変わることを確認した。

　ゲームの構造に影響を与えるパラメータを明示することにする。このパラメータはチーム生産では分配スケジュールのことである。たとえば，パラメータを s と書くことにし，このパラメータのもとで戦略の組 a が選択されたときのプレーヤー i の利得を $u_i(a; s)$ と表すことにする。パラメータに応じて，プレーヤーの利得が変わりうることを表している。

　パラメータ s のもとで戦略の組 a が選択されたことを $(a; s)$ と表し，これのことを**組織の状態**とよぶことにする。

> **パレート支配**：以下の条件が満たされるとき，組織の状態 $(a; s)$ は組織の状態 $(b; t)$ をパレート支配するという。各プレーヤー i について，
> $$u_i(a; s) \geq u_i(b; t)$$
> が成り立ち，少なくとも 1 人のプレーヤー j については，
> $$u_j(a; s) > u_j(b; t)$$
> が成り立つ。

第3章 コーディネーション問題

1 コーディネーション問題とは

御立尚資ボストン・コンサルティング日本代表（当時）は，ある対談で次のように発言している。

「私は仕事柄，企業経営者の方と話すことが多いのですが，彼らはゲーム理論を『うっすら』知っておられます。『ゲーム理論≒囚人のジレンマ』程度にです。ですから，実際にゲーム理論を経営の場で役立てようとしても，そこには大きな隔たりがあるんです。……本当のゲーム理論は，もっと奥が深くて，広がりがあって，おもしろいのに，どら焼きで言うとあんこの部分までたどり着かないで，表面の皮である囚人のジレンマで知識が止まってしまっているというのが大方の企業経営者のゲーム理論についての理解だと思います。」

囚人のジレンマは組織におけるインセンティブ問題を表す大切なゲーム（第2章参照）だが，この章では企業経営者をはじめ，組織の運営に携わる皆さんに勉強してもらいたい，異なる構造を持つゲームを紹介しよう。それは**コーディネーション・ゲーム**（coordination games）と総称されるゲームである。コーディネーションは日本語では「調整」と訳されることが多い。

ゲーム理論による分析を行う前に，まず組織における「コーディネーション問題」とは何か，を簡単に説明しよう。組織を構成するメンバーが，それぞれ自分自身にとって好ましい決定を行っていても，組織の状態がファーストベスト，すなわちパレート効率的になるとは限らない。その理由には，第2章の囚人のジレンマや，第4章のトラスト・ゲームによって表現される「モチ

ベーション（動機づけ）問題」と，本章で紹介する「コーディネーション問題」とがある。組織で発生しうる問題のほぼすべては，この2種類の問題の一方もしくは組み合わせで生じるといっても過言ではない。

組織は人の集まりである。しかし，ただ人が集まればうまくいくわけではない。たとえばトマトソース・スパゲティを大量に販売する屋台を想像してみよう。5人の従業員が屋台で働くとして，材料を切り，ソースをつくり，パスタを茹で，お皿に盛りつけ，お客に出す，ということを1人で全部行うならば，5人がそれぞれ別の屋台で販売している場合とほとんど同じことになる。しかし5人が次のように**分業**（division of labor）すると話が変わってくる。1人目がもっぱら材料を切り，2人目がもっぱらソースをつくり，3人目がもっぱらパスタを茹で，4人目がもっぱらお皿に盛りつけ，そして最後の5人目がもっぱらお客に出す。このように各メンバーが自分の仕事に特化すれば，学習効果によってスパゲティが完成するスピードもスパゲティの質も高まるだろう。つまり，「全体が部分の総和以上となる」効果が期待できる。

しかし分業方式に移行することで新たな問題が生ずる。5人がそれぞれ別の屋台で販売するならば，互いに他の屋台の工程にさほど気を配る必要はない。しかし，分業方式では話が違ってくる。5人が互いに他のメンバーの進捗状況を考慮しながら自分の仕事を進めなければ，ソースに使う材料の不足が発生したり，ソースができていないのにパスタが茹であがったり，できたお皿をすぐに客に出すことができなかったりといった，さまざまな「無駄」が生じてしまう。分業前と違い，5人の仕事が相互に依存しあった状態にあるからである。このようにメンバー間の相互依存によって「無駄」が生じる問題は，「コーディネーション問題」とよばれている。

第2章の囚人のジレンマでは，チームの各メンバーは，互いに他のメンバーに「怠ける」よりも「努力する」を選んでほしいにもかかわらず，自分自身にとっては「怠ける」を選択することが得になっている。また，第4章のトラスト・ゲームでは，上司は部下に努力してほしいと考えているにもかかわらず，部下はサボってしまう。このように利害対立があることで生じる問題は「モチベーション問題」とよばれる。

2 コーディネーション・ゲーム

　組織では仮にメンバー間に利害対立がまったくない状況でも，うまく決定の
コーディネーションができずに，組織のパフォーマンスが下がってしまうこと
がある。第2章と同様の，チーム生産とよばれる共同作業の状況を例にとっ
て，このコーディネーションの問題を分析しよう。チームはメンバー1とメ
ンバー2の2人から構成されており，各メンバーは同時に戦略を選択し，実
現したチームの収益をメンバーで等分に分け合う。たとえば事業部1と事業
部2から構成される会社を想像してもよい。

　共同作業は，仕事Aと仕事Bという2種類の仕事を両方こなすことによっ
て完了する。各メンバーはどちらの仕事をこなすかを同時に選択する。つま
り，互いに他のメンバーがどの仕事を選択するのかを知らずに，自分の仕事
を選択しなければならない。各メンバーは「仕事A」または「仕事B」のい
ずれかの戦略を選択する。前者は「仕事Aでまじめに努力する」，後者は「仕
事Bでまじめに努力する」を意味する。第2章のチーム生産の例とは異なり，
仕事を「怠ける」ことは，たとえば監視されていてばれてしまうので選択でき
ないと仮定する。各メンバーには，どちらの仕事をこなした場合にも努力の費
用3が生じる[1]。

　チームに生じる収益は10か6のいずれかであるとする。チームの収益が10
になる戦略の組は2種類ある。

　まず，メンバー1が仕事A，メンバー2が仕事Bを選んだ場合で，この戦
略の組を（仕事A，仕事B）と書くことにしよう。かっこ内の最初がメンバ
ー1の戦略，2番目がメンバー2の戦略を表す。同様に，戦略の組が（仕事
B，仕事A）の場合にも共同作業を完了することができ，チームの収益は10
となる。しかし残りの2種類の戦略の組，すなわち（仕事A，仕事A），（仕
事B，仕事B）の場合には，共同作業は完了せず，チームの収益は6となる。

　この共同作業の戦略的相互依存関係の状況を戦略形ゲームで表現するため，
以下ではメンバー1をプレーヤー1，メンバー2をプレーヤー2とよぶことに

---

1)　努力の費用が意味するものについては，第2章第1.2項の「不効用」の説明を参照さ
れたい。

64 第 I 部 組織ではどのような問題が起きるのか？

表 3-1 コーディネーション・ゲーム#1——プレーヤー1の利得

（プレーヤー1の戦略，プレーヤー2の戦略） ⇒	プレーヤー1の利得
（仕事 A，仕事 A）⇒	0
（仕事 A，仕事 B）⇒	2
（仕事 B，仕事 A）⇒	2
（仕事 B，仕事 B）⇒	0

表 3-2 コーディネーション・ゲーム#1——プレーヤー2の利得

（プレーヤー1の戦略，プレーヤー2の戦略） ⇒	プレーヤー2の利得
（仕事 A，仕事 A）⇒	0
（仕事 A，仕事 B）⇒	2
（仕事 B，仕事 A）⇒	2
（仕事 B，仕事 B）⇒	0

表 3-3 コーディネーション・ゲーム#1

		プレーヤー 2	
		仕事 A	仕事 B
プレーヤー 1	仕事 A	0, 0	2, 2
	仕事 B	2, 2	0, 0

する。各プレーヤーの利得は，収益の取り分（半分）と努力の費用の差で，表3-1，3-2のようになる。実現したチームの収益が10の場合には，各プレーヤーの利得は $0.5 \times 10 - 3 = 2$ となる。実現したチームの収益が6の場合には，各プレーヤーの利得は $0.5 \times 6 - 3 = 0$ となる。

　以上で，戦略形ゲームとして表現する準備が整った。第2章で定義されたように，戦略形ゲームは（1）登場するプレーヤー（プレーヤー1，プレーヤー2），（2）各プレーヤーの選択可能な戦略（仕事 A または仕事 B），（3）各戦略の組に対する各プレーヤーの利得（表3-1，3-2）からなる。このゲームをゲーム・マトリックスで表したものが表3-3である。

3 ナッシュ均衡

3.1 ナッシュ均衡の定義

　表3-3で表される戦略形ゲームの4種類の戦略の組（仕事 A，仕事 A），

（仕事A，仕事B），（仕事B，仕事A），（仕事B，仕事B）のうち，うまく分業することができた2番目と3番目の組（仕事A，仕事B），（仕事B，仕事A）はコーディネーションが成功した状態で，2人のプレーヤーはそれぞれ最も高い利得2を得ることができる。しかし1番目と4番目の組では，コーディネーションが失敗して，両者がこなす仕事が重なってしまい，それぞれ最低の利得0を得る結果に終わってしまう。第2章で学習した概念を用いると，戦略の組が（仕事A，仕事B）または（仕事B，仕事A）のときの組織の状態はパレート効率的だが，（仕事A，仕事A）または（仕事B，仕事B）のときの組織の状態はパレート効率的な状態にパレート支配されている。

　しかし，第2章の囚人のジレンマで明らかなように，パレート効率的な状態が実現するとは限らない。表3-3で表される戦略形ゲームで，どのような戦略の組が実現するかを考えてみよう。各プレーヤーは，他のプレーヤーがどの戦略を選択するか予想して，自分の利得を最大にする選択を行う。

> **2人ゲームの最適反応**：2人プレーヤーの戦略形ゲームが与えられたものとして，あるプレーヤー1の選択に注目する。他のプレーヤー2の戦略が b_2 のときに，プレーヤー1の利得を最大にする戦略が a_1 であるとする。このとき戦略 a_1 を，戦略 b_2 に対するプレーヤー1の**最適反応**（best response）という。

　まず，プレーヤー1の選択に注目しよう。もしもプレーヤー1が「相手のプレーヤー2は仕事Bを選ぶ」と予想するならば，プレーヤー1が仕事Aを選べば利得は2，仕事Bを選べば利得は0となる。つまり，プレーヤー1にとって，自分の利得を最大にする好ましい選択は仕事Aとなる。最適反応の定義に従うと，プレーヤー2の仕事Bに対する，プレーヤー1の最適反応は仕事Aである。同様に，プレーヤー2の仕事Aに対する，プレーヤー1の最適反応は仕事Bである。プレーヤーの立場を変えても同様で，プレーヤー1の仕事Aに対するプレーヤー2の最適反応は仕事B，プレーヤー1の仕事Bに対するプレーヤー2の最適反応は仕事Aとなる。

　以上の考察から，このゲームには支配戦略均衡が存在しないことがわかる。第2章の囚人のジレンマでは，「怠ける」は，相手の戦略にかかわらず自分の利得を最大にする支配戦略だった。最適反応の定義に従って言い換えると，支配戦略とは，相手のどの戦略に対しても最適反応となる戦略である。しかし，

表 3-3 のゲームでは，仕事 A に対する最適反応は仕事 B，仕事 B に対する最適反応は仕事 A となっており，他のプレーヤーが仕事 A を選ぶか仕事 B を選ぶかに依存して，最適反応は異なってしまう。つまり，支配戦略は存在しない。

ここで，プレーヤー 1 が仕事 A，プレーヤー 2 が仕事 B を選ぶという戦略の組（仕事 A，仕事 B）に注目しよう。この状態では，プレーヤー 1 は相手のプレーヤー 2 の戦略（仕事 B）に対する最適反応（仕事 A）を選んでいる。よって，プレーヤー 1 が単独で自分の選択を仕事 A から変更する理由はない。変更しても利得は下がってしまうからである。プレーヤー 2 にも，単独で自分の選択を仕事 B から変更する理由はない。プレーヤー 2 は相手のプレーヤー 1 の戦略（仕事 A）に対する最適反応（仕事 B）を選んでいるからである。このように，各プレーヤーの戦略が，互いに相手の戦略に対する最適反応となっている戦略の組に対して，重要な用語を定義しよう。

> **2 人ゲームのナッシュ均衡#1**：2 人プレーヤーの戦略形ゲームにおいて，プレーヤー 1 の戦略 a_1，プレーヤー 2 の戦略 a_2 が，次の 2 つの条件を満たすとする。
> □ プレーヤー 1 の戦略 a_1 は，プレーヤー 2 の戦略 a_2 に対する最適反応である。
> □ プレーヤー 2 の戦略 a_2 は，プレーヤー 1 の戦略 a_1 に対する最適反応である。
> このとき，戦略の組 (a_1, a_2) をゲームの**ナッシュ均衡** (Nash equilibrium) という。

表 3-3 で表される戦略形ゲームに適用してみよう。戦略の組（仕事 A，仕事 B）では，各プレーヤーは互いに相手の戦略に対する最適反応を選択している。つまり，（仕事 A，仕事 B）はこのゲームのナッシュ均衡であることがわかる。同様に，戦略の組（仕事 B，仕事 A）もこのゲームのナッシュ均衡である。しかし，（仕事 A，仕事 A），（仕事 B，仕事 B）はナッシュ均衡ではない。読者は，各プレーヤーの戦略が他のプレーヤーの戦略に対する最適反応となっているかどうかを調べることで，これらの戦略の組がナッシュ均衡かどうかを自ら確認してみてほしい。

ナッシュ均衡について，若干の注意点を記しておく。

第3章　コーディネーション問題　**67**

1. ナッシュ均衡は「互いに，相手の戦略に対する最適反応を選択している戦略の組」と定義された。ナッシュ均衡は「戦略の組」であることに注意しよう。たとえば，戦略の組（仕事 A，仕事 B）がナッシュ均衡であって，そのときの利得の組 $(2, 2)$ がナッシュ均衡なのではない。

2. 各プレーヤーは，互いに相手がどの戦略を選択するのかを知らずに，自分の戦略を選択している。ナッシュ均衡では互いに相手の戦略に対する最適反応を選んでいるが，各プレーヤーは，相手が選択する戦略を実際に観察してから，その戦略に対する最適反応を選んでいるのではない[2]。各プレーヤーは，あくまで相手が選択する戦略を**予想**して，予想された戦略に対する最適反応を選んでいるのである。そしてナッシュ均衡では，各プレーヤーは，他のプレーヤーに予想されたとおりの戦略を実際に選択している。つまり，各プレーヤーが正しい予想をしている状態である。

2 番目の注意点に基づいて，ナッシュ均衡を次のように定義し直すこともできる。

> **2 人ゲームのナッシュ均衡#2**：2 人プレーヤーの戦略形ゲームのナッシュ均衡は，次の（a），（b）の特徴を満たす戦略の組である。
>
> （a）各プレーヤーは，相手が選択する戦略を予想し，その予想に対する最適反応を選択している。
>
> （b）各プレーヤーの予想は正しい。

以上の分析により，このゲームの 4 つの戦略の組のうち，2 組がナッシュ均衡であることがわかった。しかし，ナッシュ均衡をみつけることができたからといって，コーディネーション問題が解決するわけではない。というのは，ナッシュ均衡が 2 組存在するために，2 人のプレーヤーが同一のナッシュ均衡に注目するかどうかが問題となるからである。プレーヤー 1 が仕事 A，プレーヤー 2 が仕事 B という分業に互いに注目するならば，戦略の組（仕事 A，仕事 B）が実現してコーディネーションに成功する。同様に，プレーヤー 1 が仕事 B，プレーヤー 2 が仕事 A という分業に注目するならば，戦略の組（仕事 B，仕事 A）が実現する。しかし，たとえばプレーヤー 1 はナッシ

---

2) プレーヤーが他のプレーヤーの選択を観察してから自分の選択を行う状況は，第 4 章で扱う。

ュ均衡（仕事 A，仕事 B）に注目し，プレーヤー 2 はナッシュ均衡（仕事 B，仕事 A）に注目するとどうなるだろうか。プレーヤー 1 は相手のプレーヤー 2 は仕事 B を選ぶと予想し，プレーヤー 2 も相手のプレーヤー 1 は仕事 B を選ぶと予想するので，どちらのプレーヤーの最適反応も仕事 A となり，コーディネーションに失敗してしまう。

　この戦略形ゲームで表される戦略的相互依存関係では，プレーヤーの利害は一致している。何とかコーディネーションに成功して，自分のみならず相手にとっても最も好ましい結果を達成したいと考えている。にもかかわらず，同じナッシュ均衡に両者が注目しないと，コーディネーションに失敗してしまい，パレート効率的な組織の状態は実現しない。このような予想のすれ違いに起因する問題は，日常生活でも組織の中でも頻繁に発生する。

3.2　囚人のジレンマとナッシュ均衡

　コーディネーション問題からちょっと脇道にそれるが，第 2 章のチーム生産のゲーム（囚人のジレンマ）を思い出してもらいたい。ゲーム・マトリックスを表 3-4 として再掲する。

　このゲームでは，戦略の組（怠ける，怠ける）がナッシュ均衡となっていることを確かめよう。プレーヤー 2 が怠けるならば，プレーヤー 1 にとっても「怠ける」を選んで利得 1 を獲得する方が，「努力する」を選んで利得 0 を得るよりも好ましい。つまり，プレーヤー 2 の怠けるに対するプレーヤー 1 の最適反応は，怠けるである。同じことはプレーヤーの立場を変えても成り立つので，（怠ける，怠ける）は「互いに相手の戦略に対する最適反応を選択している戦略の組」，すなわちナッシュ均衡であることがわかった。さらに，（怠ける，怠ける）以外にナッシュ均衡となる戦略の組はない。読者はこのことを自分で確かめてみてほしい。

　第 2 章では，このような囚人のジレンマでは，すべてのプレーヤーに支配

表 3-4　囚人のジレンマ

		プレーヤー 2	
		努力する	怠ける
プレーヤー 1	努力する	2, 2	0, 3
	怠ける	3, 0	1, 1

戦略があり，その支配戦略の組を支配戦略均衡ということを学習した。実は，戦略形ゲームに支配戦略均衡がみつかった場合には，支配戦略均衡はゲームの唯一のナッシュ均衡となっている。したがって，本章の他のゲームのように，複数のナッシュ均衡のどちらに注目するべきかというコーディネーションの問題は起こらないのである。

3.3 ナッシュ均衡の存在と混合戦略

表3-3で表されるコーディネーション・ゲームには2組のナッシュ均衡，表3-4で表される囚人のジレンマには1組のナッシュ均衡が存在することをみてきた。では，どのような戦略形ゲームにもナッシュ均衡を少なくとも1組みつけることができるのだろうか。

ゲーム・マトリックスが表3-5で表される戦略形ゲームをみてほしい。プレーヤーは部下と上司の2人，部下の選択可能な戦略は「努力する」と「怠ける」，上司に選択可能な戦略は「監視する」と「監視しない」である。利得は次のように決まる。2人の所属する部署の利益が，部下が努力すると8，怠けると4である。努力すると，部下は$3/2$の費用を負う。上司は監視することによって，部下がどちらの戦略を選んだかを知ることができるが，監視することで1の費用を負う。上司は利益を自分と部下に分配する。監視するを選んで部下が努力した場合には，部下に3の報酬を支払わなければならないので，部下の利得は$3 - 3/2 = 3/2$，上司の利得は$8 - 1 - 3 = 4$となる。監視するを選んで部下が怠けた場合には報酬を支払う必要はないので，部下の利得は0，上司の利得は$4 - 1 = 3$となる。監視せず部下の選択がわからない場合には，部下には3の報酬を支払わなければならないので，部下が努力した場合には部下の利得は$3 - 3/2 = 3/2$，上司の利得は$8 - 3 = 5$，怠けた場合には部下の利得は3，上司の利得は$4 - 3 = 1$となる。

この戦略形ゲームにはナッシュ均衡が存在しない。たとえば（努力する，監

表3-5　監視ゲーム

		上司	
		監視する	監視しない
部下	努力する	3/2, 4	3/2, 5
	怠ける	0, 3	3, 1

70　第 I 部　組織ではどのような問題が起きるのか？

視する）という状態では，努力するに対する上司の最適反応は監視しないなの
でナッシュ均衡ではない。（努力する，監視しない）という状態では，部下が
最適反応を選択していない。以下同様に，（怠ける，監視しない）では上司が，
（怠ける，監視する）では部下が最適反応を選択していない。つまり，4 組の
戦略の組はいずれもナッシュ均衡ではない。

　監視をするかどうかという状況で実際に行われるのは，必ず監視するか，必
ず監視しないかという選択ではなく，抜き打ち検査や無作為抽出のように，監
視するかしないかを確率的に選ぶ方法である。たとえば，10 円玉を投げて表
が出れば監視する，裏が出れば監視しないを選択する，という方法ならば，監
視するを選ぶ確率は 1/2，監視しないを選ぶ確率も 1/2 となる。さいころを投
げて出た目が 1 または 2 ならば監視する，それ以外ならば監視しないならば，
監視するを選ぶ確率は 1/3，監視しないを選ぶ確率は 2/3 となる。部下も同様
に，努力するか怠けるかを確率的に決めることができる。本項の残りで，この
ような確率的な選択に分析を広げることによって，表 3-5 のような戦略形ゲ
ームにもナッシュ均衡が存在することを説明しよう。

> **混合戦略**：戦略形ゲームが与えられたものとして，プレーヤー A の選択可能
> な戦略が α_1, α_2 の 2 種類であるとする。このとき，0 以上 1 以下の数 p を
> 決めて，α_1 を確率 p，α_2 を確率 $1 - p$ で選択するという戦略を，プレーヤ
> ー A の**混合戦略**（mixed strategy）という。なお，$p = 1$ は α_1（を必ず選
> ぶ），$p = 0$ は α_2（を必ず選ぶ）に対応し，戦略形ゲームでもともと与え
> られているこれら 2 種類の戦略を，混合戦略と対比させて**純粋戦略**（pure
> strategy）ということがある。

　監視ゲームでこのような方法をとる本質的な理由は，互いに相手に自分の選
択を予想されないようにすることにある。たとえば，上司が監視することを部
下に読まれてしまうと，部下は努力することで対応するが，その結果，監視す
るという選択は最適反応ではなくなってしまう。同様に部下も怠けることを
上司に正しく予想されてしまうと，監視されて好ましくない結果に陥ってしま
う。つまり，確実な選択を正しく予想されては，互いに相手の最適反応を選ぶ
状態にならないのである。

　プレーヤーに選択可能な戦略を純粋戦略から混合戦略に広げると，各プレー
ヤーは純粋戦略をそれぞれどのような確率で選択するかを決めなければなら

ない。表3-5で表される戦略形ゲームのように純粋戦略の数が2の場合には，一方の純粋戦略を選ぶ確率を決めることで，もう一方の純粋戦略を選ぶ確率も（和が1に等しくなければならないことから）自動的に決まる。部下が努力する確率をpとすると，怠ける確率は$1-p$となる。同様に，上司が監視するを選ぶ確率をqとすると，監視しない確率は$1-q$である。

一方のプレーヤーの混合戦略をひとつ決めると，相手のプレーヤーの各純粋戦略の**期待利得**（expected payoff），つまり利得の期待値を計算することができる。部下が確率pで努力する，確率$1-p$で怠けるとすると，上司の各純粋戦略の期待利得は次のようになる。

- 監視する：確率pで部下は努力するので上司の利得は4，確率$1-p$で部下は怠けるので上司の利得は3となる。したがって，上司の期待利得は

$$p \times 4 + (1-p) \times 3 = 3 + p$$

  となる。

- 監視しない：確率pで部下は努力するので上司の利得は5，確率$1-p$で部下は怠けるので上司の利得は1となる。したがって，上司の期待利得は

$$p \times 5 + (1-p) \times 1 = 4p + 1$$

  となる。

同様に，上司が確率qで監視する，確率$1-q$で監視しないとすると，部下の各純粋戦略の期待利得は次のように計算される。

- 努力する：上司は確率qで監視するので部下の利得は3/2，確率$1-q$で監視しないので部下の利得は3/2となる。したがって，部下の期待利得は

$$q \times \frac{3}{2} + (1-q) \times \frac{3}{2} = \frac{3}{2}$$

  となる。

- 怠ける：上司は確率qで監視するので部下の利得は0，確率$1-q$で監視しないので部下の利得は3となる。したがって，部下の期待利得は

$$q \times 0 + (1-q) \times 3 = 3(1-q)$$

72 第 I 部 組織ではどのような問題が起きるのか?

となる。

各プレーヤーの目的は,自分の期待利得を最大にすることであると仮定する。たとえば $q = 1/3$ ならば,部下は努力すると期待利得 3/2,怠けると期待利得 $3(1 - q) = 2$ を得るので,怠ける方が好ましい。同様に $p = 1/2$ ならば,上司は監視すると期待利得 7/2,監視しないと期待利得 3 を得るので,監視する方が得である。

戦略を混合戦略に広げ,期待利得を考えることによって,各プレーヤーの最適反応を定義することができる。上司の混合戦略 q に対する部下の最適反応とは,q のもとで部下の期待利得を最大にする混合戦略であり,部下の混合戦略 p に対する上司の最適反応は,p のもとで上司の期待利得を最大にする混合戦略である。そしてナッシュ均衡は,各プレーヤーの混合戦略が,他のプレーヤーの混合戦略に対する最適反応となっている混合戦略の組である。

ナッシュ均衡を求めるために,まず各プレーヤーの最適反応を求めよう。上司の混合戦略 q に対する部下の最適反応は,すでに求めた期待利得を用いると以下のようになる。

- □ $3/2 > 3(1 - q)$ すなわち $q > 1/2$ ならば,努力する ($p = 1$) が最適反応である。
- □ $3/2 < 3(1 - q)$ すなわち $q < 1/2$ ならば,怠ける ($p = 0$) が最適反応である。
- □ $3/2 = 3(1 - q)$ すなわち $q = 1/2$ ならば,任意の p が最適反応である。

たとえば $q = 1/3$ の場合には,怠ける方が期待利得が高いので,$p = 0$,すなわち必ず怠けるが最適反応となる。なお,最後の $q = 1/2$ の場合には,努力しても怠けても期待利得は 3/2 である。すると,2 つの純粋戦略をどのような確率で選んでも,期待利得は 3/2 で等しくなるので,すべての混合戦略(もちろん p は 0 以上 1 以下でなければならない)が最適反応となる。

図 3-1 は,上司の混合戦略に対する部下の最適反応のグラフを太線で描いたものである。横軸は上司の混合戦略を表す q の値,縦軸は部下の混合戦略を表す p の値である。部下の最適反応のグラフは,各 q の値に対して期待利得を最大にする p の値を示す。したがって,$q > 1/2$ を満たす q に対しては $p = 1$ を表す水平線,$q < 1/2$ を満たす q に対しては $p = 0$ を表す水平線となる。最後に $q = 1/2$ の場合には,すべての p の値が最適反応となるので,$p = 0$ と $p = 1$ を結ぶ垂直線となる。

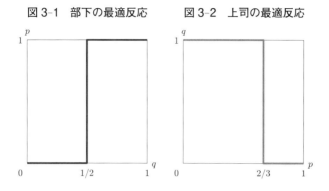

図 3-1 部下の最適反応　　図 3-2 上司の最適反応

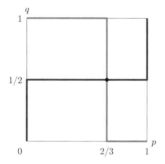

図 3-3 最適反応とナッシュ均衡

同様にして，部下の混合戦略 p に対する上司の最適反応は，すでに求めた期待利得を用いて以下のように求められる．

- $3+p > 4p+1$ すなわち $p < 2/3$ ならば，監視する（$q=1$）が最適反応である．
- $3+p < 4p+1$ すなわち $p > 2/3$ ならば，監視しない（$q=0$）が最適反応である．
- $3+p = 4p+1$ すなわち $p = 2/3$ ならば，任意の q が最適反応である．

上司の最適反応のグラフは，各 p の値に対して期待利得を最大にする q の値を示すので，図 3-2 の太線のように，$p < 2/3$ を満たす p に対しては $q=1$ の水平線，$p > 2/3$ を満たす p に対しては $q=0$ の水平線，そして $p=2/3$ では垂直線となる．

図 3-3 は，部下と上司の最適反応のグラフを重ねて描いたものである．重ねて描くために，まず部下の最適反応を表す図 3-1 の横軸と縦軸を取り替え，横軸を p，縦軸を q としてグラフを描き直す．そして図 3-2 と重ねることによ

74 第 I 部　組織ではどのような問題が起きるのか？

って，図 3-3 が得られる。ナッシュ均衡は，互いに相手の混合戦略に対する最適反応を選んでいる混合戦略の組なので，部下と上司の最適反応のグラフの交点がそれに対応する。図に示されているように交点は $(p, q) = (2/3, 1/2)$ なので，部下が 2/3 の確率で努力し，1/3 の確率で怠ける混合戦略，上司が 1/2 の確率で監視し，1/2 の確率で監視しない混合戦略を選ぶ状態がナッシュ均衡となる。

図 3-3 と最適反応の計算から明らかなように，混合戦略のナッシュ均衡において，部下は 2 つの純粋戦略のどちらを選んでも期待利得は 3/2 で等しくなっている。上司も 2 つの純粋戦略のどちらを選んでも期待利得は 11/3 で等しい。この特徴は一般的に成り立つので，混合戦略のナッシュ均衡を次のような簡単な方法で求めることもできる。部下の期待利得が 2 つの純粋戦略の間で等しくなるのは，$3/2 = 3(1 - q)$ を解いて $q = 1/2$，上司の期待利得が 2 つの純粋戦略の間で等しくなるのは，$3 + p = 4p + 1$ を解いて $p = 2/3$ となる。ただし，ナッシュ均衡での部下の混合戦略は上司の期待利得を 2 つの純粋戦略の間で等しくする値に決まり，ナッシュ均衡での上司の混合戦略は部下の期待利得を 2 つの純粋戦略の間で等しくする値に決まる，という関係になっていることに注意してほしい。

表 3-5 で表される戦略形ゲームには，純粋戦略によるナッシュ均衡は存在せず，混合戦略によるナッシュ均衡のみが存在した。では，表 3-4 で表される囚人のジレンマではどうだろうか。囚人のジレンマでは，各プレーヤーは支配戦略を持つので，2 つの純粋戦略の間で期待利得が等しくなることはありえない。つまり，相手がどのような混合戦略を選んだとしても，常に怠ける方が期待利得は大きい。したがって，囚人のジレンマでは，混合戦略に広げても新たなナッシュ均衡はみつからない。

では，表 3-3 で表されるコーディネーション・ゲームはどうだろうか。純粋戦略では，（仕事 A，仕事 B）と（仕事 B，仕事 A）という 2 組のナッシュ均衡が存在する。そして混合戦略に広げると，もうひとつナッシュ均衡をみつけることができる。プレーヤー 1 が仕事 A を選ぶ確率を p，仕事 B を選ぶ確率を $1 - p$，プレーヤー 2 が仕事 A を選ぶ確率を q，仕事 B を選ぶ確率を $1 - q$ と書こう。プレーヤー 1 の期待利得は，仕事 A を選ぶと確率 q で利得 0，確率 $1 - q$ で利得 2 なので，$q \times 0 + (1 - q) \times 2 = 2(1 - q)$ となる。仕事 B を選ぶと確率 q で利得 2，確率 $1 - q$ で利得 0 なので，$q \times 2 + (1 - q) \times 0 = 2q$ と

第3章 コーディネーション問題　75

なる。混合戦略のナッシュ均衡では $2(1-q) = 2q$ が成り立つので，これを解いて $q = 1/2$ が得られる。同様の方法で $p = 1/2$ を導出することができる（読者は自分で計算してみてほしい）。したがって，表 3-3 で表される戦略形ゲームでは，各プレーヤーが $1/2$ の確率で仕事 A，$1/2$ の確率で仕事 B を選ぶという混合戦略の組が，第 3 のナッシュ均衡となる。

4 さまざまなコーディネーション・ゲーム

4.1 利害一致とコーディネーション

表 3-3 のコーディネーション・ゲームでは，2 人のプレーヤーが異なる仕事に分業することによって，コーディネーションに成功する。逆に，2 人のプレーヤーが同じ戦略を選択することによってコーディネーションに成功する例もある。事業部 1 と事業部 2 から構成される会社組織を想像してみよう。2 人のプレーヤーは各事業部の長である。各事業部は，製品開発に関して「デザイン重視」と「価格重視」のいずれか一方の戦略を同時に選択する。2 つの事業部の戦略が一致すれば，会社のイメージが統一されて売上が伸びる。たとえばどちらの事業部も「デザイン重視」を選べば，デザインを大切に考える顧客が惹きつけられて，どちらの事業部も高売上を達成できる。同様に，どちらの事業部も「価格重視」を選べば，価格に敏感な顧客が惹きつけられて高売上となる。しかし，一方の事業部が「デザイン重視」を，そしてもう一方の事業部が「価格重視」を選ぶと，会社のイメージが散漫になり，どちらの事業部も顧客を惹きつけることができず，低売上に終わってしまう。

以上の例を戦略形ゲームで表現するために，結果が高売上のときの各事業部の利得を 3，低売上のときの利得を 0 と仮定しよう。この戦略形ゲームをゲーム・マトリックスにまとめると表 3-6 のようになる。

このゲームの構造は表 3-3 のゲームと同じで，4 つの戦略の組のうち，（デザイン重視，デザイン重視）と（価格重視，価格重視）の 2 組がナッシュ均衡となっている。表 3-3，表 3-6 で表されるどちらのゲームでも，ナッシュ均衡は 2 組存在するが，2 人のプレーヤーは 2 組の間では無差別，すなわち，とくに一方の均衡の方が他方の均衡よりも好ましいとは考えていない。彼らは，とにかくどちらでもいいから，特定のナッシュ均衡を実現させてコーディネーションを成功させたいと考えているのである。その意味で，これらのゲームで

76 第Ⅰ部 組織ではどのような問題が起きるのか？

表3-6 コーディネーション・ゲーム#2

		事業部2	
		デザイン重視	価格重視
事業部1	デザイン重視	3, 3	0, 0
	価格重視	0, 0	3, 3

は利害の不一致はない。

　次に最初のチーム生産の例に戻り，コーディネーション・ゲームのバリエーションとして，プレーヤーが2組のナッシュ均衡の一方を他方よりも好ましいと考える例を紹介しよう。表3-3で表されるゲームでは，各プレーヤーは，仕事Aと仕事Bのどちらの仕事をこなした場合にも，努力の費用3を被ると仮定していた。この仮定を次のように変更する。プレーヤー1は仕事Aよりも仕事Bを得意としており，仕事Aをこなす場合には費用3を被るが，仕事Bをこなす場合の費用は2である。また，プレーヤー2は仕事Bよりも仕事Aを得意としており，仕事Bをこなす場合には費用3を被るが，仕事Aをこなす場合の費用は2である。

　すると，プレーヤー1が得意な仕事B，プレーヤー2が得意な仕事Aを選んだ場合の各プレーヤーの利得は，$0.5 \times 10 - 2 = 3$となる。また，どちらのプレーヤーも仕事Aを選んだ場合には，プレーヤー1の利得は最初の例と同じ0だが，プレーヤー2の利得は$0.5 \times 6 - 2 = 1$となる。どちらのプレーヤーも仕事Bを選んだ場合の利得も同様に変わる。その結果，この戦略形ゲームのゲーム・マトリックスは表3-7のようになる。

　読者は，このゲームでも4つ戦略の組のうち，（仕事A，仕事B），（仕事B，仕事A）の2組がナッシュ均衡であることを確認してほしい。2組のナッシュ均衡が存在するという点では，これまでのコーディネーション・ゲームと同じである。しかし，最初のナッシュ均衡（仕事A，仕事B）での2人のプレーヤーの利得はいずれも2，後者のナッシュ均衡（仕事B，仕事A）での2人のプレーヤーの利得はいずれも3となっている。つまり，どちらのプレーヤーも（仕事B，仕事A）を（仕事A，仕事B）よりも好ましいと評価しているのである。言い換えれば，（仕事B，仕事A）は（仕事A，仕事B）をパレート支配しており，パレート効率的な組織の状態は（仕事B，仕事A）のみである。

第 3 章　コーディネーション問題　77

表 3-7　利害一致コーディネーション・ゲーム

プレーヤー 2

		仕事 A	仕事 B
プレーヤー 1	仕事 A	0, 1	2, 2
	仕事 B	3, 3	1, 0

　以前のゲームとは異なり，このゲームでは，（仕事 A，仕事 A）や（仕事 B，仕事 B）という組織の状態を回避するのみならず，ナッシュ均衡（仕事 A，仕事 B）よりはナッシュ均衡（仕事 B，仕事 A）を実現して，両者にとって最も好ましい状態を達成したい，とどちらのプレーヤーも考えている。たとえば，プレーヤー 1 は次のように考えるかもしれない。「プレーヤー 2 は仕事 A を選ぶだろう。なぜなら，自分が仕事 B を選んで互いに最も好ましい結果を実現したいと考えている，とプレーヤー 2 も予想するはずだから。」コーディネーション・ゲームでは，単に相手の選択を予想するだけではなく，相手が自分の選択をどう予想するか，を理解することも大切である。この特徴は，表 3-3，表 3-6 のゲームでも同様である。しかし，表 3-7 のゲームでは，相手が自分の選択をどう予想するかについて，最も好ましい状態が（仕事 B，仕事 A）しかなく，しかも両者で一致している。したがって，プレーヤー 1 が得意な仕事 B をこなし，プレーヤー 2 が得意な仕事 A をこなすパレート効率的なナッシュ均衡（仕事 B，仕事 A）に両者が注目し，うまくコーディネーションできる可能性が高まると考えることができる。この点については，本章第 5 節の最後の部分も参照されたい。

　ただし，繰り返すが戦略の組（仕事 A，仕事 B）もナッシュ均衡である。何らかの理由で 2 人がこちらの分業体制に注目したならば，互いに単独で選択を変更しても損をするだけなので，パレート支配されるナッシュ均衡に陥ったままとどまる可能性もあることを忘れてはならない。

4.2　リスクを伴うコーディネーション

　表 3-6 で表される事業部間のゲームでは，2 つの事業部の製品開発行動が「デザイン重視」か「価格重視」のどちらか一方で一致すれば，顧客の会社に対するイメージがはっきりして，高売上となる，と仮定した。この仮定を次のように変更しよう。「価格重視」を選んだ場合には，他の事業部の選択にかか

78 第Ⅰ部 組織ではどのような問題が起きるのか？

わらず，中程度の売上を達成できる。一方「デザイン重視」を選んだ場合の売上は，以前と同様に他の事業部の選択によって変わる。他の事業部も「デザイン重視」を選んだ場合には高売上を達成できるが，他の事業部が「価格重視」を選んだ場合には，デザインを大切に考えるという会社のイメージが形成されず，低売上に終わってしまう。

表3-6と同様に，高売上のときの事業部の利得を3，低売上のときの利得を0と仮定しよう。さらに，中売上のときの利得を1と仮定しよう。すると，この戦略形ゲームのゲーム・マトリックスは表3-8のようになる。

このゲームにも（デザイン重視，デザイン重視）と（価格重視，価格重視）の2組のナッシュ均衡が存在する。そして，これら2組のナッシュ均衡のうち，（デザイン重視，デザイン重視）が（価格重視，価格重視）をパレート支配しており，どちらのプレーヤーも（デザイン重視，デザイン重視）が最も好ましい状態だと考えている。つまり利害の対立はない。ここまでの特徴は表3-7のゲームと同様である。

しかしこのゲームには，パレート効率的なナッシュ均衡（デザイン重視，デザイン重視）の達成を難しくする，新たな要因が存在する。パレート支配されるナッシュ均衡（価格重視，価格重視）を構成する戦略「価格重視」を選べば，相手の選択にかかわらず，確実に利得1を得ることができる。しかし，パレート効率的なナッシュ均衡（デザイン重視，デザイン重視）に注目して戦略「デザイン重視」を選んだ場合には，利得は相手の選択次第で最大の利得3か最小の利得0になる。つまり，「デザイン重視」はリスクのある選択となっているのである。そのために，相手がリスクを避けて確実な「価格重視」を選択する可能性を考慮しなければならない。（デザイン重視，デザイン重視）というパレート効率的な組織の状態を実現するためには，相手も「デザイン重視」を選ぶだろう，という確信が，互いに十分に大きいことが必要となる。十分な確信がなければ，パレート支配されるナッシュ均衡（価格重視，価格重

表3-8　リスクのあるコーディネーション・ゲーム

事業部2

		デザイン重視	価格重視
事業部1	デザイン重視	3, 3	0, 1
	価格重視	1, 0	1, 1

表 3-9 罪悪感を伴う囚人のジレンマ

プレーヤー 2

		努力する	怠ける
プレーヤー 1	努力する	2, 2	$0, 3(1-g)$
	怠ける	$3(1-g), 0$	1, 1

視）が実現することになる。以上の特徴から，表 3-8 のようなゲームの構造を持つゲームは，**確信ゲーム**（assurance game）とよばれることもある。

　第 2 章で紹介した囚人のジレンマ（表 2-1）も，プレーヤーが自分の収益のみならず相手が得る収益も気にする場合には，表 3-8 のようなコーディネーション・ゲームに変わってしまうことがある。第 2 章第 1.4 項（不平等回避）で紹介したような，相手より高い（第一次）利得を得た場合には「罪悪感」を抱くプレーヤーを考えてみよう[3]。罪悪感による利得の減少の割合を g とすると，各プレーヤーは，相手が努力しているのに自分が怠けたときに限って「罪悪感」をおぼえ，（最終）利得が 3 から $3(1-g)$ に減少する。このゲームのゲーム・マトリックスは表 3-9 のようになる（第 2 章表 2-3 と同一）。この変更されたゲームで，プレーヤー 1 が，相手のプレーヤー 2 は努力するものと想定しているとしよう。そのとき，プレーヤー 1 が努力すると利得 2，怠けると利得 $3(1-g)$ を得る。よって，努力することが，相手が努力することに対する最適反応となる条件は $2 \geq 3(1-g)$ である。書き換えると，

$$g \geq \frac{1}{3}$$

となる。すなわち，「罪悪感」が十分大きい（1/3 以上）ならば，相手の戦略「努力する」に対する最適反応が「努力する」となる。つまり，プレーヤーが「罪悪感」を抱かないもともとの囚人のジレンマとは異なり，（努力する，努力する）がナッシュ均衡となるのである。

　しかし，戦略の組（怠ける，怠ける）も変更前と同様にナッシュ均衡のままである（読者は必ず確認すること）。つまり，「罪悪感」が十分大きいならば，通常の囚人のジレンマは，2 組のナッシュ均衡が存在するコーディネーション・

---

3)　第 2 章第 1.3 項で紹介した，プレーヤーがピア・プレッシャーを感じる場合についても，同様に分析できる。読者は自ら確認してほしい。

80 第I部 組織ではどのような問題が起きるのか?

ゲームに変わってしまう。そして,たとえば $g = 2/3$ の場合には,各プレーヤーは「怠ける」を選ぶことによって確実に1の利得を得るのに対して,「努力する」を選択すると,利得は相手の選択次第で最大の2か最小の0になる。つまり,確信ゲームと同じゲームの構造を持つことになる。

4.3 ボトルネックとコーディネーション

確信ゲームでプレーヤーの人数が増えると,コーディネーションを実現することはいっそう難しくなりそうだと,おそらく読者は考えるだろう。前項までは,説明をわかりやすくするために,プレーヤーの人数が2人の戦略形ゲームのみを紹介してきた。本項では,プレーヤーが3人以上の組織におけるコーディネーション問題を扱う戦略形ゲームを紹介する。

次のような戦略的相互依存関係を考えよう。2人以上のプレーヤーからなるチームを考える。チームの各プレーヤーは,1から7の7種類の整数のいずれかひとつを同時に選ぶ。より高い数字は「より高い努力」をイメージしている。各メンバーの利得は,自分の選んだ数字と,チームの各メンバーが選んだ数字(自分の選んだ数字も含む)のうち最小の数字によって決まる。その決まり方を教えてくれるのが表3-10である。たとえば4人のチームで,全員が7を選べば,各プレーヤーの利得は120で最大になるが,2を選んだ人が1人でもいれば,他の3人が7を選んでいても,7を選んだプレーヤーの利得は20に減ってしまう。一方,2を選んだプレーヤーの利得は70となる。このように,高い数字を選んだプレーヤーは,他のプレーヤーが低い数字を選ぶと利得を大きく減らしてしまう。一方,チームで自分が最小の数字を選んでいる場合には,他のプレーヤーの選ぶ数字にかかわらず,ある程度の利得を確保することができる。

この表3-10はゲーム・マトリックスではないことに注意されたい。プレーヤーが2人の場合については,本章の他のゲームと同様にゲーム・マトリックスで表すことができる(表3-11)。しかし,3人以上の戦略形ゲームについては,戦略と利得の関係をゲーム・マトリックスとして表すことは難しいために,通常,戦略形ゲームの構成要素を列挙しなければならなくなる。しかし,上記の戦略的相互依存関係の場合には,各プレーヤーの利得は,自分の選んだ数字とチームのメンバーが選んだ最小の数字のみに依存して決まるので,プレーヤーの人数が何人であっても表3-10を活用して分析することができる。

表 3-10 ボトルネック・ゲーム

チーム最小の数字

		7	6	5	4	3	2	1
	7	120	100	80	60	40	20	0
	6		110	90	70	50	30	10
	5			100	80	60	40	20
自分が 選んだ数字	4				90	70	50	30
	3					80	60	40
	2						70	50
	1							60

表 3-11 ボトルネック・ゲーム──プレーヤーの人数が 2 人の場合

プレーヤー 2

		7	6	5	4	3	2	1
	7	120, 120	100, 110	80, 100	60, 90	40, 80	20, 70	0, 60
	6	110, 100	110, 110	90, 100	70, 90	50, 80	30, 70	10, 60
	5	100, 80	100, 90	100, 100	80, 90	60, 80	40, 70	20, 60
プレーヤー 1	4	90, 60	90, 70	90, 80	90, 90	70, 80	50, 70	30, 60
	3	80, 40	80, 50	80, 60	80, 70	80, 80	60, 70	40, 60
	2	70, 20	70, 30	70, 40	70, 50	70, 60	70, 70	50, 60
	1	60, 0	60, 10	60, 20	60, 30	60, 40	60, 50	60, 60

　本項のゲームでは，プレーヤーの人数が 2 人以上ならば何人の場合でも，すべてのプレーヤーが同一の数字を選択するという戦略の組がナッシュ均衡になっている。すなわち，「全員が 7 を選ぶ」「全員が 6 を選ぶ」「全員が 5 を選ぶ」「全員が 4 を選ぶ」「全員が 3 を選ぶ」「全員が 2 を選ぶ」「全員が 1 を選ぶ」の 7 組のナッシュ均衡が存在する。このことを理解するために，まず，2 人ゲームの場合について定義した最適反応とナッシュ均衡を，プレーヤーの人数が 3 人以上の戦略的ゲームについて改めて定義しよう。

82 第Ⅰ部 組織ではどのような問題が起きるのか？

> **最適反応**：戦略形ゲームが与えられたものとする。あるプレーヤー A と，A
> 以外のプレーヤーたちの戦略の組を考える。他のプレーヤーたちがその戦略
> の組を選ぶときに，プレーヤー A の利得を最大にする戦略が α であるとし
> よう。このとき，戦略 α を，他のプレーヤーたちの戦略の組に対する，プ
> レーヤー A の**最適反応**という。

> **ナッシュ均衡**：戦略形ゲームが与えられたものとして，プレーヤー全員の戦略
> の組を考える。「各プレーヤーの戦略が，そのプレーヤー以外のプレーヤー
> たちの戦略の組に対する最適反応になっている」という条件が，すべてのプ
> レーヤーについて満たされるとき，そのようなプレーヤー全員の戦略の組を
> ゲームの**ナッシュ均衡**という。

　プレーヤーの人数が 3 人以上の場合には，各プレーヤーの最適反応は，そ
のプレーヤー以外の他のすべてのプレーヤーの選択する戦略の組に対して定
義される。たとえばチームのプレーヤーの人数が 4 人で，プレーヤー 1 の立
場で最適反応を考えてみよう。他のプレーヤー 2，3，4 の戦略の組が $(5,6,7)$
だとしよう。かっこ内の最初の数字がプレーヤー 2 の選択，2 番目の数字が
プレーヤー 3 の選択，最後の数字がプレーヤー 4 の選択である。プレーヤー 1
の利得はプレーヤー 1 自身の選択と，チームの最小の数字にのみ依存するの
で，他のプレーヤーの選択のうち利得に影響しうるのは，他のプレーヤーた
ちの選択した数字の中で最小の数字である。プレーヤー 2，3，4 の戦略の組
が $(5,6,7)$ の場合には，その数字は 5 である。そのとき，表 3-10 により，プ
レーヤー 1 の選択する数字が同じ 5 ならば利得は 100，6 ならば 90，7 ならば
80 である。つまり，他のプレーヤーたちの最小の数字より高い数字を選ぶよ
りも，最小の数字と同じ数字を選ぶ方がプレーヤー 1 の利得が高い。
　では，他のプレーヤーたちの最小の数字よりも低い数字を選ぶとどうなる
だろうか。プレーヤー 1 が 4 を選ぶと，チームの最小の数字はプレーヤー 1
が選んだ 4 となるので，表 3-10 により，利得は 90 に減少する。3 を選んでも
同様で，利得は 80 となり，5 を選んだ場合よりも小さくなる。したがって，
他のプレーヤーたちの選択した数字の中で最小の数字が 5 であると予想する
ならば，プレーヤー 1 自身も同じ 5 を選ぶことが最適反応であることがわか
る。つまり，「他のプレーヤー 2，3，4 の戦略の組 $(5,6,7)$ に対するプレーヤ

第 3 章 コーディネーション問題 83

Column 3-1 鹿狩りゲーム

本節で紹介した，リスクのあるコーディネーション・ゲームは，**鹿狩りゲーム**（stag hunt game）とよばれることがある。この名称は，哲学者ルソー（Jean-Jacques Rousseau）が『人間不平等起源論』（1755 年，光文社古典新訳文庫，2008 年）の中で論じた狩猟者たちの意思決定問題に基づいている。プレーヤーは狩猟者 1 と狩猟者 2 の 2 人としよう。各狩猟者は，「鹿を狩る」と「ウサギを狩る」のいずれか一方の戦略を同時に選択する。鹿狩りに成功するためには 2 人の協力が不可欠なので，どちらも「鹿を狩る」を選択した場合にのみ成功し，それぞれ効用 2 を得る。しかし，どちらか一方の狩猟者のみが「鹿を狩る」を選択し，他方の狩猟者が「ウサギを狩る」を選択した場合には，鹿狩りに失敗して前者の狩猟者の効用は 0 となる。「ウサギを狩る」を選択した狩猟者は，他の狩猟者の選択にかかわらずウサギ狩りに成功し，効用 1 を得る。ゲーム・マトリックスは次の表のようになる。

		狩猟者 2	
		鹿を狩る	ウサギを狩る
狩猟者 1	鹿を狩る	2, 2	0, 1
	ウサギを狩る	1, 0	1, 1

ナッシュ均衡は（鹿を狩る，鹿を狩る）と（ウサギを狩る，ウサギを狩る）の 2 組で，前者が後者をパレート支配している。しかし，パレート効率的なナッシュ均衡（鹿を狩る，鹿を狩る）は，互いに相手が「鹿を狩る」を選ぶ可能性が十分高いという確信がなければ実現しない。

リスクのあるコーディネーション・ゲームの経済実験は多数行われている。上記のゲーム・マトリックスと同様のゲームの構造を持つゲームを用いたある実験の結果を紹介しよう[*]。各被験者は，互いに相手のプレーヤーの正体および過去のゲームでの選択を知らされずに，同時に 2 種類の戦略の一方を選ぶ。のべ 330 名が 165 回のゲームを実際に行った結果，97％（160 回）で上記の（ウサギを狩る，ウサギを狩る）の戦略の組が実現し，パレート効率的な状態（鹿を狩る，鹿を狩る）は 1 回も実現しなかった。

[*] Cooper, R., D. V. DeJong, R. Forsythe, and T. W. Ross (1992) "Communication in Coordination Games," *Quarterly Journal of Economics*, vol. 107, pp. 739-771.

ー 1 の最適反応は 5」である。同様に，「他のプレーヤー 2，3，4 の戦略の組 (5, 5, 5) に対するプレーヤー 1 の最適反応は 5」「他のプレーヤー 2，3，4 の戦略の組 (6, 6, 5) に対するプレーヤー 1 の最適反応は 5」である。いずれの場

84 第 I 部 組織ではどのような問題が起きるのか？

合でも，チームの他のプレーヤーの最小の数字は 5 で同じだからである。

以上の考察は，他のプレーヤーたちの最小の数字が 5 以外のときにも成り立つ。つまり，他のプレーヤーたちによって選ばれる数字の中で最小の数字と同じ数字を選ぶことが最適反応となる。

プレーヤーの人数が 3 人以上のゲームにおけるナッシュ均衡は，2 人の場合と同様に定義される。つまり，すべてのプレーヤーが，自分以外の他のプレーヤーたちの戦略の組の最適反応を選択しているならば，そのような戦略の組をゲームのナッシュ均衡とよぶ。言い換えると，すべてのプレーヤーが，自分以外の他のプレーヤーたちの戦略の組を正しく予想し，その予想に対する最適反応を選択しているような状態がナッシュ均衡である。

表 3-10 で表されるゲームでは，最適反応の考察から，すべてのプレーヤーが同一の数字を選択する状態がいずれもナッシュ均衡となることは明らかだろう。たとえば，すべてのプレーヤーが 5 を選んでいる状態で，1 人だけ 5 より大きな数字を選んでも小さな数字を選んでも，5 を選んだときの利得 100 よりも低い利得しか得られない。つまり，すべてのプレーヤーが 5 を選んでいる状態では，どのプレーヤーも自分以外の他のプレーヤーたちの行動に対する最適反応を選んでいることになり，ナッシュ均衡であることが示された。残りの 6 つの数字についても同様で，自分以外の他のすべてのプレーヤーがその数字を選ぶと予想するならば，自分も同じ数字を選ぶことが最適反応となるので，全員がその数字を選ぶという状態がナッシュ均衡となる。

残された問題は，全員が同じ数字を選択する 7 種類の戦略の組以外に，ナッシュ均衡が存在しないことを示すことである。たとえば，あるナッシュ均衡でプレーヤー 1 とプレーヤー 2 が異なる数字を選んでいて，かつ，（一般性を失わずに）プレーヤー 1 の選んでいる数字の方が大きいと仮定しよう。そしてプレーヤー 1 の立場に立ってみよう。すると，他のプレーヤーの選択した数字の中で最小の数字は，プレーヤー 2 の選択した数字またはその数字より小さいはずである。よって，プレーヤー 1 が自分で選んだ数字よりも，最小の数字は小さいことになる。つまり，プレーヤー 1 は明らかに最適反応を選んでいないことになり，ナッシュ均衡であることと矛盾するのである。

以上の考察により，ナッシュ均衡は全員が同一の数字を選ぶ 7 組のみであることがわかった。これらのナッシュ均衡のうち，パレート効率的なナッシュ均衡は，「全員が 7 を選ぶ」のみで，他のナッシュ均衡はパレート支配されて

第3章 コーディネーション問題 **85**

Column 3-2　ボトルネック・ゲームの経済実験

表3-10で表されるボトルネック・ゲームで，最大の努力7を全員が選ぶパレート効率的な状態を達成することは非常に難しい。実際に同様のボトルネック・ゲームを被験者に何度もプレーさせてみると，次のような結果が観察される*。第1に，チームの人数が多いゲームほど，全員が7を選ぶパレート効率的な結果を達成し続けることが難しくなる。人数が2人の場合には，パレート効率的なナッシュ均衡を維持するチームも多数観察されるが，人数が3人以上になると，そのような可能性はきわめて小さい。しかし，チームの人数を2人から始めて，参加する以前のゲームの結果を観察していたプレーヤーを新たに1人ずつ追加していくと，パレート効率的な状態を維持しやすい†。コーディネーションに成功するためには，過去の履歴を知っているメンバーを少しずつ追加していくことでチームの規模を大きくすることが効果的だということを示唆している。

第2に，最初のゲームでたまたま全員が7を選択してコーディネーションに成功すると，その後のゲームでも全員が7を選択し続ける可能性が高い。しかし，最初に誰かが7未満の数字を選択してしまうと，ゲームを何度も行ううちにチーム最小の数字はどんどん低下していってしまう。「最初が肝心」というわけである。

第3に，コーディネーションに成功するインセンティブを与えることで結果が改善する。通常の経済実験では，結果に応じて被験者に実際にお金を支払う。コーディネーションがうまくいっていない（最小の数字が1である）チームに対して，コーディネーションに成功することで支払われる金額を増やすと，過半数のチームで最小の数字が上昇し，パレート効率的なナッシュ均衡を達成するチームも30%ほど観察される。

第4にチームのメンバー間の情報伝達（コミュニケーション）がプラスの効果を生む場合がある。実際に数字を選択する前に，各プレーヤーに自分が選択する数字を宣言させる（が，実際に宣言どおりの数字を選択しなければならないという制約はない）と，多くの場合でコーディネーションが改善する。たとえば，それぞれ9人からなる8つのチームで行った実験結果を紹介しよう‡。事前の情報伝達がない場合には，選ばれる数字の中央値（メディアン）はゲームを繰り返すにつれて低下し1に落ち着くが，事前の情報伝達がある場合には，最後まで7前後の中央値が維持され，最終回でも6つのチームで過半数（5人以上）が7を選択したことが報告されている。ただし，全員が事前に宣言することが重要で，たとえば1人だけ宣言するような一方向の情報伝達の場合には，チームが2人であっても十分な確信が得られずコーディネーションに失敗することも多い。なお，ボトルネック・ゲームに情報伝達を追加した実験は第12章（リーダーシップ）でも紹介されているので参照されたい。

　　* Knez, M. and C. Camerer（1994）"Creating Expectational Assets in the Laboratory: Coordination in 'Weakest-Link' Games," *Strategic Management Jour-*

86　第Ⅰ部　組織ではどのような問題が起きるのか？

nal, vol. 15, pp. 101-119.

† Weber, R. A. (2006) "Managing Growth to Achieve Efficient Coordination in Large Groups," *American Economic Review*, vol. 96, pp. 114-126.

‡ Blume, A. and A. Ortmann (2007) "The Effects of Costless Pre-play Communication: Experimental Evidence from Games with Pareto-ranked Equilibria," *Journal of Economic Theory*, vol. 132, pp. 274-290.

いる。つまり，どのプレーヤーも，全員が7を選択するナッシュ均衡を最も好ましいと考えており，その意味で彼らの利害は一致しているのである。ところが，7を選択するプレーヤーは，他のプレーヤーの選択次第で，最大120から最小0の間のいずれかの利得を得ることになる。この利得の幅は，自分が選択する数字が大きいほど大きい。たとえば6を選択すれば110と10の間，5を選択すれば100と20の間，……，2を選択すれば70もしくは50のいずれか，そして1を選択すれば確実に60の利得を得ることができる。すなわち，より大きな数字を選ぶほどリスクが大きいと解釈することができる。前項の確信ゲームと同様に，パレート効率的なナッシュ均衡が実現するためには，各プレーヤーが互いに他のプレーヤーも全員7を選ぶという確信が大切なゲームとなっている。

　このゲームをボトルネック・ゲームとよぶことにしよう。組織のたった1人のメンバーや一部門の低い努力が，組織全体の業績を下げてしまうボトルネック現象は，組織で頻繁に観察される。精密機器の生産では，一工程での不備が機器を台無しにしてしまう。多くのプロジェクトや共同作業において，一部の進行が遅いと全体の進行を妨げてしまう。秘密保持や顧客満足なども同様の特徴を持っている。たった1人の情報漏洩によって秘密保持の努力が無駄になったり，顧客に対してぞんざいな扱いをする従業員が1人でもいると，会社全体の評価を下げてしまう。ボトルネック・ゲームは，このような組織の問題を分析するために有益な戦略形ゲームである。

4.4　利害対立とコーディネーション

　本節の最後のゲームの構造の例として，利害対立の要素もあるコーディネーション・ゲームを紹介しよう。表3-3，表3-7のゲーム・マトリックスで表されるチーム生産の例を，次のように変更する。プレーヤー1もプレーヤー2も，仕事Bより仕事Aの方を担当したいと考えている。具体的には，どちら

表3-12 利害対立コーディネーション・ゲーム——男女の争い

プレーヤー2

		仕事A	仕事B
プレーヤー1	仕事A	1, 1	3, 2
	仕事B	2, 3	0, 0

のプレーヤーも，仕事Bをこなす場合には努力の費用3を被るが，仕事Aをこなす場合の費用は2であると仮定しよう。

　すると，プレーヤー1が仕事A，プレーヤー2が仕事Bをこなすと，プレーヤー1の利得は$0.5 \times 10 - 2 = 3$，プレーヤー2の利得は$0.5 \times 10 - 3 = 2$となる。プレーヤー1が仕事B，プレーヤー2が仕事Aをこなす場合も同様で，プレーヤー1の利得は2，プレーヤー2の利得は3となる。また，どちらのプレーヤーも仕事Aを選んだ場合には，利得はプレーヤー間で等しく$0.5 \times 6 - 2 = 1$，どちらのプレーヤーも仕事Bを選んだ場合には，利得は$0.5 \times 6 - 3 = 0$となる。以上により，この戦略形ゲームは，表3-12のゲーム・マトリックスで表される。

　このゲームでも，ナッシュ均衡は（仕事A，仕事B）と（仕事B，仕事A）の2組である。しかし，これまでのコーディネーション・ゲームとは異なり，2組のナッシュ均衡のどちらをより好ましいと考えるかが，プレーヤーによって異なっている。プレーヤー1は（仕事A，仕事B）の状態でより高い利得3を享受するが，プレーヤー2は（仕事B，仕事A）の状態で利得3を得ることができる。このような利害対立の要素が入ってくると，コーディネーションはいっそう難しくなる。このゲームのゲーム構造は，Column 3-3で紹介する「男女の争い」という名称でよく知られている[4]。

5 コーディネーション問題の解決

　本章では，組織の諸問題を理解するために重要なコーディネーション問題を，簡単なコーディネーション・ゲームの分析を通して考察してきた。本書の

4）「男女の争い」と類似した，「チキン・ゲーム」という名称で知られるゲーム構造については，文献ノートを参照されたい。

88　第 I 部　組織ではどのような問題が起きるのか?

Column 3-3　男女の争い

　表 3-12 のゲーム・マトリックスで表されるゲームの構造を持つ利害対立コーディ
ネーション・ゲームに対しては，ゲーム理論の古典的教科書（R. Duncan Luce and
Howard Raiffa, *Games and Decisions*, John Wiley & Sons, 1957）以来，**男女の
争い**（battle of the sexes）という名称が与えられている。付き合っている男女が，デ
ートでロック・コンサートとクラシック・コンサートのどちらに行くかを決めかねて，
当日会場で待ち合わせる状況を想像しよう（ケータイは修理中）。2 人は一緒に同じコ
ンサートに行きたいのだが，一方はクラシックよりもロック・ミュージックのファン，
もう一方はロックよりもクラシック・ミュージックのファンである。このゲームには，
2 人ともロック・コンサートに行く，というナッシュ均衡と，2 人ともクラシック・
コンサートに行く，というナッシュ均衡とが存在するが，ロック・ミュージックのフ
ァンにとって最も好ましい状態は前者，クラシック・ミュージックのファンにとって
は後者，というふうに利害が対立している。

　2 人のプレーヤーを「ひろみ」と「ゆうき」とよぼう。各プレーヤーの選択肢は
「ロック・コンサート」と「クラシック・コンサート」である。どうせ一緒に行くな
らば，ひろみはロック・コンサート，ゆうきはクラシック・コンサートに行きたいと
考えている。自分の好きな方のコンサートに一緒に行った場合の効用を 2，好きでな
い方のコンサートに行った場合の効用を 1，一緒に行かない場合の効用を 0 と仮定す
ると，ゲーム・マトリックスは次の表で表される。

		ゆうき	
		ロック・コンサート	クラシック・コンサート
ひろみ	ロック・コンサート	2, 1	0, 0
	クラシック・コンサート	0, 0	1, 2

　ナッシュ均衡は（ロック・コンサート，ロック・コンサート），（クラシック・コン
サート，クラシック・コンサート）の 2 組である。一方が他方をパレート支配してい
るという関係はないことに注意されたい。実際，どちらのナッシュ均衡もパレート効
率的である。なお，うまくコーディネーションできなかった状態の利得の組は (0,0)
なので，どちらのナッシュ均衡にもパレート支配されている。

　男女の争いゲームを実際に被験者にプレーさせてみると，事前に何の情報伝達も行
わずに同時に行動を選択する場合には，頻繁にコーディネーションに失敗し，ナッシ
ュ均衡が実現することは少ない。しかし，どちらか一方のプレーヤーが事前にどの行
動を選択するかを宣言し（宣言どおりの行動を選択しなければならないという制約は
ない），その内容を観察してから 2 人が同時に行動を選択する一方向の情報伝達の場合

には，実験により次のような結果に落ち着くことが知られている*。宣言するプレーヤーは自分にとって好ましいナッシュ均衡に対応する行動を宣言し（たとえば，ひろみにとってのロック・コンサート），実際に宣言どおりの行動を選択する。そして，もう一方のプレーヤーは，相手の宣言に対する最適反応を選択する（ゆうきもロック・コンサートを選択する）。こうして，うまくコーディネーションが行われる。ただし，事前に両方のプレーヤーが行動を宣言し，互いに相手の宣言を観察してから実際の行動を同時に選択する双方向の情報伝達では，（一方がロック・コンサート，他方がクラシック・コンサートのように）宣言の内容が食い違ってしまい，うまくコーディネーションできずに終わることも多い。

* Cooper, R., D. V. DeJong, R. Forsythe, and T. W. Ross (1989) "Communication in the Battle of the Sexes Game: Some Experimental Results," *Rand Journal of Economics*, vol.20, pp.568-587.

後半で，組織にまつわるさまざまなトピックを紹介するが，いくつかのトピックについて，コーディネーション問題を解決するという視点から簡単に紹介してみよう。

5.1 集 権 化

コーディネーション問題を解決する方法として，読者の多くは次のように考えるのではないだろうか。「チームの上司や本社が，特定のナッシュ均衡をプレーすることを命令すれば即解決だろう。」確かに表 3-3，表 3-7，表 3-12 で表される戦略形ゲームで，チームの上司が「プレーヤー 1 は仕事 B，プレーヤー 2 は仕事 A をこなしなさい」と命令すれば，どちらのプレーヤーも相手が命令に従うと予想する限り自分から命令に背いて得することはない。結果としてコーディネーションに成功する。同様に，表 3-6，表 3-8 で表される戦略形ゲームでは，本社が各事業部にデザイン重視を命令すればよい。

このような方法は「集権化」とよぶことができる。決定権限を組織の階層上位に集中させることによって，コーディネーションを解決するわけである。対照的に本章のコーディネーション・ゲームでは，各プレーヤーがそれぞれ独立に行動を決定している。「分権化」とみなすことができる。

本書の第 10 章では，組織におけるさまざまな決定権限を誰に与えるかという問題を詳しく分析する。集権化の長所のひとつは，コーディネーション問題を解消することであるが，同時に集権化には短所もあり，コーディネーション問題を解決するために集権化することで，分権化の長所が失われてしまうとい

う問題が生じる。たとえば，現場のチームや事業部が，上司や本社には直接観察できない重要な情報を保有している場合である。それらの情報を決定に反映させるためには，分権化の方が望ましいかもしれない。詳しくは第10章を学習してほしい。

5.2 リーダーシップ

　第2に「リーダーシップ」である。リーダーシップとはなんぞや，という疑問を持った読者には第12章を参照してもらうことにして，ここでは簡単な例だけ紹介しておこう。コーディネーション・ゲームをプレーするプレーヤーは，互いに相手の戦略を観察せず，同時に戦略を選択する，と仮定してきた。ここで，まず一方のプレーヤーが選択を行い，その選択を観察してからもう一方のプレーヤーが選択する，というタイミングに変更してみよう。最初に選択を行うプレーヤーをリーダー，リーダーの選択を観察してから行動するプレーヤーをフォロワーとよぼう。

　すると，コーディネーションの問題は解決しやすくなる。たとえば表3-7で表される利害一致コーディネーション・ゲームで，プレーヤー1がリーダー，プレーヤー2がフォロワーとして順番に仕事AまたはBを選択するゲームでは，プレーヤー1が仕事Bを選び，その選択を観察したプレーヤー2が仕事Aを選び，両者が3の利得を獲得するパレート効率的な結果に到達すると予測することができる。その理由は次のように説明できる。プレーヤー2の仕事Aは，プレーヤー1の仕事Bに対する最適反応である。よって，プレーヤー1の視点で考えると，自分が仕事Aを選べばプレーヤー2は仕事Bを選んでくれると予想することができる。同様に，もしも自分が仕事Bを選べば，プレーヤー2は自分の仕事Bに対する最適反応である仕事Aを選ぶと予想できる。したがって，プレーヤー1が仕事Aを選ぶと，組織の状態は（仕事A，仕事B）となりプレーヤー1の利得は2となる。プレーヤー1が仕事Bを選んだ場合には，組織の状態は（仕事B，仕事A）となり利得は3である。よって，プレーヤー1にとって好ましい選択は仕事Bとなり，パレート効率的な状態を達成することができる。なお，このような逐次タイミングのゲームをどのように表現し，どのように分析するかについては，第4章で詳しく説明される。

5.3 情報伝達

　第3に，プレーヤー間での事前の明示的な情報伝達（コミュニケーション）である。たとえば表3-7で表される利害一致コーディネーション・ゲームで，プレーヤー1が最初に「俺は仕事○を担当する」と宣言してから（しかし宣言どおりに選択しなければならないという制約はない），実際のゲームに従って2人で同時に行動を選択する，というふうにゲームを拡張すると，コーディネーションに成功することができる。同様に，Column 3-3「男女の争い」で紹介されているように，表3-12で表される利害対立のあるゲームでも，一方向の情報伝達がコーディネーション問題を解決する。しかし，コーディネーションがリスクを伴うゲームでは，Column 3-2「ボトルネック・ゲームの実験」で紹介されているように，一方向の情報伝達だけでは不十分で，すべてのプレーヤーに何を選択しようと考えているかを宣言する機会を与えないと，コーディネーションはうまくいかない。情報伝達の厳密な分析は第9章を参照してほしい。

5.4 企業文化

　第4に，「企業文化」である。企業文化とは何か，どのような役割があるのかなど，詳しくは第11章を参照されたい。企業文化には，明示的な情報伝達を行わずに複数のナッシュ均衡のうちどの均衡に注目するかを，プレーヤーに暗黙裏に教えてくれる役割がある，と理解することができる。

　複数のナッシュ均衡があるゲームの中には，プレーヤーたちが明示的な情報伝達なしに同じナッシュ均衡に注目することを容易にする特徴がみつかることがある。そのような特徴を表す原理・ルールは**フォーカル・ポイント**（focal point）とよばれている。たとえば表3-3で表されるゲームでは，2組のナッシュ均衡がいずれもパレート効率的であるが，表3-7で表されるゲームでは，2組のナッシュ均衡の間に，一方が他方をパレート支配する，という関係がある。よって，唯一パレート効率的という原理がフォーカル・ポイントとなって両プレーヤーが（仕事B，仕事A）に注目し，ナッシュ均衡間でパレート支配の関係がない表3-3のゲームよりもコーディネーションに成功しやすいと考えることができる。ただし，2組のナッシュ均衡の間にパレート支配の関係があれば，常にコーディネーションが容易だというわけではない。たとえば，表3-8で表されるリスクのあるコーディネーション・ゲームや，表3-10のボ

表3-13 フォーカル・ポイントの例——対称性

		プレーヤー2	
		仕事A	仕事B
プレーヤー1	仕事A	0, 0	5, 5
	仕事B	3, 7	0, 0

表3-14 フォーカル・ポイントの例——一意性

		プレーヤー2		
		仕事A	仕事B	仕事C
	仕事A	3, 3	0, 0	0, 0
プレーヤー1	仕事B	0, 0	3, 3	0, 0
	仕事C	0, 0	0, 0	2, 2

トルネック・ゲームでは，パレート効率的な状態を実現することは難しい。

また，フォーカル・ポイントはパレート効率性のみではない。たとえば表3-13で表されるゲームでは，利得に対称性のあるナッシュ均衡（仕事A，仕事B）が注目される可能性が高い。また，表3-14で表されるゲームでは，3組のナッシュ均衡のうち，（仕事A，仕事A）と（仕事B，仕事B）の2組がパレート効率的である。つまり，パレート効率性という特徴に注目しても，コーディネーションは難しい。むしろパレート支配される（仕事C，仕事C）には，パレート効率的なナッシュ均衡にはない「一意性」つまり互いに利得2を得る唯一のナッシュ均衡という特徴があり，フォーカル・ポイントとして注目されるかもしれない[5]。

ここまでの例では，利得の組の特徴からフォーカル・ポイントを考えてきた。より微妙な文化や慣習の特徴がフォーカル・ポイントを形成する可能性もある。男女の争いのような利害対立のあるコーディネーション・ゲームで，プレーヤーが男性と女性の場合に，レディファーストの文化によって，女性のプレーヤーにとって好ましい均衡がフォーカル・ポイントとなるかもしれない。

---

5) ボトルネック・ゲームの実験結果も，パレート効率性がフォーカル・ポイントとして機能しない例となっている（Column 3-2）。

プレーヤーに年齢差があれば，年功を尊ぶ慣習がフォーカル・ポイントを決めるかもしれない。企業文化も同様で，伝統的に生産部門が優先される会社ならば，生産部門にとって好ましい状態がフォーカル・ポイントとなりやすい。「何事も顧客第一主義」という文化・理念を持つ企業ならば，複数のナッシュ均衡のうち，ゲームのプレーヤーではない顧客の利得が最も大きい状態がフォーカル・ポイントとなるだろう。フォーカル・ポイントと企業文化の関係については，第11章を参照されたい。

● ま と め

□ 組織のメンバー間に利害対立がない状況でも，分業等によってメンバーの活動の間に相互依存関係が生まれると，コーディネーション問題が発生する。

□ コーディネーション問題は，ゲーム理論を活用しゲーム・マトリックスにまとめることでコーディネーション・ゲームとして整理・分析することができる。

□ コーディネーション・ゲームの分析においては，各プレーヤーの最適反応を求め，互いに相手の戦略の最適反応になっている状態，すなわちナッシュ均衡に注目する。囚人のジレンマとは異なり，コーディネーション・ゲームでは複数のナッシュ均衡が存在する。ナッシュ均衡がみつからないゲームでは，各プレーヤーの戦略を混合戦略に拡張することによって，ナッシュ均衡をみつけることができる。

□ 利害対立がない状況でもコーディネーションがリスクを伴う場合には，コーディネーションは難しくなる。そのような構造を持つゲームの例には，確信ゲーム，ボトルネック・ゲームがある。

□ 決定の集権化，リーダーシップ，情報伝達，企業文化などにはコーディネーション問題を解決する役割があり，本書の後半の章で取り上げる。

● 文献ノート

　冒頭の御立尚資氏の発言の出典は，「異種格闘対談——企業におけるゲーム理論の活用法」，経済セミナー増刊（2007）『ゲーム理論プラス』日本評論社，12ページである。第4.3項で紹介されるボトルネック・ゲームという用語は筆者の造語である。学術論文では"minimum-effort game,""minimum-action game,""weakest-link game"などとよばれている。次の論文で報告された経済実験で一躍有名になった。Van Huyck, J. B., R. C. Battalio, and R. O. Beil（1990）"Tacit Coordination Games, Strategic Uncertainty, and Coordination Failure," *American Economic Review*, vol. 80, pp. 234–248.

　ゲーム理論の教科書については第2章の文献ノートを参照されたい。以下では，コー

94 第 I 部 組織ではどのような問題が起きるのか？

ディネーション問題に詳しい文献を紹介する。

1. Schelling, T. C. (1981) *The Strategy of Conflict, with a New Preface by the Author*, Harvard University Press.（河野勝監訳『紛争の戦略——ゲーム理論のエッセンス』勁草書房，2008 年）

   「ゲーム理論的分析を通して対立と協調への理解を深めた」理由で 2005 年にノーベル経済学賞を受賞したシェリングの古典的著書である。本章第 5 節の最後に紹介したフォーカル・ポイントについても詳しく説明している。日常生活での場面を含む豊富な事例にふれながら，交渉，コミットメント，威嚇，約束，瀬戸際戦略といった戦略的行動の深い理解をめざしている。タイトルは「紛争」だが，利害対立のないコーディネーション問題の分析にも詳しい。

2. Cooper, R. W. (1999) *Coordination Games: Complementarities and Macroeconomics*, Cambridge University Press.

   「コーディネーション・ゲーム」というタイトルの本書は，マクロ経済学への応用を念頭に置いた，研究者および研究者をめざす大学院生向けの本である。さまざまな実験結果を整理した第 1 章は比較的読みやすい。

第 4.4 項で紹介された，利害対立とコーディネーションの要素を含むゲーム構造と類似のものに，「チキン・ゲーム」の名称で知られるものがある。このゲームでもナッシュ均衡が 2 組あり，各プレーヤーがより好ましいと考えるナッシュ均衡が異なっている。しかし，利害対立の要素がより強く，本章の主題であるコーディネーションの要素が弱いため，本章では紹介しなかった。詳しくは，たとえば伊藤秀史 (2012)『ひたすら読むエコノミクス』有斐閣，第 3 章を参照されたい。

付録：ナッシュ均衡の定式化

この節では第 2 章の定式化に基づいて，ナッシュ均衡を定式化する。

1　2 人ゲームのナッシュ均衡

プレーヤー 1 と 2 の 2 人プレーヤーの戦略形ゲームを考える。プレーヤー 1 が戦略 a_1，プレーヤー 2 が戦略 a_2 を選択したときのプレーヤー 1 の利得を $u_1(a_1, a_2)$，プレーヤー 2 の利得を $u_2(a_1, a_2)$ と記す。なお，ここでは純粋戦略に限定し，混合戦略は第 3 項で定義する。

ナッシュ均衡を定義する前に，各プレーヤーの最適反応を定義する。

最適反応：プレーヤー 1 のある戦略 a_1 とプレーヤー 2 のある戦略 b_2 を考える。プレーヤー 1 のどのような戦略 c_1 に対しても

$$u_1(a_1, b_2) \geq u_1(c_1, b_2)$$

が成り立つとき，戦略 a_1 をプレーヤー 2 の戦略 b_2 に対するプレーヤー 1 の最適反応という。

同様に，プレーヤー 1 のある戦略 b_1 とプレーヤー 2 のある戦略 a_2 が，プレーヤー 2 のどのような戦略 c_2 に対しても

$$u_2(b_1, a_2) \geq u_2(b_1, c_2)$$

の関係を満たすとき，戦略 a_2 をプレーヤー 1 の戦略 b_1 に対するプレーヤー 2 の最適反応という。

ナッシュ均衡：戦略の組 (a_1, a_2) が次の 2 つの条件を満たすとき，戦略の組 (a_1, a_2) をゲームのナッシュ均衡という。
  □ 戦略 a_1 は，プレーヤー 2 の戦略 a_2 に対するプレーヤー 1 の最適反応である。
  □ 戦略 a_2 は，プレーヤー 1 の戦略 a_1 に対するプレーヤー 2 の最適反応である。

2　n 人ゲームのナッシュ均衡

本章第 4.3 項のボトルネック・ゲームは，プレーヤーが 2 人より多い状況にも適用できる。そこでこの項では一般的に n 人のプレーヤーのゲームについて最適反応，ナッシュ均衡を定義する（$n \geq 2$）。n 人プレーヤーの戦略形ゲームの定義は，第 2 章を参照されたい。

最適反応：プレーヤー i のある戦略 a_i と，プレーヤー i 以外のプレーヤーの戦略の組 $b_{-i} = (b_1, \ldots, b_{i-1}, b_{i+1}, \ldots, b_n)$ を考える。プレーヤー i のどのような戦略 c_i に対しても

$$u_i(a_i, b_{-i}) \geq u_i(c_i, b_{-i})$$

が成り立つとき，戦略 a_i をプレーヤー i 以外のプレーヤーの戦略の組 b_{-i} に対するプレーヤー i の最適反応という。

不等号の両辺で，プレーヤー i 以外のプレーヤーの戦略の組は共通で，ある与えられた b_{-i} に固定されていることに注意されたい。右辺のプレーヤー i の戦略 c_i が何であっても，左辺にある戦略 a_i を選んだときの利得を上回らないということを，不等式は伝えている。

ナッシュ均衡：戦略の組 $(a_1, \ldots, a_n)$ が，すべてのプレーヤー i について次の条件を満たすとき，戦略の組 $(a_1, \ldots, a_n)$ をゲームのナッシュ均衡という。
  □ 戦略 a_i は，プレーヤー i 以外のプレーヤーの戦略の組 a_{-i} に対するプレーヤー i の最適反応である。

96 第 I 部　組織ではどのような問題が起きるのか?

> 条件は次のように言い換えることができる。
> □ プレーヤー i のどのような戦略 c_i に対しても
>
> $$u_i(a_i, a_{-i}) \geq u_i(c_i, a_{-i})$$
>
> が成り立つ。

　最後の不等式において,プレーヤー i 以外のプレーヤーの戦略の組が a_{-i} となっていることに注意されたい。プレーヤー i は,自分以外のプレーヤーが a_{-i} を選ぶと予想して,その予想に対する最適反応を選択している。これがすべてのプレーヤーについて成り立つ状態がナッシュ均衡である。

3　2人ゲームの混合戦略

　各プレーヤーが混合戦略を選択することができる場合について,最適反応,ナッシュ均衡を定義する。ただし 2 人ゲーム,かつ各プレーヤーが選択可能な純粋戦略の数は 2 個と仮定する。

　プレーヤー 1 の選択可能な 2 種類の純粋戦略を a_{11}, a_{12} とする。するとプレーヤー 1 の混合戦略は,それぞれの純粋戦略を選択する確率によって表される。プレーヤー 1 の混合戦略を $\alpha_1 = (p_1, p_2)$ と書く。ここで p_1 はプレーヤー 1 が純粋戦略 a_{11} を選ぶ確率,p_2 はプレーヤー 1 が純粋戦略 a_{12} を選ぶ確率である。したがって,$0 \leq p_1 \leq 1$ かつ $0 \leq p_2 \leq 1$ で,$p_1 + p_2 = 1$ を満たす[6]。

　同様にプレーヤー 2 が選択可能な 2 種類の純粋戦略を a_{21}, a_{22},混合戦略を $\alpha_2 = (q_1, q_2)$ と書く。ここで q_1 はプレーヤー 2 が純粋戦略 a_{21} を選ぶ確率,q_2 はプレーヤー 2 が純粋戦略 a_{22} を選ぶ確率で,$0 \leq q_1 \leq 1$,$0 \leq q_2 \leq 1$,かつ $q_1 + q_2 = 1$ を満たす。

　プレーヤーが混合戦略を選んだときの利得は,純粋戦略に対して定義された利得関数から計算された**期待利得**によって定義される。よって,プレーヤー 1 が混合戦略 $\alpha_1 = (p_1, p_2)$,プレーヤー 2 が混合戦略 $\alpha_2 = (q_1, q_2)$ を選んだときのプレーヤー 1 の利得を $u_1(\alpha_1, \alpha_2)$ と書くと,

---

6)　したがって a_{11} を選ぶ確率 p_1 を決めれば,a_{12} を選ぶ確率は $p_2 = 1 - p_1$ となる。つまり,本章第 3 節のようにプレーヤー 1 の混合戦略を $p = p_1$ で表してもよい。プレーヤー 2 についても同様である。ただし,プレーヤーの選択可能な純粋戦略が 2 種類しかない場合には,このように特定の純粋戦略を選ぶ確率で混合戦略を表すことができるが,純粋戦略が 3 種類以上ある場合には適用できない。したがって本項では,プレーヤー 1 の選択可能な純粋戦略は 2 種類しかないが,プレーヤー 1 の混合戦略を $\alpha_1 = (p_1, p_2)$ のように表す。

$$u_1(\alpha_1, \alpha_2) = p_1 q_1 u_1(a_{11}, a_{21}) + p_1 q_2 u_1(a_{11}, a_{22}) + p_2 q_1 u_1(a_{12}, a_{21})$$
$$+ p_2 q_2 u_1(a_{12}, a_{22})$$
$$u_2(\alpha_1, \alpha_2) = p_1 q_1 u_2(a_{11}, a_{21}) + p_2 q_1 u_2(a_{12}, a_{21}) + p_1 q_2 u_2(a_{11}, a_{22})$$
$$+ p_2 q_2 u_2(a_{12}, a_{22})$$

となる．これらの式が伝えることを理解するために，プレーヤー 1 の利得に注目しよう．プレーヤー 1 の期待利得は 4 種類の項の和であり，各項は $p_j q_k u_1(a_{1j}, a_{2k})$ という形である．ここで j はプレーヤー 1 の純粋戦略を示す添字で，$j = 1$ は純粋戦略 a_{11}，$j = 2$ は純粋戦略 a_{12} を示す．同様に，k はプレーヤー 2 の純粋戦略を示す添字で，$k = 1$ は a_{21}，$k = 2$ は a_{22} を示す．純粋戦略の組 (a_{1j}, a_{2k}) が選ばれたときのプレーヤー 1 の利得は $u_1(a_{1j}, a_{2k})$ で，そのような純粋戦略の組が選ばれる確率は混合戦略の組 (α_1, α_2) のもとでは $p_j q_k$ である．つまり，$p_j q_k u_1(a_{1j}, a_{2k})$ は純粋戦略の組 (a_{1j}, a_{2k}) が選ばれる確率を利得に掛け合わせた項である．これをプレーヤー 1 の 2 種類の純粋戦略，プレーヤー 2 の 2 種類の純粋戦略について足し合わせると，プレーヤー 1 の期待利得となる．プレーヤー 2 も同様に理解できるので，読者は自ら確かめてほしい．

　混合戦略の組に対するプレーヤーの利得を定義すれば，最適反応，ナッシュ均衡を純粋戦略の場合と同様に定義することができる．

最適反応：プレーヤー 1 のある混合戦略 α_1 とプレーヤー 2 のある混合戦略 β_2 を考える．プレーヤー 1 のどのような混合戦略 γ_1 に対しても

$$u_1(\alpha_1, \beta_2) \geq u_1(\gamma_1, \beta_2)$$

が成り立つとき，混合戦略 α_1 をプレーヤー 2 の混合戦略 β_2 に対するプレーヤー 1 の最適反応という．
同様に，プレーヤー 1 のある混合戦略 β_1 とプレーヤー 2 のある混合戦略 α_2 が，プレーヤー 2 のどのような混合戦略 γ_2 に対しても

$$u_2(\beta_1, \alpha_2) \geq u_2(\beta_1, \gamma_2)$$

の関係を満たすとき，混合戦略 α_2 をプレーヤー 1 の混合戦略 β_1 に対するプレーヤー 2 の最適反応という．

ナッシュ均衡：混合戦略の組 (α_1, α_2) が次の 2 つの条件を満たすとき，混合戦略の組 (α_1, α_2) をゲームのナッシュ均衡という．
□ 混合戦略 α_1 は，プレーヤー 2 の混合戦略 α_2 に対するプレーヤー 1 の最適反応である．
□ 混合戦略 α_2 は，プレーヤー 1 の混合戦略 α_1 に対するプレーヤー 2 の最適反応である．

98 第 I 部 組織ではどのような問題が起きるのか？

　なお，純粋戦略は特殊な混合戦略と解釈することができる。たとえばプレーヤー 2 の純粋戦略 a_{22} は，a_{21} を確率 0，a_{22} を確率 1 で選ぶ混合戦略 $(0,1)$ と同じである。したがって，上記の最適反応，ナッシュ均衡の定義は，純粋戦略も含んだ一般的な定義である。ただし，本書では但し書きがない限りは，戦略は純粋戦略を表すと考えてもらって問題ない。

第4章 信頼の形成

1　組織における信頼の形成

　第3章でみたように，組織では，ある目的があってその達成のために各自が手分けをしてそれぞれの仕事に専念している。その際，仕事の順序その他の要因によって，あるメンバーが先んじて仕事を行い，それを受けて他のメンバーが仕事を行うというように，これまでなされた仕事を考え，同時に，先々でなされる仕事の状況を期待しながら，いま現在直面している自分の仕事をいかに仕上げていくかという問題にしばしば直面する。このような組織における仕事のひとつひとつは，メンバー相互の信頼を核にして互いの行動が連携していると考えられる。20世紀の最も重要な経済理論家の1人である，ケネス・アロー（Kenneth J. Arrow）は40年も前に，こうした経済活動における信頼の重要性を「ほとんどすべての商取引はそれ自身の中に信頼という要素が含まれている。（中略）世の中の経済的な不調は相互信頼の欠如によって説明できる」（筆者訳）と的確に述べている。

　一方で，信頼という言葉はきわめて多義的である。たとえば，あの人の仕事は信頼できるという場合と妻が夫を信頼しており，浮気をしていないと信じているというのは，同じ信頼であってもその意味するところは異なる。前者は，個人の仕事に対する「能力についての期待」であるのに対し，後者は能力ではなく，浮気をする気があるとかないといった，夫の「意図に対しての期待」である。

　このように，信頼という言葉にはさまざまな意味があるので，ここでは信頼という言葉を，次のように定義しよう。信頼とは，「相互作用の相手が信頼さ

れた責務と責任を果たすこと」に対する期待と定義する。さらに，ここで定義した意味での信頼には，その源泉に応じて次のような2つがある。(1) 相手にとってのインセンティブ構造に基づく信頼と (2) 相手の一般的な人間性や相手の自分に対する感情等の個人属性に由来する信頼の2つである。本章では，具体的には，第3節までは (1) を，第4節で (2) を扱うことになる。

　そして，この章では，この意味での信頼の形成が組織の運営において根幹をなす部分でもあるにもかかわらず，なかなか簡単には形成されないことをみることになる。たとえば，次のような単純な例を考えてみよう。いま，遠方への急な出張の必要が生じて，航空券や宿泊代を含む出張経費を皆さんが立て替えて支払わなくてはいけないとする。通常であれば，出張が終わった後で，事後的に支払明細等の書類を経理に提出することで出張経費についての精算が行われるだろう。なぜこのような立替払いが成立するかといえば，皆さんは仕事で行く出張の経費なのだから，会社が事後的にはきちんと支払ってくれるだろうと会社を信頼し，同時に，会社の側もそれに応える形で支払い明細をみて，きちんと金額を皆さんに支払う関係が成立しているからである。

　ここに両者の信頼関係がなければ，仕事上必要な出張が行われず，企業活動が停滞することは明らかであろう。つまり，出張する側からすると，立て替えて支払ったものが，書類に不備があるとか何か文句をつけられて，減額されたり，あるいは一銭も支払ってもらえなかったりすれば，立て替えで支払うのを躊躇するだろう。他方，会社側からすれば，その出張が本当に会社にとって必要な出張かどうか疑わしいというような場合は，いろいろ出張について精査したくなるであろう。その結果，相互不信により提出すべき書類が増え，そもそも出張するのが煩わしくなり，本来であれば必要であった活動が適切になされないということになる。そこで，本章では，組織における信頼関係の形成はそれほど簡単ではないことを確認したうえで，組織における信頼の形成にはどのような要素が必要かを概観することにする。

　また，ここでの問題を分析するには，第2章や第3章のそれらとは少し様相が異なることにも注意が必要である。第2章，第3章では，チーム生産のように，相手の戦略を予想することで，自分はどうするかを決定していた。他方，この章では，立替払いをする皆さんは将来行われる経理の反応を予想していまどうするかを決め，経理は皆さんの出張の状況を実際に提出された書類からみたうえで，どういう支払いを行うかを選択するという構造になっている。

第 4 章　信頼の形成　　101

この中で特徴的なのは，先を予想して，現在の選択を行うという皆さんの行動の部分である。つまり，信頼する，それに応えるという関係を分析するには，必然的にこの種の先読みをどのように扱うかという問題が内在している。そうした先読みを扱うゲーム理論の手法を扱うことも本章の重要なテーマとなっている。

　以下では，それぞれの場合についてゲーム理論の用語を用いて信頼関係の形成について考察していく。

2　トラスト・ゲーム——展開形ゲームと部分ゲーム完全均衡

　上で定義した意味での信頼の形成が具体的にどのようになされるのかをみるために，本節ではトラスト・ゲーム（信頼ゲームとよばれることもある）というゲームを基本モデルとして導入する。その後，トラスト・ゲームを応用することで，組織における信頼の形成について考察していく。

2.1　トラスト・ゲーム

　トラスト・ゲームは，相手を信頼をしようとする人と相手から信頼を受ける立場の人の間のゲームである。便宜上，ここでは信頼関係の形成に向けて信頼する人をプレーヤー 1，信頼される人をプレーヤー 2 とよぶことにする。プレーヤー 1 には，相手を「信頼する」か「信頼しない」かの選択肢があり，プレーヤー 2 にはプレーヤー 1 からの信頼に「応える」か「応えない」かの選択肢がある。プレーヤー 1 が信頼しなければ，それ以上何も起こらないので，ここでゲームは終了となり，互いにゼロの利得を受け取るものとする。他方，プレーヤー 1 がプレーヤー 2 を信頼すると，そのときにはじめてプレーヤー 2 の意思決定の機会が訪れる。そこで，プレーヤー 2 がプレーヤー 1 の信頼に応えると，プレーヤー 1 とプレーヤー 2 の間で信頼関係が形成される。しかし，プレーヤー 2 がプレーヤー 1 の信頼に応えないと両者の間で信頼関係は形成されず，プレーヤー 2 が一方的に得をし，プレーヤー 1 は損をしてしまうものとする。ここで，問題となるのは，プレーヤー 2 にとっては，自分がプレーヤー 1 からの信頼に応えないことで得をする場面において，プレーヤー 1 の信頼に応えることで両者の間で信頼関係が形成されるためには，どのような要因が必要となるか，ということである。

102 第Ⅰ部 組織ではどのような問題が起きるのか？

上記の戦略的状況を時系列としてまとめると次のようになる。

$t = 1$：プレーヤー 1 がプレーヤー 2 を信頼するかしないかを決定する。信頼しなければその時点でゲームが終了し，両者ともにゼロの利得を受け取る。他方，プレーヤー 1 がプレーヤー 2 を信頼すると $t = 2$ に進む。

$t = 2$：プレーヤー 2 が信頼に応えるか，応えないかを決定する。

$t = 3$：意思決定の組み合わせに応じて，利得が実現する。

2.2 ゲーム・ツリーと展開形表現

まず，トラスト・ゲームのように，意思決定が時間的順序の中で行われるゲームをどのように表現するかが問題となる。トラスト・ゲームの特徴としては，各時点において，意思決定を担当する人は 1 人で，同時に意思決定を行っていない。また，後から意思決定する人は，先に意思決定した人がどのような選択を行ったかを観察したうえで意思決定を行うという特徴を持っている。このように相手の行動が完全に観察できるゲームを完全情報ゲームという。

第 2 章と第 3 章では，ゲーム的状況を表現するにあたり，戦略形表現を用いてきた。しかし，トラスト・ゲームでは，上でみたように，先手と後手が存在し，意思決定が時間的順序の中で行われるので，戦略形表現ではその特性が十分に表現できない。とくに，トラスト・ゲームにおいては，逐次的に意思決定が行われるため，それぞれのプレーヤーが意思決定時点で利用可能な情報が異なっている。具体的には，プレーヤー 1 は先手であり，当たり前のことではあるが，意思決定にあたってこれまで何かが起きているわけではないので，自分自身の判断で信頼するかしないかを決めることになる。他方，後手であるプレーヤー 2 は，第 1 段階で，プレーヤー 1 が信頼するかしないかのどちらかを選んだかを観察することができる。つまり，観察したプレーヤー 1 の意思決定を情報源として，自らの意思決定に利用することができる。これは，プレーの時間の経過とともに，利用可能な情報が蓄積されていき，その蓄積された情報をもとに意思決定を行うことができることを意味している。プレーヤー 2 にとって，自分が意思決定を行う状況に到達しているということは，それはとりもなおさず，プレーヤー 1 が「信頼する」を選択したということにほかならず，プレーヤー 2 はそのうえでどのような選択を行うかを迫られているということを意味している。

図 4-1　トラスト・ゲーム

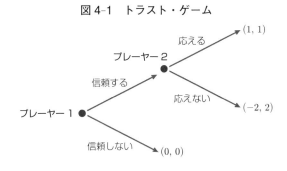

そこで，こうした戦略的状況は，**ゲーム・ツリー**（game tree）を用いた**展開形表現**（extensive form representation）を用いて整理する（展開形表現の詳細については，章末の付録を参照のこと）。また，このように展開形表現によって表されるゲームを**展開形ゲーム**（extensive form game）という。とくに，トラスト・ゲームのような完全情報ゲームは，次のような6つの要素を列挙することで，展開形ゲームを定義することができる。

> **展開形ゲーム#1**：完全情報を伴う展開形ゲームとは，(1) その状況に登場するプレーヤーたち，(2) ノード，(3) 枝，(4) その枝で利用可能な行動，(5) それぞれが担当するノードの割り当て，(6) それぞれの結果に対する各プレーヤーの利得，を列挙することである。また，(2) から (4) をゲーム・ツリーといい，それを用いて言い換えると，展開形ゲームとは，(1′) プレーヤーの集合，(2′) ゲームツリー，(3′) 各ノードに対するプレーヤーの割り当て，(4′) 各結果についての利得，の4つとなる。

たとえば，トラスト・ゲームの展開形表現は図4-1のように表される。図4-1において，黒丸が**ノード**（node）を表しており，あるプレーヤーが行わなくてはいけない意思決定の地点を表している。各ノードから伸びている矢印が枝で，それはその地点において当該プレーヤーにとって利用可能な行動を表している。最終地点に描かれている数字の組は，それぞれの経路が実現した場合，各プレーヤーが受け取る利得の組を表している。このトラスト・ゲームでは左側の数字がプレーヤー1が受け取る利得を表しており，右側がプレーヤー2のそれである。

2.3 展開形ゲームにおける戦略

次に，戦略とは，第2章の戦略形ゲームにおいても，戦略と行動を区別することが説明されたが，展開形ゲームでは，その区別がより重要な意味を持つ。ここで，戦略とは行動計画で，「プレーヤーが行動を選択する機会が与えられたときに，どの行動を選択するかをすべての機会について列挙したもの」であった。展開形表現の文脈でもう一度戦略について述べ直すと，具体的には「当該プレーヤーのすべてのノードにおいて，どのような行動を採用するかについてあらかじめ計画したもの」ということになる。

ただ，図4-1のような単純なゲームでは，両プレーヤーともにそれぞれ1回しか意思決定がないので，計画とはいっても，その一時点でどの行動を採用するかを決めておくことになる。実際のところ，プレーヤー1の戦略とは「信頼する」か「信頼しない」のどちらかであり，プレーヤー2の戦略は「応える」か「応えない」かのどちらかである。

そこで，図4-2のような3段階のトラスト・ゲームを考える。

このゲームは，これまでのトラスト・ゲームに3段階目として，プレーヤー1が「信頼を深める」か「信頼を深めない」かの意思決定を追加したものである。このゲームにおいては，プレーヤー1の意思決定は，一番最初とプレーヤー2の選択の後との2回の機会がある。したがって，プレーヤー1の戦略は，この2つの時点でどういう選択を行うかを指定する必要がある。具体的には，初期時点で信頼するかしないか，2回目の意思決定において，信頼を深めるか深めないか，の選択肢があるので，プレーヤー1の戦略は，

　　　（信頼する，信頼を深める），（信頼する，信頼を深めない），
　　（信頼しない，信頼を深める），（信頼しない，信頼を深めない）

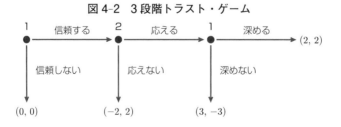

図4-2　3段階トラスト・ゲーム

の 4 つがある。

　ここで，読者は，上の戦略のうち後半の 2 つ，すなわち，（信頼しない，信頼を深める），（信頼しない，信頼を深めない）について奇異に思うかもしれない。つまり，最初の時点で，信頼しないをプレーヤー 1 は選択するわけなので，その時点ですでに 2 回目の自分の意思決定はないことはわかっているからである。しかし，これが展開形ゲームにおける戦略の重要な点で，その戦略に従ったときに，決して到達されない意思決定機会においてさえも，そこでの意思決定を割り当てられたプレーヤーは，どのような選択を行うかを特定しておかなくてはいけない，ということである。日常的な意味での行動計画であれば，初期時点で信頼しないを選択してしまえば，その時点でゲームが終了するので，2 回目の意思決定については計画しておく必要がないと考えるかもしれないが，ゲーム理論における戦略はそこでの行動計画も要求しているのである。

2.4　展開形ゲームにおける均衡

　時間的順序を伴う戦略的状況の表現の仕方がわかると，次に問題となるのは，そこにおいてどのような結果が起こるのか，という予測の問題である。このトラスト・ゲームが，これまでの第 2 章や第 3 章と大きく異なるのは，時間的順序があるゆえに，ある時点の意思決定を行うときにも，その先で起こることを予想しながら，その時点における意思決定を行うという点である。たとえば，図 4-1 において先手のプレーヤー 1 は，信頼するかしないかのどちらかを選択するにあたり，その先にあるプレーヤー 2 の意思決定において，どのような選択がなされるかを予想してその選択を行うだろう。具体的には，プレーヤー 1 は信頼するを選択した場合，その後プレーヤー 2 がそれに応えるか応えないかという選択においてどのような決定を行うかを予想する。信頼するという選択肢を評価するにあたっては，そうした予想を組み入れて評価を行うことになる。つまり，先をみながらいま何をすべきかを決定するのである。

　ではそのとき，プレーヤー 1 は，プレーヤー 2 がどのような選択をすると予想すると考えればよいのだろうか。プレーヤー 1 にしてみれば，プレーヤー 2 も合理的に意思決定を行うと考えるとすると，第 3 章で導入された最適反応，あるいは，トラスト・ゲームを離れてより一般的な場合として複数人のプレーヤーが決定することまで考慮するとナッシュ均衡を採用すると予想す

106　第Ⅰ部　組織ではどのような問題が起きるのか？

る，と考えるのが妥当であろう。一方，図4-1におけるプレーヤー2につい
ては，自らの選択を行うにあたって，プレーヤー1のように先を予想する必
要はないので，その時点で最適反応をとると考えると，プレーヤー1が行う
予想とプレーヤー2が実際に選択する行動が一致することになる。それゆえ，
両プレーヤーともに，それぞれの最適反応から逸脱するインセンティブはな
い。

　このような考え方を一般化した部分ゲーム完全均衡を展開形ゲームにおいて
は結果の予測に用いる。それを考えるにあたって，まず部分ゲームという概念
を理解しよう。より一般的な定義は，章末の付録を参照していただくとして，
ここでは，**部分ゲーム**（subgame）を

- ひとつのノードから始まり，
- 当該ノード以降のすべてのノードを含む

展開形ゲームの一部分と定義しておく。つまり，部分ゲームとは，元の展開形
ゲームの一部分であり，それ自身も展開形ゲームとしてみなせるものである。
たとえば，図4-1には，2つの部分ゲームがある。ひとつは，プレーヤー1が
信頼するを選択した後のプレーヤー2のノード以降の部分ゲームと，もうひ
とつは，元の全体的な展開形ゲームそれ自身である。

　このような意味での行動計画としての戦略の組が，先ほど定義した部分ゲー
ムすべてに対して各プレーヤーの最適反応を適用するものが，次の部分ゲーム
完全均衡である。

> **部分ゲーム完全均衡**：ある戦略の組が**部分ゲーム完全均衡**（subgame perfect
> equilibrium）であるとは，すべての部分ゲームにおいて，その戦略が各プレ
> ーヤーの最適反応となることである。

　では，具体的に部分ゲーム完全均衡を調べるにあたっては，**バックワード・
インダクション**（backward induction）という方法を用いて，プレーヤーたちが
とる行動を予測する。バックワード・インダクションは，まず，実際にプレー
の結果そこにたどり着くかどうかは別にして，ゲームが終了するひとつ前のノ
ードにおける意思決定を考える。トラスト・ゲームではプレーヤー1が信頼
することを選択した後のプレーヤー2の意思決定がこれにあたる。このとき
プレーヤー2は信頼に応えると1の利得を受け取り，信頼に応えないとする
と2の利得を受け取るので，より大きな利得が得られる信頼に応えないこと

を選択する。このプレーヤー2の意思決定を所与として，ひとつ前のプレーヤー1の意思決定を考える。信頼することを選択すると，次のノードでプレーヤー2は信頼に応えないことが予想され，その結果としてプレーヤー1は−2の利得を受け取ることになる。他方，信頼しないことを選択すると，0の利得を受け取ることになり，こちらの選択の方がプレーヤー1にとってはまだマシな選択となる。以上のようにバックワード・インダクションに従うと，プレーヤー1は信頼せず，プレーヤー2は応えないという戦略の組が部分ゲーム完全均衡となる。その結果，プレーヤー1が一番最初に信頼しないことを選択し，ゲームが終了し，互いに0の利得を受け取る結果が起こるという予測になる。

　こうした結果が起こる理由として，たとえプレーヤー1が信頼関係の形成を望み信頼したとしても，その信頼に対しプレーヤー2がきちんとその信頼に応えるとプレーヤー1が信じることができないという障害がある。これはプレーヤー2がプレーヤー1の信頼に応えることについての**信憑性**（credibility）がないということである。それゆえ，プレーヤー1が信頼し，プレーヤー2がそれに応えるという，現状よりも互いによくなる経路が実現できない。これは，プレーヤー2の信頼への呼応がプレーヤー2の利益にかなっていないためにプレーヤー1からの信頼を得られないということに起因している。したがって，プレーヤー1の信頼を引き出すためには，何らかの仕組みや要因によって，プレーヤー2の利得構造が変化することで，信頼に応えることがプレーヤー2にとって得になるような状況を作り出すことが必要になる。

　最後に，部分ゲーム完全均衡による予測が持つ性質を理解するために，再び第2章で導入された「戦略」と「行動」の区別を思い出そう。戦略とは，行動計画で，「プレーヤーが行動を選択する機会が与えられたときに，どの行動を選択するかをすべての機会について列挙したもの」であった。図4-1では，プレーヤー1の戦略とは「信頼する」か「信頼しない」のどちらかであり，プレーヤー2の戦略は「応える」か「応えない」かのどちらかである。この戦略をもとに考えれば，第2章で定式化された戦略形表現で図4-1のトラスト・ゲームを表4-1のように書き直すことができる。

　ここで，このゲームにおいて，価値最大化原理（第2章第4.1項）に従うと，価値が最大化されているのは，プレーヤー1が信頼し，プレーヤー2がそれに応えるという戦略の組であることがわかる。このとき，プレーヤー1は信

108　第Ⅰ部　組織ではどのような問題が起きるのか？

表4-1　トラスト・ゲーム──戦略形表現

		プレーヤー2	
		応える	応えない
プレーヤー1	信頼する	1, 1	−2, 2
	信頼しない	0, 0	0, 0

頼することから単独で逸脱して信頼しないを選択するインセンティブはないが，プレーヤー2はプレーヤー1が信頼しているときには，応えないことが最適となるので，プレーヤー1が信頼し，プレーヤー2がそれに応えるという戦略の組は均衡とはならない。これはある意味，プレーヤー2にのみ逸脱の機会のある囚人のジレンマ・ゲーム（片側囚人のジレンマ・ゲーム）としてみることもできる。

　表4-1をもとにナッシュ均衡による予測を考えると（信頼しない，応えない）という戦略の組がナッシュ均衡となり，これは部分ゲーム完全均衡による予測と一致している。この一致するという性質は一般的には成立せず，部分ゲーム完全均衡による予測は，ナッシュ均衡のひとつに対応しているが，ナッシュ均衡であるからといって，必ずしも部分ゲーム完全均衡であるとは限らないことが一般的には知られている。この点については，章末の付録で再度検討しているので，関心のある読者はそこを参照してほしい。

2.5　ホールドアップ問題

　前項までで考察したトラスト・ゲームを応用して，部下の仕事ぶりに対して上司が査定し，ボーナスを与えるかどうかという問題について考える。いま，部下は上司から，後でボーナスで報いるので，当該企業に必要な技術の取得を依頼されたとする。部下は，その業務についてがんばって努力するか，あるいは怠けるかを決定する。努力するにあたっては1の費用がかかるものとし，努力しない場合は費用はかからないものとする。ここで，努力の費用とは，当該仕事に割り当てた時間を他の仕事を行っていたら得られたであろう利益という意味での機会費用や，新しい専門的知識を獲得するために社外での勉強会に参加する追加的な費用の総称とする。部下が費用をかけて努力すると，3の価値が当該企業にもたらされ，それは上司に帰属することになる。

　この段階で上司は部下に対し，2の大きさのボーナスを与えるか否かを決定

図4-3 トラスト・ゲーム――ホールドアップ問題

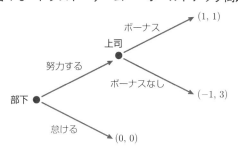

することができる。当初の約束どおりボーナスを与える場合には，部下は受け取るボーナスから努力費用を引いた1の利得を受け取り，上司は生産物の価値から支払ったボーナス額を差し引いた1を受け取ることになる。反対に当初の約束を反故にし，部下が努力したにもかかわらず，上司がボーナスを与えない場合，部下は−1の利得を受け取り，上司は3の利得を受け取ることになる。最後に，部下が怠けると何ら価値あるものが生み出されず，部下も上司も互いに0の利得を受け取ってゲームが終了する。これを展開形ゲームを用いて表現したものが図4-3である。ただしここでは利得は部下，上司の順で書かれている。

　このゲームの特徴は，先手である部下がまず上司を信頼して，努力をするかということと，後手である上司は部下が自分を信頼し努力した場合に，きちんとその信頼に応えるかというところにある。やはりここでも，先手が後手を信頼し，後手がきちんとその信頼に応えるというところがこのゲームの核となっている。さらに注意すべきは，部下が努力を投入することは，当該企業にもたらされる生産物の価値を高めるという点である。したがって，部下と上司との信頼関係がうまく形成されない場合，当該企業にとっても貴重な価値が失われることとなる。

　バックワード・インダクションを用いて部分ゲーム完全均衡による，図4-3のゲームの予測を行う。まず，部下が努力することを選択した後の上司の意思決定を考える。このとき上司はボーナスを支払うと1の利得を受け取り，ボーナスを支払わないとすると3の利得を受け取るので，より大きな利得が得られるボーナスを支払わないことを選択する。この上司の意思決定を所与として，ひとつ前の部下の意思決定を考える。努力することを選択すると，次の

110 第I部 組織ではどのような問題が起きるのか？

ノードで上司はボーナスを支払わないことが予想され，その結果として部下は −1 の利得を受け取ることになる。他方，努力しないことを選択すると，0 の利得を受け取ることになり，こちらの選択の方が部下にとってはまだマシな選択となる。それゆえ，部下が怠けることを選択し，上司はボーナスを支払わないという戦略の組が部分ゲーム完全均衡となる。以上のように部分ゲーム完全均衡に従って予測を行うと，部下が怠けることでゲームが終了し，互いに 0 の利得を受け取る結果が起こるという予測になる。

ここで，上の結果を別の角度から考察してみる。まず注意しておきたいのは，図4-3におけるゲームでは，部下の努力は当該組織が生み出す生産物の価値を上昇させるという側面を有しているということである。そのため，組織としては部下に努力投入を行ってもらった方が望ましい。他方，図4-3におけるゲームでは，努力はいったん投入されてしまうと，元に戻すのが難しいという**非可逆的**（irreversible）な側面を持っており，別の手段によって回収することが難しい。この意味で，部下の努力を組織への投資と考えるならば，努力投入というのは当該関係においてのみ効果を発揮する投資である。たとえば，当該企業に特殊な労働技能の取得がこれにあたる。このような投資を**関係特殊的投資**（relation-specific investment）という。それゆえ，努力投入はこのような性質を有していることから，部下は投資をいったん実施すると，その後で上司からボーナスの切り下げを行われてもこれに対抗する手段を持たない。まさに「お手上げ」の状態で，この問題を**ホールドアップ問題**（hold-up problem）という。結果として，部下はこの問題があるために投資を控えてしまうのである。

このホールドアップ問題は，組織内における問題に限らず，メーカーと下請けの関係のような組織間関係にも当てはまる問題である。たとえば，下請けが当該メーカーのための部品製作にのみ用いる工作機械を導入するかどうかという問題はまさにホールドアップ問題に該当する。つまり，下請けにしてみれば，いったん機械を導入してしまうと，それを他の用途に使用することはできないので，メーカーによる取引価格の切り下げに抵抗するすべがないからである。

こうしたホールドアップ問題が起こる原因は，図4-3のゲームでいうと，部下の投資が関係特殊的であるところにある。その意味を理解するために，部下の投資が関係特殊的でない場合，つまり，努力投入によって得られた成果に

図 4-4 トラスト・ゲーム──外部機会がある場合

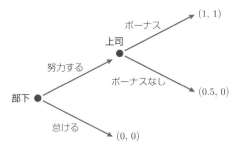

対しボーナスが支払われない場合，それを第三者と取引できるという外部機会が部下にある状況と比較する。ここで，第三者と取引できる外部機会があるとは，たとえば部下が努力した結果，汎用性の高い資格を取得し，それを用いて他の企業でも同種の仕事ができるという状況である。具体的には，図 4-4 に示されるようなゲームと比較・考察する。

図 4-4 のゲームでは，上司がボーナスを支払わない場合，得られた成果を 1.5 で外部に引き渡すことができる状況を考えている。したがって，そのとき部下は $1.5 - 1 = 0.5$ を受け取り，上司は 0 を受け取ることになる。バックワード・インダクションを用いると，上司の最適反応はボーナスを支払うことになり，それを部下は読み込んで，努力することを選択することになる。このように，外部の取引機会が存在する場合は，上司のボーナス不払いが起こったとしても，努力費用を上回る形で成果を処分することができれば部下はボーナスを得られるため，上司によって利益を収奪されることを防ぐことができる。それゆえ，ホールドアップ問題を防ぐことができるのである。

また，この章では，図 4-3 で示した形のトラスト・ゲームを基本に据えて考察していくが，もちろん組織においては，ここで分析されたのとは反対の信頼関係が問題となることも当然のことながらあるであろう。つまり，まず上司が部下に対して，ボーナスを提供するか否かを決め，その後，部下が努力をするかどうかを決めるという状況である。つまり，これは部下に固定給を与える状況に相当する。この状況をゲーム・ツリーによって書いたのが図 4-5 である。ただし，意思決定の順序における先手と後手が，たとえば図 4-1 と異なるので，最後に利得の組を表記する際も左右が逆となっていることに注意する必要がある。つまり，図 4-5 では，左が上司の利得で，右が部下の利得を表

図4-5 トラスト・ゲーム──上司が先手の場合

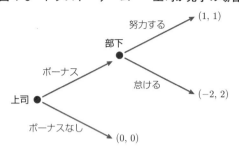

している。

　このゲームでは，上司が部下を信頼して，まずボーナスを支払うか支払わないかを決め，部下がその信頼に応えるかどうかを決めるという問題となる。このゲームをバックワード・インダクションを用いて部分ゲーム完全均衡によって分析する。部下は，ボーナスが支払われてしまえば，努力費用の分だけ損になるので，努力しないことを選択する。それを上司が読み込むとボーナスを支払わないことを選択することになる。こうして起こる結果は互いに0を受け取るということになり，信頼関係が形成されないという結論に変わりはない。このゲームは，また後の第5章と第6章で再び登場し詳述される。

3 信頼形成のための制度

3.1 交渉による解決

　費用をかけて努力をしたにもかかわらずボーナスが得られない場合，現実的な状況では部下はまず当該上司に直接かけあって，ボーナスの支払いがきちんと行われるように直接交渉するだろう。ここでは，こうした交渉の可能性を考慮してモデルを拡張する。

　ただ，交渉をモデル化するといっても，交渉の現実的な側面はさまざまある。たとえば，交渉での提案はどのような順序で行われるのか，何らかのタイムリミットはあるのか，などである。これらについてあれこれ考えていくと，この問題だけでゲーム理論の一大分野となってしまい，本書の守備範囲を超えた問題となってしまう。そのため，ここでは簡単化のために，上司によるボーナス不払いが起きた後，部下が事後的に直接交渉に訴えると，努力投入で得られた成果を $\alpha : 1 - \alpha$（ただし，α は $0 \leq \alpha \leq 1$ を満たす値）の比率で按分される

第 4 章　信頼の形成　　113

Column 4-1　トラスト・ゲームの経済実験

　本章で紹介したトラスト・ゲームは，個人間の信頼関係の形成を非常に単純な形で描写している。このゲームは，デビット・クレプスによって導入され*，その後ジョイス・バーグらによって，投資とそれに対する配当という設定に応用され，実験されている[†]。具体的には，被験者を投資家と起業家に振り分けて，投資家には 10（ドル）を与える。投資家は，このうちいくらかを起業家に投資する。この投資額を M とすると，この投資は確実に 3 倍になり，起業家には $3M$ の利益が入る。この獲得した利益のうち一定額を配当として，起業家は投資家に渡すことができる。最終的な現金の残高をそれぞれの利得とする。

　このゲームに対して，バックワード・インダクションを用いて予測を行うと，まず起業家は，配当を行うことは単純に自分の利得を下げることになるので，配当を行わない。この起業家の行動を所与とすると，投資家は投資しても配当として返ってこないので投資をしない。それゆえ，そもそも投資が行われず，当事者間で取引が行われないことになる。これは，本章のトラスト・ゲームの含意と一致している。

　しかし，実験結果はバックワード・インダクションによる予測とは異なり，当事者間で取引が行われることを示している。具体的には，投資家は平均的には所持額のおおよそ半分を投資し，起業家は獲得利益のおおよそ 30％ を配当として渡すことを示した。その後，実験研究が蓄積され，ノエル・ジョンソンとアレクサンドラ・ミスリンの研究[‡] では，メタアナリシス（同種のトラスト・ゲームについての複数の実験結果を統合した分析）を行った結果，投資家は，平均的におおよそ半分を投資し，起業家は獲得利益の 37％ を返すことがわかっている。もちろん定量的には，投資率，配当率ともに，地域性などの被験者属性から多少の影響を受けることもわかってはいるものの，少なくとも上述の単純なバックワード・インダクションによる予測とは異なることがわかっている。

　では，この乖離をどのように捉えたらよいだろうか。ひとつの解釈は，被験者は実験で獲得できる金銭的報酬の他に，金銭には還元されない何らかの効用や不効用を感じているために，実験結果が生じているという考え方である。たとえば，後手である起業家を担当する被験者の一定割合が，正の投資を受けたにもかかわらず配当をしないのは心苦しい，あるいは，金銭的利得の不平等が発生するのは嫌だと考えるのであれば，そのような起業家は実際に配当を行うであろう。それを前提とすれば，先手である投資家はある程度の投資を行う可能性が生じてくるので，実験結果と理論予測の乖離が狭められることになる。したがって，このような考え方に立てば，実験結果と理論予測が異なるからといって，本章で紹介したバックワード・インダクションという考え方がただちに否定されるということではない。理論分析の中で捉えきれていない部分を実験結果と比較し再考することで，より豊かな理論を作り出すことになる。

114 第 I 部　組織ではどのような問題が起きるのか？

　また，このような考え方を援用すると，トラスト・ゲームの実験を通じて社会における互恵性や不平等回避といった個人の社会的選好を捉えることができる。より詳細な社会的選好についての入門的な解説は，大垣・田中（2018）などを参照されたい[§]。

---

* Kreps, D. M. (1990) "Corporate Culture and Economic Theory," in J. E. Alt and K. A. Shepsle eds., *Perspectives on Positive Political Economy*, Cambridge University Press.
† Berg, J., J. Dickhaut, and K. McCabe (1995) "Trust, Reciprocity, and Social History," *Games and Economic Behavior*, vol. 10, no. 1, pp. 122-142.
‡ Johnson, N. D. and A. A. Mislin (2011) "Trust Games: A Meta-Analysis," *Journal of Economic Psychology*, vol. 32, no. 5, pp. 865-889.
§ 大垣昌夫・田中沙織（2018）『行動経済学——伝統的経済学との統合による新しい経済学を目指して（新版）』有斐閣

ことになるという一番単純な状況を考える（図4-6）。ここで，α は部下の交渉力を表すパラメータとして解釈する。

　実際にこのゲームの分析に入る前に，各プレーヤーの戦略を考えておこう。このゲームにおいては，部下は2回意思決定を行うので，それぞれのノードにおいてどのような行動を選択するかをあらかじめ決めておく必要がある。それゆえ，部下の戦略は

$$\{(努力する，交渉する)，(努力する，交渉しない)，$$
$$(怠ける，交渉する)，(怠ける，交渉しない)\}$$

の4つがある。ここで，たとえば(努力する，交渉する)は，最初のノードで努力することを選択し，2回目のノードで交渉することを選ぶということを意味している。他方，上司の戦略については，意思決定の機会が1回しかないので，行動と同じく

$$\{ボーナス，ボーナスなし\}$$

の2つである。

　このゲームにおける部分ゲーム完全均衡を調べるために，バックワード・インダクションを用いて分析する。まず，最後の部下の意思決定を考える。部下は交渉に持ち込めば $3\alpha - 1$ の利得を得られるが，交渉しなければ -1 の利得に甘んじるほかない。α は $\alpha \geq 0$ を満たすので，部下は常に交渉に持ち込んだ方がよいということになる。次に，この部下の意思決定を踏まえて，ひとつ前の上司の意思決定を考える。上司はきっちりボーナスを支払うと1を得る

図 4-6 交渉のあるトラスト・ゲーム

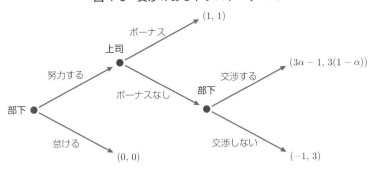

が，ボーナスを支払わないと，部下に交渉に持ち込まれ $3(1-\alpha)$ の利得を受け取ることになる。したがって，

$$1 \geq 3(1-\alpha)$$

のとき，つまり $\alpha \geq 2/3$ のとき，そしてそのときに限りボーナスを支払うことが最適となる。他方，$\alpha < 2/3$ のときはボーナスを支払わず交渉に応じる方が得になる。

　部下の最適反応をもとにして，一番最初の部下の努力投入の意思決定を考える。部下の決定は交渉力のパラメータ α に応じて異なるため，ここでは（1）$\alpha \geq 2/3$，（2）$1/3 \leq \alpha < 2/3$，（3）$\alpha < 1/3$ の3つのケースに分けて考察する。まず，（1）の場合，部下が努力をすると上司はボーナスをきっちり支払いゲームは終了する。このとき，部下は1を受け取ることになる。怠けた場合の利得は0なので，このケースでは部下は努力することが最適となる。つまり，部下は，(努力する, 交渉する) を選び，上司はボーナスを選択するという戦略の組が部分ゲーム完全均衡となる。次に，（2）の場合，部下が努力をしても上司はボーナスを支払わない。したがって，部下は交渉に訴えることになり，$3\alpha - 1$ の利得を受け取る。いまここで α は $1/3 \leq \alpha < 2/3$ を満たすので，少なくとも0以上の利得を受け取ることができる。これは努力しないことと無差別かそれよりも好ましい利得をもたらすので，やはり努力することが最適となる。それゆえ，部下は (努力する, 交渉する) を選び，上司はボーナスなしを選択するという戦略の組が部分ゲーム完全均衡となる。最後に，（3）の場合，（2）と同様に部下が努力をしても上司はボーナスを支払わず，交渉に持ち込まざるをえないが，このケースでは交渉をしても0より大きな利得を受

116 第 I 部 組織ではどのような問題が起きるのか?

け取ることができない。したがって，最初からサボっておく方が最適となる。したがって，部下は (怠ける，交渉する) を選び，上司はボーナスなしを選択するという戦略の組が部分ゲーム完全均衡となる。

以上の分析では，部下にとって最も望ましい結果が実現できるのは，部下の交渉力がとても強い (1) の状況のみである。(2) の場合でも交渉の可能性がない場合に比べると，利得を改善できるが，最も望ましい状態に比べると部下はある程度の損失を受け入れなくてはならない。(3) の場合に至っては，交渉の可能性がない場合と何ら違いはないことになってしまう。

3.2 第三者による仲裁

前項の分析で交渉によって部分的には解決される場合があることはわかったが，それでも交渉力の弱い個人は相変わらず努力投入を躊躇することがわかった。また，こうした事案が出現するたびに当事者間で交渉をしていたのでは，企業全体ではとても大きな機会費用を払っていることにもなる。そのため，企業は労働者間で発生した係争事案の仲裁を人事部を通じて行うかもしれない。そこで，本項では部下は人事部等の第三者に仲裁を申請することで，得られるはずのボーナスを請求するという手段に訴える状況を考える。

部下が努力をしたにもかかわらず，上司がボーナスを支払わないという事象が起こった場合，部下が人事部に訴えるか否かの意思決定ができる状況を考える。訴えない場合は，仲裁オプションがないケースと同じ利得が実現するものとする。訴える場合は，部下は確率 p で要求が通り，$1-p$ の確率で要求が棄却されるものとする (図 4-7)。部下の要求が通った場合は，得られるはずのボーナスを部下は受け取るものとし，上司はボーナスを支払う他に会社に対してペナルティー x を支払うものとする。つまり，部下は 1 を受け取り，上司は $1-x$ を受け取ることになる。ここでは，簡単化のために，仲裁に関連する諸費用は無視することにする。

今回の第三者仲裁問題のように，確率によって実現する利得が異なるという状況を展開形表現で記述する場合は，**自然の手番** (nature move) という概念を導入して記述を行う。この自然の手番では，いずれかのプレーヤーが担当して意思決定するのではなく，いくつかの事象がそれぞれ確率的に生じる局面であることを意味している。より具体的には，部下が努力をしたにもかかわらず，上司がボーナスを支払わないという事象が起こり，部下が人事部に訴えた後

第 4 章 信頼の形成　117

図 4-7　人事部による仲裁のあるトラスト・ゲーム

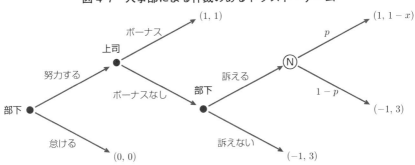

は，自然の手番となりノードから伸びた 2 つの枝についた確率に応じて仲裁の結果が決まることになる。図 4-7 では，Ⓝと書かれたノードが自然の手番を表しており，p が部下の訴えが通る確率で $1-p$ が通らない確率を表している。これを含めて展開形ゲームの定義を拡張すると，次のように書くことができる。

> **展開形ゲーム #2**：不確実性を伴う完全情報ゲームにおける展開形ゲームとは，(1) ノード，(2) 枝，(3) その枝で利用可能な行動，(4) その状況に登場する自然の手番を含めたプレーヤーたち，(5) 自然の手番を含めたそれぞれが担当するノードの割り当て，(6) 自然の手番の確率分布，(7) それぞれの結果に対する各プレーヤーの利得，を列挙することである。

そこで，部分ゲーム完全均衡となる戦略の組をバックワード・インダクションによって調べるために，自然の手番から生じる結果の期待利得を計算する。部下は確率 p で訴えが通った結果として 1 の利得を受け取り，$1-p$ の確率で訴えが通らず，-1 の利得を受け取るので，$p+(1-p)(-1)$ の期待利得を受け取る。同様に，上司は $p(1-x)+(1-p)3$ を受け取る。したがって，部下はひとつ手前のノードで訴えることを選択した場合，$p-(1-p)$ の期待利得を受け取り，訴えない場合は -1 の利得を受け取ることになる。ゆえに，

$$p-(1-p) \geq -1$$

であれば訴えることを選択する。上の不等式を整理すると，

$$2p \geq 0$$

図 4-8 ボーナス支払いが最適となるパラメータ (p, x) の領域

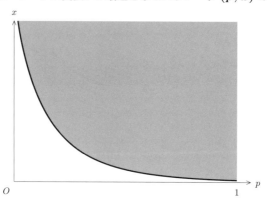

となるので，$0 \leq p \leq 1$ の範囲では不等号が常に成立し，部下は常に訴えるという選択肢をとる。

いま考察した部下の選択行動を所与として，ひとつ前の上司の意思決定を考える。上司はボーナスを支払う場合1の利得を受け取るが，ボーナスを支払わない場合は部下は人事部に訴えることになるので，上司は $p(1-x)+(1-p)3$ の期待利得を受け取る。それゆえ，

$$1 \geq p(1-x) + (1-p)3$$

が成立すれば上司はボーナスを支払うことが最適となる。この不等式を整理すると

$$x \geq 2/p - 2$$

となり，p と x の大きさに応じて不等式の成立が決まる。

ここで，図 4-8 において，境界の右上の網掛けの領域が上司がボーナスを支払うことが最適となる領域である。つまり，その領域では，部下は (努力する，訴える) を選び，上司はボーナスを選択するという戦略の組が部分ゲーム完全均衡となる。

上の分析によって，仲裁を通じて上司のボーナス不払いに対する罰が科されるため，十分大きな慰謝料のもとでは上司のボーナス支払いについての信憑性が高まる。その結果として，部下の努力を確保できるので，仲裁制度がない場合に比べて互いに利得が改善する状況が生み出される。

4 プレーヤーの個人的特性

4.1 プレーヤーのタイプと私的情報

第 3.2 項の例では，人事部による仲裁という制度を導入し，プレーヤーたちの利得構造を変化させた。それによって，インセンティブ構造が変化し，望ましい行動が実現する可能性を示した。これは，プレーヤーの外的環境を操作することで特定の行動を採用するインセンティブが生まれることを意味している。すなわち，ここで生まれる信頼は，本章の冒頭に掲げた 2 つの意味の信頼のうち，(1) インセンティブ構造に基づく信頼である。他方，プレーヤーの内的要因によって，自発的に特定の行動を採用するよう動機づけられる可能性もある。つまり，こちらは，冒頭に掲げた 2 つの意味の信頼のうち，(2) 一般的な人間性や自分に対する感情等の個人属性に由来する信頼である。ここでは，そのような可能性を考慮に入れたモデルの拡張を行い，そのもとで得られる結果を考察する。

上で述べたような個人的特徴・属性を上司に対して明示的にモデルに導入する。そうした特徴・属性を**タイプ**（type）という。上司のタイプとして，これまで考えてきたような合理的なプレーヤーのタイプと部下の努力に対してはボーナスの支払いで報いないと心理的に辛いと考えるタイプの 2 つがあるものとする。前者を合理的タイプとよび，後者を正直タイプとよぶことにする。また，部下はこれまでどおり合理的なタイプしかいないと想定する。

このような，上司のタイプの導入によって，上司の利得構造が変化する。ここでは，上司が合理的タイプの場合は，第 2.5 項の最初に述べたトラスト・ゲームの利得構造と何ら変わりはないが，上司が正直タイプの場合は，部下が努力したにもかかわらず，ボーナスを支払わないという行動を採用したとすると，x だけの心理的な費用がかかるものとする。

さらに，タイプは上司の個人的な属性であるので上司のみが知っている情報であるとするのが妥当であろう。したがって，上司のタイプについては上司のみが知っており，部下は上司がどちらのタイプであるかは知らないという状況が生まれる。こうした，ある個人だけが知っていて，他の人たちは知らないという情報を当該個人の**私的情報**（private information）という。それゆえ，上司のタイプについて不完全な知識しか持たない部下は上司のタイプを主観的

120 第Ⅰ部　組織ではどのような問題が起きるのか？

に予想することになる。部下は上司とのやり取りが始まる前（事前）の段階では，自分のこれまでの社内での経験や観察から，社内にはたくさんの管理職がおり，彼らは合理的なタイプと正直タイプに分類され，各管理職がそれぞれのタイプの上司にあたるかについての予想を持っている。たとえば，事前の段階で6割くらいが合理的で，4割くらいが正直タイプというような予想である。つまり，こうした部下の事前段階での主観的予想を，確率0.6で合理的タイプであり，確率0.4で正直タイプが起こりうると捉えられると，主観的予想は起こりうる上司のタイプに対する確率分布（事前分布）として定式化される。私的情報が存在することによる影響はこれだけにとどまらず，上司は自分のタイプについて完全な知識を持っていても部下のこのような予想を考慮してゲームをプレーする必要があり，上司は部下の予想をさらに予想することになる。

4.2　私的情報が存在するゲームの展開形表現

このような私的情報がもたらすゲームの認識についての問題をゲーム理論では，次のようにして定式化する。まずプレーヤー間で共有されている上司のタイプについての事前分布があると想定する。ここで注意したいことは，そして，読者にとっては奇妙に聞こえるかもしれないが，この段階では両プレーヤーに情報上の差異はないと仮定するということである。ただ，その後に上司は自分のタイプについての情報を受け取るが，部下は上司のタイプについての情報を受け取っていないために，事後的な予想形成についての差が生じるものとして捉える。このようにゲームを定式化することで，共通の事前分布を含めて上司と部下は互いの予想形成の仕方について完全な知識を持ち，これまでのような分析を応用し，分析することができる。

いま述べたような考え方に従って，考察する状況を展開形表現として表現する方法を説明する。まず，共通の事前分布があり，それによって上司のタイプが決定するのであるから，展開形表現では自然の手番がそれを表すことになる。その後，部下はどちらのタイプが実現したかを知らず，どちらの状況かわからないという状況に直面する。これを展開形表現で表すには，図4-9における部下のノードのところのように，区別できないノードを点線で結ぶ。この点線で結ばれた2つのノードからなる集合を**情報集合**（information set）という。また，部下が努力をした後の上司のノードで，上司は自分がどちらのノードにいるかはわかっているので，それぞれのノード1点からなる集合それぞ

図 4-9 個人属性を考慮したトラスト・ゲーム

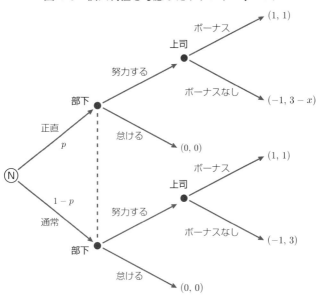

れがそこでの上司の情報集合となる。ここで、注意しておきたいのは、部下は上司がどちらのタイプかわからないのであるから、同じ情報集合に含まれる異なるノードで別の行動を選択することはできない、という点である。言い換えれば、ひとつの情報集合に複数のノードが含まれている場合は、そのどちらのノードでも同じ行動を選択しなくてはならないのである。このことを含むように、展開形ゲームの定義をさらに拡張すると、次のようになる。

> **展開形ゲーム #3**:（私的情報を含む）一般的な戦略的状況における展開形ゲームとは、(1) ノード、(2) 枝、(3) その枝で利用可能な行動、(4) その状況に登場する自然の手番を含めたプレーヤーたち、(5) 自然の手番を含めたそれぞれが担当するノードの割り当て、(6) 自然の手番の確率分布、(7) 各プレーヤーの情報集合を集めたもの、(8) それぞれの結果に対する各プレーヤーの利得、を列挙することである。

以上述べたように、いったん展開形ゲームが描けてしまえば、あとはこれまで利用してきたバックワード・インダクションの考え方を応用してプレーヤーの最適反応を調べることになる。まず、正直タイプの上司の意思決定から考え

122　第Ⅰ部　組織ではどのような問題が起きるのか？

る。$x \geq 2$ のとき，またそのときに限り上司はボーナスを支払う。次に，合理
的タイプの上司について考える。こちらは以前同様，常にボーナスなしを選択
する。

　これらの上司の最適反応を所与として，部下の意思決定を考える。部下は共
通の事前分布以外に上司についての情報を何ら持たないので，事前分布をもと
にして，期待利得を最大化するように意思決定を行う。まず，$x \geq 2$ の場合を
考えよう。部下は努力すると確率 p で正直タイプの上司に遭遇し，ボーナス
の支払いを受けるので 1 の利得を受け取るが，$1 - p$ の確率で合理的な上司と
出会い，努力に対してボーナスなしで対応されるため -1 の利得を受け取る。
他方，努力しないと上司のタイプに関係なく 0 の利得を受け取る。したがっ
て，

$$p - (1 - p) \geq 0$$

のとき，つまり $p \geq 1/2$ のとき，そしてそのときに限り努力をすることにな
る。それゆえ，$x \geq 2$ の場合，$p \geq 1/2$ つまり正直タイプの可能性が事前の意
味で高い場合は，すべてが合理的なタイプの場合と異なり，互いにとって望ま
しい結果が実現することになる。

　また，$x < 2$ の場合は，どちらのタイプの上司であってもボーナスなしを採
用するので，部下は努力しないことになり，互いに 0 の利得を受け取ってゲー
ムが終了する。これは次のような直観的な理由による。正直タイプの上司が
どんなに多くいても，心理的な費用が少ないので，努力を観察したにもかかわ
らずボーナスを支払わないという不義理をはたらいても，正直タイプの上司で
すら心の痛みが少ない。そのため，上司は自分の利得が高くなるボーナスなし
を選択することになり，部下はそれを読み込み努力しないことを選択すること
になる。

5　契約の締結と履行

　信頼の形成というのは簡単には実現しないことを考察したうえで，組織に内
在するさまざまな要因や仕組みによって部分的に解決されることがあること
を概観した。そのどの部分的な解決策においても，不確定な要素によるところ
が大きいことは否めない。たとえば，本章において考察した中では，第三者に

よる仲裁制度で問題が解決できているようにもみえるが，上司に科すことのできる罰にも限度があるのが現実であろう。そのため，部下の努力を引き出せる環境もその分制限されることとなる。安定的に組織内で信頼関係が構築されるためには，(1) 明示的に固定給やボーナスといった報酬体系を定めて契約を結ぶ，(2) 長期的関係を通じて暗黙的に信頼的な行動に誘導する，といった方法がある。明示的な契約を結ぶというのは，上司が部下に選択してほしい行動とその対価であるボーナス等の報酬を決定し，契約によってそうした行動をとらせるという方法である。

とはいえ，必ずしも契約締結ですべての問題を解決できるというわけではない。たとえば，上司は部下の働きぶりについて観察することはできたとしても，働きぶりを裁判所で立証できるような方法で監視を実施することは難しい場合がある。これは同時に部下の働きぶりのようなものを契約に盛り込むことの難しさを示している。そのような場合には，明示的な契約や本章で紹介した要因のほかに，長期的関係に基づいて当事者のインセンティブの制御をいかに行うかについてが問題となるが，これは第 7 章で扱う。これら明示的契約，長期的関係，そして本章で概観した諸要素を相互補完的に活用することで信頼関係が広範囲にわたって組織に構築される。

● ま と め
□ 単純なトラスト・ゲームでは，信頼関係が構築されることは難しく，信頼関係がうまく構築されるためには，追加的な要素が必要となる。
□ 組織における信頼関係を構築する仕組みや制度としては，交渉による解決や人事部等の第三者による仲裁がある。確かにこれらの仕組みや制度によって，一定程度改善を図ることができる場合もあるが，完全な解決策とはいえない。
□ 信頼関係の構築は，各当事者の性格などに代表される個人的な属性にも多いに影響を受ける。
□ より安定的な信頼関係の維持のためには，契約の締結や長期的関係にコミットすることが大きな意味を持つ。

● 文献ノート
経済学において，信頼関係の構築の重要性を説いてきたのはアローである。本章で紹介した文章の出典は，Arrow, K. J. (1972) "Gifts and Exchanges," *Philosophy and*

124 第Ⅰ部 組織ではどのような問題が起きるのか？

Public Affairs, vol. 1, pp. 343-362 という論文の p. 357 に依拠している。また，彼の著作の中でも同種のことが述べられており，本書との関係でいうと，Arrow, K. J. (1974) *The Limits of Organization*, WW Norton & Company（村上泰亮訳『組織の限界』筑摩書房〔ちくま学芸文庫〕，2017 年）があり，この中でも組織における信頼関係の構築の重要性が述べられている。また，経済学ではないが，信頼について述べているものとしては，政治学をベースにした Fukuyama, F. (1995) *Trust: The Social Virtues and the Creation of Prosperity*, Hamish Hamilton Ltd.（加藤寛訳『「信」無くば立たず』三笠書房，1995 年）がある。さらに，本章で採用した信頼の定義は，社会心理学の研究をベースにした山岸俊男（1998）『信頼の構造——こころと社会の進化ゲーム』東京大学出版会に基づいている。

　また，展開形表現をより一般的に学びたいという読者は，下記の 2 冊を参照されたい。どちらも，学部上級から大学院初年次のレベルであるので，集合の表記などの実解析の基礎とあわせて学習することをお薦めする。

1. Kreps, D. M. (1990) *A Course in Microecomics Theory*, Princeton University Press.
2. 岡田章（2011）『ゲーム理論（新版）』有斐閣

付録：展開形ゲームの定式化と部分ゲーム完全均衡

　本書において展開形ゲームを定式化することは行わない。展開形ゲームの定式化の詳細を知りたい読者は岡田 （2011）や Kreps （1990）等を参照してほしい。ここでは，簡単なゲームをもとに，具体的に展開形ゲームの定式化と展開形ゲームにおける均衡概念である部分ゲーム完全均衡を簡単に解説する。

1　展開形表現の定式化

　ここでは，図 4-10 のようなゲームを考える。図 4-10 では，通常のトラスト・ゲームとは異なり，部下が努力をしたか，怠けたかを直接観察することができない。代わりに，部下の選択に関連する，不完全なシグナルを上司は観察できるものとする。具体的には，たとえば，シグナルとして，その部下の営業成績などの業績指標を考えるとわかりやすいかもしれない。その不完全なシグナルは，部下が怠ければ確率 1 で，「Bad」というシグナルを観察するが，努力をしている場合は，確率 p で「Good」を観察し，$1-p$ の確率で「Bad」を観察するものとする。ここで，p は $0 < p < 1$ の任意の値とする。つまり，上司は Good を観察した場合は部下は努力するを選択したことがわかるが，Bad を観察した場合は，部下が努力したのか怠けたのかが区別できないので，上司が観察するシグナルは，部下の行動についての不完全なシグナルとなっている。

図 4-10 部下の行動が観察できないトラスト・ゲーム

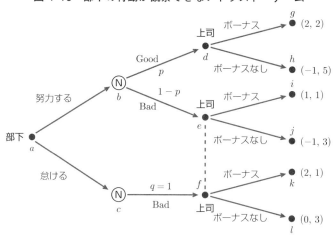

ではいよいよ，図 4-10 を数学的に表現する方法を概観していく．第 2 節でも述べた意思決定の点であるノードという概念を思い出そう．図 4-10 においては，$\{a, b, \cdots, f\}$ までのノードがある．また，後にノードがないノードを**終点**（terminal node）といい，ここでは $\{g, h, \cdots, \ell\}$ がそれにあたる．次に，ノードとノード，あるいは，ノードと終点を結ぶ矢印を**枝**（edge）といい，2 つのノードを結びつけたものが枝なので，全部で

$$\bigl\{(a,b),(a,c),(b,d),(b,e),(c,f),(d,g),(d,h),(e,i),(e,j),(f,k),(f,\ell)\bigr\}$$

の 11 個の枝がある．たとえば，(a, b) という枝は，図 4-10 における最初の部下の選択の上側の枝のことを意味している．さらに，各枝はその枝の元になっているノードを受け持つプレーヤーの選択肢にも対応しているため，$A(x)$ でノード x における選択肢（行動）の集合とする．たとえば，ノード a における選択肢は，努力すると怠けるの 2 つがあるので，$A(a) = \{$ 努力する，怠ける $\}$ となる．以上の，ノード，終点，枝，各枝の選択肢をもって，ゲーム・ツリーという．

ゲーム・ツリーという構造が与えられたときに，戦略的状況を表現するためには，終点以外の各ノードを受け持つプレーヤーを割り当てる必要がある．たとえば図 4-10 では，

- 部下：a
- 自然（Nature）：b, c
- 上司：d, e, f

というように，担当者が割り当てられている．これはつまり，各ノードをプレーヤーの

126 第 I 部 組織ではどのような問題が起きるのか？

受け持ちごとに分割したものにほかならないので，これをプレーヤーの分割とよび，それぞれの担当プレーヤーごとに

$$P_{\text{部下}} = \{a\}, \ P_{Nature} = \{b, c\}, \ P_{\text{上司}} = \{d, e, f\}$$

と表す。この各プレーヤーの分割を足し合わせると，ノード全体の集合となり，異なる2つのプレーヤーの分割は共通部分を持たないことにも注意しておこう。

さらに，自然が受け持つノードでは，確率的に事象が起こるので，その確率を定めておく必要がある。図 4-10 では，ノード b と c がそれにあたる。ノード b における枝 (b, d)，つまり，部下が努力した後に Good が起こる確率は p であり，枝 (b, e)，つまり，部下が努力した後に Bad が起こる確率は $1 - p$ である。また，ノード c における枝は (c, f) しかなく，これは確率 $q = 1$ が割り当てられていて，部下が怠けた場合には確率 1 で Bad が起こることを意味している。

図 4-10 における大きな特徴として，上司が部下の行動を直接観察できない，という点がある。つまり，第 4 節で導入した概念でいうと，上司はノード e と f のどちらにいるか区別することができないので，ノード e と f は同じ情報集合に入ることになる。この点を踏まえたうえで，すべてのプレーヤーのすべての情報集合の集合を情報分割とよび，

$$\mathcal{I}_{\text{部下}} = \{\{a\}\}, \ \mathcal{I}_{Nature} = \{\{b\}, \{c\}\}, \ \mathcal{I}_{\text{上司}} = \{\{d\}, \{e, f\}\}$$

と表す。ここで，$\mathcal{I}_i$ は，プレーヤー i の情報分割を表している。たとえば，$\mathcal{I}_{\text{上司}}$ は $\{d\}$ という情報集合と $\{e, f\}$ という情報集合から成り立っている。また，プレーヤー i の情報分割 $\mathcal{I}_i$ に含まれる2つの異なる情報集合は共通部分を持たず，$\mathcal{I}_i$ のすべての情報集合を足し合わせると $\mathcal{I}_i$ と一致する。さらに，同じ情報集合における異なるノードにおいて利用可能な選択肢は同じである，つまり，同じ枝を持つと仮定する。

最後に，各終点にはそれに対応する，各プレーヤーの利得の組が割り当てられており，終点 w に対する利得の組を $h(w)$ とする。たとえば，終点 g における利得の組は，$h(g) = (2, 2)$ となる。

以上，(1) ゲーム・ツリー，(2) プレーヤーの分割，(3) 自然の手番の確率分布，(4) 情報分割，(5) 利得の組，の5つを定めることで，展開形ゲームを記述することができる。

2 展開形ゲームにおける戦略と均衡

まず，第 2 章や第 3 章でみたように，均衡は戦略の組に対して定義された概念であることを思い出そう。前の章で述べたゲームでは戦略という概念と行動という概念を区別することに，それほど重要性を見出せなかった読者もいるかもしれない。しかし，本章における展開形ゲームでは，次のように戦略と行動とを明確に区別をし，その意義を改

めて検討する。

まず、展開形ゲームでは、戦略は次のように定義する。

> **戦略**：展開形ゲームにおけるあるプレーヤーの**戦略**（strategy）とは、当該プレーヤーが担当するすべての情報集合に対して行動を指定したものをいう。

言い換えると、戦略とは、当該プレーヤーの完全な行動計画のことである。これを具体的に理解するために、図 4-6 における戦略を見てみることにする。まず、部下はノードが 2 カ所あるので、それぞれにおいてどのような行動を採択するかをあらかじめ指定しておく必要がある。それゆえ、最初のノードで努力するか怠けるか、2 番目のノードで交渉するか交渉しないかのそれぞれ 2 つずつ行動があるので、

$$\{(努力する，交渉する)，(努力する，交渉しない)，$$
$$(怠ける，交渉する)，(怠ける，交渉しない)\}$$

の 4 つの戦略がある。他方、上司はノードはひとつしかないので、戦略は行動と一致していて、{ ボーナス，ボーナスなし } の 2 つである。

このように定義した意味での戦略の組が、展開形ゲームにおいて用いられる均衡概念である部分ゲーム完全均衡であるということを定義するために、部分ゲームという概念を定義しておこう。

> **部分ゲーム**：展開形ゲームにおける**部分ゲーム**（subgame）とは
> - ひとつのノードのみからなる情報集合から始まり、
> - 当該ノード以降のすべてのノードを含み、
> - どの情報集合をも切断しないものである。

つまり、部分ゲームとは、元の展開形ゲームの一部分であり、それ自身も展開形ゲームとしてみなせるものである。たとえば、図 4-6 で部分ゲームは、部下の 2 回目の意思決定のノード以降のゲーム、上司の 2 回目の意思決定のノード以降のゲーム、そして全体ゲームの 3 つの部分ゲームがある。

いま定義した部分ゲームすべてに対してナッシュ均衡を適用するものが、下記で定義される部分ゲーム完全均衡である。

> **部分ゲーム完全均衡**：ある戦略の組が**部分ゲーム完全均衡**（subgame perfect equilibrium）であるとは、すべての部分ゲームにおいて、その戦略の組がナッシュ均衡となることである。

また、各プレーヤーが自分の担当するすべてのノードにおいて、どのような経路をたどってそのノードにたどり着いたかを完全に知っているような**完全情報ゲーム**（perfect information game）では、バックワード・インダクションが導く結果と部分ゲーム完全均衡の結果は一致する。

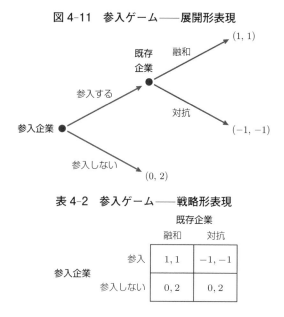

図 4-11　参入ゲーム――展開形表現

表 4-2　参入ゲーム――戦略形表現

		既存企業 融和	既存企業 対抗
参入企業	参入	1, 1	−1, −1
参入企業	参入しない	0, 2	0, 2

　付録の最後に，部分ゲーム完全均衡とナッシュ均衡の関係について，再度検討して締めくくりたい。そこで，図 4-11 のような参入ゲームを考える。いま，ある企業が新たにある市場へ参入するかどうかを検討しているとしよう。当該市場には，独占的な既存企業がいるとする。参入が起こらなければ，既存企業は従前どおり，独占的な地位を享受できるが，もし新規参入が起こると，既存企業は，融和策をとって現在の独占的な利潤を新規参入企業と分けるか，対抗策をとって両企業ともに厳しい価格競争に導くかを選択することになる。このゲームにおいて，部分ゲーム完全均衡を調べると，参入企業は参入し，既存企業は融和策をとるという戦略の組が唯一の部分ゲーム完全均衡であることがわかる。

　他方，このゲームを戦略形ゲームによって表現すると表 4-2 のように表現できる。これを用いてナッシュ均衡を求めると，（参入，融和）と（参入しない，対抗）の 2 つがある。（参入，融和）は，部分ゲーム完全均衡の結果でもあるので，ナッシュ均衡は部分ゲーム完全均衡を含む関係になっている。これは，一般的に成立している性質である。

　では，部分ゲーム完全均衡ではない，ナッシュ均衡（参入しない，対抗）はどのような性質を持っているのであろうか。参入企業がなぜ参入しないを選択しているかというと，参入してしまうと既存企業に対抗措置をとられて，−1 の利得になってしまうことをおそれているからである。しかし，既存企業は，実際に参入が起こってしまえば，対抗措置をとることは最適となっておらず，これはカラ脅しであるといえよう。それゆ

え，部分ゲーム完全均衡は，ナッシュ均衡におけるカラ脅しを排除するような均衡となっている。言い換えると，部分ゲーム完全均衡は，複数あるナッシュ均衡のうちより相応しくない均衡を切り落としているので，これをナッシュ均衡の**精緻化**（refinement）という。

　このような議論からも，展開形ゲームのような時間を通じた意思決定を含むゲームでは，部分ゲーム完全均衡を用いることが相応しいといえよう。

第Ⅱ部

組織の問題を
どのように
解決するのか？

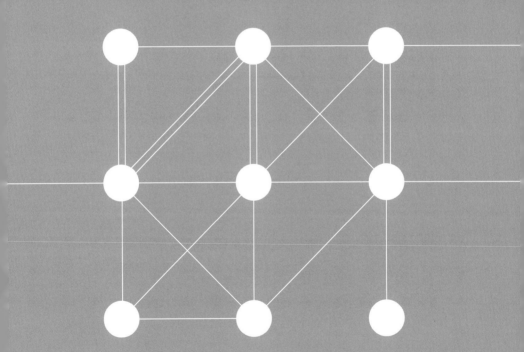

第5章

組織設計とプリンシパル＝エージェント関係1

基礎編

---

1 契約によるコミットメント

1.1 トラスト・ゲームとコミットメント

図5-1は，第4章図4-3で紹介されたトラスト・ゲームのゲーム・ツリーである（利得は部下の利得，上司の利得の順番）。まず部下が上司から依頼された業務をがんばって「努力する」か，あるいは「怠ける」かを決定する。努力すると1の費用が部下にかかるが，会社に高い価値がもたらされて上司に帰属する。第4章ではこの価値は3であったが，本章では12とする。怠けた場合には費用はかからないが，生み出される価値も0となる。部下が努力した場合には，上司は部下に2のボーナスを払うかどうかを決定する。ボーナスを支払う場合には，部下の利得は受け取るボーナスから努力の費用を差し引いた値，2−1＝1となり，上司の利得は生み出された価値からボーナスを引いた値，12−2＝10となる。ボーナスなしの場合には，部下の利得は努力の費用のみの−1，上司の利得は生み出された価値12となる。

第4章では，このゲームをバックワード・インダクションという手法で解くことによって，次の部分ゲーム完全均衡を得た。上司は部下が努力してもボーナスを支払わず，そのことを先読みした部下は怠ける。この組織の状態は，部下が努力してボーナスが支払われる状態にパレート支配されている。この問題が生じる理由は，上司のボーナス支払いに信憑性がないことにある。

このような問題を解決する手段のひとつが「契約」である。会社の従業員は会社と雇用契約を結ぶ関係にあるので，本章では上司と部下のトラスト・ゲームを雇用主と従業員のゲームと読み替えたうえで，タイミングを次のように変

第5章 組織設計とプリンシパル＝エージェント関係1　133

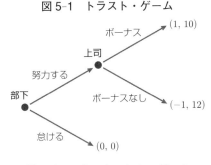

図5-1　トラスト・ゲーム

図5-2　コミットメント・ゲーム

更しよう．まず最初に雇用主が，「価値12を生み出してくれれば2のボーナスを支払う」という契約を提示するかしないかを決定する．雇用主の決定を観察して，従業員は努力するか怠けるかを決める．雇用主が契約を提示した場合に努力すれば，価値12が生み出されて契約どおりに2が支払われるが，それ以外の場合には何も支払われない．このように変更されたタイミングのゲームが図5-2である．利得は従業員の利得，雇用主の利得の順番で書かれている（以下同様）．

このゲームをバックワード・インダクションで解いてみよう．雇用主が契約を提示しなかった場合には，トラスト・ゲームと同じゲームとなるので，従業員が努力してもボーナスは支払われず，従業員の利得は努力の費用 -1 となる．怠けた場合の利得は0なので，契約が提示されなかった場合には従業員の最適反応は「怠ける」となる．

一方，雇用主が契約を提示した場合には，従業員は努力すればボーナスが支払われ，1の利得を得るが，怠けた場合には利得は0になる．したがって，従業員の最適反応は「努力する」となる．

従業員の反応を先読みすると，雇用主が契約を提示しなかった場合には従業員は努力せず，雇用主の利得は0となるが，契約を提示すれば従業員が努力してくれて雇用主の利得は10となる．したがって，雇用主にとって，契約を

134 第 II 部　組織の問題をどのように解決するのか？

提示することが最も好ましい選択であることがわかる[1]。

　一般的に，会社と従業員の間の雇用契約，売手と買手の間の売買契約，企業間の取引契約など，契約はさまざまな状況で活用されている。契約の本質は，トラスト・ゲームで代表される信憑性の問題によって生じる非効率性に対して，信憑性のある**コミットメント**（commitment）の手段を与え，組織の状態を改善する点にある。コミットメントには「固い決意を伴う約束，確約」という意味があるが，ここでの例では，契約を結ぶことによって，「価値 12 を生み出してくれれば 2 のボーナスを支払う」ことを雇用主が固い決意で約束していることを従業員に示し，従業員の努力を引き出しているのである。

　契約がコミットメントを可能にするためには，「価値 12 を生み出してくれれば 2 のボーナスを支払う」という内容の契約が遵守されなければならない。たとえば，雇用主は契約を反故にして，価値 12 が生み出されたにもかかわらず，2 のボーナスを支払わないかもしれない。このとき，「価値 12 が生み出された」ことが事実である証拠を従業員が裁判所に対して示すことができれば，裁判所は契約どおりの支払いを命じてくれるだろう。同様に，2 のボーナスを受け取った従業員が「受け取っていないから支払え」としらを切っても，雇用主が裁判所に対して「2 のボーナスを支払った」証拠を提示できれば，「2 のボーナスを支払え」という従業員の訴えは却下されるだろう。このように，裁判所が契約を強制してくれれば（もしくは，契約違反に対して十分な罰金を科してくれれば），雇用主も従業員も契約に反する行為を行うことはない。この点については第 3 節で詳しく説明する。

1.2　契約設計

　上記のコミットメント・ゲームでは，雇用主が提示する契約は「価値 12 を生み出してくれれば 2 のボーナスを支払う」という内容に限定されていた。本章では組織設計の問題の一環として，どのような契約を設計するのが望ましいかという問題を考える。その導入として，本節の残りでは，ボーナス額をど

---

1)　バックワード・インダクションによって，雇用主の「契約」という戦略，および従業員の（怠ける，努力する）という戦略の組が部分ゲーム完全均衡であることを導出したことになる。ここで従業員の戦略は，雇用主が契約を提示しなかった場合は「怠ける」を選び，雇用主が契約を提示した場合は「努力する」を選ぶことを表している。本章および第 6 章の分析では常に部分ゲーム完全均衡を求めているが，以下では明記しない。

図5-3 契約設計ゲーム

のような水準に決めるかを考えてみよう。

次のような契約を考える。「価値 12 を生み出してくれれば b のボーナスを支払う。」雇用主の問題はボーナス水準 b の決定である。図 5-3 のゲーム・ツリーを参照してほしい。まず雇用主がどのような契約を提示するか，もしくは契約なしかを決定する。契約を提示する場合には b の水準も決定するので，本来 b の値ごとに異なる枝を描かなければならないが，図では代表して b に対応する 1 本（契約 b）のみを描いている。次に従業員が「努力する」か「怠ける」かを選択してゲームが終了する。契約が提示された場合に努力すると，従業員の利得はボーナス額 b から努力の費用 1 を差し引いた値，雇用主の利得は価値 12 からボーナス額 b を差し引いた値となる。

このゲームをバックワード・インダクションで解いてみよう。契約なしの場合に従業員が怠けることはこれまでの分析で明らかなので，雇用主が契約 b を提示した場合について考える。努力すれば従業員の利得は $b-1$，怠けると 0 なので，$b > 1$ ならば「努力する」が最適反応，$b < 1$ ならば「怠ける」が最適反応である。$b = 1$ のときには 2 つの行動は無差別となるが，「無差別の場合には努力する」と仮定しておこう[2]。以上の議論により，従業員が「努力する」を選ぶ条件は，

$$b \geq 1 \tag{IC1}$$

となる。この条件は，従業員に努力するインセンティブを与えるためにボーナス b が満たさなければならない条件なので，**インセンティブ両立条件**（incentive compatibility condition），省略して IC 条件とよばれる。

次に雇用主の契約設計の問題を考える。契約なしの場合には従業員は怠ける

---

2) 逆に「無差別の場合には怠ける」と仮定しても以下の分析に本質的な違いはない。注 3) を参照のこと。

136　第 II 部　組織の問題をどのように解決するのか？

ので，雇用主の利得は 0 となる。(IC1) を満たさない契約を提示した場合には
従業員は努力しないので，雇用主の利得はやはり 0 となる。(IC1) を満たす契
約を提示した場合には従業員は努力するので，雇用主の利得は $12 - b$ となる。

　この最後の場合において，支払うボーナス額 b が大きいほど雇用主の利得は
小さくなることに注意しよう。つまり，雇用主はボーナスを節約したいと考え
ている。しかし，ボーナスを無制限に下げることはできない。条件 (IC1) が
成り立たなくなるほどボーナスを低くしてしまうと，従業員は怠けるので雇用
主の利得は 0 になってしまうからである。よって，従業員に努力するインセ
ンティブを与え，かつ雇用主の利得を最大にするボーナス水準は，$b = 1$ であ
ることがわかる[3]。

　以上の分析により，雇用主にとって最も好ましい契約は，「価値 12 を生み
出してくれれば 1 のボーナスを支払う」であることがわかった。このような
契約は，従業員にとって「不公平」で現実味がないと考える読者がいるかもし
れない。しかし，この結論は，雇用主の利得を彼／彼女が受け取る金額と定義
していることに部分的に依拠している。もしも雇用主が従業員の受け取る金額
も考慮して，たとえば両者の金額の差が大きいほど「罪悪感」という不効用を
被るならば，図 5-2 で分析したような「価値 12 を生み出してくれれば 2 のボー
ナスを支払う」という，より「公平な」契約が，雇用主にとって最も好まし
くなることもある。また，次の節で示すように，従業員に「契約を拒否する」
選択肢があれば，拒否した場合の利得が契約を受け入れた場合の利得に影響を
与える。

2　プリンシパル＝エージェント関係

　本書の第 II 部以降の多くの章は，組織を**プリンシパル＝エージェント関係**

---

3)　雇用主の利得を最大にするボーナス水準が $b = 1$ であるという結論は，「無差別の場
合には努力する」と仮定したことに依拠しており，「無差別の場合には怠ける」と仮定し
た場合には $b = 1$ では従業員は怠けてしまう。後者を仮定した場合には，従業員に努
力するインセンティブを与えるために必要となる最少のボーナス額が，雇用主にとって
最も好ましい。たとえば「怠ける場合よりも z 以上利得が大きければ努力する」ならば，
$b = 1 + z$ が最も好ましい。以下では説明を簡単にするために前者の仮定をおいて分析を
進める。分析の目的は正確なボーナス水準を導出することよりもむしろ，雇用主がボーナ
ス水準を無制限に下げることはできない，という特徴を理解することにある。

第 5 章　組織設計とプリンシパル = エージェント関係 1　　137

表 5-1　さまざまなプリンシパル = エージェント関係

プリンシパル	エージェント
雇用主	従業員
球団	選手
ステークホルダー	経営者
ベンチャー・キャピタル	起業家
製品組立メーカー	部品供給業者
政府（規制主体）	電力会社

（principal-agent relationship）の枠組みで分析する[4]。**プリンシパル**（principal）は「依頼人」，**エージェント**（agent）は「代理人」を意味する用語だが，もっと広くプリンシパルを組織や契約の設計者，エージェントをプリンシパルの設計した組織や契約のもとで業務をこなす主体，と考えればよい。前節の例では，雇用主がプリンシパル，従業員がエージェントである。実際の組織の多くは複雑で，1 人のプリンシパルに対して多数のエージェントが存在したり，プリンシパルとエージェントの間に第 3 の主体が存在する 3 層階層であったり，ある関係でプリンシパルの立場の主体が別の関係ではエージェントの立場であったりする。1 人のエージェントに対して多数のプリンシパルが存在することもある。しかし，基本となるプリンシパル = エージェント関係を理解し，その関係を拡張していくことによって，複雑な組織のさまざまな現象を理解することができる。そのような拡張の一部は第 6 章で紹介される。

　さまざまなプリンシパル = エージェント関係の例が，表 5-1 にまとめられている。本章では雇用主と従業員の関係を例として扱う。会社に雇用されて働く労働者をイメージしてもらえばよいが，本章のモデルでは従業員が「努力する」か「怠ける」かを 1 回選ぶだけの関係なので，同じ会社に長く勤める「正社員」の雇用関係とは異なる関係のようにみえるかもしれない。プリンシパル = エージェント関係が長期にわたって継続する状況は，第 7，8 章で扱われる。本章はそのための準備の章と位置づけることもできる。プリンシパル = エージェント関係は，本章のモデルのように 1 回限りの関係に限定されるものではないことを覚えておいてほしい。

　4）　エージェンシー関係（agency relationship）とよぶこともある。

138　第 II 部　組織の問題をどのように解決するのか？

　本章では，従業員の生み出す価値には 0 と 12 の 2 種類の可能性があり，価値 12 を生み出した場合に追加で支払われる報酬に対して「ボーナス」という表現を用いている。より一般的には，従業員の生み出す価値はさまざまな値をとり，その値に応じて報酬額も変動する。たとえば営業部員の売上額に対して，その 10% を支払うという歩合給や，工場で工員が組み立てた部品 1 個あたり 200 円を固定給に追加して支払うという出来高給は，本章の「ボーナス」と同様の役割を果たす例である。

　プロ野球の球団と選手の関係も，雇用主と従業員の関係と同様にプリンシパル＝エージェント関係の例である。また，「雇用主」である会社の中身を詳しくみると，会社の株主，債権者など利害関係者（ステークホルダー）と，会社の社長のような経営者との間も，前者をプリンシパル，後者をエージェントとみなすことができる。ファイナンスの分野では，新しいビジネスのアイデアがあるが資金がない起業家をエージェント，資金を提供する投資家，たとえばベンチャー・キャピタルをプリンシパルとみなして，両者の間の取り決めについて分析が行われている。自動車組立メーカーと，メーカーのために部品を製造し供給する供給業者という企業間関係も，プリンシパル＝エージェント関係の例である。最後の例は，固定費が高く独占状態になりやすい電力，ガス，水道などの規制業種で，政府が独占を認める代わりに価格について規制を行う政府・企業間関係で，これもプリンシパル＝エージェント関係とみなして分析されている。ちなみに 2014 年のノーベル経済学賞を受賞したジャン・ティロール（Jean Tirole）の授賞理由のひとつは，このような規制業種における政府・企業間関係をプリンシパル＝エージェント関係とみなして分析した彼の研究成果に基づく。

2.1　基本モデル

　プリンシパル＝エージェント関係の基本的な枠組みを理解してもらうために，前節の分析を拡張して次のような内容の契約を考えてみよう。「固定給として w を支払う。さらに，価値 12 を生み出してくれれば b のボーナスを支払う。」プリンシパルである雇用主の問題は，契約を構成する固定給 w とボーナス b の水準の決定である。以下では (w, b) を契約とよぶ。ゲーム・ツリーは図 5-4 に描かれている。まず雇用主が契約 (w, b) を提示する。この図でも，本来異なる契約 (w, b) ごとに異なる枝を描かなければならないが，代表して

Column 5-1　企業統治とプリンシパル゠エージェント関係*

　プリンシパル゠エージェント関係は，株式会社の統治，支配構造を意味する**企業統治**（corporate governance）を分析するための標準的な枠組みとなっている。企業統治の分析では，通常，会社の名のもとで経営決定を行う経営者もしくは経営陣をエージェントとみなす。一方，誰をプリンシパルとみなすかは，「会社は誰のために経営されるべきか」という問いと関連する。問いが「会社は誰のものか，所有者は誰か，誰のために経営されているか」ではないことに注意しよう。この問いは法律上はどうなっているか，実態はどうなっているかという問いである。プリンシパル゠エージェント関係の枠組みによる分析が貢献するのは，主に「誰のために経営されるべきか」という問い，およびプリンシパルが誰かを仮定したうえで，望ましい統治のあり方について厳密な分析に基づく示唆を与えることである。分析の多くは株主，銀行，ベンチャー・キャピタル等，会社への資金提供者をプリンシパルと仮定しているが，プリンシパル゠エージェント関係の枠組みで企業統治を分析することが，プリンシパルがもっぱら株主や資金提供者であることを意味するわけではないことに注意すべきである。取引相手，従業員，地域社会等さまざまな利害関係者（ステークホルダー）をプリンシパルと仮定して分析することも可能で，そのような研究も少なくない。

　企業統治の分析においても，経営者は，本章のエージェントのように「努力する」か「怠ける」かを選択する。文字どおり「経営努力」として，できれば行いたくない雇用削減，取引相手の変更，資源の部門間配分などの活動を，経営者は機会費用をかけて行うかどうかの決断に直面する。また，経営者が努力することによって被る1の費用は，「怠ける」を選んだ場合に私的に得られたであろう利益1を，努力することによって失う機会費用と解釈することもできる。たとえば，経営者は会社を拡大することでさまざまな名声を得ることができる。企業価値を減じてしまうが名声の私的利益1を得ることができる買収を行うかどうか，という決定では，買収を行わないことが「努力する」に対応し，行うことが「怠ける」ことに対応する。私腹を肥やす不正に手を染めるかどうかという決定も努力するかどうかの決定の極端な例である。

　プリンシパルは，経営者が「努力する」ようにさまざまな仕組みを提供する。本章の分析は，ボーナス，ストック・オプションなど経営者報酬制度を分析するための出発点となる。しかし，報酬制度以外にも，株主が直接経営者を相手取って，損害賠償請求訴訟を起こす株主代表訴訟や，取締役会，市場（敵対的買収，委任状争奪），支配株主，金融仲介機関（銀行，年金基金等）によるモニタリング（監視）など，さまざまな仕組みがある。

　「会社は誰のために経営されるべきか」という問いに答えるためには，たとえば株主がプリンシパルであるという仮定のもとでのプリンシパル゠エージェント関係と，株主以外の利害関係者がプリンシパルであるという仮定のもとでのプリンシパル゠エー

140 第 II 部 組織の問題をどのように解決するのか？

ジェント関係とを比較しなければならない。株主がプリンシパルであることには，実際，問題点も少なくない。とりわけ経営者の決定が株主利益に偏りすぎて，他の利害関係者へ生じるマイナスの効果が，結果的に経営の効率性を損なうかもしれない。しかし，株主以外の利害関係者がプリンシパルである場合と比較して，株主がプリンシパルであることのメリットも大きい。たとえば，他の利害関係者の利害の指標が何かを考えると，会計指標にせよ市場指標にせよ，株主利益と比較して決定打的指標に欠ける。また，複数の利害関係者の利害のバランスをとるということを求めれば，逆に経営者の自由裁量が拡大してしまったり，利害関係者間の利害対立が経営意思決定にマイナスの影響を及ぼしてしまう。

このように，「会社は誰のために経営されるべきか」という問いに答えることは容易ではないが，答えるためにはプリンシパル＝エージェント関係の枠組みでの分析が不可欠であるといえよう[†]。

> * 本コラムは，部分的に次のエッセイに基づく。伊藤秀史「企業とガバナンス」伊丹敬之ほか編（2005）『リーディングス日本の企業システム 第 II 期 第 2 巻 企業とガバナンス』有斐閣，1〜11 ページ。
> † 企業統治のプリンシパル＝エージェント関係の枠組みによる分析については，Tirole, J. (2006) *The Theory of Corporate Finance*, Princeton University Press の第 1 章（Corporate Governance），またはその内容を短くまとめた論文，J. Tirole（2001） "Corporate Governance," *Econometrica*, vol. 69, pp. 1-35, を参照されたい。

(w, b) に対応する 1 本のみを描いている。次に，従業員が契約に合意するか拒否するかを選択する[5]。

契約に合意した場合には，従業員が「努力する」か「怠ける」かを選択する。努力した場合には，雇用主の利得は価値 12 から総報酬額 $w + b$ を差し引いた値，従業員の利得は総報酬額 $w + b$ から努力の費用 1 を差し引いた値となる。怠けた場合にはボーナス b は支払われないが固定給 w は支払われるので，従業員と雇用主の利得はそれぞれ w，$-w$ となる。

契約を拒否した場合にはゲームは終了し，従業員の利得は $\bar{u}$，雇用主の利得は $\bar{v}$ であると仮定する。たとえば，雇用主はこの特定の従業員に業務を依頼しなかった場合には，自分で業務をこなすことで利得 $\bar{v}$ を，従業員は雇用主に業務を依頼されなかった場合には，他の通常業務をこなすことで利得 $\bar{u}$ を

---

5) 前節図 5-3 のゲームとは異なり，雇用主が契約を提示しない，という選択肢は描かれていない。従業員が契約を拒否する，という選択肢があるので，従業員が受け入れられないような契約を提示することが，契約を提示しない，という選択と実質的に同じことになるからである。

図 5-4 プリンシパル = エージェント・ゲーム#1

得ることができる。また，$\bar{u}$ は従業員が転職して他の雇用機会で得る利得と考えることもできる。これ以外にもさまざまな解釈が可能だが，これらの利得は，雇用主，従業員それぞれにとって最も好ましい外部機会での利得の水準を表す。以下では $\bar{u} \geq 0$, $\bar{v} \geq 0$ を仮定する。これらの利得は，それぞれ従業員と雇用主の**留保利得**（reservation payoff）とよばれる。

2.2 効率的な組織の状態

このゲームでは，雇用主が提示する契約 (w, b) をひとつ定めると，その後の部分ゲーム[6]には到達しうる3種類の組織の状態がある。

状態 1：従業員が契約に合意し，努力する。
状態 2：従業員が契約に合意し，怠ける。
状態 3：従業員が契約を拒否する。

これら3種類の組織の状態のうち，パレート効率的な，ファーストベストの状態を最初に確認しよう。価値最大化原理（第2章第4.1項）により，従業員と雇用主の利得の和を最大にする状態がパレート効率的である。本章では今後，ある組織の状態における関係者の利得の総和のことを，その状態で生み出される**総純価値**（total net value）とよぶことにする。各状態ごとに総純価値を求めると次のようになる。

状態 1：雇用主の利得は $12 - (w + b)$，従業員の利得は $(w + b) - 1$ なので，総純価値は

---

6) ゲーム・ツリー全体から，雇用主がある契約 (w, b) を提示した後の部分を取り出すと，ひとつのゲーム・ツリーとなっている。これを部分ゲームとよぶ。詳しくは第4章付録を参照のこと。

$$12 - (w + b) + (w + b) - 1 = 12 - 1 = 11$$

となる。総報酬額 $w + b$ は雇用主から従業員に移転される額なので，利得の和の計算では相殺されて，雇用主に帰属する価値マイナス従業員の努力費用，すなわち $12 - 1 = 11$ に等しくなる。

状態 2：雇用主の利得は $-w$，従業員の利得は w なので，相殺されて総純価値は 0 となる。従業員が怠けた場合に会社で生み出される価値は 0 で，努力の費用もかからないので，総純価値も 0 となる。

状態 3：総純価値は $\bar{u} + \bar{v} \geq 0$ となる。

以下では，従業員が契約に合意し，「努力する」を選ぶ場合（状態 1）の総純価値が，他の状態の総純価値よりも厳密に大きいと仮定する。

効率的な組織についての仮定

$$11 > \bar{u} + \bar{v} \tag{A2}$$

この条件下では，価値最大化原理により，状態 1 が唯一のパレート効率的な組織の状態となる。以下の分析の関心のひとつは，このパレート効率的な状態が，ゲームのバックワード・インダクションにより実現するかどうかにある。

2.3　分　析

このゲームをバックワード・インダクションで解くために，当面，雇用主の目的は，上記の状態 1 すなわち「従業員が契約に合意し，努力する」状態を，最大利得で達成する契約を設計することと仮定しよう。この目的以外の契約については後で検討する。

まず，従業員が契約を受け入れた後に，努力するか怠けるかの決定を考えよう。努力すれば従業員の利得は $w + b - 1$，怠けると w なので，

$$w + b - 1 \geq w$$

ならば従業員は努力する。これを整理することによって，従業員が「努力する」を選ぶインセンティブ両立条件は，前節図 5-3 のゲームと同様に (IC1) 式で与えられる。

第5章 組織設計とプリンシパル＝エージェント関係1 143

インセンティブ両立条件

$$b \geq 1 \qquad\qquad\qquad \text{(IC1)}$$

次に，従業員が契約に合意するか拒否するかを検討する。契約に合意した場合の従業員の利得は，(IC1) が満たされている場合には「努力する」を選ぶので $w + b - 1$，(IC1) が成り立たない場合には怠けるので w となる。契約を拒否した場合の利得は $\bar{u}$ である。ボーナスが (IC1) を満たすという前提で，従業員は努力した場合の利得が外部機会で得られる留保利得よりも高ければ合意するだろう。従業員が合意する条件は**参加条件**（participation condition）または**個人合理性条件**（individual rationality condition）とよばれる。

参加条件

$$w + b - 1 \geq \bar{u} \qquad\qquad\qquad \text{(PC2)}$$

ただし，インセンティブ両立条件のときと同様に，「無差別の場合には従業員は合意する」と仮定する（注3を参照のこと）。

最後に，雇用主による契約 (w, b) の決定問題を考える。雇用主の目的は「従業員が契約に合意し，努力する」状態を最大利得で達成する契約を設計することなので，これまでの分析により，契約はインセンティブ両立条件 (IC1) および参加条件 (PC2) を満たさなければならないことがわかっている。これらの条件が満たされた契約を提示すれば，雇用主の利得は $12 - (w + b)$ となる。雇用主は従業員への総報酬額を節約したいので，(IC1) および (PC2) を満たす契約の中で，総報酬額 $w + b$ が最小になる契約が，雇用主にとって最も好ましい。

図 5-5 は横軸を固定給 w，縦軸をボーナス額 b として，条件 (IC1) および (PC2) を満たす契約の領域を網掛けで表している。総報酬額 $w + b$ を最小にする契約は，参加条件を規定する直線 $w + b = \bar{u} + 1$ 上で，かつインセンティブ両立条件を満たす部分，すなわち点 C1 および C1 から左上方向に伸びる太線上の任意の点で表される。たとえば点 C1 の契約は，インセンティブ両立条件を等号で満たすので $b = 1$，かつ参加条件も等号なので $w = \bar{u}$ となる。また，点 C2 の契約では，$w = 0$ かつ $b = \bar{u} + 1$ である。これらの契約下では，総報

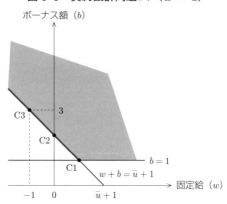

図 5-5 契約設計問題#1 ($\bar{u} = 1$)

酬額はいずれも $w + b = \bar{u} + 1$，雇用主の利得は $12 - (w + b) = 11 - \bar{u}$ となる。仮定 (A2) により，この雇用主の利得は $\bar{v}$ より大きい。

図 5-5 は $\bar{u} = 1$ を仮定して，固定給 w が負になる領域も描かれていることに注意しよう。たとえば点 C3 の契約では $b = 3$ かつ $w = -1 < 0$ である。固定給が負ということは，エージェント（従業員）からプリンシパル（雇用主）に金額が移転することを意味する。会社における給与支払いの例では非現実的にみえるが，このような契約が現実的となるプリンシパル＝エージェント関係も少なくない。たとえば米国のタクシー運転手（エージェント）は，一定の金額を支払って会社（プリンシパル）から車両を借り，その代わりに稼ぎをすべて手に入れる。車両を借るために支払う金額が負の固定給に対応している[7]。また，経験を積んだ美容師（エージェント）が美容室（プリンシパル）と「面貸し」もしくは「ミラーレンタル」という制度のもとで働くことがある。美容室が鏡や椅子などのスペースを提供するもので，美容師が一定の使用料を支払う負の固定給が給与形態として採用される場合がある。楽天市場（プリンシパル）にネットショップ（エージェント）が出店する例では，初期登録費用や月額出店料が負の固定給に対応する。

ただし，本節で分析している雇用主と従業員間のゲームでは，「固定給が負になってはならない」という条件を課しても分析結果は変わらない。図 5-5

---

[7] ちなみに，オンライン配車サービス Uber の運転手の場合は自家用車を使えるので $w = 0$ となり，運賃の一定割合（典型的には 80% 程度）を得る。ただし，Uber が乗客に課す運賃は需要と供給の関係等によって変動する。

の点 C1 や C2 の契約，および C1 と C2 の間の直線上に位置する任意の契約
によって，総報酬額を $w + b = \bar{u} + 1$ に抑えることができるからである。「固
定給が負になってはならない」という条件が結果に影響を与える状況は，第 4
節で分析される。

図 5-5 を導出したここまでの分析では，雇用主の目的は状態 1，すなわち
「従業員が契約に合意し，努力する」状態を最大利得で達成することと仮定し
ていた。すでに確認したように，このような仮定のもとで最も好ましい契約で
は，雇用主の利得は $11 - \bar{u}$ となる。この契約が雇用主にとって最も好ましい
ものかどうかは，他の状態を達成する契約を提示した場合の雇用主の利得次第
である。

しかし，他の状態を最大利得で達成する契約の分析は自明である。状態 3，
すなわち「従業員が契約を拒否する」状態を達成する（たとえば $b = w = 0$ とす
ればよい）と，雇用主は留保利得 $\bar{v}$ を得る。仮定 (A2) のもとでは $11 - \bar{u} > \bar{v}$
なので，雇用主の利得は前者の方が大きい。したがって，「従業員が契約に合
意し，努力する」状態を最大利得で達成する契約を提示することが，従業員が
拒否するような契約を含めて考えても，雇用主にとって最も好ましいことが
わかる。同様に状態 2，すなわち「従業員が契約に合意し，怠ける」状態を達
成することは，明らかに雇用主にとって好ましくない。従業員に合意しても
らうためには $w \geq \bar{u}$ を満たさなければならないが，そのような契約下では雇
用主の利得は $-w$ となり，正の利得を得ることができないからである。した
がって，仮定 (A2) が満たされるならば，「従業員が契約に合意し，努力する」
状態 1 を最大利得で達成することを目的とする契約を提示することが雇用主
にとって最も好ましい。つまり，バックワード・インダクションの結果，雇用
主は状態 1 を最大利得で達成することを目的とする契約を選択し，パレート
効率的なファーストベストの組織の状態が実現することがわかった。

2.4 注 意 点

読者は，「組織の状態 1 が総純価値を最大にする条件 (A2) を仮定したのだ
から，バックワード・インダクションの結果，状態 1 が実現することは自明
ではないか」と考えるかもしれない。しかし，状態 1 が総純価値を最大にす
るファーストベストの状態であるとしても，雇用主が状態 1 を実現すること
を最も好ましいと考えるとは限らない。実際，第 4 節で，雇用主がファース

146 第 II 部 組織の問題をどのように解決するのか?

トベストの状態を選択しないという興味深い結果が生じる場合があることが明らかになる。

本節の分析手順は本章の残りでも繰り返し登場する大切なものなので，手順をまとめておこう。

手順 I：プリンシパルによる契約提示後の部分ゲームで，各最終地点に対応する組織の状態を確認する。

手順 II：各状態で生み出される総純価値を求めて，パレート効率的な状態を明らかにする。通常，エージェントが選択する行動を固定して，「エージェントが契約を受け入れて，その行動を選択する」状態に注目するために，その状態がパレート効率的となるような仮定を置く（効率的な組織についての仮定）。

手順 III：実現する状態を固定して，そのために契約が満たさなければならない条件（インセンティブ両立条件，参加条件）を求め，その条件下でプリンシパルの利得を最大にする契約，およびその契約下でのプリンシパルとエージェントの利得を導出する。

手順 IV：どの状態を実現することがプリンシパルにとって最も好ましいかを，手順 III で導出したプリンシパルの利得を比較することによって明らかにする。

3 業績連動報酬

3.1 隠された行動と立証可能な業績

第 1 節でもふれたように，当事者が遵守しない内容の契約はコミットメントの手段にならず，そのような契約を交わしても効果はない。そして，契約内容が当事者によって遵守されるためには，裁判所が契約内容を強制するか，もしくは十分な罰金を科すことによって，契約に反する行為を行わせないようにすることができなければならない。

「固定給として w を支払う。さらに，価値 12 を生み出してくれれば b のボーナスを支払う」という内容の契約を裁判所に強制してもらうためには，「固定給 w が支払われた」「価値 12 が生み出された」および「b のボーナスが支払われた」ことが**立証可能** (verifiable)，すなわちこれらの事実を裁判所に対して証明できること，が必要である。本章では，立証可能な行為や結果に依存し

第 5 章　組織設計とプリンシパル゠エージェント関係 1　147

た契約は裁判所によって契約どおりに強制されると仮定している。

　しかし，「価値 12 が生み出された」ことが立証可能であることから，次のように考える読者がいるかもしれない。「従業員は価値 12 を生み出さなければならない，というように従業員の義務を契約に明記すれば，ボーナスを支払うことなく，従業員に努力させることができるのではないか。」この指摘は実際正しい。従業員が怠けたために生み出された価値が 0 になった場合に裁判所が高額な違約金を科すならば，従業員は固定給のみでも努力するだろう。

　以下では，このように従業員の義務を直接記載する契約がうまく機能しない状況を考察する。まず，雇用主も裁判所も，従業員の努力を観察できない（よって立証可能でない）と仮定する。このような状況は，**隠された行動**（hidden action）とよばれる。文字どおり，エージェントである従業員の選択する行動（ここでは努力）が，雇用主や裁判所から隠されている状況である。そして，立証可能でない行為や結果（ここでは従業員の努力）に依存した契約はまったく強制されないと仮定する[8]。したがって，「努力してくれれば b のボーナスを支払う」という契約を交わしても，遵守されず無駄に終わる[9]。他方，生み出される価値は雇用主にも観察可能かつ立証可能であると仮定する。したがって，「価値 12 を生み出してくれれば b のボーナスを支払う」という契約を書けば裁判所が強制してくれる。エージェントの生み出す価値，すなわち「業績」に依存した報酬なので，業績連動報酬とよぶことができる。

　前節までのゲームでは，価値と努力が 1 対 1 対応しているので，努力が観察でき立証可能な場合と同じ結果を，努力が観察できない場合でも業績連動報酬によって実現することができる。しかし，本節では，この 1 対 1 対応関係が成り立たない状況を扱う。努力と価値の対応関係を表 5-2 のように仮定する。従業員が努力する場合には，確率 p で価値 12 が生み出されるが，生み

---

8)　裁判所による契約の強制は，実際にはより複雑である。たとえば，裁判所は契約に書かれていないことを強制するかもしれない。また，当事者がどのくらい詳細な契約を書くか，十分な証拠を準備するかなど，当事者の行動も裁判所による契約の強制に影響を与える。このような状況の分析は本書の範囲を超えるので，裁判所については，立証可能な行為・結果に基づく契約は契約どおりに強制し，立証不可能な行為・結果に基づく契約はいっさい強制しない，という両極端な行動を仮定する。

9)　第 8 章（関係的契約）では，立証可能ではないが，当事者間で観察可能な行為や結果に依存した合意が，当事者間の長期的な関係によって裁判所を通さずに遵守される可能性を扱う。

148 第 II 部 組織の問題をどのように解決するのか?

表 5-2 従業員の選択と生み出される価値の関係 $(p > q)$

従業員の選択

		努力する	怠ける
生み出される価値	価値 12	確率 p	確率 q
	価値 0	確率 $1-p$	確率 $1-q$

出される価値は確率 $1-p$ で 0 になる。また,従業員が「怠ける」を選択した場合には,確率 q で価値 12 が生み出されるが,確率 $1-q$ で価値 0 となる。これらの確率はいずれも 0 より大きく 1 より小さいと仮定する。したがって,生み出される価値を観察しても従業員が選択した努力を正確に知ることはできない。たとえば,価値 12 が生み出されたとしても,従業員が「努力する」を選んだ可能性も「怠ける」を選んだ可能性もある。価値 0 が観察された場合も同様である。このような場合には,従業員に価値 12 を生み出すことを義務として課すことは難しい。従業員が「努力する」を選んでも,運が悪ければ正の価値は生み出されず,さらに裁判所のみならず雇用主にも,従業員が「努力する」を選んでいたのかどうかがわからないからである。

以下では $p > q$ を仮定する。すなわち,価値 12 が生み出される可能性は,従業員が「努力する」を選んだときの方が「怠ける」を選んだときよりも高い。この自然な仮定のもとでは,観察される価値は従業員の努力について不完全な追加情報をもたらしてくれる。そこで,次のような内容の業績連動報酬契約を考えよう。「固定給として w を支払う。さらに,価値 12 を生み出してくれれば b のボーナスを支払う。」ゲームのタイミングは図 5-4 のプリンシパル = エージェント・ゲーム #1 と同様で,図 5-6 にゲーム・ツリーが描かれている。まず雇用主が契約 (w, b) を提示し,従業員が契約に合意するか拒否するかを選択する。拒否した場合にはゲームは終了し,従業員と雇用主はそれぞれ留保利得 $\bar{u}$, $\bar{v}$ を得る。契約に合意した場合には,従業員が「努力する」か「怠ける」かを選択し,自然の手番(第 4 章を参照のこと。ゲーム・ツリーではノード Ⓝ で表されている)が価値 12 もしくは 0 を所与の確率で選択してゲームが終了する。

3.2 効率的な組織の状態

このゲームは,各プレーヤーの期待利得を計算して比較しなければならない

図 5-6 プリンシパル = エージェント・ゲーム#2

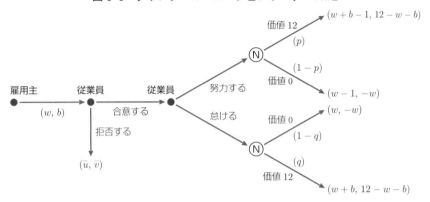

ことを除けば，これまでと同様の手順で解くことができる．まず手順 I に従って，到達しうる組織の状態を確認しよう．図 5-6 のゲーム・ツリーによると，雇用主の契約 (w, b) を固定すると，その後の部分ゲームには 5 種類の最終地点（組織の状態）がある．

状態 1H：従業員が契約に合意し，「努力する」を選択し，価値 12 が生み出される．

状態 1L：従業員が契約に合意し，「努力する」を選択し，価値 0 が生み出される．

状態 2H：従業員が契約に合意し，「怠ける」を選択し，価値 12 が生み出される．

状態 2L：従業員が契約に合意し，「怠ける」を選択し，価値 0 が生み出される．

状態 3：従業員が契約を拒否する．

これら 5 種類の状態のうち，状態 1H と状態 1L のどちらが実現するかは，ゲームのプレーヤーではなく確率的な自然の手番によって決まる．よって，これら 2 種類の状態をひとつにまとめて分析することができる．同様に状態 2H と状態 2L もひとつの状態にまとめることができる．したがって，以下の分析では，前節図 5-4 のゲームと同様に 3 種類の組織の状態を比較すればよい．

状態 1：従業員が契約に合意し，努力する．

状態 2：従業員が契約に合意し，怠ける．

状態 3：従業員が契約を拒否する．

続いて手順IIに従って，パレート効率的なファーストベストの組織の状態を確認する。総純価値を最大にする状態がパレート効率的であるが，各状態での総純価値は，その状態での雇用主と従業員の期待利得の和であることに注意しよう。

状態1：雇用主の期待利得は $12p - w - pb$，従業員の期待利得は $w + pb - 1$ となる。よって，従業員が努力する場合の総純価値は $12p - 1$ である。努力することで価値 12 が生み出される確率 p が $p = 1$ を満たすと，図 5-4 のゲームの対応する総純価値 11 に等しくなる。

状態2：雇用主の期待利得は $12q - w - qb$，従業員の期待利得は $w + qb$ となる。よって，総純価値は $12q$ である。

状態3：総純価値は $\bar{u} + \bar{v}$ である。

図 5-4 のゲームの分析と同様に，従業員が契約に合意し，「努力する」を選ぶことが総純価値を最大にする唯一の組織の状態であると仮定する。仮定 (A3a) は，従業員が契約に合意し，「努力する」を選んだときの総純価値が，怠けるを選んだときの総純価値よりも大きいことを意味する。仮定 (A3b) は，従業員が契約に合意し，「努力する」を選んだときの総純価値が，契約を拒否したときの総純価値よりも大きいことを意味する。

効率的な組織についての仮定

$$12p - 1 > 12q \tag{A3a}$$

$$12p - 1 > \bar{u} + \bar{v} \tag{A3b}$$

3.3 分　析

手順IIIでは，以上の仮定のもとで，ゲームをバックワード・インダクションで解く。当面，雇用主の目的は状態 1，すなわち「従業員が契約に合意し，努力する」状態を最大期待利得で達成することと仮定し，この仮定の検討は後で行う。

まず，従業員が契約を受け入れた後に努力するか怠けるかの決定を考察する。努力すれば従業員の期待利得は $w + pb - 1$，怠けると $w + qb$ なので，従業員が「努力する」を選ぶ条件は

第 5 章　組織設計とプリンシパル = エージェント関係 1　　151

$$w + pb - 1 \geq w + qb$$

となる。この不等式を整理することによって，インセンティブ両立条件が得られる。

インセンティブ両立条件

$$b \geq \frac{1}{p - q} \tag{IC3}$$

次に，従業員が契約に合意するか拒否するかを検討する。契約に合意した場合の従業員の期待利得は，(IC3) が満たされている場合には「努力する」を選ぶので $w + pb - 1$ である。契約を拒否した場合の利得は $\bar{u}$ である。したがって，参加条件が次のように得られる。

参加条件

$$w + pb - 1 \geq \bar{u} \tag{PC3}$$

「従業員が契約に合意し，努力する」状態を達成する契約のうち，雇用主にとって最も好ましい契約は，インセンティブ両立条件 (IC3) および参加条件 (PC3) を満たし，かつ期待報酬額 $w + pb$ を最小にする契約である。2 種類の条件を満たす契約は，図 5-7 の網掛け部分に対応する。図 5-5 と同様に，最も好ましい契約は図 5-7 の太線上に位置する。たとえば点 C1 の契約は，インセンティブ両立条件を等号で満たすので $b = 1/(p - q)$，かつ参加条件も等号なので，

$$w = \bar{u} + 1 - pb = \bar{u} + 1 - \frac{p}{p - q} = \bar{u} - \frac{q}{p - q}$$

となる。また，点 C2 の契約では，$w = 0$ かつ $b = (\bar{u} + 1)/p$ である。これらの契約下では，期待報酬額はいずれも $w + pb = \bar{u} + 1$ なので，従業員の期待利得は努力の費用 1 を引いて $\bar{u}$ に等しくなり，雇用主の期待利得は

$$12p - (w + pb) = 12p - 1 - \bar{u} \tag{1}$$

となる。図は $\bar{u} = 1$，$p = 0.6$，$q = 0.2$ の場合について描かれており，この雇用主の期待利得を計算すると 5.2 となる。したがって，$\bar{v} < 5.2$ ならば仮定

図 5-7 契約設計問題#2 ($\bar{u} = 1,\ p = 0.6,\ q = 0.2$)

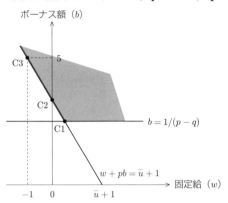

(A3b) も満たされる。

ここまでの分析では，雇用主の目的は状態 1，すなわち「従業員が契約に合意し，努力する」状態を最大期待利得で達成することと仮定していた。この仮定のもとで最も好ましい契約は，雇用主に期待利得 $12p - 1 - \bar{u}$ をもたらす。以下では最後の手順IVとして，状態 3，すなわち「従業員が契約を拒否する」状態に導く場合，および状態 2，すなわち「従業員が契約に合意し，怠ける」状態を達成する場合を考察し，期待利得を比較する。

まず，従業員が拒否する場合の雇用主の期待利得は $\bar{u}$ である。仮定 (A3b) により，「従業員が契約に合意し，努力する」契約を提示する方が，従業員に拒否される契約よりも雇用主にとって得であることがわかる。

次に，「従業員が契約に合意し，怠ける」状態を達成する場合と比較しよう。このとき雇用主の期待利得は $12q - (w + qb)$ となる。従業員が怠ける条件は，怠けたときの期待利得が努力したときの期待利得より高い，すなわち

$$w + qb > w + pb - 1$$

となる。この条件を整理すると $b < 1/(p - q)$ となり，「努力する」を選ばせるためのインセンティブ両立条件 (IC3) が成り立たない[10]ようなボーナス，たとえば $b = 0$ とすれば満たされる[11]。これは，雇用主が従業員に固定給 w の

---

10) 「怠ける」を選ばせるためのインセンティブ両立条件が $b < 1/(p - q)$ である，と言い換えることもできる。

11) 非現実な例だが，ボーナス b を負にすることによって，雇用主の得になるようなこ

第 5 章　組織設計とプリンシパル = エージェント関係 1　　153

みを支払うことを意味する。このとき，従業員は努力しても怠けても支払われる額は同じで，かつ努力するときのみ努力費用を負担することになるので，怠けることが望ましくなる。マーク・トウェインの小説『ハックルベリー・フィンの冒険』で，主人公が「まっとうに仕事するのがとても大変で，インチキするには手間がいらない，そしてどっちにしろ賃金は同じなのに，まっとうな仕事を習うなんて何の役に立つのかい」といった状況に対応する。このように，努力しても損するだけなので，エージェントが怠けてしまう問題は，**モラル・ハザード**（moral hazard）とよばれる。「従業員が契約に合意し，怠ける」ような契約に従業員に合意してもらうための参加条件は，$w + qb \geq \bar{u}$ となる。雇用主にとっては期待支払額 $w + qb$ が低いほど望ましいが，参加条件より $\bar{u}$ を下回ることはできない。したがって，たとえば $b = 0$ かつ $w = \bar{u}$ とすればよい。このとき，雇用主の期待利得は $12q - \bar{u}$ となる。仮定 (A3a) より

$$12p - 1 - \bar{u} > 12q - \bar{u}$$

なので，「従業員が契約に合意し，努力する」状態を最大期待利得で達成する契約を提示する方が，「従業員が契約に合意し，怠ける」状態を最大期待利得で達成する契約を提示するよりも，雇用主にとって好ましいことがわかる。手順 I ～ IV に従った図 5-6 のゲームの分析は，以上でひととおり完了である。

4　破産制約条件

4.1　新たな制約条件

　これまでの分析では，雇用主がファーストベストの状態 1 を実現する契約を選択するという結果が得られた。本節では，より興味深い状況として，追加的な条件を契約に課すことによってファーストベストの状態が実現しない可能性が生じることを示し，どのような条件でそのような非効率的な組織の状態が起こるのかを考察する。

　前節の分析で，従業員が「怠ける」を選んだ場合に価値 12 が生み出される

とがあるだろうか。期待報酬額は $w + qb$ で，従業員に契約に合意してもらうためには $w + qb \geq \bar{u}$ を満たさなければならないので，ボーナス b を負にしてもその分，固定給 w を高くしなければならない。つまり，b を負にしても $b = 0$ の場合よりも雇用主にとって望ましくなるようなことはないのである。

154　第 II 部　組織の問題をどのように解決するのか？

Column 5-2　モラル・ハザードという用語はどこから来たのか

　モラル・ハザードは，第 15 回（1998 年）新語・流行語トップテンに入賞した用語である。ホームページ（http://singo.jiyu.co.jp/）には次のように説明されている。

　「『モラル・ハザード』とは，本来は保険用語で“道徳的危険”という意味。だが1998 年，経営破綻した金融機関の処理や，住宅金融専門会社の財政資金投入をめぐり，経営者の経営倫理欠如が指摘され，『モラル・ハザード』論議が大きな話題となった。住専処理を行う住宅金融債権管理機構社長に，無報酬で就任した弁護士・中坊は，住専に貸付けていた金融機関の『モラル・ハザード』を厳しく追及し世論の喝采を浴びた。」

　少なくとも現代の経済学では，モラル・ハザードは「道徳」とは関係なく，「自己にとって望ましい行動を追求することが，社会や他者にマイナスの効果をもたらす現象」を表す専門用語となっている。たとえば本文の従業員やハックルベリー・フィンにとっては，固定給のみだと怠ける方が望ましい。しかし，その行動は雇用主にマイナスの効果をもたらしてしまう。

　本来の保険用語の場合も，たとえば自家用車の車両保険に加入することによって，運転が乱暴になってしまったり，火災保険に加入することによって火の取り扱いに油断してしまったりする現象のように，保険加入者の行動の問題として理解されている。しかしその起源を丹念にひもとくと，今日理解されている意味とは異なる意味も含まれていたようである[*]。モラル・ハザードという用語が保険業界に現れたのは19 世紀中旬で，そこでは保険加入者の行動の問題のみならず，たとえば運転技術やマナーに劣る運転手であるとか，火元に無頓着な性格であるといった，保険会社にとって望ましくない個人的属性を持つ者が保険に加入する問題をも意味していた。後者は経済学で**アドバース・セレクション**（adverse selection）とよばれる現象（逆選択や逆淘汰とよばれることもある）で，モラル・ハザードとは区別されている。しかしどちらの現象も，保険加入者の行動（モラル・ハザードの場合）や属性（アドバース・セレクション）が保険会社にはわからないという**情報の非対称性**（asymmetric information）に端を発する問題である。アドバース・セレクションも保険業界，とくに生命保険における用語であるが，その登場は 19 世紀末である。この時間差が，モラル・ハザードという用語がその登場時点で 2 種類の情報の非対称性の問題を内包していた理由のひとつと考えられている。

　　[*] 以下の内容は Rowell, D. and L. B. Connelly (2012) "A History of the Term 'Moral Hazard'," *Journal of Risk and Insurance*, vol. 79, pp. 1051-1075, に基づく。

図 5-8　契約設計問題#2　($\bar{u}=1$, $p=0.6$, $q=0.4$)

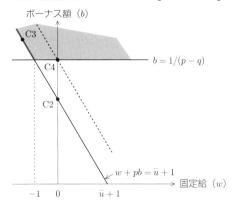

　確率を $q=0.2$ から $q=0.4$ に変更すると，状態1を達成する契約の範囲は，図5-7から図5-8の網掛け部分に変わる．仮定 (A3a) は $q=0.4$ でも満たされるので，これまでと同様に，総純価値は従業員が努力する状態1でのみ最大になる．そして，たとえば点C3の契約によって，期待報酬額を $\bar{u}+1$ まで下げることは可能である．よって，これまでの分析結果と同様に，従業員が努力する場合に総純価値が最大になるならば，「従業員が契約に合意し，努力する」状態を最大期待利得で達成する契約が，雇用主にとって最も好ましくなる．

　しかし図5-8では，インセンティブ両立条件を満たし期待報酬額 $w+pb$ を $\bar{u}+1$ に等しくする契約は，固定給 w が非負となる領域には存在しない．図5-7では固定給を $w=0$ とする契約C2によって可能であったことと対照的である．そこで本節では，固定給が非負でなければならない ($w \geq 0$) という非負制約が追加された場合を考察する[12]．最低賃金の規制や，従業員の所得制約によって，一定水準に満たない給与水準を強制できない状況である．よって，非負制約というのは分析の便宜上のことであって，ある水準 $\underline{w}$ を下回ってはならないという制約でも同様の分析と含意を得ることができる．web付録5.2では，一般的な最低水準 $\underline{w}$ が課された状況を分析する．この非負制約は一般的には**破産制約条件** (limited liability condition) とよばれる．

---

[12]　固定給がこの条件を満たせば，ボーナスが追加で支払われる場合の総報酬 $w+b$ も負にならないことは明らかである．

156 第 II 部 組織の問題をどのように解決するのか？

4.2 セカンドベストの組織の状態

　図 5-5 や図 5-7 の場合には，非負制約を追加しても分析結果は変わらない。しかし，図 5-8 の場合には，期待総支払額を $\bar{u}+1$ まで下げることはもはや不可能である。では，「従業員が契約に合意し，努力する」状態を達成する契約のうち，雇用主にとって最も好ましい契約はどの点だろうか。インセンティブ両立条件と参加条件を満たす契約の集合は，図の網掛け部分である。さらに，契約は破産制約条件を満たさなければならない。

破産制約条件

$$w \geq 0$$

網掛け部分のうち破産制約条件を満たす領域で期待報酬額 $w + pb$ を最小にする契約は，点 C4 で与えられることが図よりわかる。この点では

$$w = 0 \quad \text{かつ} \quad b = \frac{1}{p-q}$$

で，期待報酬額は

$$w + pb = \frac{p}{p-q}$$

に等しい。図 5-8 では，この期待報酬額は $\bar{u}+1$ よりも大きいので，$p/(p-q)$ $> \bar{u}+1$，すなわち

$$\frac{q}{p-q} > \bar{u} \tag{R}$$

が成り立っているはずである。実際，図 5-8 の数値例 $\bar{u} = 1$，$p = 0.6$，$q = 0.4$ のとき，この不等号が成立する。また，点 C2 では $b = (\bar{u}+1)/p$ なので，条件 (R) は，インセンティブ両立条件を規定する水平線 $b = 1/(p-q)$ が，点 C2 の上側に位置することを意味している。本節の残りでは，この条件 (R) を仮定しよう。

　以上の分析により，「従業員が契約に合意し，努力する」状態 1 を達成する契約のうち，雇用主にとって最も好ましい契約が明らかになった。この契約での従業員の期待利得は

$$w + pb - 1 = \frac{p}{p-q} - 1 = \frac{q}{p-q} \tag{2}$$

となる。固定給が非負でなければならないという制約と条件 (R) により，従業員の期待利得 (2) は留保利得 $\bar{u}$ を上回る。従業員の期待利得と留保利得との差額は**レント**（rent）とよばれる。つまり雇用主は，状態 1 を実現するために従業員に留保利得を上回る期待利得，つまり正のレントを与えなければならない。その結果，雇用主の期待利得は

$$12p - \frac{p}{p-q} \tag{3}$$

となり，非負制約がない場合の期待利得 (1)，すなわち $12p - 1 - \bar{u}$ よりも低くなる。

他の状態 2，3 を実現する契約の分析は非負制約の影響を受けない。その結果，ファーストベストの状態 1 を実現することが雇用主にとって好ましくない場合が生じる。図 5-8 の数値例では，状態 1 を最大期待利得で実現する場合の雇用主の期待利得 (3) は 4.2 に等しく，「従業員が契約に合意し，怠ける」状態 2 を最大期待利得で達成する契約での雇用主の期待利得 $12q - \bar{u} = 12 \times 0.4 - 1 = 3.8$ よりも大きい。しかし，たとえば $\bar{u} = 0.3$ ならば $12q - \bar{u} = 4.5 > 4.2$ となることに注目しよう。この数値例 $\bar{u} = 0.3$，$p = 0.6$，$q = 0.4$ では，状態 1 を実現するために従業員に支払うレントが大きすぎるために，総純価値を最大にする状態 1 を達成するよりも，「従業員が契約に合意し，怠ける」状態 2 を達成する方が雇用主にとって好ましくなる。総純価値を最大にするファーストベストの組織の状態と対比して，この状態を**セカンドベスト**（second-best）の組織の状態という[13]。状態 1 での雇用主の期待利得 (3) は $p = 0.6$，$q = 0.4$ のときには 4.2 に等しく，状態 2 での雇用主の期待利得は $12q - \bar{u} = 4.8 - \bar{u}$ なので，$\bar{u} < 0.6$ のときに状態 2 がセカンドベストの組織の状態となる。

セカンドベストという考え方は，実際に観察される組織の状態を評価する際に重要な視点を提供する。上記の最後の数値例で，従業員が「怠ける」を選択する（総純価値が最大でない）組織の状態となるのは，雇用主の契約の選択が誤

---

13) ファーストベストの状態 1 が実現せず，状態 2 がセカンドベストとなるための条件については，web 付録 5.1 を参照せよ。

158　第 II 部　組織の問題をどのように解決するのか？

っているためではない。従業員のモラル・ハザードを防ぐために必要なレント
が大きすぎる状況で，雇用主が最善の選択を行った結果なのである。

　したがって，総純価値が最大でないことから，第三者たとえば政府や業界団
体が雇用主を批判して「従業員が契約に合意し，かつ努力する」状態を達成す
る契約を押しつけることは得策ではない。雇用主の期待利得が減少することに
なり，長期的には従業員にもしわ寄せがくるだろう。このようにセカンドベス
トという考え方は，誤った選択の結果のようにみえる制度が，実は理想的なファ
ーストベストの状態を達成できない制約のもとでの最善の結果である可能性
を示唆してくれる。

　なお，$\bar{u} > 0.6$ ならば，状態 1 での雇用主の期待利得 (3) の方が，状態 2 で
の期待利得よりも高くなる。つまり，「従業員が契約に合意し，努力する」ファ
ーストベストの状態を実現する方が雇用主にとって好ましくなり，純総価値
が最大化される。従業員の外部機会での留保利得が小さいほど，それを上回る
レントは相対的に大きいということになり，レントを節約するために従業員に
怠けさせようとする雇用主の誘惑も大きくなる。したがって，留保利得が十分
小さいときには，雇用主はレントを節約しようとする誘惑が勝って純総価値が
最大化されない状態を選ぶが，留保利得が十分大きくなると，レントの節約よ
りも純総価値を高めるメリットが上回るので，組織全体としてはむしろ望まし
い状態が実現するのである。

4.3　留保利得がゼロの場合

　最後に次章の発展編の準備として，雇用主と従業員の留保利得が $\bar{u} = \bar{v} = 0$
の場合について考察する。次章では雇用主が複数の従業員を雇用したり，従
業員が複数の職務を行うような発展的な状況を考察するので，その代わりに
留保利得をゼロに基準化して分析を単純化する。留保利得がゼロの場合には，
従業員が努力する状態がファーストベストとなる条件 (A3a)，(A3b) のうち，
(A3a) が満たされれば (A3b) も自動的に満たされる。インセンティブ両立条
件は (IC3) で変わらない。参加条件 (PC3) は，

$$b \geq \frac{1-w}{p} \tag{4}$$

と書き直すことができる。固定給が非負でなければならない（$w \geq 0$）という
条件のもとでは，この右辺の値はインセンティブ両立条件 (IC3) の右辺より

も小さい。つまり，インセンティブ両立条件 (IC3) が成り立てば，参加条件も自動的に満たされるので，参加条件を無視して分析することができる。「従業員が契約に合意し，努力する」状態を達成する契約のうち，雇用主の期待利得を最大にする契約は，インセンティブ両立条件 (IC3) を満たし，期待報酬額 $w + pb$ を最小にする契約である。すると，固定給およびボーナスを可能な限り低くする方が雇用主にとって好ましいので，$w = 0$ かつ $b = 1/(p - q)$，すなわち図 5-8 の点 C4 に対応する契約となる。この契約下での雇用主の期待利得は (3)，従業員の期待利得は (2) となり，従業員は留保利得 0 よりも大きいレントを得る。

一方，「従業員が契約に合意し，怠ける」状態を達成する契約のうち，雇用主にとって最も好ましい契約は $w = b = 0$ なので，雇用主の期待利得は $12q$ である。従業員にレントを与えてでも努力してもらう方が雇用主にとって望ましい条件は，

$$12p - \frac{p}{p - q} > 12q \tag{E}$$

である。図 5-8 の数値例 $p = 0.6$，$q = 0.4$ はこの条件を満たさないが，図 5-7 の数値例 $p = 0.6$，$q = 0.2$ の場合には満たされる。従業員が「怠ける」を選んだときに価値 12 を生み出す確率 q が小さくなると，この条件は満たされやすくなる。「従業員が契約に合意し，怠ける」状態を達成する契約の魅力（右辺）が下がることが第 1 の理由，そして，「従業員が契約に合意し，努力する」状態を達成するために従業員に与えなければならないレント（左辺の $p/(p - q)$ で捉えられている）を低くできることが第 2 の理由である[14]。

5 業績連動報酬によらないインセンティブ

本章の読者は，従業員の努力を引き出すためには業績に連動した報酬の利用が不可欠であるとの印象を持ったかもしれない。業績連動報酬における「報酬」は雇用主が提供する金銭的報酬に限定されているわけではない。たとえば，価値 12 を生み出した従業員は彼／彼女が希望する部署に昇進や配置転換

---

14) 実際のレントは期待報酬額 $p/(p - q)$ から従業員の努力費用 1 を引いた値，すなわち $q/(p - q)$ だが，レントの大きさは期待報酬額の大きさと連動するので，期待報酬額をレントとよぶこともある。

160 第 II 部　組織の問題をどのように解決するのか？

Column 5-3　業績連動報酬のインセンティブ効果

　このコラムでは，業績連動報酬が「努力」を引き出すインセンティブ効果をもたらすことを示す学術研究を 2 本紹介する。最もよく引用されているのは，米国自動車フロントガラス取付会社（セーフライト社）における報酬制度の変更時の人事データを利用した研究である*。この会社では，1994 年 1 月まで取付作業員の報酬は時給制であったが，その後 1995 年にかけて，徐々に出来高給制に移行した†。時給制では各作業員は一定の時給（約 11 ドル）に作業時間を乗じた報酬を受け取っていたが，出来高給制では，フロントガラス 1 単位を取り付けるごとに作業員は一定額 b ドルを支払われることになった（実際には約 20 ドル）。ただし時給制下での週給の金額は保証され，出来高給制下で実際に受け取る報酬が時給制下での週給を下回らないように配慮された。

　本文中の分析では，単純化のために業績指標（生み出された価値）は 2 種類のいずれかの値をとると仮定したが，この出来高給制での業績指標（取り付けたフロントガラスの数）はより多くの値をとりうる。その意味で，出来高給制は本文中で分析された業績連動報酬制度を一般化したものとみなすことができる。

　19 カ月にわたる約 2700 人の作業員の人事データを分析することによって，次のような結果が得られた。第 1 に，作業員の生産性（1 日 8 時間あたりのフロントガラス取付数）は出来高給制への変更によって大きく（約 44%）改善した。第 2 に，この生産性上昇のうち約半分は，出来高給制への変更によって作業員がより努力するようになったというインセンティブ効果と考えられる。第 3 に，残りの半分の効果のうち，より生産性の高い作業員が変更後に応募・採用されたことによる生産性の上昇が大きい。この最後の点は，業績連動報酬の導入がもたらす採用面でのメリットを表している。

　紹介するもうひとつの研究は，英国の農場で 2003 年に行われた，果実の収穫を行う季節労働者を管理する上司（以下，管理者とよぶ）に業績連動報酬を導入した実験である‡。管理者の主な「努力」は，農場の巡回，労働者の監視，労働者の農場の区画への割り当て，収穫に使われる木箱の監視と迅速な交換などで，管理対象の労働者（管理者 1 人あたり約 20 人）の生産性を左右する。

　管理者に対する報酬制度は研究者によって変更され，前半 2 カ月の報酬は固定給のみ，後半 2 カ月の報酬は固定給プラス業績に連動するボーナスであった。ボーナス額は各管理者が管理する労働者の平均生産性に依存する。平均生産性が一定水準を超えるとボーナスが支払われ，さらに平均生産性に応じてボーナス額も変動する。なお，労働者の報酬制度は出来高給で，前半と後半で変化はない。

　管理者への業績連動報酬の導入によって，労働者の平均生産性は固定給のみのときから約 21% 上昇した。この研究では実験期間中に新たな管理者や労働者が雇われる

ことはないので，この生産性の上昇は業績連動報酬のインセンティブ効果，すなわち管理者が業績に連動するボーナスに反応して「努力」を増加させた効果と考えられる。

　なお，上記のどちらの研究結果も，業績連動報酬がエージェントに対してインセンティブ効果をもたらすことと整合的だが，プリンシパルが本文中の分析と整合的に契約設計を行うかどうかという問いに答えるものではない。本文中で明らかにされたように，業績連動報酬の導入は費用の上昇を伴う場合があるため，エージェントの生産性上昇がプリンシパルの利得の上昇に結びつくとは限らないことに注意してほしい。

＊ Lazear, E. P. (2000) "Performance Pay and Productivity," *American Economic Review*, vol. 90, pp. 1346-1361.

† ちなみに，セーフライト社の CEO と飛行機の座席で隣り合わせとなった前注の研究者が，この報酬制度の移行に一役買ったそうである。この逸話は次の文献でふれられている。Prendergast, C. (2012) "What Have We Learned About Pay For Performance?" *Economic and Social Review*, vol. 42, pp.113-134.

‡ Bandiera, O., I. Barankay, and I. Rasul (2007) "Incentives for Managers and Inequality among Workers: Evidence from a Firm-Level Experiment," *Quarterly Journal of Economics*, vol. 122, pp. 729-773. この著者たちの一連の研究は，次章の Column 6-2 でも紹介する。

されるという「契約」でもよい。この解釈では，昇進や配置転換等の処遇によって従業員が得る「喜び」や個人的な利益（たとえば経験の蓄積で期待できる将来の収入）がボーナスに対応する。ただし，これらの喜びや個人的利益は雇用主の出費ではなく，彼／彼女の処遇で雇用主が被る機会費用（たとえば他の従業員を処遇できなくなることで失われる利益）がボーナスの出費に対応することになる。本章での分析を部分的に修正することによって，昇進や配置転換などによって報いる状況にも適用可能である。そして，雇用主が業績に報いることによって，従業員の行動が業績を高める方向に変化することも，多くの研究で明らかにされている。

　では，業績に連動した報酬や昇進・配置転換がなく，雇用主が固定給のみを支払う場合はどうだろうか。本章の分析によると従業員のモラル・ハザードが引き起こされ，「怠ける」が選択されることになる。しかし，業績連動報酬がなくても従業員の努力インセンティブがもたらされる場合がある。たとえば，上記の昇進・配置転換さえなくても，自分の業務で「価値 12 を生み出す」という成果をあげることから得られる「喜び」や個人的利益があるかもしれない。もっと極端に，自分の業務で「努力する」こと自体が努力費用を上回る「喜び」をもたらすのかもしれない。このように，雇用主等から与えられる処遇ではなく，仕事自体から従業員自身が得る「喜び」による動機づけは**内発**

的動機づけ（intrinsic motivation）とよばれ，外から与えられる**外発的動機づけ**（extrinsic motivation）と区別される。

　しかし，固定給のみでも従業員が努力するのは内発的動機づけによる，と結論づけるのは早計である。従業員が長期的に雇用されており，しかも同業他社と比べて高い固定給を支払われているとしよう。このとき，内発的に動機づけられていない従業員でも，この会社が存続し，かつこの会社に雇用され高い固定給を支払われる状態を継続させるために努力する可能性がある。詳しくは第8章（関係的契約）を参照されたい。また，従業員が高い固定給を払ってくれる雇用主へのお返しとして高い努力をする，という可能性もある。このような特徴は**互恵性**（reciprocity）とよばれ，高い固定給に対して高い努力でお返しする人々が存在することは，経済実験でも確認されている。雇用主が互恵性を持つ従業員を選抜できれば，内発的動機づけも長期的雇用もない状況でも，高い固定給によって努力を引き出すことが可能である。ただし，十分な努力を引き出すために必要な固定給の水準次第では，雇用主にとって業績連動報酬の方が好ましい場合もある。

6 次章に向けて

　本章では，最も基本的なプリンシパル＝エージェント関係の理論を紹介した。次章（第6章）では，引き続き雇用主と従業員の関係に応用しながら，まず，雇用主が複数の従業員とプリンシパル＝エージェント関係にある状況に拡張する。各従業員の成果や生み出す価値等の業績指標が立証可能な場合には，各従業員のボーナスを彼自身の業績指標のみならず，他の従業員の業績指標にも依存させることが可能になる。たとえば，他の従業員の成果よりもより好ましい成果をあげた従業員にボーナスを支払う契約や，すべての従業員の業績が好ましい場合に全員にボーナスを支払う契約などである。もちろん，他の従業員の業績指標には依存しない契約を設計することもできる。雇用主にとって最も好ましい契約がどのような形態になるかを，本章の分析方法を拡張して考察する。

　複数の従業員が明確な分業なしに共同作業やプロジェクトを行う場合には，各従業員の成果や生み出す価値を観察することは難しく，共同作業やプロジェクトを行うチーム全体の業績指標しか利用できないことが多い。これは，第

2章で紹介したチーム生産の例であり，次章では，第2章の分析を拡張して，チーム生産での望ましい契約についての分析も行う。

また次章では，従業員が複数の業務を担当する状況を考察する。1人の従業員がひとつの業務をこなす場合と比較して，複数の業務で努力を引き出そうとすることから新たな問題が生じる。たとえば2種類の業務がある場合に，従業員を2人雇って各従業員にひとつの業務を分業してもらう分業組織と，1人の従業員が2種類の業務を行う組織（それぞれマルチタスク従業員，マルチタスク組織とよぶ）とを比較考察する。2人の従業員にボーナスを支払わなければならない可能性のある分業組織と比べて，マルチタスク組織の方が「人件費」が節約されて有利にみえるかもしれない。しかし，マルチタスク従業員には2種類の業務に努力を配分できるという自由度があり，雇用主にとって望ましい努力を引き出すことが難しくなる可能性がある。雇用主にとって好ましい組織がどのような条件に依存するかを，次章で明らかにする。

さらにマルチタスク従業員の分析は，利用可能な業績指標と雇用主が高めたいと考えている価値とが一致していない状況に応用することができる。業績連動報酬は，業績指標を高めようとする従業員の活動を促進するが，そのような活動は雇用主の価値を高めるための活動とは異なり，雇用主にとって無駄，もしくは不利益をもたらすこともある。その結果，報酬を業績指標に連動させない方が雇用主にとって好ましい場合もある。本章でも，従業員の努力を引き出す方が効率的であるにもかかわらず，雇用主にとってはそのような契約を設計することが最も好ましいとは限らない場合があることを示した。業績連動報酬が選ばれない組織の状態であるからといって，雇用主が誤った設計を行っているとは限らないことを，改めて強調しておきたい。

● ま と め

□ トラスト・ゲームで表される信憑性の問題によって生じる非効率性を改善するためには，信憑性のあるコミットメントが必要となる。契約は，そのようなコミットメントのための手段である。

□ 雇用主と従業員との関係は，プリンシパル＝エージェント関係の例である。

□ プリンシパルである雇用主の契約設計の問題は，次の4段階の手順に沿って分析することができる。

164　第 II 部　組織の問題をどのように解決するのか？

手順 I：エージェントの参加決定と努力決定ごとに対応する組織の状態を確認する。

手順 II：パレート効率的な組織の状態を明らかにする。

手順 III：組織の状態を固定して，その状態を実現するために契約が満たさなければならない条件，およびその条件下でプリンシパルの期待利得を最大にする契約，その契約下でのプリンシパルとエージェントの期待利得を導出する。

手順 IV：プリンシパルの期待利得を最大にする状態を明らかにする。

□ エージェントを参加と適切な行動へと導くためには，プリンシパルが提示する業績連動契約は参加条件とインセンティブ両立条件を満たさなければならない。

□ エージェントへの実際の支払額が一定水準を下回ってはならない，という破産制約条件が課された場合には，エージェントに留保利得を上回る期待利得（レント）を与えなければならないために，総純価値を最大にするファーストベストの組織の状態とは異なる状態が，プリンシパルにとって好ましい場合がある。後者をセカンドベストの組織の状態とよぶ。

● 文献ノート

高い固定給に対して高い努力でお返しする互恵性は，多くの経済実験で確認されている。たとえば大垣昌夫・田中沙織（2018）『行動経済学——伝統的経済学との統合による新しい経済学を目指して（新版）』有斐閣，第 9 章を参照されたい。プリンシパル＝エージェント関係に互恵性など心理学からの知見を導入した研究は，たとえば伊藤秀史「行動契約理論——“エキゾチックな選好”を持つエージェントとプリンシパルの理論」西條辰義監修，清水和巳・磯辺剛彦編（2015）『フロンティア実験社会科学 4 社会関係資本の機能と創出——効率的な組織と社会』勁草書房，第 1 章，で紹介されている。

プリンシパル＝エージェント関係の分析は，契約理論の基本的な分析枠組みである。以下では，本章の内容を解説している契約理論の参考文献を，読みやすいと思われる順番で紹介する。

1. 中林真幸・石黒真吾編（2010）『比較制度分析・入門』有斐閣
   第 5, 6 章で契約理論の基本を説明している。本章で紹介したプリンシパル＝エージェント関係の分析は第 5 章第 3.6 項で行われている。

2. Laffont, J.-J. and D. Martimort（2002）*The Theory of Incentives: The Principal-Agent Model*, Princeton University Press.
   契約理論の教科書で，本章で紹介したプリンシパル＝エージェント関係の分析は第 4 章で行われている。

3. 伊藤秀史（2003）『契約の経済理論』有斐閣
   契約理論の教科書で，本章で紹介したプリンシパル＝エージェント関係の分析は第 5 章第 1 節で行われている。

4. Tirole, J. (2006) *The Theory of Corporate Finance*, Princeton University Press.

　本章で紹介した枠組みを用いて，コーポレート・ファイナンスのさまざまな問題を統一的に分析する。

　本章のプリンシパル＝エージェント関係の分析では，プリンシパルがエージェントに適切な努力インセンティブを与えるという目標と，エージェントが享受するレントをなるべく低くしようとする目標とが両立しない，というトレードオフに焦点を合わせている。契約理論では，関連する別のトレードオフを「基本トレードオフ」として分析している。そこでは本章の分析とは異なりエージェントはリスク回避的と仮定する。そして，プリンシパルがエージェントに適切な努力インセンティブを与えるという目標と，エージェントが直面するリスクをなるべく小さくするという目標とが両立しない，というトレードオフを考察する。この基本トレードオフの分析については，第1章の文献ノートで紹介した以下の本を薦める。

5. Milgrom, P. and J. Roberts (1992) *Economics, Organization and Management*, Prentice Hall.（奥野正寛・伊藤秀史・今井晴雄・西村理・八木甫訳『組織の経済学』NTT 出版，1997 年）

　本章の分析と対応する内容は含まれていないが，第7章で基本トレードオフと，その含意を詳しく解説する。第6章はモラル・ハザードの現実例に詳しい。モラル・ハザードを表すハックルベリー・フィンの発言は，226 ページで引用されている。

　また，上記の中林・石黒（2010），Laffont and Martimort（2002），伊藤（2003）は，いずれも基本トレードオフを詳しく説明している。

第6章 組織設計とプリンシパル＝エージェント関係2

発展編

本章では，基礎編（第5章）で紹介したプリンシパル＝エージェント関係の分析を，エージェントが複数人存在する場合，および複数の業務を1人のエージェントが担当する場合に拡張する。基本的なプリンシパル＝エージェント関係の理解が不可欠なので，前章をしっかり理解してから取り組んでほしい。

1 複数エージェント

現実の会社組織は多数のメンバーから構成されており，その多くは組織全体を設計するプリンシパル（たとえば会社の経営陣）に対するエージェントの立場にある。さらに，会社の経営陣は大株主のエージェントとみなすこともできるし，事業部を仕切る事業部長は本社のエージェントであるとともに，事業部で働く従業員からはプリンシパルの立場にあるとみなすこともできる。本節では，組織の複雑なプリンシパル＝エージェント関係を理解する次の一歩として，前章の分析をプリンシパル（雇用主）と2人のエージェント（従業員）の関係に拡張する。

1.1 基本モデル

雇用主は2人の従業員（従業員1，従業員2）を雇い，それぞれに別の業務を依頼する。従業員はそれぞれ「努力する」か「怠ける」かを，相手の選択を観察せず同時に選ぶ。生み出される価値と努力との関係は前章第3節と同じで，「努力する」を選んだ従業員は確率 p で価値12を，確率 $1-p$ で価値0を生み出し，「怠ける」を選んだ従業員は確率 q で価値12を，確率 $1-q$ で価値0を生み出す。確率 p, q はいずれも0より大きく1未満で，さらに $p > q$ を満た

す。

　従業員はそれぞれ別の業務を行うため，各従業員が生み出す価値は，他の従業員が努力するか怠けるかには依存していない。また，生み出される価値は互いに独立である[1]。したがって，従業員1が「努力する」を選び，従業員2が「怠ける」を選んだ場合には，2人とも価値12を生み出す確率は pq，従業員1が価値12，従業員2が価値0を生み出す確率は $p(1-q)$，従業員1が価値0，従業員2が価値12を生み出す確率は $(1-p)q$，そして2人とも生み出す価値が0となる確率は $(1-p)(1-q)$ である。

　前章第3節と同様に，各従業員の選択は雇用主には観察できないが，生み出される価値は立証可能と仮定する。すると，各従業員のボーナスを彼／彼女自身が生み出す価値のみならず，他の従業員の生み出す価値にも依存させることが可能になる。そこで，雇用主は次のような内容の業績連動報酬契約を各従業員に対して提示することができる。「固定給として w を支払う。さらに，価値12を生み出してくれればボーナスを支払う。ボーナス額は，もう一方の従業員が価値12を生み出したならば b_{12}，価値0を生み出したならば b_0 である。」もう一方の従業員の生み出す価値によってボーナス額が変化する可能性があることに注意されたい。前章第4節の分析と同様に，総報酬は常に非負でなければならないと仮定する。

破産制約条件

$$w \geq 0$$

$$w + b_0 \geq 0$$

$$w + b_{12} \geq 0$$

　このプリンシパル＝2人エージェント関係のゲーム・ツリーは省略して，タイミングのみ記述しておく。まず雇用主が契約 (w, b_{12}, b_0) を各従業員に提示し，各従業員は，契約に合意するか拒否するかを互いに相手の決定を知らずに決定する。少なくとも一方が拒否した場合にはゲームは終了し，各従業員と雇

---

1) 「生み出される価値は互いに独立である」とは，各従業員が生み出す価値が12となる確率は，他の従業員の生み出す価値が12か0にかかわらず一定（p または q）であることを意味する。この結果，各従業員の生み出す価値を観察しても，他の従業員の生み出す価値について追加的な情報は得られない。

168 第 II 部 組織の問題をどのように解決するのか？

用主はそれぞれ留保利得 $\overline{u}, \overline{v}$ を得る。従業員が 2 人とも契約に合意した場合には，各従業員は互いに相手の決定を知らずに，「努力する」か「怠ける」かを選択する。自然の手番が各従業員の生み出す価値を所与の確率で選択して，ゲームが終了する。

上記のタイミングの説明では，雇用主が各従業員に同一の契約 (w, b_{12}, b_0) を提示することを仮定している。実際には，雇用主が 2 人に異なる契約を提示し一方の従業員にのみ契約に合意してもらうことも，従業員 1 は「努力する」を選び従業員 2 は「怠ける」を選ぶように導くことも可能である。しかし，2 人の従業員は「同質的」である。言い換えると，努力する費用が 1 であること，生み出す価値が 12 または 0 であること，価値 12 を生み出す確率が努力すれば p，怠ければ q であること，留保利得が $\overline{u}$ であること，がどちらの従業員についても成り立つ。このとき，雇用主が 2 人の従業員に異なる契約を提示し，従業員ごとに異なる組織の状態になるように導いて得をすることはない。つまり，各従業員に同一の契約を提示すると仮定しても，一般性を失うことはない。詳しくは以下で説明する。

1.2　効率的な組織の状態

まず前章の手順 I に従って，到達しうる組織の状態を確認する。各従業員に同一の契約を提示すると仮定すると，前章第 3 節と同様に 3 種類の状態を考察すればよい。

状態 1：従業員が 2 人とも契約に合意し，努力する。

状態 2：従業員が 2 人とも契約に合意し，怠ける。

状態 3：従業員が 2 人とも契約を拒否する。

続いて手順 II に従って，パレート効率的なファーストベストの組織の状態を確認する。各状態での総純価値は，その状態での雇用主と 2 人の従業員の期待利得の和である。

状態 1：雇用主の期待利得は $2(12p - w - pb)$，各従業員の期待利得は $w + pb - 1$ となる。よって，総純価値は $2(12p - 1)$ である。

状態 2：雇用主の期待利得は $2(12q - w - qb)$，各従業員の期待利得は $w + qb$ となる。よって，総純価値は $2(12q)$ である。

状態 3：総純価値は $2\overline{u} + \overline{v}$ である。

前章での分析と同様に，従業員が 2 人とも「努力する」を選ぶ組織の状態の

みがファーストベストであることを仮定する。

$$2(12p - 1) > 2(12q) \tag{1}$$

$$2(12p - 1) > 2\overline{u} + \overline{v} \tag{2}$$

条件 (1) は，前章第3節で状態1が状態2よりも総純価値が大きいための条件と同じであることに注意されたい。以下，本章の残りでは，分析を簡単にするために，$\overline{u} = \overline{v} = 0$ を仮定する。よって，従業員が2人とも努力する組織の状態がファーストベストである条件は (1)，すなわち以下の (A1) となる。

効率的な組織についての仮定

$$p - q > \frac{1}{12} \tag{A1}$$

一方の従業員のみ契約に合意する状態や，一方の従業員は「努力する」を選び，他方の従業員は「怠ける」を選ぶような状態がファーストベストの組織の状態とはならないことは明らかだろう。たとえば，一方の従業員が「努力する」を選び，他方の従業員が「怠ける」を選ぶ状態では，総純価値は $(12p - 1) + 12q$ となる。条件 (A1) が成り立つならば，両方の従業員が「努力する」を選んだ状態の方が総純価値は高くなる。また，条件 (A1) の不等号の向きが逆であれば，両方の従業員が「怠ける」を選んだ状態の方が総純価値は高い。つまり，従業員が同じ選択を行う状態が効率的となることは明らかである。

1.3 分　析

手順Ⅲでは，ゲームをバックワード・インダクションによって解く。これまでと同様に，雇用主の目的は「従業員が2人とも契約に合意し，努力する」状態を最大期待利得で達成することと仮定する。

まず，従業員が2人とも契約に合意した後の部分ゲームで，各従業員が努力するか怠けるかの決定を考察する。この部分ゲームは，2人の従業員をプレーヤーとする同時手番ゲームで，戦略と期待利得の関係は表6-1のゲーム・マトリックスでまとめられる。

表中の $\pi(x, y)$ は，それぞれの従業員について，自分が価値12を生み出す確率が x，他の従業員が価値12を生み出す確率が y のときに，雇用主から支払われる期待報酬額である。価値12を生み出す確率は，「努力する」を選べ

170 第 II 部 組織の問題をどのように解決するのか？

表6-1 プリンシパル=2人エージェント・ゲーム——従業員の努力決定部分ゲーム

従業員2

		努力する	怠ける
従業員1	努力する	$\pi(p,p)-1,\ \pi(p,p)-1$	$\pi(p,q)-1,\ \pi(q,p)$
	怠ける	$\pi(q,p),\ \pi(p,q)-1$	$\pi(q,q),\ \pi(q,q)$

ば p，「怠ける」を選べば q なので，x, y はそれぞれ p, q のいずれかの値を
とる。よって，全部で4通りの可能性がある。従業員が2人とも「努力する」
を選ぶ（左上のマス）と，どちらの従業員への期待報酬額も $\pi(p,p)$ となる。従
業員1が「努力する」を選び，従業員2が「怠ける」を選ぶ（右上のマス）と，
従業員1への期待報酬額は $\pi(p,q)$，従業員2への期待報酬額は $\pi(q,p)$ とな
る。左下，右下のマスの期待報酬額も同様である。さらに，「努力する」を選
んだ従業員は，努力費用1を負担する。よって，従業員1の期待利得は，左
上と右上のマスでは期待報酬額から費用1が差し引かれた値に等しい。同様
に，従業員2の期待利得は，左上と左下のマスでは期待報酬額から費用1を
引いた値となる。他の箇所では努力の費用を負わないので，期待利得は期待報
酬額に等しい。

　期待報酬額 $\pi(x,y)$ の中身を説明する。まず，各従業員には固定給 w が支払
われる。さらに各従業員は，自分が価値12を生み出した場合にボーナスを受
け取る。価値12を生み出した場合のボーナス額は，もう一方の従業員が価値
12を生み出したならば b_{12}，価値0を生み出したならば b_0 である。自分が価
値12を生み出したという条件下でのボーナスの期待値を $B(y)$ と書くことに
する（y はもう一方の従業員が価値12を生み出す確率である）。すると $B(y)$ は次の
式で与えられる。

$$B(y) = yb_{12} + (1-y)b_0$$

自分が価値12を生み出す確率は x なので，固定給 w に加えて確率 x で期待
ボーナス額 $B(y)$ が支払われ，確率 $1-x$ でボーナスは支払われない。したが
って，期待報酬額 $\pi(x,y)$ は，

$$\pi(x,y) = w + xB(y)$$

となる。

雇用主は，「従業員が 2 人とも契約に合意し，努力する」状態に導く契約を設計すると仮定している。そのための方針として，左上のマスがナッシュ均衡になるような契約設計を考察する。つまり，どちらの従業員にとっても，相手の従業員の「努力する」に対する最適反応が，「努力する」でなければならない。相手が「努力する」を選ぶときに，自分も「努力する」を選ぶと期待利得は $\pi(p, p) - 1$，自分は「怠ける」を選ぶと期待利得は $\pi(q, p)$ となる。したがって，左上のマスがナッシュ均衡になるための条件は，

$$\pi(p, p) - 1 \geq \pi(q, p)$$

を整理することによって以下の (IC1) となる。この条件を，エージェントが 2 人の場合のインセンティブ両立条件とよぶことにする。

インセンティブ両立条件

$$B(p) = pb_{12} + (1 - p)b_0 \geq \frac{1}{p - q} \tag{IC1}$$

条件 (IC1) が満たされ，かつ他の従業員が契約を受け入れるときに，各従業員が契約に合意する参加条件は，

$$\pi(p, p) - 1 \geq 0$$

となる。この条件は次の (PC1) のように書き直すことができる。

参加条件

$$B(p) = pb_{12} + (1 - p)b_0 \geq \frac{1 - w}{p} \tag{PC1}$$

破産制約条件 $w \geq 0$ より，インセンティブ両立条件 (IC1) が満たされれば参加条件 (PC1) も満たされる。よって，以下では (PC1) を無視して分析することができる。

「従業員が 2 人とも契約に合意し，努力する」状態を達成する契約のうち，雇用主にとって最も好ましい契約は，インセンティブ両立条件 (IC1) を満たし，かつ，2 人の従業員への期待報酬額の和（期待総報酬額とよぶ）を最小にする契約である。期待総報酬額は

図 6-1 契約設計問題#1 ($p = 0.6$, $q = 0.2$)

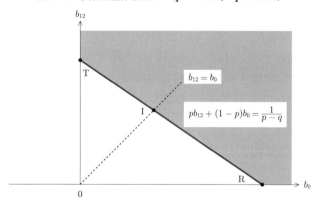

$$2\pi(p,p) = 2\{w + pB(p)\} \tag{3}$$

である。明らかに，固定給を可能な限り低くする ($w = 0$) ことが雇用主にとって望ましい。さらに，（自分が価値 12 を生み出した場合の）ボーナスの期待額 $B(p)$ を可能な限り低くすることが望ましい。ボーナスの期待額はインセンティブ両立条件 (IC1) の右辺を下回ることはできないので，雇用主にとって最も好ましいボーナスは，

$$B(p) = pb_{12} + (1-p)b_0 = \frac{1}{p-q} \tag{4}$$

を満たすことがわかる。このとき，各従業員の期待報酬額は

$$\pi(p,p) = pB(p) = \frac{p}{p-q} \tag{5}$$

となる。

図 6-1 は，横軸に b_0，縦軸に b_{12} の値をとってボーナス (b_0, b_{12}) を図示している。総報酬は常に非負でなければならないので，$b_0 \geq 0$ かつ $b_{12} \geq 0$ の範囲のみ考察すればよい。条件 (4) は点 R と T を結ぶ直線で表され，網掛け領域は，インセンティブ両立条件 (IC1) を満たすボーナスを表す。雇用主にとって最も好ましいボーナスは直線上の点で表され，どの点においても雇用主の期待利得は，(5) より，

$$2\{12p - \pi(p,p)\} = 2\left(12p - \frac{p}{p-q}\right) \tag{6}$$

となっている。各従業員の期待利得は

$$\pi(p,p) - 1 = \frac{q}{p-q}$$

で，従業員が 1 人の場合の期待利得に等しい。前章第 4 節の式（2）を参照のこと。

以上の分析では，雇用主は「従業員が 2 人とも契約に合意し，努力する」状態を達成する契約を設計する，と仮定していた。最後の手順Ⅳとして，他の状態を達成する契約を確認しておこう。「従業員が 2 人とも契約に合意し，怠ける」状態を達成する契約のうち，雇用主にとって最も得な契約は，明らかに $w = b_{12} = b_0 = 0$ なので，雇用主の期待利得は $2(12q)$ となる。よって，2 人の従業員にレントを与えて努力してもらう方が雇用主にとって望ましい条件は，前章第 4 節の条件（E）と同じ条件

$$12p - \frac{p}{p-q} > 12q$$

となり，図 6-1 の数値例はこの条件を満たしている。残された「従業員が 2 人とも契約を拒否する」状態を達成することは，雇用主にとって望ましくないことは明らかである。

図 6-1 は，雇用主にとって最も好ましい契約のうち，とくに重要な 3 種類の契約を図示している。まず点 I の契約は $b_{12} = b_0$ を満たしており，価値 12 を生み出した従業員は，他の従業員が生み出す価値とは関係なく，一定のボーナスを支払われる。そのボーナス額は，(4) より

$$b_{12} = b_0 = \frac{1}{p-q}$$

となり，前章第 4 節の図 5-8 の点 C4 に対応する契約と同じである。従業員が 2 人になっても，1 人のときに最も好ましい契約と同じ契約をそれぞれの従業員に個別に提示することが好ましくなっている。この契約を**相互独立契約**（independent contract）とよぶ。

一方，点 T，点 R は，従業員が複数人いることによって新たに好ましくなる契約である。点 T の契約は $b_{12} > 0$，$b_0 = 0$ を満たす。つまり各従業員は，自分が価値 12 を生み出すのみならず，他の従業員も価値 12 を生み出したときにのみ，ボーナスを受け取ることができる。別の見方をすると，2 人の従業員の生み出す価値の和には 24，12，0 の 3 通りの可能性があるが，24 のとき

174 第 II 部　組織の問題をどのように解決するのか？

にのみボーナスが支払われるので，個々の従業員の生み出す価値についての情報は必要なく，2 人の「チーム」の生み出す総価値のみが契約に利用されている。このような契約を**チーム業績契約**（team performance contract）とよぶ。

　対照的に，点 R の契約は $b_{12} = 0$，$b_0 > 0$ を満たす。つまり各従業員は，自分が価値 12 を生み出し，かつ他の従業員の生み出す価値が 0 のときにのみボーナスを受け取る。言い換えれば，各従業員の生み出す価値が他の従業員よりも優れている，すなわち相対的な業績が上回るときにのみ，「賞金」としてボーナスが支払われる。このような契約を**相対業績契約**（relative performance contract）とよぶ。

1.4　従業員の業績が相関する場合

　ここまでの分析で，点 I，T，R の契約を含む多様な契約形態が雇用主にとって最も好ましいことがわかった。チーム業績契約についての分析は次節で行うことにして，本節の残りでは，相対業績契約のみが最も好ましくなる重要な例を紹介する。

　これまでのプリンシパル＝2 人エージェント・ゲームでは，各従業員が生み出す価値は，従業員自身の努力決定と，従業員固有の不確定要因（運不運）に依存している。つまり，従業員の努力決定を所与とすると，価値 12 が生み出されるか，それとも価値 0 が生み出されるかは，他の従業員の努力決定に依存しないことはもちろんのこと，他の従業員の生み出す価値が 12 か 0 かにも依存せず，一定の確率（p または q）に従って生起する。

　この前提を次のように変更する。各従業員の生み出す価値は，各従業員の努力決定とその従業員固有の不確定要因のみならず，2 人の従業員に共通した不確定要因にも依存する。たとえば，2 人の従業員が異なるビジネス環境で業務に携わっているとしても，同じ会社で働く限りは，会社のブランド・ネームや評判の影響を同じように受ける。会社全体の評判がよければ，2 人の従業員の生み出す価値に同じようなプラスの影響を与えるだろうし，評判が低下すると，2 人の従業員は同じようなマイナスの影響を被るだろう。このとき，努力決定を所与とすると，2 人の従業員の生み出す価値には正の相関がある[2]。

---

　2)　一方の価値が増加すると他方の価値も増加する傾向があるとき，2 人の従業員の生み出す価値は正の相関があるという。

表6-2　相関のあるプリンシパル＝2人エージェント・ゲーム──価値の確率分布

従業員の選択

		努力する	怠ける
生み出される価値	価値 12	確率 $r + (1-r)p$	確率 $r + (1-r)q$
	価値 0	確率 $(1-r)(1-p)$	確率 $(1-r)(1-q)$

　このような正の相関の影響を分析するために，会社全体の評判が確率 r で
プラス，確率 $1-r$ でマイナスとする。確率 r は $0 < r < 1$ を満たす。もしも
会社の評判がプラスならば，従業員は努力とは無関係に2人とも価値12を生
み出す。しかし，会社の評判がマイナスの場合には，生み出される価値はこれ
までと同様に各従業員の努力と運不運に依存する。すなわち，従業員が「努力
する」を選んでいれば，確率 p で価値12，確率 $1-p$ で価値0を生み出すが，
「怠ける」を選んでいた場合には，価値12が生み出される確率は q に低下す
る。ただし，2人の従業員がそれぞれ努力決定を行う時点では，会社の評判が
プラスかマイナスかはわからない。

　表6-2は，各従業員の生み出す価値が，どのような確率で生起するかをま
とめている。たとえば，従業員が「努力する」を選んでいるとすると，価値
12が生み出されるのは会社の評判がプラスの場合（確率 r），または会社の評
判がマイナス（確率 $1-r$）かつ従業員の運がよかった場合（確率 p）である。
また，価値0が生み出されるのは，会社の評判がマイナス（確率 $1-r$）かつ従
業員の運が悪かった場合（確率 $1-p$）のみである。

　各従業員が契約を受け入れた後の部分ゲームは表6-1のゲーム・マトリッ
クスと同じだが，期待報酬額 $\pi(x, y)$ の中身は異なる。中身を理解するため
に，各従業員に支払われるボーナスの期待値を求めてみよう。まず，確率 r
で会社の評判がプラスの場合には，どちらの従業員も価値12を生み出すの
で，それぞれ b_{12} が支払われる。次に，確率 $1-r$ で会社の評判がマイナスの
場合を考えよう。このときには確率 x で自分の生み出す価値が12で，そのと
きに支払われるボーナスの期待値は $B(y) = yb_{12} + (1-y)b_0$ である。したが
って，自分が価値12を生み出す確率が x，他の従業員が価値12を生み出す確
率が y のとき，ボーナスの期待値は

$$rb_{12} + (1-r)xB(y)$$

176 第 II 部 組織の問題をどのように解決するのか？

となり，期待報酬額は，

$$\pi(x, y) = w + rb_{12} + (1 - r)xB(y)$$

となる。

表 6-1 の左上のマス，（努力する，努力する）がナッシュ均衡になるための
インセンティブ両立条件は，

$$\pi(p, p) - 1 \geq \pi(q, p)$$

を整理することによって，以下の (IC1r) となる。

インセンティブ両立条件

$$(1 - r)B(p) \geq \frac{1}{p - q} \tag{IC1r}$$

また，参加条件は

$$\pi(p, p) - 1 \geq 0$$

を書き直すことによって (PC1r) となる。

参加条件

$$(1 - r)B(p) \geq \frac{1 - w - rb_{12}}{p} \tag{PC1r}$$

生み出される価値が互いに独立である場合と同様に，以下では参加条件 (PC1r)
を無視して分析する。詳しくは web 付録 6.1 を参照されたい。参加条件
(PC1r) を無視すると，インセンティブ両立条件 (IC1r) の制約のもとで期待
総報酬額

$$2\pi(p, p) = 2\{w + rb_{12} + (1 - r)pB(p)\}$$

を最小にする契約が，雇用主にとって最も好ましい。固定給については，明ら
かに $w = 0$ が望ましい。

雇用主にとって好ましいボーナスを求めるために，図 6-2 を参照してほし
い。網掛け領域は，インセンティブ両立条件を満たす契約を表す。その境界
の直線よりも緩やかな右下がりの直線は，雇用主の期待総報酬額が一定の直

図6-2 契約設計問題#1r ($p = 0.6$, $q = 0.2$, $r = 0.5$)

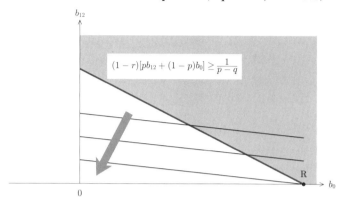

線である[3]。矢印に従って直線が左下に移動するほど期待総報酬額は減少し，雇用主にとって望ましくなる。よって，インセンティブ両立条件を満たす契約の中で期待総報酬額が最小になるボーナスは，図の点Rである。すなわち $b_{12} = 0$, $b_0 > 0$ を満たす相対業績契約が，雇用主にとって唯一，最も好ましい契約となる。

　雇用主にとって相対業績契約が他の契約よりも好ましくなる理由は次のとおりである。2人の従業員がいずれも価値12を生み出したという結果は，2人がそれぞれ「努力する」を選ぶことによって可能性が高まるが，努力とは関係なく，会社の評判がプラスであったという可能性もある。つまり，「2人の従業員がいずれも価値12を生み出した」という結果は，2人の従業員の努力決定について，あまり精度の高い情報ではない。それと比べて，「一方の従業員が価値12を，もう一方の従業員が価値0を生み出した」という結果の方が，情報の精度は高い。後者の従業員が価値0を生み出したということは，会社の評判はマイナスであったということであり，にもかかわらず前者の従業員が価値12を生み出したという事実は，前者が「努力する」を選んでいた可能性が高いという追加情報をもたらしてくれるからである。したがって，前者の従業員の努力決定について，より精度の高い情報をもたらしてくれる結果に対してのみボーナスを支払うことによって，従業員が「努力する」を選ぶインセン

---

3) この直線がインセンティブ両立条件を満たす領域の境界線よりも緩やかであることは，web付録6.1で示されている。

178 第 II 部　組織の問題をどのように解決するのか？

Column 6-1　相対業績契約の利用とインセンティブ効果

　相対業績契約が実際に利用されているかどうかについては，データの利用可能性から経営者報酬について多くの研究が行われている。たとえば 1974 年から 1986 年の米国経営者データに基づいた実証研究では，経営者の報酬は企業業績と有意な正の相関がある一方，企業の属する業界や市場のパフォーマンスとは有意な負の相関が見出されている。この結果は，本文中で解説された相対業績契約の利用と整合的である。しかし，本文中の分析が示唆するほど相対業績契約は経営者報酬には利用されていない[*]。

　対照的に，相対業績契約の一種であるトーナメント競争の理論と整合的な結果は多く得られている。プロスポーツ選手のデータの分析から，トーナメントに勝利することの賞金の金額と，選手の成績との間に正の相関関係があることが多くの研究で見出されており，トーナメント競争がエージェントの「努力」を増加させるインセンティブ効果をもたらすことと整合的である。また，経営者報酬において，競争の激しさ（昇進候補者数）と昇進による報酬差が正の相関関係にあることを示唆する研究結果もある。これは，競争が激しいほど昇進の可能性が下がり，インセンティブ効果が弱くなるので，それを埋め合わせるために昇進による報酬増加を大きくするという理論予測と整合的である。

　上記のトーナメント競争の実証研究では，エージェントの努力とプリンシパルの契約設計とが別々に分析されている。米国の技能労働者のデータを用いたある研究では，エージェントである労働者の努力とプリンシパルである企業の契約設計とを同時に，すべて内生変数として分析し，昇進が相対業績に大きく依存すること，そして昇進による報酬差は競争が激しいほど大きいことが見出されている[†]。

　　[*] Gibbons, R. and K. J. Murphy（1990）"Relative Performance Evaluation for Chief Executive Officers," *Industrial and Labor Relations Review*, vol. 43, Special Issue, pp. 30S-51S. なぜ相対業績契約が利用されていないのかについては，いくつかの可能性が指摘されている。興味のある読者は，たとえば次の展望論文を参照されたい。Lazear, E. P. and P. Oyer（2013）"Personnel Economics," in R. Gibbons and J. Roberts eds., *Handbook of Organizational Economics*, Princeton University Press, Chapter 12, pp. 479-519.

　　[†] DeVaro, J.（2006）"Internal Promotion Competitions in Firms," *RAND Journal of Economics*, vol. 37 pp. 521-542.

ティブを，最も効果的に，低い期待報酬額で与えることができるのである。

　雇用主と複数の従業員との間の相対業績契約は，日本の会社の出世競争のひとつの側面を表している。管理職や取締役のポストの数は限られているので，絶対的な業績基準だけで出世できるわけではない。同期をはじめとする候補者と比べて，相対的に優れた業績を積み重ねる必要がある。その結果，仮に

「終身雇用」で雇用が保証されているとしても，手を抜かず働き続けることになる。出世競争は相対業績契約の考え方を利用して隠された行動の問題を解消し，組織内でのモラル・ハザードを防止する仕組みとして理解することができるのである。実際，日本の会社の多くは，管理職や取締役のように限られたポストへの昇進のみならず，給与水準の異なるランク（職位）を多数つくり，次の職位への昇格・昇給という形でも相対業績契約の考え方を利用している。

このように相対業績契約にはエージェント間を競争的な関係にする側面があり，オリンピック競技やその他スポーツ大会でのトーナメント競争も相対業績契約の一種として解釈することができる。たとえばオリンピックの金・銀・銅メダルという方式は，競技での絶対的な成績ではなく相対的な成績に基づくものである。ただしすでに説明したように，相対業績契約の考え方は，競争させること自体のメリットというよりもむしろ，努力や仕事ぶりについて精度の高い情報を利用して経費を下げるというメリットに基づく。また，分析からはわかりにくいが，共通の不確定要因の影響を排除できるということもメリットである。たとえばオリンピックのマラソン競技で，タイムという絶対的な成績に基づく賞金を導入すると，当日の天候や気温など，多くの選手に共通の影響を与える不確定要因に左右されてしまう。相対業績は，そのような共通の不確定要因の影響を取り除いてくれるのである。従業員や経営者の報酬を同業他社や業界平均を参照して決めるという慣行も，単なる横並びではなく相対業績契約の考え方から理解できる。

2 チーム業績契約とチーム生産

前節の雇用主と2人の従業員の組織では，従業員はそれぞれ別の業務を行っており，各従業員の生み出す価値は，他の従業員の働きぶりの影響を受けない。しかし，多くの組織においては，従業員が分業して異なる業務を担当していても，互いに助け合ったり補完的な役割を担うことで，自分以外の従業員の成果に貢献することが多い。また，複数の従業員から構成されるひとつのチームが，プロジェクトを協力して推進することもある。本節では，このように従業員間で相互に影響を及ぼし合う状況では，好ましい契約はどのようなものになるのかを考察する。

180 第 II 部 組織の問題をどのように解決するのか？

Column 6-2　相対業績契約の負のインセンティブ効果

　相対業績契約には，実はプリンシパルにとって好ましくないインセンティブをもたらす可能性がある。本文中の分析で各エージェントの相対業績は，もう一方のエージェントの業績が悪い（生み出された価値が 0 の）ときに向上する。よって，他のエージェントの業績に貢献する助力を提供する機会があってもそれを控え，他のエージェントの業績を密かに引き下げる行動が可能ならばそれを行うインセンティブを持つことになる。たとえば，オーストラリアの 23 社の労働者のデータによる研究では，相対業績に基づく賃金差が大きいほど，他の労働者に自分の道具や機械を利用させるという意味での助力を行わない，という関係を示唆する結果が得られている*。

　また，他のエージェントの業績に直接影響を与える機会がない状況でも，相対業績契約が負のインセンティブ効果をもたらす可能性がある。前章 Column 5-3 で，英国の農場で果実の収穫を行う季節労働者を管理する管理者の報酬制度を変更するフィールド実験を紹介した。ここで紹介するのは，同じ研究者による同じ農場で 2002 年に行われた，果実を収穫する労働者の報酬制度を変更するフィールド実験である†。最初の 54 日間は，労働者は相対業績契約下で果実の収穫を行う。相対業績契約では，各労働者は，同じ畑で収穫する労働者（約 40 人）全体の平均収穫量を基準とする相対的な収穫量が高いほどより多くの報酬を得る。後半 54 日間の報酬制度は相互独立契約（出来高給制）で，各労働者は自身の収穫量に比例してより多くの報酬を得る。各労働者の収穫量 1 単位あたりの報酬は，どちらの契約でもほとんど相違ない。相違は，相対業績契約のときにのみ，各労働者はより「努力」して自分の収穫量を増加させることによって，他の労働者の報酬を引き下げてしまう点にある。

　各労働者はそれぞれ独立に収穫を行っており，他の労働者の収穫に影響を与える機会はない。しかし，相対業績契約から相互独立契約に変更することによって，労働者の生産性は平均的に 50% 以上も増加したのである。これは，各労働者が他の労働者の報酬に負の影響を及ぼしてしまうことを考慮して，相対業績契約のときには「努力」を控えた，という考え方と整合的な結果である。さらに，各労働者は同じ畑で働く他の労働者のうち「友人」とよべる人の割合が多いほど，相対業績契約下でより努力を控える傾向も見出されている。しかしこの負の効果は，労働者が互いに他の労働者の仕事ぶりを観察できるときにのみ生じる。したがって，労働者が利他的というよりはむしろ，労働者間の結託，ピア・プレッシャー，他の労働者による自分のイメージや評判の考慮，などの効果であることが示唆されている。

　　* Drago, R. and G. T. Garvey (1998) "Incentives for Helping on the Job: Theory and Evidence," *Journal of Labor Economics*, vol. 16, pp. 1-25.
　　† Bandiera, O., I. Barankay, and I. Rasul (2005) "Social Preferences and the Response to Incentives: Evidence from Personnel Data," *Quarterly Journal of Economics*, vol. 120, pp. 917-962.

第 6 章　組織設計とプリンシパル = エージェント関係 2　　**181**

表 6-3　外部効果のあるプリンシパル = 2 人エージェント・ゲーム──価値 12 の確率

		従業員 2 の選択	
		努力する	怠ける
従業員 1 の選択	努力する	p_1, p_1	p_0, q
	怠ける	$q, \ p_0$	$q, \ q$

2.1　基本モデル

　まず，前節と同様に，2 人の従業員がそれぞれ別の業務を行っている状況を考える。ただし，会社の評判の影響によって従業員の生み出す価値が相関する可能性は考えない（つまり，$r = 0$ である）。各従業員は，「努力する」か「怠ける」かを選択する。「怠ける」を選択した従業員は，確率 q で価値 12，確率 $1 - q$ で価値 0 を生み出す（$0 < q < 1$）。ここまでは前節と同じである。

　新しい特徴として，「努力する」を選んだ従業員が価値 12 を生み出す確率，価値 0 を生み出す確率は，他の従業員の選択に依存すると仮定する。「努力する」を選んだ従業員が価値 12 を生み出す確率は，他の従業員が「努力する」を選んだ場合には p_1，他の従業員が「怠ける」を選んだ場合には p_0 と書く。価値 0 を生み出す確率は，他の従業員が「努力する」を選んだ場合には $1 - p_1$，他の従業員が「怠ける」を選んだ場合には $1 - p_0$ となる。これらの確率 p_1，p_0 は 0 より大きく 1 より小さい。表 6-3 の各マスには，価値 12 が生み出される確率が従業員 1，従業員 2 の順番で書かれている。

　さらに $p_1 > p_0$ を仮定する。各従業員が努力したときに価値 12 を生み出す可能性は，他の従業員が「怠ける」を選んだ場合よりも「努力する」を選んだ場合に高くなる。つまり，各従業員の努力は，他の従業員に**正の外部効果**（positive externality）をもたらす。たとえば，他の従業員の努力によって助けられたり，業務を補完してもらうことで，高い価値を生み出す可能性が高くなるかもしれない[4]。

　前節と同様に，「従業員が 2 人とも契約に合意し，努力する」状態 1 が，パレート効率的なファーストベストの組織の状態である場合を考察する。そのた

4）　逆に $p_1 < p_0$ の場合の分析結果については，web 付録 6.2 を参照されたい。

182　第 II 部　組織の問題をどのように解決するのか？

表 6-4　外部効果のあるプリンシパル＝2 人エージェント・ゲーム——従業員の努力決定部分ゲーム

		従業員 2	
		努力する	怠ける
従業員 1	努力する	$\pi(p_1,p_1)-1,\ \pi(p_1,p_1)-1$	$\pi(p_0,q)-1,\ \pi(q,p_0)$
	怠ける	$\pi(q,p_0),\ \pi(p_0,q)-1$	$\pi(q,q),\ \pi(q,q)$

めの条件は，前節とほとんど同じ議論によって (A1) となる（ただし p を p_1 と読み替える）。なお，前節と同様に $\overline{u}=\overline{v}=0$ を仮定する。

2.2　分　析

　雇用主の目的は，「従業員が 2 人とも契約に合意し，努力する」状態を最大期待利得で達成することである，と仮定して，ゲームをバックワード・インダクションで解く。契約合意後の部分ゲームでの同時手番ゲームは，表 6-4 のゲーム・マトリックスとなる。自分が価値 12 を生み出す確率が x，他の従業員が価値 12 を生み出す確率が y のときの期待報酬額 $\pi(x,y)$ は，前節と同じで，

$$\pi(x,y)=w+xB(y)=w+x[yb_{12}+(1-y)b_0]$$

である。

　インセンティブ両立条件は，表 6-4 の左上のマスがナッシュ均衡になるための条件で，

$$\pi(p_1,p_1)-1\geq\pi(q,p_0)$$

となる。右辺は，相手が「努力する」を選ぶときに自分が「怠ける」を選ぶ場合の期待報酬額なので，自分が価値 12 を生み出す確率は q，相手が価値 12 を生み出す確率は p_0 であることに注意されたい。

　契約を限定しない場合の一般的な分析は web 付録6.2 で行うことにして，以下では代表的な 3 種類の契約に限定して，インセンティブ両立条件がどのように異なるかを比較する。第 1 に，$b_{12}=b_0$，すなわち，各従業員は価値 12 を生み出せば，他の従業員の生み出す価値とは関係なく，一定のボーナスを支払われる相互独立契約である。このときには $B(p_1)=B(p_0)=b_{12}=b_0$

となり，インセンティブ両立条件は (7) となる。

相互独立契約の場合のインセンティブ両立条件

$$b_{12} = b_0 \geq \frac{1}{p_1 - q} \tag{7}$$

努力する従業員が価値 12 を生み出す確率が，他の従業員が努力するかどうかに依存して変化するという正の外部効果のもたらす追加情報は，この契約では活用されていない。

第 2 に，相対業績契約 $b_{12} = 0 < b_0$ を考察する。このときには $\pi(p_1, p_1) = w + p_1(1 - p_1)b_0$，$\pi(q, p_0) = w + q(1 - p_0)b_0$ より，インセンティブ両立条件は，

$$p_1(1 - p_1)b_0 \geq q(1 - p_0)b_0 + 1$$

となる。この条件を満たすボーナス b_0 が存在すると仮定しよう[5]。このときの条件式を整理すると (8) となる。

相対業績契約の場合のインセンティブ両立条件

$$(1 - p_1)b_0 \geq \frac{1}{p_1 - q(1 - p_0)/(1 - p_1)} \tag{8}$$

最後に，チーム業績契約 $b_{12} > 0 = b_0$ のもとでは，$\pi(p_1, p_1) = w + p_1^2 b_{12}$，$\pi(q, p_0) = w + q p_0 b_{12}$ より，インセンティブ両立条件は (9) となる。

チーム業績契約の場合のインセンティブ両立条件

$$p_1 b_{12} \geq \frac{1}{p_1 - q p_0/p_1} \tag{9}$$

以上の 3 種類の契約下でのインセンティブ両立条件 (7)，(8)，(9) を比較する。いずれの条件式においても，左辺は，各契約下で価値 12 を生み出した従業員に支払われる期待ボーナス額であることに注意しよう。右辺を比べると，$p_1 > p_0$ の仮定のもとでは，(9) の右辺が最も小さく，(8) の右辺が最も大

---

5) そのための条件は $p_1(1 - p_1) > q(1 - p_0)$，すなわち (8) の分母が正になることである。

184 第 II 部　組織の問題をどのように解決するのか？

きい。以上の比較から，チーム業績契約によってインセンティブ両立条件が緩和されることがわかるだろう。

　チーム業績契約が期待総報酬額を最も低くできる理由は次のとおりである。従業員 1 が価値 12 を生み出した状況を想定しよう。このとき仮定 $p_1 > p_0$ により，従業員 2 の生み出す価値が 0 の場合よりも 12 の場合に，従業員 1 が努力した可能性について精度の高い追加情報がもたらされる。したがって，従業員 1 のみならず従業員 2 も価値 12 を生み出したときのみ，従業員 1 のボーナスを支払うことによって，努力インセンティブを，最も効果的に，低い期待報酬額で与えることができるようになる。

2.3　チーム生産

　前節および本節前半では，2 人の従業員が別々の業務を行っており，各従業員が 12 または 0 の価値を生み出す組織を考察してきた。人の集まりである組織のメリットのひとつは分業を追求できることにあり，典型的な組織では，多くの従業員はそれぞれ組織の異なる業務を担当している。しかし，完全に分けることのできない共同作業もあれば，プロジェクトを丸ごと，あえて明確な分業を行わずに，複数の従業員からなるチームに任せることもある。

　このような共同作業やプロジェクトの場合，各従業員の成果や生み出す価値を観察することは難しく，共同作業やプロジェクトを行うチーム全体の成果や生み出す価値しかわからないことが多い。個々の従業員の成果に分解して観察することができない共同作業やプロジェクトは，第 2 章で紹介したようにチーム生産とよばれている。

　まず，第 2 章で導入されたチーム生産のゲームを，本章の用語に置き換えて振り返ろう。チームは，従業員 1 と従業員 2 の 2 人から構成されている。各従業員は同時に「努力する」（努力費用 3）か「怠ける」（努力費用 0）かを選択する。チームが生み出す価値（収益）は，2 人とも「努力する」を選んだ場合には 10，一方のみが「努力する」を選んだ場合には 6，2 人とも「怠ける」を選んだ場合には 2 である。チームの収益は立証可能だが，個々の従業員の生み出す価値に分けて観察することはできない。

　第 2 章第 1 節では，チーム全体で生み出した収益を従業員間で等分に分け合うと仮定した。その場合のゲーム・マトリックスが表 6-5 である（第 2 章表 2-1 のプレーヤーと戦略の名称を変更したものに対応する）。このゲームの構造は囚

第6章 組織設計とプリンシパル=エージェント関係2 **185**

表6-5 **チーム生産——均等な価値分配**

		従業員2	
		努力する	怠ける
従業員1	努力する	2, 2	0, 3
	怠ける	3, 0	1, 1

人のジレンマで，各従業員が「怠ける」を選択する状態が支配戦略均衡となっている。チーム全体の生み出す純価値（従業員の利得の和）は，2人とも努力する状態で最大になるが，このファーストベストの組織の状態は，チームの収益を従業員間で等分する場合には実現しない。

チームの収益は立証可能なので，収益を2人の従業員に分配する方法を事前に契約で決めておくことができる。第2章第4節の表記方法に従って，収益が $x = 2, 6, 10$ のときに従業員1が受け取る金額を $t_1(x)$，従業員2が受け取る金額を $t_2(x)$ と書く。ただし，第2章で指摘されたように，予算バランス条件が満たされなければならない。この条件は，チームの収益が2人の従業員にすべて分け与えられることを契約に課すものである。つまり，チームの収益 $x = 2, 6, 10$ のそれぞれについて

$$t_1(x) + t_2(x) = x$$

が成り立たなければならない。契約後の部分ゲームは，表6-6のゲーム・マトリックスで表される同時手番ゲームとなる。

第2章第4節では，ファーストベストの組織の状態である左上のマスは支配戦略均衡にはなりえないことが示された。では，ナッシュ均衡になることは可能だろうか。（努力する，努力する）がナッシュ均衡となるためには，次の2つの条件が成り立たなければならない。

$$t_1(10) - 3 \geq t_1(6)$$
$$t_2(10) - 3 \geq t_2(6)$$

予算バランス条件を用いて整理すると，$t_1(10) - t_1(6) \geq 3$ かつ $t_1(10) - t_1(6) \leq 1$ となり，条件を満たす契約は存在しないことがわかる。どのような契約を設計しても，チーム生産でのファーストベストの組織の状態を実現することはできないのである。

表6-6 チーム生産──一般的な契約

		従業員2	
		努力する	怠ける
従業員1	努力する	$t_1(10) - 3, t_2(10) - 3$	$t_1(6) - 3, t_2(6)$
	怠ける	$t_1(6), \ \ t_2(6) - 3$	$t_1(2), t_2(2)$

表6-7 チーム生産──チーム業績契約

		従業員2	
		努力する	怠ける
従業員1	努力する	2, 2	-3, 0
	怠ける	0, -3	0, 0

　この結果を，前節の分析と比較してみよう。前節で最初に分析されたプリンシパル＝2人エージェント・ゲームでは，2人とも努力するというファーストベストの組織の状態がナッシュ均衡となるように，契約を設計することができた。図6-1の直線TR上の点が，そのような契約でのボーナスに対応する。しかも，点Tのチーム業績契約は，2人の従業員の生み出す価値の和が24のときのみボーナスを支払う契約であり，個々の従業員の生み出す価値を観察する必要はない。

　チーム生産でファーストベストの組織の状態を実現できない理由のひとつは，チームが生み出す価値を2人の従業員間に過不足なく分配しなければならないという予算バランス条件が課されているからである。予算バランス条件を満たさない契約を利用すれば，ファーストベストの組織の状態を実現することができる。次のようなチーム業績契約を考えてみよう。「チームの収益が10ならば，各従業員に5が分配されるが，それ以外の収益（6または2）の場合には，従業員にはいっさい分配されない。」このチーム業績契約での部分ゲームのゲーム・マトリックスが表6-7である。ファーストベストの組織の状態である左上のマスが，ナッシュ均衡となっていることがわかるだろう。

　しかし，このようなチーム業績契約を，チームのメンバーである2人の従業員だけで実行することは容易ではない。チーム業績契約では，収益が6や2のときには，これらの収益はチームの誰の手にも入らずに残されていることになる。チームの収益をメンバー間で自由に分配できるならば，このような状況

では当初のチーム業績契約を破棄して，残された収益を 2 人の間で再分配（たとえば等分）しようとするだろう。しかし，そのような再分配が予想されるならば，チームの収益を等分する場合の同時手番ゲーム（表6-5）になり，結局（怠ける，怠ける）が支配戦略均衡になってしまう。

　ここで，雇用主がプリンシパルとして登場する意義がある。チームのメンバーである従業員自身ではなく，チーム外の雇用主がチーム業績契約を提示することによって，チーム業績契約を実行することが可能になるからである。つまりチーム業績契約のもとでは，チームの収益が 10 の場合には，雇用主はその価値を従業員間で等分することを認めるが，それ以外の場合には，雇用主がチームの収益を，**残余利益請求者**（residual claimant）として受け取ることになる。こうして，予算バランス条件を満たさないチーム業績契約を実行し，ファーストベストの組織の状態を達成することが可能になる。

　チーム生産の非効率性を解消する役割を担う残余利益請求者の例は，株式会社における株主である。株主は，収入から契約等を通して発生する借入金，利子，賃金などの支払義務を差し引いた後に残る純利益を得る権利を有している。会社の経営者・従業員が生み出す価値をすべて自分たちの間で分配しようとするならば，それは予算バランス条件を満たすチーム生産ということになり，非効率な組織の状態に陥る可能性がある。上記の議論は，株主にはそのような非効率性を解消する役割があることを示唆している。また，日本の多くの会社は，それぞれ特定の銀行を「メインバンク」として，その銀行と特別な関係下にあるといわれている。このような銀行は会社の業績が順調な（皆が努力している状態の）ときには口を出さないが，業績が悪化する（誰かが怠ける状態になる）と経営に介入して残余利益請求者のように振る舞うことが指摘される。このような「メインバンク」関係も，チーム生産の非効率性を緩和する仕組みとして理解することができる。

3 マルチタスク問題

　これまで前章では 1 人の従業員がひとつの業務をこなすケースを，発展編の本章第 1，2 節では 2 人の従業員が別々の業務をこなすケース，2 人の従業員がチームとしてひとつの業務をこなすケース，を分析してきた。本節では，従業員が複数の業務（単純化して，2 種類の業務）を担当する状況を考察する。

188　第 II 部　組織の問題をどのように解決するのか？

ひとつの業務をこなす場合と比較して，複数の業務で努力を引き出そうとす
ることによって新たな問題が生じることを説明する。これらの諸問題は総称
して**マルチタスク問題**（multitask problem）とよばれている。マルチタスク問
題は，第 1 章の「企業の境界はどのように決まるのか」という主題において，
統合の費用を生み出す問題のひとつとしてすでに簡単に紹介されている。本節
では，プリンシパル＝エージェント関係の分析枠組みに基づいて，マルチタス
ク問題を詳しく考察する。

　雇用主と従業員 1 人のプリンシパル＝エージェント関係に戻って，従業員
が 2 種類の業務をこなすマルチタスク組織を考察する。2 種類の業務はそれ
ぞれ価値 12 または 0 を生み出す業務で，各業務に対して，費用 1 で「努力す
る」を選ぶとその業務で価値 12 を生み出す確率は p，費用 0 で「怠ける」を
選ぶと確率は $q < p$ である。各業務で生み出される価値は，他の業務で努力
するか怠けるかの影響は受けず，また，互いに独立である。条件 (A1) および
$\bar{u} = \bar{v} = 0$ を仮定する。

　ベンチマークとして分業組織，すなわち従業員を 2 人雇って，それぞれの
従業員にこれら 2 種類の業務を分業してもらう（よってマルチタスクは生じない）
組織を復習しておこう。読者は適宜第 1 節前半を参照してほしい。各従業員
が努力する状態を達成する契約のうち，雇用主にとって最も好ましい契約の
形態は，相互独立契約，相対業績契約，チーム業績契約など複数存在する（図
6-1）。しかし，いずれもインセンティブ両立条件 (IC1) を等号で満たし，各従
業員への期待報酬額は $p/(p-q)$ で与えられる。たとえばチーム業績契約では，
両方の従業員が価値 12 を生み出したときのみボーナス

$$b_{12} = \frac{1}{p(p-q)} \tag{10}$$

が支払われるので，各従業員への期待報酬額は $p^2 b_{12} = p/(p-q) > 1$ となる。
雇用主にとって，このようにレントを支払ってでも各従業員が努力する状態を
達成する方が好ましい場合に焦点を合わせるために，前章第 4 節と同様に

$$12(p-q) > \frac{p}{p-q} \tag{E}$$

を仮定する。

3.1 マルチタスク組織

　以上を準備として，1人の従業員が2種類の業務を行うマルチタスク組織を分析する。2人の従業員で分業する場合には，各従業員は担当業務で「努力する」(費用1) か，「怠ける」(費用0) かを選択する。一方，マルチタスクの従業員には，両方の業務で努力する，業務1で努力し業務2を怠ける，業務1を怠けて業務2で努力する，両方の業務で怠ける，の4つの選択肢がある。従業員の被る費用は，両方の業務で怠ける場合は0，一方の業務で努力し他方の業務で怠ける場合は1と仮定することに異論はないだろう。しかし，両方の業務で努力する場合に従業員が被る費用については，いくつかの可能性がある。一方の業務で努力する場合には，他方の業務でも努力することで被る追加費用が非常に大きくなる場合もあれば，業務内容の関連性が強いために追加費用を大幅に節約できる場合もありうる。

　そこで，まず最初に，両方の業務で努力する場合に従業員が被る費用を2と仮定する。言い換えれば，両方の業務で怠ける状態から一方の業務のみ努力することで被る追加費用が1であるのみならず，一方のみ努力する状態から両方の業務で努力することで被る追加費用も1である場合である。2人の従業員が分業して2種類の業務で努力する場合には，各従業員の被る費用は1で合計2なので，努力の総費用は分業組織でもマルチタスク組織でも同じ状況である。

　マルチタスク従業員への契約は，固定給は0，ボーナスは両方の業務で価値12を生み出した場合のみボーナス b_{12} を支払うという形態に限定する。このような契約が雇用主にとって最も好ましいことは，web 付録6.3で示される。雇用主の目的は「マルチタスク従業員が契約に合意し，両方の業務で努力する」状態を最大利得で達成することだと仮定する。

　従業員に両方の業務で「努力する」を選ばせるためのインセンティブ両立条件を求めよう。従業員が両方の業務で「努力する」を選んだときの期待利得は

$$p^2 b_{12} - 2$$

である。従業員が一方の業務のみ努力し，もう一方の業務で「怠ける」を選んで逸脱すると，期待利得は

$$pqb_{12} - 1$$

となる。したがって，このような逸脱をしても従業員が得をしない条件は $p^2 b_{12} - 2 \geq pqb_{12} - 1$ で，整理すると

$$b_{12} \geq \frac{1}{p(p-q)} \tag{11}$$

となる。この条件式が等号で満たされるボーナスは，分業組織における，雇用主にとって最も好ましいボーナス (10) と等しいことに注意しよう。では，マルチタスク従業員にこのボーナスを提供することと，2 人の従業員に分業させることとの間で雇用主が無差別なのかというと，そうではない。第 1 に，分業組織では 2 人の従業員にボーナスを支払わなければならない，言い換えればレントを支払わなければならないが，マルチタスク組織では 1 人に支払えばよい。つまり，マルチタスク従業員 1 人に 2 種類の業務で努力させることで，雇用主はレントを節約できるメリットを享受する可能性がある。

しかし，マルチタスク組織にはデメリットもある。第 2 の相違は，マルチタスク従業員は両方の業務で「怠ける」を選択して逸脱することができる点にある。2 人の従業員が分業してひとつずつ業務を担当する場合には，彼らが示し合わせて行動を選択することができない限りは，このような逸脱は不可能である。したがって，分業組織におけるインセンティブ両立条件は，相手が相手の業務で努力することを予想して，自分だけ逸脱して自分の業務で「怠ける」を選んでも得をしないことのみとなる。マルチタスク従業員が両方の業務で「怠ける」を選んだときの期待利得は $q^2 b_{12}$ なので，このような逸脱をしても得をしない条件は $p^2 b_{12} - 2 \geq q^2 b_{12}$，すなわち

$$b_{12} \geq \frac{2}{(p+q)(p-q)} \tag{12}$$

となる。(12) の右辺の方が (11) の右辺よりも大きいので，(11) を等号で満たすボーナスでは，両方の業務で逸脱することを防ぐことはできない。マルチタスク組織では，(12) を等号で満たすボーナスに額を引き上げなければならない。

このようにマルチタスク組織にはデメリットもあるが，実はこのデメリットは最初に指摘したメリットを覆すほど大きくはなく，2 人の従業員を雇って分業させるよりもマルチタスク従業員を 1 人雇う方が，雇用主にとって望まし

いことを示すことができる。マルチタスク従業員へのボーナスは (12) を等号で満たす

$$b_{12} = \frac{2}{(p+q)(p-q)} \tag{13}$$

で，ボーナスを支払う確率は p^2 なので，期待報酬額は，

$$\frac{2p^2}{(p+q)(p-q)}$$

となる。分業組織で 2 人に支払われる期待報酬額は，

$$\frac{2p}{p-q}$$

である。比較すると，前者の期待報酬額の方が低い（よってレントが低い）ことがわかる。読者は自分で手を動かして確認してほしい。

　マルチタスク組織の方が望ましい直観的理由は次のとおりである。分業組織では，チーム業績契約の場合には，それぞれの従業員にボーナス (10) を支払うことによって，単独で怠けないように導いている。一方，マルチタスク組織では，ボーナス (13) によって，両方の業務で怠けないように導く。これらのボーナスを比較すると，相違は分母にある[6]。分業組織で各従業員が単独で怠けると，価値 12 が生み出される確率は p^2 から pq に低下するが，マルチタスク組織で従業員が両方の業務で怠けると，確率は p^2 から q^2 に低下する。後者の方がより大きく下がるので，より低い額のボーナスで防ぐことができるのである。

3.2　費用代替性のある業務のマルチタスク

　ここまでの分析を拡張するために，マルチタスク従業員が両方の業務で努力する場合の費用を c と記そう。これまでの分析では $c = 2$ が仮定されていたが，この項では $c > 2$ を仮定する。つまり，両方の業務で怠ける状態から一方の業務のみ努力することで被る追加費用は 1 だが，一方のみ努力する状態から両方の業務で努力することで被る追加費用は $c - 1 > 1$ に増加する。たとえば従業員の業務時間に制約があり，一方の業務で「努力する」を選ぶことで残された時間が切迫して，もう一方の業務で努力することの追加費用が上昇す

---

6)　分業組織では 2 人の従業員に支払うので，分子の相違は無視してよい。

192　第 II 部　組織の問題をどのように解決するのか?

る状況である。このような関係があるとき，2 種類の業務は**費用代替的**（cost substitutes）であるという[7]。

　まずベンチマークとして，マルチタスク従業員が両方の業務で「努力する」を選ぶことが，総純価値を最大にするファーストベストの組織の状態であることを仮定する。両方の業務で「努力する」が選ばれたときの総純価値は $2(12p) - c$，一方の業務でのみ「努力する」が選ばれたときの総純価値は $12(p + q) - 1$ なので，$2(12p) - c > 12(p + q) - 1$ より次の式 (A3) が得られる。

効率的な組織についての仮定

$$c < 12(p - q) + 1 \qquad\qquad \text{(A3)}$$

仮定 (A1) により，右辺の値は 2 より大きい。

　雇用主の目的は「マルチタスク従業員が契約に合意し，両方の業務で努力する」状態を最大期待利得で達成することと仮定する。従業員のインセンティブ両立条件は，次の 2 本の不等式で与えられる。

$$p^2 b_{12} - c \geq pq b_{12} - 1$$
$$p^2 b_{12} - c \geq q^2 b_{12}$$

これらの不等式を整理すると以下の条件が得られる。

マルチタスク組織におけるインセンティブ両立条件

$$b_{12} \geq \frac{c - 1}{p(p - q)} \qquad\qquad \text{(IC3a)}$$

$$b_{12} \geq \frac{c}{(p + q)(p - q)} \qquad\qquad \text{(IC3b)}$$

参加条件は必ず満たされるので考慮しなくてもよい。

　右辺を比較すると，$c < 1 + (p/q)$ ならば (IC3b) の右辺の方が大きく，$c > 1 + (p/q)$ ならば (IC3a) の右辺の方が大きくなることがわかる[8]。ボーナスが

---

　7)　業務内容の関連性が強く，追加費用が大幅に節約でき $c < 2$ となる場合は，2 種類の業務は**費用補完的**（cost complements）であるという。このときにはマルチタスク従業員を雇うことが $c = 2$ の場合と比べていっそう望ましくなる。

　8)　右辺の分母にある $p - q$ は共通なので，(IC3b) の右辺の方が大きくなるのは

両方の条件を満たすためには，右辺のうち大きい方の値以上でなければならないので，雇用主にとって最も好ましいボーナスは以下のようになる。

$$b_{12} = \begin{cases} \dfrac{c}{(p+q)(p-q)} & \text{if} \quad c \leq 1 + (p/q) \\[2mm] \dfrac{c-1}{p(p-q)} & \text{if} \quad c \geq 1 + (p/q) \end{cases} \tag{14}$$

マルチタスク従業員に支払われる期待報酬額は，(14) のボーナスに p^2 を乗じた値に等しい。

ここまでの分析では，雇用主の目的は「マルチタスク従業員が契約に合意し，両方の業務で努力する」状態を最大期待利得で達成することと仮定していた。雇用主が「マルチタスク従業員が契約に合意し，両方の業務で怠ける」状態を最大期待利得で達成する場合には，雇用主の期待利得が $2(12q)$ となることは明らかである。最後に，雇用主が「マルチタスク従業員が契約に合意し，一方の業務で努力しもう一方の業務で怠ける」状態を最大期待利得で達成しようとする場合を考察する。この場合も，怠ける業務の成果に対してボーナスをいっさい払わず，努力する業務に対して，インセンティブ両立条件を等号で満たすボーナスを払うことが望ましいのは明らかである。つまり，努力する業務で価値 12 を生み出したときのみボーナス $1/(p-q)$ を支払えばよい。よって従業員への期待報酬額は $p/(p-q)$ となり，雇用主の期待利得は

$$12(p+q) - \frac{p}{p-q}$$

となる。仮定 (E) より，この値は $2(12q)$ よりも大きい。

以下では，数値例 $p = 0.6$，$q = 0.2$ の場合についてのみ考察する。このとき，明らかに $p - q > 1/12$ および仮定 (E) が満たされるので，分業組織では 2 人の従業員が努力する状態を実現することが雇用主にとって望ましい。

マルチタスク従業員が両方の業務で努力する状態がファーストベストとなる条件 (A3) は $c < 5.8$ となる。よって，以下では $2 < c < 5.8$ の範囲について考察する。表6-8 は，マルチタスク従業員が両方の業務で「努力する」を選

$$\frac{c-1}{p} < \frac{c}{p+q}$$

すなわち $(p+q)(c-1) < pc$ のときで，c について整理すると $c < 1 + (p/q)$ が得られる。

194　第 II 部　組織の問題をどのように解決するのか？

表 6-8　マルチタスク従業員に両方の業務で努力させる場合（$p = 0.6$, $q = 0.2$, $2 < c < 5.8$）

	ボーナス b_{12}	期待報酬額（レント）	雇用主の期待利得
$c \leq 4$	$3.125c$	$1.125c$	$14.4 - 1.125c$
$c \geq 4$	$4.167(c-1)$	$1.5(c-1)$	$15.9 - 1.5c$

ぶ状態を，雇用主が最大期待利得で達成した場合の主な値をまとめたものである。雇用主の期待利得は，従業員の生み出す期待価値 $2 \times 12 \times p = 14.4$ から期待報酬額を差し引いた値である。

　マルチタスク従業員に一方の業務のみ「努力する」を選ばせる場合には，雇用主の期待利得は

$$12(p+q) - \frac{p}{p-q} = 8.1$$

となる。この値を表における雇用主の期待利得と比較すると，$c \leq 4$ の場合には両方の業務で努力させる方が雇用主にとって望ましいことがわかる。しかし，$c \geq 4$ の場合について比較すると，$c > 5.2$ のときには $15.9 - 1.5c < 8.1$ となる。両方の業務で努力する費用が十分に高くなると，マルチタスク従業員に一方の業務でのみ努力してもらう方が雇用主にとって望ましい。両方の業務で「努力する」が選ばれる状態が総期待価値を最大にするファーストベストの状態である（$c < 5.8$）にもかかわらず，隠された行動の状況でモラル・ハザードを防ぐためのコストがかかるために，このような結果になる。

　数値例による考察の最後に，分業組織との比較を行う。すでに $c = 2$ のケースで指摘したように，分業によってマルチタスクを回避することにはメリットもデメリットもある。ここでの数値例は条件 (E) を満たすので，分業の場合には，各従業員に期待報酬額 $p/(p-q) = 1.5 > 1$ を与えて「努力する」を選択させることが望ましい。雇用主の期待利得は

$$2(12p) - \frac{2p}{p-q} = 11.4$$

となる。表 6-8 の雇用主の期待利得と比較すると，$c < 2.67$ ならばマルチタスク組織の方が雇用主にとって好ましいが，$c > 2.67$ ならば分業組織の方が好ましくなる。

　図 6-3 は，雇用主の期待利得を，マルチタスク組織と分業組織のそれぞれについて描いている。マルチタスク組織においては，$2 < c < 5.2$ の範囲で

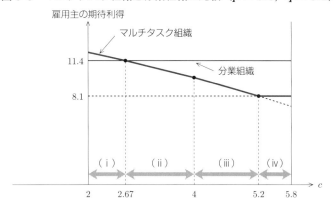

図6-3 マルチタスク組織と分業組織の比較（$p = 0.6$, $q = 0.2$）

は従業員に両方の業務で「努力する」を選ばせるので c の減少関数となるが，$5.2 < c < 5.8$ では一方の業務でのみ「努力する」を選ばせるので c に関して一定となる。分業組織における期待利得は，常に c に関して一定である。領域（ⅰ）ではマルチタスク組織の方が高い期待利得を達成するので望ましいが，（ⅱ），（ⅲ），（ⅳ）では分業組織の方が望ましくなる。

3.3 価値と業績指標の乖離1——業績操作

　これまでの分析では，雇用主のために生み出される価値と，従業員の業績指標とを同一に扱ってきた。しかし，観察可能な業績指標と，雇用主が高めたいと考えている価値とが一致していない状況も珍しくない。雇用主が高めたいと考えている価値が立証可能で，実現した価値に依存した契約を設計・強制できるならば，このような乖離自体は問題ではない。しかし，雇用主が高めたいと考えている価値は容易に観察できないか，当事者には観察できても裁判所等に対して立証可能でないことが多い。そうなると立証可能な業績指標に頼らざるをえないが，価値との乖離を考慮して慎重に使う必要がある。

　たとえばかつて米国で，プログラム・コードの行数に応じてプログラマの収入が変わる制度を導入した会社があった。その結果，会社が高めたいと考えている価値には貢献しない，不必要に長いプログラムをプログラマが書くようになってしまった。自動車修理工に業績連動報酬を導入した会社では，修理工が，問題のない車を故障と診断して修理するようになってしまった。1990年代に「成果主義」を導入したある日本企業では，はるかにドラマチックなこと

196　第 II 部　組織の問題をどのように解決するのか？

が起こった。売上目標という業績指標に直面した営業部門が，自社製品より使い勝手のいい他社のサーバーやソフトウェアを組み込んだシステムを販売するようになったというのである。

　これまで前章および本章では，従業員はひとつないしは複数の「業務」をこなし，それぞれ「努力する」か「怠ける」かを選択する，と書いてきた。以下では，より広い意味を持たせるために，従業員はひとつないしは複数の「活動」をそれぞれ「行う」か「控える」かを選択する，と書くことにする。従業員が分業して，選択の対象が1種類の活動を「行う」か「控える」かや，生産する数量のみであれば，生み出される価値と業績指標の乖離はそれほど複雑な問題ではない。たとえば期待価値も期待業績指標も，従業員が活動を「行う」もしくはより多く生産するほど高まるのであれば，業績指標が高いほど報いる契約によって，総期待価値を高めることができる。逆に従業員が活動を「行う」ほど期待業績指標は高まるが期待価値が低くなるのであれば，業績指標が低いほど報いる契約にすればよい。

　複数の業務をこなすマルチタスク従業員の場合には，問題はより複雑になる。従業員が2種類の活動それぞれについて「行う」か「控える」かの選択に直面するマルチタスク組織を考えよう。生み出される価値は 12 または 0 だが，この価値に依存した契約を設計することはできない。一方，契約に用いることができる業績指標があって，Good または Bad のいずれかの指標が得られるとする。生み出される価値と業績指標は，2種類の活動と不確定要因に依存しており，その関係は表 6-9 にまとめられている。表の (a) の各マスの数値は，価値 12 が生み出される確率を示す（各マスの値を1から引いた確率で価値は 0 となる）。同様に，表の (b) の各マスの値は業績指標が Good である確率である（1から各値を引いた確率で Bad となる）。従業員が被る費用は，両方の活動を控えるならば 0，一方の活動のみを行うならば 1，両方の活動を行う場合

表 6-9　活動水準と生み出される価値・業績指標との関係

		活動 2	
		控える	行う
活動 1 行う		0.3	0.6
活動 1 控える		0.3	0.6

(a) 価値が 12 の確率

		活動 2	
		控える	行う
活動 1 行う		0.5	0.8
活動 1 控える		0.4	0.5

(b) 業績指標が Good の確率

第6章　組織設計とプリンシパル゠エージェント関係2　　197

は2であるとする。つまり，費用代替性はない（第3.1項の$c = 2$に対応する）。

　表6-9（a）から明らかなように，生み出される価値に貢献しているのは活動2のみである。一方表6-9（b）より，業績指標は両方の活動に依存している。たとえば，何ら価値を生み出さないが業績指標を高めることにのみ貢献する活動1は，業績指標を操作する活動と解釈することができる。業績指標がGoodならば十分高いボーナスを支払う契約によって，従業員に活動2を行わせることは可能である。従業員に2種類の活動を行わせるためには，業績指標がGoodのときにボーナス$b = 5$を支払えばよい。しかし，そのような業績連動報酬のもとでは，従業員は業績指標を操作する活動1も行ってしまう。両方の活動を行う従業員の期待利得は$0.8 \times 5 - 2 = 2$となるが，一方の活動を控えると$0.5 \times 5 - 1 = 1.5$，両方の活動を控えると$0.4 \times 5 = 2$となり，逸脱しても期待利得は増加しない。したがって，業績指標がGoodのときにボーナス$b = 5$を支払うと従業員は両方の活動に従事し，雇用主の期待利得は$0.6 \times 12 - 0.8 \times 5 = 3.2$となる。

　従業員に両方の活動を控えさせる場合には固定給0を提示すればよいので，雇用主の期待利得は$0.3 \times 12 = 3.6$となり，業績連動報酬を提示する場合よりも高い期待利得を達成することができる[9]。つまり，業績連動報酬は業績操作を引き起こすので，ここでの数値例では，業績連動をあきらめて固定給を提示し，従業員がどちらの活動も控える状態が雇用主にとって最も好ましくなる。

3.4　価値と業績指標の乖離2——均等報酬原理

　表6-9では，業績操作活動のように価値を生み出さない（もしくは価値を破壊する）活動によるマルチタスク問題を紹介した。本項では，価値を生み出す活動が2種類あるマルチタスク（たとえば生産量を増加させる活動と品質を維持・向上する活動）で，価値を生み出すためには2種類の活動の一方に偏るのではなく両方の活動を適度なバランスで行うことが大切な状況を考察する。このような状況では，それぞれの活動を引き出すボーナス等の報酬その他のインセンティブも，適度なバランスで与えなければならない。この主張は**均等報酬原理**

---

9)　一方の活動のみ行わせることは不可能である。なぜならば，一方の活動のみ行う方が両方の活動を行うことより従業員にとって望ましいためには，ボーナスは$0.5b - 1 > 0.8b - 2$，すなわち$b < 10/3$を満たさなければならないが，そのようなボーナスの水準では，従業員は両方の活動を控えることを好むからである。

198 第 II 部 組織の問題をどのように解決するのか？

(equal compensation principle) とよばれる。

　たとえば，活動 1 と活動 2 に従事するマルチタスク従業員が，労働時間を 2 種類の活動に分配する状況を考えてみよう。つまり，従業員の努力は各活動に投入される時間で，活動 i に費やす時間を t_i と書き，従業員の努力費用は総労働時間 $t_1 + t_2$ のみに依存すると仮定する。ただし，総労働時間を 1 未満にすることはできない。たとえば，雇用主は総労働時間が 1 未満か 1 以上かを観察かつ立証することができ，1 未満の従業員は解雇されるため，従業員は少なくとも 1 以上の総労働時間を選択せざるをえない状況である。または，前章の最後で紹介した内発的動機づけの観点から，従業員は報酬等の外発的動機づけがなくても少なくとも 1 の総労働時間を自発的に選択する，と想定してもよい。もちろん従業員は，十分なボーナスが支払われるならば 1 を超える総労働時間を選択するかもしれない。

　生み出される価値はこれまで同様 12 か 0 で，従業員が活動 1 に t_1，活動 2 に t_2 の時間を費やすと，確率 $t_1 t_2$（t_1 と t_2 の積）で価値 12，確率 $1 - t_1 t_2$ で価値 0 となると仮定する。確率 $t_1 t_2$ は，総労働時間 $t_1 + t_2$ が一定のときにはそれぞれの活動に労働時間を等しく分配すると最大になる（読者はこのことを確かめてみよう）。つまり，各活動に総労働時間の半分を費やすことが，「両方の活動を適度なバランスで行う」ことを意味する。また，一方の活動のみを行うと，価値 12 を生み出す確率は 0 となり，望ましくない。価値は立証可能ではないが，各活動を行う時間を不完全に測定する指標（業績指標）がある。各活動の指標は Good か Bad で，Good の確率はその活動に使われた時間に比例する。雇用主は，活動 i の指標が Good ならばボーナス b_i を支払う。

　このような状況で，もしも $b_1 > b_2$，すなわち活動 1 のボーナスが活動 2 のボーナスよりも高ければ，従業員はすべての労働時間を活動 1 に費やし，活動 2 にはいっさい時間を費やさないことを選択する。仮に従業員が活動 2 にいくらかの時間を費やしているならば，その時間を活動 1 に移せば期待報酬額が増加し，かつ努力費用は変化しないので従業員の期待利得は増加する。つまり，活動 2 にいくらかの時間を費やすことは従業員にとって好ましくないのである。$b_1 < b_2$ の場合も同様で，従業員はすべての時間を活動 2 に費やすことを選ぶ。そして，いずれの場合でも生み出される価値は 0 となってしまう。

　従業員に両方の活動を適度なバランスで行わせて正の期待価値を生み出すた

めには，雇用主はボーナスを $b_1 = b_2$ と設定しなければならない。これが均等報酬原理である。このときには，従業員は2種類の活動に等しい時間を費やすことから逸脱しても得することはない。たとえば，従業員にとって総労働時間2を選ぶことが望ましければ，この時間を2種類の活動の間にどのように配分しても，彼の期待利得は変化しない。よって，各活動に1ずつの時間を費やしてもかまわないと考えるだろう。そして，総労働時間が2であることを所与とすると，従業員が等しい時間を2種類の活動間に配分することによって，価値12が生み出される確率は最大になる。

　均等報酬原理を一方の活動を測定する業績指標が存在しない状況に適用すると，従業員が複数の活動を適度なバランスで行うことが望ましいマルチタスク組織では，業績連動報酬制度を採用しない方がよい，ということになる。たとえば活動1は生産活動で業績指標が存在するが，活動2は品質維持活動で業績指標が存在しないとしよう。しかし，生産活動と品質維持活動の両方を適度なバランスで行うことが価値を生み出すために大切である。このとき，生産量に依存した出来高給のような業績連動報酬制度では，従業員は活動1のみに時間を費やして品質維持をおろそかにしてしまう。均等報酬原理により，両方の活動に対するインセンティブを等しく与えなければならない。そのためには，活動2の業績指標を開発して生産活動と品質維持活動の両方で強力なインセンティブを与えられるようになるまでは，業績指標が存在する活動1においても業績連動を行わず，活動間でインセンティブをバランスさせることが望ましい。

　販売員の報酬を売上に連動させるかどうか，学校の教師の給与を生徒の成績という業績に連動させるかどうかという問題も同様である。短期的な売上と強く連動した報酬を支払われる販売員は，顧客と長期的に良好な関係を築くという活動をおろそかにし，給与が生徒の試験の成績と連動すると，教師は「創造力」のような試験の点数で測ることが難しい能力の開発に力を入れなくなってしまう。業績連動報酬の導入は注意深く行われなければならない。測定困難な活動の指標を開発することが難しい場合には，業績連動報酬の導入をあきらめるか，もしくはマルチタスク自体をやめて，測定可能な活動と不可能な活動とをそれぞれ別々の販売員や教師に分業させることを考えるべきである。

200　第 II 部　組織の問題をどのように解決するのか？

3.5　業績連動報酬への含意

　本節では，エージェントが複数の業務・活動に従事することで生じるマルチタスク問題を紹介し，分析を行った。前章基本編でも，業績連動報酬が選ばれない組織の状態であるからといって，雇用主が誤った設計を行っているとは限らないことを指摘した。マルチタスク問題は，雇用主の最善の選択の結果として，業績連動報酬が選ばれない新たな理由を明らかにしてくれる。分析例が示唆するように，「成果主義」がうまく機能しない事例から，ただちにこの制度が「悪」と結論づけることは誤りである。それらがうまく機能しない理由（たとえばマルチタスク問題）を理解し，その問題に対処することによって，業績連動報酬がうまく機能するように改めることが必要なのである。

4　2 階層組織を超えて

　本章では，プリンシパル゠エージェント関係の前章の分析を，まずプリンシパルと複数（2 名の）エージェントとの関係に拡張した。ただし，2 階層の関係，すなわちプリンシパル（雇用主）と各エージェント（従業員）の関係に分析は限定されている。同じ 2 名のエージェントでも，雇用主と従業員 1（上司），および従業員 1（上司）と従業員 2（部下）のような 3 階層の関係は考察されていない。

　3 階層もしくはそれ以上の階層を持つ組織の分析は本書の範囲を超えるが，たとえば，上司による部下への主観的な査定に基づいて給与が支払われる状況を考えてみよう。この状況を 3 階層プリンシパル゠エージェント関係として分析することによって，部下の報酬を主観的な査定に連動させることの問題点が明らかになる。第 1 に，自分の評価をよい方向に歪めてもらおうと上司に働きかけるインセンティブを持つようになる。このような活動は第 1 章で解説したインフルエンス活動の例である。インフルエンス活動によって，組織にはさまざまな問題が生じる。インフルエンス活動によって評価が歪められてしまう問題，部下がインフルエンス活動に時間を割くことで仕事の時間が失われる問題，そして，インフルエンス活動に対処するために給与を査定に連動する程度を弱めることで努力インセンティブが弱まってしまう問題である。詳しくは第 1 章を参照されたい。

第6章 組織設計とプリンシパル゠エージェント関係2 **201**

　第2に，主観的な査定に連動する給与は，上司が部下に働きかけるインセンティブも生み出す。たとえば上司は，部下の査定を部下に都合のいい方向に歪める代わりに，部下から何らかの対価を得ようとするかもしれない。このような上司と部下の癒着も，組織全体のパフォーマンスの足かせとなる。最初の問題と同様に，部下の給与が査定に連動する程度を弱めて癒着を防ぐことが，雇用主にとって望ましくなる。

● まとめ

□ プリンシパルである雇用主が2人のエージェント（従業員）と業績連動報酬契約を結ぶ場合には，それぞれ個別に提示する相互独立契約，2人のチームの生み出す総価値に基づく業績連動を行うチーム業績契約，相対的な業績に基づく相対業績契約などの選択肢が，新たに生まれる。

□ 従業員の業績の間に正の相関関係がある場合には，相対業績契約が他の契約よりも好ましくなるが，相対業績契約はエージェント間を競争的な関係にする側面があることに注意すべきである。

□ 従業員の努力が他の従業員に正の外部効果をもたらす場合には，チーム業績契約が他の契約よりも好ましくなる。

□ チーム全体の成果を個々の従業員の成果に分解できないチーム生産の状況で，チームの成果を従業員間に過不足なく分配する場合には，ファーストベストの組織の状態を実現することはできない。この問題は，残余利益請求者の導入によって解決できる。

□ 従業員が複数の活動・業務に従事する場合には，マルチタスク問題が生じる。測定が困難だが重要な活動・業務がある場合には，測定が容易な業績指標が利用可能な他の活動・業務があっても，すべての活動・業務に対するインセンティブを弱い水準でバランスさせた方がよい場合もある（均等報酬原理）。

● 文献ノート

　第3節の業績操作の箇所で紹介した日本企業の事例は，城繁幸（2004）『内側から見た富士通「成果主義」の崩壊』光文社に基づく。メインバンクの機能については，青木昌彦・H. パトリック・P. シェアード（2005）「関係の束としてのメインバンク・システム」伊丹敬之・藤本隆宏・岡崎哲二・伊藤秀史・沼上幹編『リーディングス日本の企業システム 第II期第2巻 企業とガバナンス』有斐閣，第5章，を参照されたい。

　以下，複数エージェント，チーム生産，マルチタスク問題を解説する契約理論の参考

文献を，読みやすいと思われる順番で紹介する。

1. Roberts, J. (2004) *The Modern Firm: Organizational Design for Performance and Growth*, Oxford University Press. （谷口和弘訳『現代企業の組織デザイン』NTT 出版，2005 年）

    数式はいっさい登場しないビジネス書だが，プリンシパル＝エージェント関係をはじめとして，本章で紹介した概念のほとんどを，豊富な事例を紹介しながら説明する。第 3 節で紹介した業績操作の事例も，本書からとられている。

2. 鈴木豊（2016）『完全理解 ゲーム理論・契約理論』勁草書房

    第 9 章で，チーム生産でファーストベストの組織の状態を達成できないことを解説している。

3. 神戸伸輔（2004）『入門 ゲーム理論と情報の経済学』日本評論社

    第 14 章でマルチタスク問題を解説している。

4. 中林真幸・石黒真吾編（2010）『比較制度分析・入門』有斐閣

    第 5 章第 3.8 項でマルチタスク問題，第 3.9 項で相対業績契約を解説している。

5. Milgrom, P. and J. Roberts（1992）*Economics, Organization and Management*, Prentice Hall. （奥野正寛・伊藤秀史・今井晴雄・西村理・八木甫訳『組織の経済学』NTT 出版，1997 年）

    均等報酬原理という用語は本書第 7 章に基づいている。

6. Bolton, P. and M. Dewatripont（2005）*Contracat Theory*, MIT Press.

    第 6 章第 2 節でマルチタスク問題，第 8 章で複数エージェントとチーム生産を詳しく解説している。

7. 伊藤秀史（2003）『契約の経済理論』有斐閣

    第 5 章第 4 節でマルチタスク問題，第 6 章で複数エージェントとチーム生産を詳しく解説している。

第7章 長期的関係

1 将来を見据えた取引

　これまでの章では1回限りの関係について考えてきた。第2章では，チーム生産を分析し，パレート効率的な組織の状態は支配戦略均衡として実現可能ではないことを確認した。また，第4章ではトラスト・ゲームについて分析し，パレート効率的な結果を部分ゲーム完全均衡として実現できないことを明らかにした。

　現実における取引関係は1回限りのものだけでなく，多期間にわたるものも多い。たとえば，日本の自動車製造業における代表的な企業であるトヨタ自動車のジャストインタイム・システムは下請会社との継続的な取引関係によって支えられている。また，企業内における雇用関係も一定期間の関係を想定したもとで成り立っている。企業間や企業内のさまざまな関係において，継続的な取引が行われている。

　この章では，このような継続的な取引をゲーム理論的に考察する。将来も関係が続くであろうと予想する主体たちは，他の主体たちの将来の行動を予想しながら各状況において最適な意思決定をする。つまり，**長期的関係**（long-term relationship）を想定した戦略（行動計画）を立てることになる。よって，個々の状況においては短期的には利益をもたらすわけではないが，長期的な観点からは最適となるような戦略もある。

　現実では，短期的な観点からは最適ではないと思われるような行動が選択されるという現象は多く観察されている。たとえば，1回限りの関係では，組織のあるメンバーが他の同僚の仕事の手助けをすることはそのメンバー個人の観

204 第 II 部 組織の問題をどのように解決するのか？

点からは得にはならない[1]。しかし，お互いに助け合うというような現象はよく観察されている。

メンバーたちは長期的関係にあるものと認識しているため，今日相手を助ければ，将来は相手が助けてくれるであろうと期待し，お互いに助け合うことが得になっているのである。このように，1回限りの関係においてはお互いに助け合うという協調的状態を実現することは不可能であるが，長期的関係においては実現可能となることがある。

長期的関係において，組織のメンバー間に協調的な関係がどのようにして維持されるのかを明らかにすることが本章の目的である。取引関係が継続する確率が高いほど，協調的な状態を維持しやすいことが明らかとなる。

本章の構成を説明しておこう。本章は次章「関係的契約」のための分析方法を解説するという位置づけでもあり，若干，ゲーム理論的概念の解説が多くなっている。第2節では繰り返しゲームの定義を与える。本章の大部分は第2章で紹介したチーム生産を用いて議論が進められる。第3節では最終期のある長期的関係を有限回繰り返しゲームとして定式化し，チーム生産においてパレート効率性は達成可能ではないことを明らかにする。第4節では最終期のない長期的関係を無限回繰り返しゲームとして定式化する。そして，第5節で等分配スケジュールのチーム生産においてはパレート効率性を部分ゲーム完全均衡として達成可能であるが，業績連動分配スケジュールのチーム生産においては達成可能ではないことを明らかにする。

第6節では第4章で紹介したトラスト・ゲームを用いて長期的関係においては信頼の維持が可能となることを明らかにする。トラスト・ゲームは次章「関係的契約」での分析のための基本モデルとなっている。残りの節ではそこまでの分析についていくつかの付言を行う。

2　繰り返しゲームとは

この章で考察する長期的関係は同じゲームが毎回プレーされるような状況である。たとえば，囚人のジレンマ・ゲームが毎回プレーされるような状況やト

---

1)　組織における助け合いの問題は，組織の経済学では**ヘルプ**の問題とよばれている。同僚を手助けすることが直接的には自分の業績に反映されないような状況は囚人のジレンマと同じゲームの構造となる。

第 7 章　長期的関係　　205

表 7-1　段階ゲーム（囚人のジレンマ・ゲーム，表 2-7 再掲）

容疑者 2

		黙秘	自白
容疑者 1	黙秘	$-1, -1$	$-5, 0$
	自白	$0, -5$	$-3, -3$

ラスト・ゲームが毎回プレーされるような状況を考える。同じゲームが毎回繰り返される戦略的状況のことを**繰り返しゲーム**（repeated game）という[2]。

　繰り返されるゲームのことは**段階ゲーム**（stage game）といい，繰り返しゲームを構成する要素であると考える（表 7-1）。よって，囚人のジレンマ・ゲームが繰り返しプレーされる繰り返しゲームの場合，囚人のジレンマ・ゲームは繰り返しゲームを構成する一部であると考えることになる。そして，段階ゲームが繰り返されることによってできるゲーム全体のことを繰り返しゲームとよぶのである。

　繰り返し回数が有限回である，つまり，最終期があらかじめ決まっている繰り返しゲームを**有限回繰り返しゲーム**（finitely repeated game）という。また，繰り返し回数が無限回である，つまり，最終期がない繰り返しゲームのことを**無限回繰り返しゲーム**（infinitely repeated game）という。

　繰り返しゲームは次のようにプレーされる。第 1 期，第 2 期，... の各期にプレーヤーたちは段階ゲームをプレーする。第 1 期に各プレーヤーは段階ゲームの行動を選択する。第 2 期の期初には各プレーヤーは第 1 期に実現した行動の組を観察する。そして，各プレーヤーは第 2 期の段階ゲームの行動を選択する。同様にして，第 t (≥ 2) 期の期初には，直前の期まで，つまり，第 1 期から第 $t-1$ 期までの各期に実現した行動の組を知っている。そして，各プレーヤーは第 t 期の段階ゲームの行動を選択する[3]。有限回繰り返しゲームの場合，最終期まで来ると繰り返しゲームは終了する。無限回繰り返しゲーム

---

2)　時間を通じてゲームが変化するようなゲームは動学ゲーム（dynamic game）とよばれ，繰り返しゲームとは区別される。たとえば，時間を通じて，繰り返されるゲームの利得構造が変わるようなゲームは動学ゲームに属する。

3)　各期に行動を選択する前にプレーヤーたちが相談をすることを考慮した繰り返しゲームを分析することはできるが，ここではふれないことにする。ゲーム理論では，プレーヤーたちが相談する，つまり，メッセージを交換することをコミュニケーションという。コミュニケーションに関する分析については第 9 章を参照されたい。

の場合，これを無限に繰り返していくことになる。

このように各期の期初に直前の期までにプレーヤーたちが選択したお互いの行動が完全に観察できるような繰り返しゲームを**完全観測**（perfect monitoring）の繰り返しゲームという。繰り返しゲームの分析において，プレーヤーたちが過去の行動をどれくらい正確に知っているかは分析に大きな影響を与える。完全観測はベンチマークとなる状況である。この章では主に完全観測の繰り返しゲームについて解説する。完全観測ではない場合，つまり，不完全観測の場合，どのようなこと起こるのかは第8節で簡単に解説する。

以下では，まず，有限回繰り返しゲームを解説することから始める。そして，長期的関係を無限回繰り返しゲームとして定式化し，長期的関係を考慮した組織設計について解説する。

3　有限回繰り返しゲーム

有限期間の取引関係の例として，アニメや映画の製作があげられる。たとえば，映画作品を製作する場合，複数の会社が協力してひとつの作品を完成させることになる。映画の公開日はあらかじめ決められている。この映画を完成させるために，映画会社をはじめ，制作プロダクション，広告代理店，商社など複数の会社が携わることとなる。これらの会社は出資して，映画製作の費用を負担する。そして，出資の割合に応じて，作品公開によって得られる収益を分配する。このような製作方式は「製作委員会方式」とよばれており，アニメや映画業界では広く知られた製作方式である。

製作委員会方式はチーム生産であると解釈することができる。出資割合に応じて収益を分配する方法はチーム生産における分配スケジュールそのものである。また，製作委員会の各メンバー企業が行う作業は作品の公開日が近づくにつれて変わるかもしれないが，毎期，他のメンバー企業に協力的な行動を選択するか，自社の都合を優先するような非協力的な行動を選択するかのいずれかを選択することができるものと解釈すれば，作品製作期間中は，各メンバー企業は毎期同じ段階ゲームをプレーするものと解釈することができる。

以下では，第2章で考察したチーム生産を段階ゲームとする有限回繰り返しゲームについて解説する。第3.1項から第3.4項までは等分配スケジュールのチーム生産を用いて有限回繰り返しゲームを解説し，第3.5項では業績連動

第7章　長期的関係　　207

表7-2　等分配スケジュールのチーム生産（表2-1再掲）

		メンバー2	
		努力する	怠ける
メンバー1	努力する	2, 2	0, 3
	怠ける	3, 0	1, 1

分配スケジュールのチーム生産についても考慮する。

3.1　段階ゲーム

　もう一度，チーム生産を説明しておく。メンバー1とメンバー2の2人の
プレーヤーがいるものとし，各メンバーは「努力する」か「怠ける」のいずれ
かを選択することができる。両方のメンバーが努力した場合には10の収益が
実現し，1人のメンバーのみが努力した場合には6の収益が実現し，両方のメ
ンバーが怠けた場合には2の収益が実現する。等分配スケジュールを採用す
るものとし，収益を各メンバーで等分するものとする。メンバーは努力した場
合には3の費用が発生し，怠けた場合には費用は発生しないものとする。各
メンバーの利得は受け取った収益と費用の差で表されるものとする。すると，
段階ゲームは表7-2のゲーム・マトリックスで表される[4]。

　分配スケジュールは繰り返しゲームが始まる前に決められているものとする
と，上のゲーム・マトリックスを段階ゲームとする繰り返しゲームがプレーさ
れることになる。

3.2　有限回繰り返しゲームにおける部分ゲーム，戦略，利得

　有限回繰り返しゲームにおける部分ゲームと戦略，利得について解説する。
有限回繰り返しゲームは時間的流れのあるゲームであるので，第4章で紹介
された展開形ゲームとして表すことができる。第4章では完全情報の展開形
ゲームについて部分ゲームを定義したが，有限回繰り返しゲームについても同
様に部分ゲームを定義することができる。

　第1期に実現可能な行動の組は4つある。第1期に実現した行動の組のこ
とを**第1期のプレーの結果**とよぶことにする。第2期の期初には第1期のプレ

---

4)　チーム生産のゲーム・マトリックスの導出については第2章第2節を参照されたい。

208 第 II 部　組織の問題をどのように解決するのか？

ーの結果は共通認識となる。第 2 期以降に繰り返されるゲーム全体のことを**第2 期からの部分ゲーム**という。実現可能な第 1 期のプレーの結果は 4 つあるので第 2 期からの部分ゲームは 4 つあることになる。

2 回繰り返しゲームについては全部で 5 つの部分ゲームがある[5]。第 1 期から始まる部分ゲームがひとつと第 2 期から始まる部分ゲームが 4 つある。第 1 期から始まる部分ゲームはゲーム全体そのものを指す。

展開形ゲームにおけるメンバーの戦略とは，当該メンバーが担当するそれぞれの情報集合に対して，つまり，自分が行動選択を行うすべての局面に対して，行動を指定するものである。繰り返しゲームにおいてはメンバーの各期の情報集合は直前の期までのプレーの結果と同一視することができる。繰り返しゲームの戦略は繰り返しゲームが始まる前に決定される。よって，2 回繰り返しゲームにおける戦略は，第 1 期に選択する行動，そして，第 1 期のプレーの結果に応じて第 2 期に選択する行動を指定したものということになる[6]。

有限回繰り返しゲームの利得は第 1 期から最終期までに実現した各期の利得の和として定義することにする[7]。

3.3　有限回繰り返しゲームの部分ゲーム完全均衡

第 4 章では完全情報展開形ゲームについて部分ゲーム完全均衡を定義したが，有限回繰り返しゲームについてもまったく同様に部分ゲーム完全均衡を定義することができる。

有限回繰り返しゲームの部分ゲーム完全均衡：ある戦略の組が与えられているとき，次の条件を満たすならばその戦略の組は**部分ゲーム完全均衡**であるという。つまり，各プレーヤーは他のプレーヤーがその戦略に従うものと予想しているときに，その自分の戦略に従うことがどの部分ゲームにおいても最適となっていることである。

---

5)　部分ゲームの定義については第 4 章の付録を参照されたい。

6)　メンバーはそれぞれの情報集合において，「努力する」または「怠ける」を選択することができるので，選択可能な繰り返しゲームの戦略は 32（＝2^5）種類ある。

7)　第 4 節の無限回繰り返しゲームの分析では繰り返しゲームの利得を各期の利得を単純に足し合わせたものとして定義するのではなく，各期の割引利得の和として定義するが，有限回繰り返しゲームについても繰り返しゲームの利得を各期の割引利得の和として定義したとしても，以下の分析結果は変わらない。

等分配スケジュールのチーム生産を段階ゲームとする2回繰り返しゲームの部分ゲーム完全均衡をバックワード・インダクションによって導出してみよう。

　まず，第2期から始まる部分ゲームを考える。第1期のプレーの結果がどのようなものであったとしても，第2期の部分ゲームは等分配スケジュールのチーム生産が1回プレーされることと同じである。この部分ゲームは囚人のジレンマ・ゲームと同じ構造を持っている。囚人のジレンマ・ゲームは支配可解であることは第2章で確認した。よって，他のメンバーの戦略がどのようなものであったとしても，第2期におけるメンバーの最適な行動は「怠ける」をプレーするもののみである。つまり，部分ゲーム完全均衡における各メンバーの戦略はどの第2期の部分ゲームにおいても「怠ける」を指定することになる。

　次に，第1期から始まる部分ゲームを考える。上の段落での説明により，各メンバーは第1期のプレーの結果がどのようなものであれ，第2期には各メンバーは「怠ける」を選択するであろうと予想することになる。つまり，第1期に各メンバーが選択した行動は，第2期にプレーヤーたちが選択する行動に影響を与えないであろうと予想するのである。したがって，第1期のメンバーたちはあたかも1回限りの等分配スケジュールのチーム生産（囚人のジレンマ・ゲームと同じ構造のゲーム）に直面していることと同じである。各メンバーは第1期に「怠ける」を選択することが最適である。

　以上により，部分ゲーム完全均衡は各メンバーが「第1期に『怠ける』を選択し，第1期のプレーの結果に関係なく第2期に『怠ける』を選択する」という戦略の組のみであることが明らかとなった。部分ゲーム完全均衡において実現するプレーの結果は毎期に各メンバーが「怠ける」を選択するというものであり，パレート効率性は実現されない[8]。

3.4　T回繰り返しゲームの部分ゲーム完全均衡

　上の分析は繰り返し回数が2回のみであり，繰り返し回数が少ないために各期に努力しないという結果が得られたようにみえる。繰り返し回数が多けれ

8）　この部分ゲーム完全均衡のプレーの結果は，第1期も第2期も両方のメンバーが努力するという結果にパレート支配されている。

ば，繰り返しゲームの最初の方では，各メンバーが努力するような部分ゲーム
完全均衡が存在するのではないかと推測する読者もいるであろう。たとえば，
お互いが努力していたのであれば，以降も努力を続け，いずれか一方が怠けた
場合，それ以降，怠けるというような戦略は均衡の候補として考えられそうで
ある。

　しかし，繰り返し回数がどんなに多いとしても有限回である限り，繰り返し
回数がどのようなものであったとしても，段階ゲームが囚人のジレンマ・ゲーム
と同じ構造を持つゲームにおいてはパレート効率性を達成することはできな
い。部分ゲーム完全均衡は各メンバーが次の戦略に従うものに限られる。

> **均衡戦略**：どのような期においても，その直前の期までのプレーの結果がどの
> ようなものであったとしても「怠ける」を選択する。

　この主張を確認してみよう。表7-2を段階ゲームとする T (≥ 2) 回繰り返
しゲームを考えよう。ここでは，囚人のジレンマ・ゲームと同じ構造を持つ段
階ゲームについて解説するため，表7-2を等分配スケジュールにおけるチー
ム生産とよぶよりは，囚人のジレンマ・ゲームとよぶことにする。バックワー
ド・インダクションを使って T 回繰り返し囚人のジレンマ・ゲームの部分ゲー
ム完全均衡を導出する。

　まず，最終期である第 T 期から始まる部分ゲームを考える。この部分ゲー
ムは1回繰り返し囚人のジレンマ・ゲームであるので，この部分ゲームにお
いて各プレーヤーは唯一の最適反応を持つ。それは各メンバーが「怠ける」を
選択するというものである。よって，戦略の組が部分ゲーム完全均衡ならば，
第 $T-1$ 期までのプレーの結果がどのようなものであったとしても，第 T 期
において，各メンバーは「怠ける」が指定されることになる。

　次に，第 $T-1$ 期から始まる部分ゲームを考えよう。これは第 $T-1$ 期と第
T 期からなる2回繰り返し囚人のジレンマ・ゲームと同じものであるとみな
すことができる。前項で2回繰り返しゲームの部分ゲーム完全均衡を導出し
た。同様の手順によって，各メンバーが「第 $T-1$ 期に『怠ける』を選択し，
第 $T-1$ 期のプレーの結果に関係なく第 T 期に『怠ける』を選択する」よう
な戦略の組のみが部分ゲーム完全均衡を構成することになる。もう少し詳しく
説明するために用語を導入する。

　第 $T-1$ 期から始まる部分ゲームにおける戦略は T 回繰り返しゲーム全体

の戦略の一部を構成することになる[9]。戦略全体と区別するために，第 $T-1$ 期から始まる部分ゲームの戦略のことを単に**第 $T-1$ 期からの続き戦略**とよぶことにする[10]。同様にして，$1 \leq k \leq T$ であるような任意の k について，第 k 期からの続き戦略を定義することができる。

> **続き戦略**：**第 k 期からの続き戦略**とは，その期を含めて，その期以降に自分が行動選択を行うすべての局面について，そこでどの行動を選択するのかを指定するもののことである。

　繰り返しになるが，第 k 期の続き戦略とは第 k 期から始まる部分ゲームの戦略のことである。第 T 期からの選択可能な続き戦略は段階ゲームにおける選択可能な戦略と同じものになる。また，第 1 期からの続き戦略は繰り返しゲームの戦略のことである。

　部分ゲーム完全均衡の定義を，続き戦略の概念を使って言い換えておこう。

> **有限回繰り返しゲームの部分ゲーム完全均衡**：ある戦略の組が与えられているものとする。次の条件を満たすとき，その戦略の組は**部分ゲーム完全均衡**であるという。つまり，どのような部分ゲームにおいても，各プレーヤーは，自分以外のプレーヤーが当初の戦略が指定する続き戦略に従うものと想定した場合，自分も当初の戦略が指定する続き戦略に従うことが最適となっていることである。

　上で導出した第 T 期と第 $T-1$ 期の続き戦略をまとめると次のようになる。第 T 期からの続き戦略は「第 $T-1$ 期までのプレーの結果がどのようなものであれ『怠ける』を指定する」ものである。第 $T-1$ 期からの続き戦略は「第 $T-1$ 期には『怠ける』を選択し，第 T 期には第 $T-1$ 期までのプレーの結果がどのようなものであれ『怠ける』を指定する」ものである。相手の続き戦略を所与としたときに，自分も指定されるこれらの続き戦略に従うことが最適となっていることは明らかである。

　第 $k(\leq T-2)$ 期の期初におけるどのような部分ゲームについても，2 回繰

---

9)　第 $T-1$ 期から始まる部分ゲームは 4^{T-2} 個ある。

10)　ここで「単に」といっているのは，正確には「第 $T-2$ 期までのプレーの結果が与えられたときの第 $T-1$ 期からの続き戦略」と定義したいところであるが，長くなるので短い表現にしている。同じ第 $T-1$ 期であったとしても，直前の期までのプレーの結果が異なれば，続き戦略は別々のものとして考えなければならない。

212 第II部 組織の問題をどのように解決するのか？

り返しゲームと同様にして，各メンバーは第 k 期のプレーの結果は第 $k+1$ 期以降の相手メンバーが選択する行動に影響を与えず，相手メンバーは常に「怠ける」を選択するものと考えるので，第 $k-1$ 期までのプレーの結果がどのようなものであったとしても「第 k 期には『怠ける』を選択し，第 $k+1$ 期以降もどの期においても『怠ける』を指定する」ことが最適となる。第1期についても同様に考えることができる。

以上により，T 回繰り返し囚人のジレンマ・ゲームの部分ゲーム完全均衡は，各メンバーがどのような期においても「怠ける」を指定するという戦略のみであることが結論づけられる。

3.5 自明な部分ゲーム完全均衡

以上の議論は段階ゲームが囚人のジレンマ・ゲームと同じ構造をしている場合のみでなく，段階ゲームが唯一のナッシュ均衡を持つ，どのような繰り返しゲームについても成り立つ[11]。一般化すると，次のように主張することができる。

自明な部分ゲーム完全均衡：段階ゲームは唯一のナッシュ均衡を持つものとする。この有限回繰り返しゲームには部分ゲーム完全均衡はただひとつが存在し，その均衡戦略のもとでは，各プレーヤーは任意の期において，段階ゲームのナッシュ均衡に対応する行動を選択する。

証明は前項とまったく同様である。最終期には必ず段階ゲームのナッシュ均衡に対応する行動が選択されることから始め，バックワード・インダクションによって示すことができる。

1回限りのチーム生産においては，業績連動分配スケジュールを採用するこ

---

11) 段階ゲームに複数のナッシュ均衡が存在する場合には，さまざまな部分ゲーム完全均衡が存在する。第3章で紹介したコーディネーション・ゲームには，複数のナッシュ均衡が存在した。コーディネーション・ゲームを段階ゲームとする有限回繰り返しゲームの場合，奇数期には段階ゲームの複数あるナッシュ均衡のひとつをプレーし，偶数期にはもう一方のナッシュ均衡をプレーするというような部分ゲーム完全均衡が存在する。さらに，ゲームの最初の方では段階ゲームのナッシュ均衡ではないような行動の組が選択されるような部分ゲーム完全均衡も存在する。段階ゲームが複数のナッシュ均衡を持つような有限回繰り返しゲームの部分ゲーム完全均衡に関する議論については，文献ノートで紹介されるより上級の教科書を参照されたい。

第 7 章　長期的関係　　213

表 7-3　業績連動分配スケジュールのチーム生産（表 2-4 再掲）

		メンバー 2	
		努力する	怠ける
メンバー 1	努力する	3, 1	1.2, 1.8
	怠ける	4.2, −1.2	1, 1

とによって，セカンドベストの組織の状態を達成することができた（表 7-3）。
業績連動スケジュールが与えられたときの戦略形ゲームは支配可解であり，メ
ンバー 1 は「努力する」，メンバー 2 は「怠ける」という行動の組のみがナッ
シュ均衡であった。つまり，この戦略形ゲームを段階ゲームとする有限回繰り
返しゲームにおいては次の戦略の組のみが部分ゲーム完全均衡となる。メンバ
ー 1 は任意の期において「努力する」を選択し，メンバー 2 は任意の期にお
いて「怠ける」を選択する。

　よって，有限回繰り返しチーム生産においては 1 回限りの生産の場合と同
様に，ファーストベストの組織の状態を達成することはできず，セカンドベス
トに甘んじなければならない。チーム生産では関係が有限回で終わる限り，ど
の期についても 1 回限りの場合と比較して効率性は改善されない。

4　無限回繰り返しゲーム

　第 5 節以降では，長期的関係を無限回繰り返しゲームとして捉えて組織設
計について考える。無限に続くような関係は現実的ではないように思われるか
もしれないが，何十年にもわたる関係を分析する場合には，現実の近似として
無限回繰り返しゲームを考えることは有用である。たとえば，典型的な日本企
業における企業と従業員との雇用関係は何十年も続くものである。また，企業
間，つまり，法人間の取引については 100 年以上続いているものもある。

　前節では段階ゲームをチーム生産に特定化して有限回繰り返しゲームを分析
したが，この節では第 5 節以降の分析の準備のために段階ゲームを特定化せ
ずに，無限回繰り返しゲームを解説していくことにする。無限回繰り返しゲー
ムも時間的順序のあるゲームであるので，展開形ゲームとして考え，部分ゲー
ム完全均衡を導出することになる。

　有限回繰り返しゲームとの違いは，無限回繰り返しゲームは最終期がないた

め，バックワード・インダクションを使って部分ゲーム完全均衡を導出することができないことである。無限回繰り返しゲームにおいては，部分ゲームは無数に存在する。

無限回繰り返しゲームについても有限回繰り返しゲームと同様に，戦略は「当該プレーヤーが行動選択を行うそれぞれの局面（情報集合）について，そこで選択する行動を指定するもの」であると定義される。無限回繰り返しゲームにおいてはプレーヤーの情報集合は無数に存在するので，選択可能な戦略の数も無数に存在する。

4.1　無限回繰り返しゲームにおける利得

無限回繰り返しゲームの利得を有限回繰り返しゲームと同様にして各期の利得の単純和として定義することは，数理モデル構築の観点から適切ではない。なぜなら，毎期，2 の利得をもらい続ける場合，利得の合計は無限大であり，また，毎期，3 の利得をもらい続ける場合も利得の合計は無限大となり，利得の比較に意味がなくなってしまう。

さらに，現実の意思決定問題の表現という観点からも妥当なものとはいえない。現実の生活では将来に得られるであろう利得をそのまま現在の価値として評価したりしない。たとえば，いま，100 万円をもらい，10 年後に 20 万円をもらう場合と，いま，20 万円をもらい，10 年後に 100 万円をもらうことが無差別であると想定することは，現実的には妥当ではないと考えられる。日常生活では多くの人は前者を好むであろう。嬉しいことは早く来てほしいと思い，嫌なことは先に延ばしたいと想定する方が自然である。

ゲーム理論ではこのような選好を表す場合，割引現在価値を使って利得を表す。つまり，将来に得られる利得は現在の時点で割り引いて評価する。このような将来の利得を割り引いて評価した価値を**割引現在価値**（discounted present value）という。

例として，プレーヤー i は第 1 期に x_i の利得，第 2 期には y_i の利得を得ることが決まっているものとする。このとき，第 1 期の期初から評価した割引現在価値の和は以下のように表される。

$$x_i + \delta y_i$$

ここで，δ は将来を割り引く度合いを表しており，**割引因子**（discount factor）

とよばれる[12]。通常，無限回繰り返しゲームにおいては，割引因子は $0 <$ $\delta < 1$ を満たすものと想定される。このように，割引現在価値の和は第1期に得られる利得 x_i と第2期に得られる利得 y_i に δ が掛け合わせたものの合計として表される。

第2期の利得を割り引いて考える理由はいくつかあるが，ここではその解釈のひとつを説明しよう[13]。それは第2期の期初に $1-\delta$ の確率で繰り返しゲームが強制的に終了されると解釈するものである。つまり，δ の確率で繰り返しゲームが継続されると解釈するのである。強制的に繰り返しゲームが終了された場合には第2期にプレーヤーは行動を選択することはできず，自動的に0の利得を得るものと仮定する。このときの第1期と第2期の期待利得の合計は以下のように表される。

$$x_i + \{\delta y_i + (1 - \delta)0\} = x_i + \delta y_i$$

中かっこの中は第2期に得られる期待利得を表している。つまり，第1期からみた第2期の利得 y_i の現在価値を表している。このように，割引因子を繰り返しゲームが継続される確率として解釈すると，割引現在価値は各期の期待利得の和に等しいと考えることができる。

同様にして，3回繰り返しゲームにおいて，プレーヤー i が第1期に得る利得を x_i，第2期に得る利得を y_i，第3期に得る利得を z_i とすると，プレーヤー i の繰り返しゲームにおける利得は次のように表される。

$$x_i + \{\delta y_i + (1 - \delta)0\} + \delta \{\delta z_i + (1 - \delta)0\} = x_i + \delta y_i + \delta^2 z_i$$

左辺の第2項の中かっこの中は第1期からみた第2期の期待利得を表している。つまり，第1期からみた第2期の現在価値を表している。第3項の中かっこの中は，第2期までゲームが続いたときに第2期からみた第3期の期待利得を表している。その中かっこの前の δ は第1期から第2期にゲームが続く確率を表している。よって，第3項全体は第1期から評価した第3期の期

---

12) 記号 δ は discount の頭文字 d に対応するギリシャ文字であり，「デルタ」と発音する。割引因子の記号に δ を使う決まりはないが，多くの繰り返しゲーム研究者は好んでこの記号を使っている。

13) もうひとつの解釈は割引率を使ったものがある。それについては「Column 7-1　割引因子」を参照されたい。

216 第 II 部 組織の問題をどのように解決するのか？

Column 7-1 割引因子

　本文で解説したように割引因子は主体が将来を割り引く度合いを表している。割引因子には 2 つの解釈がある。ひとつは本文で紹介したように関係が続く確率として解釈するものである。もうひとつは金利をもとに考えるものである。

　どちらの解釈を採用するかは分析対象に応じて変わる。組織内のメンバーの関係を分析する場合には割引因子を関係の継続確率と解釈する方が適切であることが多い。雇用主と従業員の関係であれば，転職の確率は関係が終わる確率と考えられる。また，日本企業では典型的であるが，ジョブ・ローテーションのために，上司や同僚との関係は確率的に継続すると考えることもできる。

　企業間関係においては金利をもとに考える方が適切なこともある。ある企業の金融資産への投資による利回りが r であったとしよう。たとえば利回りが 10% であった場合，$r = 0.1$ となる。今期に 100 万円投資すると翌期には $100(1 + r)$ 万円の収益を受け取ることになる。r のことを**割引率**（discount rate）という。企業の割引因子 δ は次のように定義される。

$$\delta = \frac{1}{1 + r}$$

割引率を $r = 0.25$ としてみよう。このとき，翌期に 100 万円が得られる状況を考える。そして，今期からみた翌期の 100 万円の企業にとっての価値を導出してみる。それは今期から評価した翌期の 100 万円の割引現在価値とよばれる。これは

$$\frac{1}{1 + 0.25} \cdot 100 = 80$$

と表される。今期の 80 万円と翌期に得る予定の 100 万円は同じ価値であると考えるのである。

　下記の (a) 式を次のように解釈するとよい。今期に 80 万円を投資せずにすぐ何かに使ってしまい，翌期には何も得ないこと（左辺）と，今期は 80 万円を投資し，それが翌期に 100 万円になって返ってきてから何かに使うこと（右辺）は無差別なのである。

$$80 + \frac{1}{1 + 0.25} \cdot 0 = 0 + \frac{1}{1 + 0.25} \cdot 100 \tag{a}$$

　割引率は企業の投資能力を表していると解釈できるので企業ごとに割引率が異なりうる。つまり，割引因子は企業によって異なりうる。

　割引因子を関係の継続確率と考えるか割引率をもとに考えるかに応じて解釈は異なるが数式上に違いはない。

第 7 章　長期的関係　217

表 7-4　各期の利得

期	1	2	$\cdots$	t	$\cdots$
プレーヤー 1 の各期の利得	u_1^1	u_1^2	$\cdots$	u_1^t	$\cdots$
プレーヤー 2 の各期の利得	u_2^1	u_2^2	$\cdots$	u_2^t	$\cdots$

待利得を表していることになる。通常，繰り返しゲームの分析では各期にゲームが終了する確率は独立であると仮定される。

上の考え方を拡張して，無限回繰り返しゲームの利得を定義しよう。プレーヤー i が第 1 期に得る利得を u_i^1 と書き，第 2 期に得る利得を u_i^2 と書く。同様にして，プレーヤー i が第 t 期に得る利得を u_i^t と書く（表 7-4）。

無限回繰り返しゲームにおけるプレーヤー i の利得を V_i とすると以下のように定義される。

$$V_i = \sum_{t=1}^{\infty} \delta^{t-1} u_i^t = u_i^1 + \delta u_i^2 + \cdots + \delta^{t-1} u_i^t + \cdots \tag{2}$$

たとえば，プレーヤー i が毎期 x の利得を得るものとする。つまり，任意の t 期について $u_i^t = x$ であるとする。このとき，無限回繰り返しゲームの利得は以下のようになる[14]。

$$V_i = \sum_{t=1}^{\infty} \delta^{t-1} x = x + \delta x + \cdots + \delta^{t-1} x + \cdots = \frac{x}{1-\delta} \tag{3}$$

また，プレーヤー i が第 1 期に y の利得を得て，第 2 期以降の毎期 x の利得を得るものとする（表 7-5）。

このとき，無限回繰り返しゲームの利得は以下のようになる。

---

14)　任意の t について $u_i^t = x$ とすると以下が得られる。

$$V_i = x + \delta x + \cdots + \delta^{t-1} x + \cdots$$

上の式の両辺に δ を掛けると以下のようになる。

$$\delta V_i = \delta x + \delta^2 x + \cdots + \delta^t x + \cdots$$

第 1 番目の式と第 2 番目の式の両辺を引き算することによって，$(1-\delta)V_i = x$ が得られる。よって，(3) が得られる。

218 第 II 部 組織の問題をどのように解決するのか？

表 7-5 各期の利得

期	1	2	3	$\cdots$	t	$\cdots$
プレーヤー i の各期の利得	y	x	x	$\cdots$	x	$\cdots$

$$V_i = y + \delta x + \delta^2 x + \cdots + \delta^t x + \cdots = y + \delta \frac{x}{1-\delta} \tag{4}$$

第 1 期の利得（y）と第 2 期以降の割引利得の和（$\delta x/(1-\delta)$）に分解して考えることができる。

4.2 無限回繰り返しゲームにおける部分ゲーム完全均衡

　無限回繰り返しゲームの部分ゲームも有限回繰り返しゲームと同様に定義することができる。第 t 期の期初における部分ゲームとはその期から始まる無限回繰り返しゲームのことである。有限回繰り返しゲームでは最終期が決まっていたために，期を経るごとに部分ゲームとなる繰り返しゲームの繰り返し回数が減っていくことになる。一方，無限回繰り返しゲームにおいては最終期が存在しないために，どの期の部分ゲームもまったく同じ無限回繰り返しゲームとなっている。

　無限回繰り返しゲームにおける部分ゲーム完全均衡も有限回繰り返しゲームとまったく同様に定義することができる。また，続き戦略も有限回繰り返しゲームの場合と同様に定義することができる。続き戦略の定義は第 3.4 項を参照されたい。続き戦略を用いた部分ゲーム完全均衡の定義を与えることにする。

> **無限回繰り返しゲームの部分ゲーム完全均衡**：ある戦略の組が与えられているものとする。次の条件を満たすときその戦略の組は**部分ゲーム完全均衡**であるという。つまり，どのような部分ゲームにおいても，各プレーヤーは，自分以外のプレーヤーが当初の戦略が指定する続き戦略に従うものと想定した場合，自分も当初の戦略が指定する続き戦略に従うことが最適となっていることである。

　無限回繰り返しゲームにおいては最終期が存在しないのでバックワード・インダクションを使って部分ゲーム完全均衡を見つけ出すことはできない。さらに，無限回繰り返しゲームにおいてはさまざまな部分ゲーム完全均衡が存在す

第 7 章　長期的関係　　219

表 7-6　等分配スケジュールのチーム生産（表 2-1 再掲）

メンバー 2

		努力する	怠ける
メンバー 1	努力する	2, 2	0, 3
	怠ける	3, 0	1, 1

る[15]。以下の分析はある特定の戦略の組に着目して，その戦略の組がどのようなときに部分ゲーム完全均衡になるのかを明らかにする。

5　長期的関係におけるチーム生産

この節では，無限回繰り返しチーム生産における組織設計について考察し，等分配スケジュールのもとではファーストベストの組織の状態を達成することができるが，業績連動分配スケジュールのもとではファーストベストを達成できないことを明らかにする（表 7-6）。

5.1　トリガー戦略

以下の分析ではある特定の部分ゲーム完全均衡に着目する。つまり，各メンバーが**トリガー戦略**（trigger strategy）を選択するような部分ゲーム完全均衡に着目する。トリガー戦略とは図 7-1 に表されるような戦略のことである。

図 7-1 はメンバー i の戦略を表している。メンバー i の戦略は楕円で囲まれた 2 つの状態から構成される。この図のような戦略の表現方法を戦略のオートマトン表現という。状態「努力する」と状態「怠ける」から構成される。メンバー i は各期の自分の状態に応じて行動を選択する。ある期の期初の自分の状態が「努力する」である場合には，その期に「努力する」を選択する。一方，状態が「怠ける」の場合には「怠ける」を選択する。

トリガー戦略は次のようにプレーされる。まず，第 1 期の期初の状態は「努力する」である。よって，メンバー i は第 1 期に努力する。そして，第 1 期のプレーの結果が両方のメンバーが努力していた場合には，第 2 期の期初の状態は「努力する」になる。よって，第 2 期もメンバー i は努力する。第 1 期の

---

15)　「Column 7-2　フォーク定理」に関する解説を参照せよ。

プレーの結果が，自分または相手が怠けていた場合には，第2期の期初の状態は「怠ける」になる。つまり，第2期にメンバー i は怠ける。

同様にして，第1期から第2期までのプレーの結果が，両方のメンバーが第1期も第2期も努力していた場合には，第3期の期初の状態は「努力する」になり，第3期にメンバー i は努力する。第1期から第2期までのプレーの結果が，第1期または第2期に自分または相手が怠けていた場合には，第3期の期初の状態は「怠ける」になり，第3期にメンバー i は怠ける。

上の手順をより一般的に説明すると次のようになる。第1期の期初の状態は「努力する」であるとする。よって，第1期にはメンバー i は努力する。$t \geq 2$ とし，第 t 期を考える。第1期から第 $t-1$ 期までのプレーの結果が，両方のメンバーが各期に「努力する」を選択していた場合は，第 t 期の期初の状態は「努力する」になり，第 t 期には努力する。第1期から第 $t-1$ 期までのプレーの結果が，自分または相手が過去のある期に怠けるを選択していた場合には，第 t 期の期初の状態は「怠ける」になり，第 t 期は怠ける。

上記の戦略は，お互いが協調的行動（努力する）を選択し続ける限り，協調的行動を選択し，ある期に自分または相手が逸脱行動を取るとそれが引き金（trigger）となり，以降は懲罰的行動（怠ける）を選択することからトリガー戦略という名称が付けられている。

ある戦略の組が与えられたとする。ある期までのプレーの結果が実現したときに，そのプレーの結果がその戦略に従っているのであれば実現するようなものであるとき，そのプレーの結果は**経路上にある**という。そうでない場合，**経路外にある**という。

すべてのメンバーが上記のトリガー戦略を選択するとき，経路上においては各メンバーは努力することを選択し続けることになる。経路上の任意の期における期初の状態は「努力する」である。一方，経路外の任意の期の期初の状態

第 7 章 長期的関係 **221**

は「怠ける」である。以下では，各メンバーがトリガー戦略を選択することが
部分ゲーム完全均衡となるのは，どのような条件を満たす場合であるのかを確
かめてみよう。

5.2 協調均衡

まず，トリガー戦略を考える前に，等分配スケジュールのチーム生産の無限
回繰り返しゲームには自明な部分ゲーム完全均衡が存在することを明らかにし
ておく。それは，どのようなプレーの結果が実現したとしても，各プレーヤー
は段階ゲームのナッシュ均衡に対応する行動をプレーする，つまり，「怠ける」
を選択し続けるような戦略の組である[16]。

> **自明な部分ゲーム完全均衡**：等分配スケジュールのチーム生産を段階ゲームと
> する無限回繰り返しゲームを考える。任意の $0 < \delta < 1$ について，無限回
> 繰り返しゲームの利得の組 $(1/(1 - \delta), 1/(1 - \delta))$ は部分ゲーム完全均衡と
> して達成可能である。

各メンバーはどのような期においても「怠ける」を選択するような戦略を選
択するものとする。この戦略の組が部分ゲーム完全均衡となっていることを示
す。どのようなプレーの結果で到達した部分ゲームにおいても，続き戦略はど
のような期においても「怠ける」を指定することになる。この続き戦略がいか
なる部分ゲームにおいても他のプレーヤーの続き戦略に対して最適反応になっ
ていることを示せばよい。各メンバーは同じ続き戦略を選択するので，メンバ
ー 1 についてこの続き戦略を選択することが最適反応となっていることを示
す。

メンバー 2 の続き戦略を所与としたときに，メンバー 1 がこの戦略に従う
と毎期 1 の利得が得られる。一方，どのような期についても，その期に「努
力する」を選択するとその期に得られる利得は 0 となる。つまり，どのよう
な期についても「努力する」を選択することは部分ゲームの利得を改善しな

---

16) ここでは，等分配スケジュールのチーム生産を段階ゲームとする無限回繰り返しゲー
ムに着目して議論しているが，どのような戦略形ゲームを段階ゲームとする無限回繰り返
しについても，自明の部分ゲーム完全均衡は存在する。それは，各プレーヤーがどのよう
な期においても段階ゲームのナッシュ均衡に対応する行動を選択するという戦略の組であ
る。段階ゲームが複数のナッシュ均衡を持つ場合には，各期にプレーする段階ゲームのナ
ッシュ均衡をプレーの結果に依存させてもかまわない。

い。よって，メンバー 1 は常に「怠ける」という続き戦略を選択することは最適であることが示された。

上の議論はどの部分ゲームについても成り立つので，いま想定している戦略の組は部分ゲーム完全均衡であることが示されたことになる。

次に両方のメンバーがトリガー戦略を選択することが部分ゲーム完全均衡となりうることを示そう。トリガー戦略が部分ゲーム完全均衡となるためには，割引因子がある水準より高くなければならないことが明らかになる。割引因子が高いということはメンバーたちが長期的な視野でもって行動を選択する状況であると解釈することができる。このとき，協力的な状態を均衡として達成することが可能である。

> **協調均衡**：等分配スケジュールチーム生産を段階ゲームとする無限回繰り返しゲームを考える。割引因子は $\delta \geq 1/2$ を満たすものとする。このとき，無限回繰り返しゲームの利得の組 $(2/(1-\delta), 2/(1-\delta))$ を部分ゲーム完全均衡として達成可能である。

各メンバーが次のようなトリガー戦略を選択するものとする。第 1 期には「努力する」を選択する。第 t 期の期初のプレーの結果が両方のメンバーが第 1 期から第 $t-1$ 期まで「努力する」を選択し続けていた場合には第 t 期には「努力する」を選択する。第 t 期の期初のプレーの結果が，過去に自分または相手が「怠ける」を選択したことがある場合には第 t 期には「怠ける」を選択する。

各メンバーがこのトリガー戦略に従う場合，常に各メンバーは「努力する」を選択し続けることになり，毎期 2 の利得を得る。よって，各メンバーがこのトリガー戦略によって得られる無限回繰り返しゲームの利得は (3) 式の結果から $2/(1-\delta)$ となる。このトリガー戦略が部分ゲーム完全均衡であることを示す。任意の部分ゲームにおいて，各メンバーは他のプレーヤーの続き戦略を所与としたときに，トリガー戦略に従うことが最適反応となっていることを示せばよい。

まず，経路上にある任意の部分ゲームを考える。経路上にあるので，続き戦略は「その期には『努力する』を選択し，各メンバーが『努力する』を選択し続ける限り，『努力する』を選択する。過去に自分または相手が『怠ける』を選択した場合には『怠ける』を選択する」というものになっている。この続き

戦略に従った場合の部分ゲームの利得は $2/(1-\delta)$ である。一方，この期に逸脱し，「怠ける」を選択すると 3 の利得を得るが，翌期以降は「怠ける」を選択し続けることになり，毎期 1 の利得を得ることになる。よって，このときの部分ゲームの利得は (4) 式の結果より $3+\delta/(1-\delta)$ となる。以下の条件が成り立つとき，続き戦略は最適となる。

$$\frac{2}{1-\delta} \geq 3 + \delta\frac{1}{1-\delta} \tag{5}$$

上の条件は割引因子 δ が以下の条件を満たすとき成り立つ。

$$\delta \geq \frac{1}{2}$$

よって，$\delta \geq 1/2$ のとき，状態「努力する」において，続き戦略から逸脱のインセンティブはないことが示された。

　次に経路外にある任意の部分ゲームを考える。このとき続き戦略は，どのような期においても「怠ける」を選択することを指定している。各メンバーは他のメンバーがこの続き戦略に従う場合，自分もこの続き戦略に従うことが最適反応となることは自明均衡の証明ですでに示している。よって，いま想定しているトリガー戦略が部分ゲーム完全均衡であることが示された。

　上の議論より，割引因子 δ が大きいほど協力的な状態は部分ゲーム完全均衡として実現されやすいことがわかる。条件 (5) を詳しく説明しておこう。

　ある期に相手が努力するとき，自分が努力せず，逸脱して怠けるを選択することによって，一時的に利得を 2 から 3 へ 1 だけ増加させることができる。努力する場合，翌期以降もお互いに努力することになり，その期からみた翌期以降の割引利得の和は $2\delta/(1-\delta)$ である。

　一方，怠ける場合には，翌期以降はお互いに怠けることになり，その期からみた翌期以降の割引利得の和は $\delta/(1-\delta)$ となる。つまり，怠けることによって，翌期以降，$\delta/(1-\delta)$ の利得の減少をもたらすことになる。よって，以下が成り立つとき，逸脱して怠けるインセンティブはないことになる[17]。

$$2 + \delta\frac{2}{1-\delta} \geq 3 + \delta\frac{1}{1-\delta} \quad \Leftrightarrow \quad \frac{\delta}{1-\delta} \geq 1$$

---

17)　左側の不等式は (5) と同じものであり，第 1 期の利得と第 2 期以降の割引利得和を明示した表現になっている。

224　第 II 部　組織の問題をどのように解決するのか？

表 7-7　業績連動分配スケジュールのチーム生産（表 2-4 再掲）

		メンバー 2 努力する	メンバー 2 怠ける
メンバー 1	努力する	3, 1	1.2, 1.8
メンバー 1	怠ける	4.2, −1.2	1, 1

　右側の不等式の右辺は逸脱して怠けることによる当期の逸脱利益を表しており，右側の不等式の左辺は翌期以降の割引利得和の減少，つまり将来利得の減少を表している。割引因子 δ が大きいということは左辺が大きいということであり，将来利得の減少を重要視することを意味する。一時的な逸脱による利得の増加より，将来利得の減少を重く受け止めるため，近視眼的な利益を追求しないのである。

5.3　最適分配スケジュール

　最後に，等分配スケジュールと業績連動分配スケジュールを比較して，長期的関係においてはどちらのスケジュールが望ましいのかについて考察する。業績連動分配スケジュールのチーム生産のゲーム・マトリックスを再掲しておく（表 7-7）。業績連動分配スケジュールのチーム生産においては，ナッシュ均衡はただひとつ存在し，メンバー 1 は「努力する」を選択し，メンバー 2 は「怠ける」を選択するもののみである。

　等分配スケジュールのチーム生産においてはファーストベストの状態を部分ゲーム完全均衡として達成可能であることは上で示した。一方，業績連動分配スケジュールのチーム生産においてはファーストベストの状態を部分ゲーム完全均衡として達成することはできない。いかなる戦略の組を考えたとしても，ファーストベストを実現するような部分ゲーム完全均衡は存在しないことを示すことはできるが，ここでは完全な証明は省略し，次のようなトリガー戦略は部分ゲーム完全均衡とはならないことのみを確認しておく[18]。

　第 1 期に各メンバーは努力する。第 t (≥ 2) 期にはそれまでのプレーの結果が，両方のメンバーが努力していたという場合は，第 t 期に各メンバーは努力

---

18)　ファーストベストを実現できないことの証明は繰り返しゲームにおける Column 7-2 で紹介するフォーク定理とよばれている議論と関連している。興味のある読者は上級のゲーム理論の教科書を読まれることを勧める。

する。一方，過去に自分または相手が怠けたという場合には，その期以降，段階ゲームのナッシュ均衡をプレーする。

上の戦略を，より正確にそれぞれのメンバーについて記述すると次のようになる。メンバー1は第1期に努力し，以降のすべての期において過去にどのようなプレーの結果が実現したとしても努力する。

メンバー2は第1期に努力する。第 t (≥ 2) 期以降については，第 $t-1$ 期までのプレーの結果が両方のメンバーが努力していた場合には，メンバー2は第 t 期も努力する。一方，第 $t-1$ 期までのプレーの結果が，自分または相手が怠けるを選択していた期がある場合にはメンバー2は第 t 期に怠けるを選択する。つまり，一度でも怠けるを選択した場合には，その期以降は怠けるを選択し続ける。

上で定義した戦略の組は部分ゲーム完全均衡とはならないことを確認する。メンバー2について考え，メンバー2がこの戦略に従うことは最適ではないことを示せばよい。メンバー2はメンバー1は上記のトリガー戦略に従うものと想定しているものとする。メンバー2が第1期からこの戦略に従った場合の無限回繰り返しゲームの割引利得和は

$$\frac{1}{1-\delta}$$

となる。一方，メンバー2が第1期にトリガー戦略から逸脱し，怠けるを選択し，第2期以降はトリガー戦略に従い，怠けるを選択し続けるものとする。このときのメンバー2の無限回繰り返しゲームの割引利得和は

$$1.8 + \frac{1.8\delta}{1-\delta} = \frac{1.8}{1-\delta}$$

となる。メンバー2がトリガー戦略に従うことは最適ではないことが示された。よって，業績連動分配スケジュールを固定したゲームのもとでは，上記のトリガー戦略は部分ゲーム完全均衡とはならないのである。ファーストベストの状態を部分ゲーム完全均衡として達成することはできない。

1回限りのチーム生産においては，ファーストベストは実現可能ではなく，業績連動分配スケジュールを採用することでセカンドベストの組織の状態を達成できた。価値最大化原理の観点からは等分配スケジュールは業績連動スケジュールに劣るものであった。それに対し，長期的関係においては，業績連動スケジュールのもとではファーストベストを達成することはできないが，等分配

スケジュールを採用することによって，ファーストベストの組織の状態を達成することができた。長期的関係とそうでない場合で最適な分配スケジュールが異なるのである。

興味深い点は，長期的関係であればどのような分配スケジュールのもとでもパレート効率的な行動の組を均衡において実現可能というわけではないことである。長期的関係があらゆる問題を解決するわけではない。段階ゲームのナッシュ均衡ではない行動の組を繰り返しゲームの均衡として実現するためには，逸脱者に対して適切な罰を与えるという続き戦略と罰を受け入れるという続き戦略が互いに最適となっていることが必要である。

すでに示したように等分配スケジュールはそれが可能であるが，業績連動スケジュールのもとではそれは不可能となっているのである。長期的関係においては，分配スケジュールを用いた形式的（契約的）インセンティブづけとメンバー間の将来の関係による関係的（非契約的）インセンティブづけの両方を考慮して最適分配スケジュールは決定されるのである。

6 信頼の維持

第4章で考察したトラスト・ゲームを考え，信頼の維持について考察しよう。本節は次章「関係的契約」の分析のための準備でもある。

トラスト・ゲームのゲーム・ツリーを再掲しておく（図7-2）。ただし，ここでは「部下」のことを「従業員」とよび，「上司」のことを「雇用主」とよぶことにする。利得の組は左側が従業員の利得，右側が雇用主の利得を表している。トラスト・ゲームには唯一の部分ゲーム完全均衡が存在した。それは従業員は怠け，雇用主はボーナスを支払わないというものであった。

雇用主はボーナスを支払ってくれるものと従業員が信頼して従業員が努力し，雇用主が実際にボーナスを支払うことがパレート効率的な状態である。しかし，部分ゲーム完全均衡においては，雇用主はボーナスを支払わず，従業員は雇用主を信頼することはできないのである。

トラスト・ゲームを段階ゲームとする無限回繰り返しゲームを考える。この無限回繰り返しゲームには雇用主が信頼を得るような部分ゲーム完全均衡が存在する。それは前節と同様のトリガー戦略が部分ゲーム完全均衡となる。

この無限回繰り返しゲームは第1期，第2期，...と無限に繰り返される。

第 7 章　長期的関係　　227

図 7-2　トラスト・ゲーム（図 5-1 再掲）

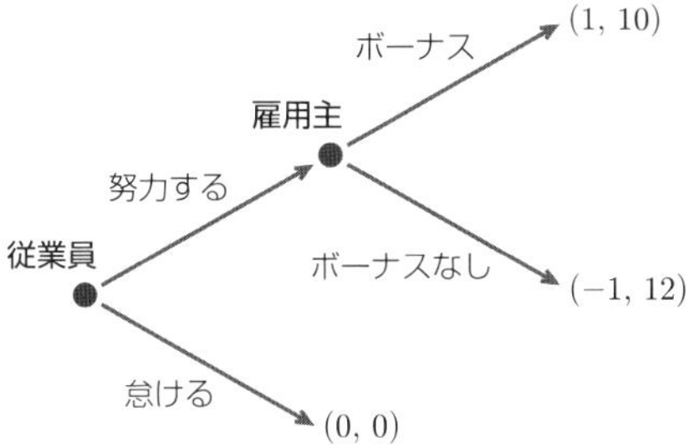

　　　　　　　　　　　　　　　　　　ボーナス　　(1, 10)
　　　　　　　　　　　雇用主
　　　　　努力する
　　　　　　　　　　　　　　　　ボーナスなし
　従業員　　　　　　　　　　　　　　　　　　(−1, 12)

　　　　　怠ける　　　　(0, 0)

第 1 期の期初は従業員が行動を選択する局面である。従業員が怠けると第 1
期は終了し，第 2 期に移る。第 1 期に従業員が努力した場合には，雇用主が
行動を選択する局面になる。雇用主が行動を選択すると第 1 期は終了し，第 2
期に移る。

　同様にして，第 t 期の期初は従業員が行動を選択する局面であり，従業員が
怠けると第 t 期は終了し，第 $t+1$ 期に移る。従業員が努力した場合には，雇
用主が行動を選択する局面になり，雇用主が行動を選択すると第 t 期は終了
し，第 $t+1$ 期に移る。

　トラスト・ゲームのトリガー戦略を定義する前に，各期の各局面について潜
在的に実現可能なプレーの結果を 2 つの状態に分類しておこう。

　状態 1：従業員は過去に常に努力し，雇用主は過去に常にボーナスを支払っ
　　　ている。

　状態 2：従業員が過去に怠けたことがある。または，雇用主がボーナスを支
　　　払わなかったことがある。

従業員と雇用主のトリガー戦略は次のように定義される。

　従業員の戦略：第 1 期に従業員は努力する。第 2 期以降は，直前の期までの
　　プレーの結果が状態 1 に属する場合，従業員は努力する。状態 2 に属する
　　場合には怠ける。

　雇用主の戦略：第 1 期に従業員が努力した場合，雇用主はボーナスを支払う。
　　第 2 期以降は，その期に従業員が努力したものとする。直前の期までのプ
　　レーの結果が状態 1 に属する場合，雇用主はボーナスを支払い，状態 2 に
　　属する場合には雇用主はボーナスを支払わない。

上記の戦略の組が部分ゲーム完全均衡となっていることを確認しよう。状態

228 第 II 部 組織の問題をどのように解決するのか？

1 に属する任意の期について，従業員と雇用主は以下の割引利得和を得る。

$$\text{従業員：} \quad 1 + \delta + \delta^2 + \delta^3 + \cdots = \frac{1}{1-\delta}$$

$$\text{雇用主：} \quad 10 + 10\delta + 10\delta^2 + 10\delta^3 + \cdots = \frac{10}{1-\delta}$$

状態 1 に属する期において雇用主が逸脱して，ボーナスを支払わないとき雇用主は以下の割引利得和を得る。

$$12 + \delta \cdot 0 + \delta^2 \cdot 0 + \delta^3 \cdot 0 + \cdots = 12$$

雇用主はボーナスを支払わないことによって，一時的に 12 の利得を得る。しかし，翌期以降は 0 の利得を得ることになり，結果として 12 の割引利得を得ることになる。よって，以下の条件が満たされるとき，雇用主は状態 1 に属する期において逸脱することによって得をすることはない。

$$\frac{10}{1-\delta} \geq 12$$

$\delta \geq 1/6$ のとき上の不等式は成立する。

次に状態 1 に属する期において従業員が逸脱して怠けることは得にならないことを確認する。従業員が怠けると従業員はその期に 0 の利得を得る。そして，翌期以降も 0 の利得を得る。つまり，逸脱することによって，0 の割引利得和を得る。以下の条件は任意の $0 < \delta < 1$ について成り立つ。

$$\frac{1}{1-\delta} \geq 0$$

よって，従業員は状態 1 に属する期に逸脱するインセンティブはない。

最後に状態 2 に属する期を考える。従業員と雇用主がトリガー戦略に従う場合，従業員と雇用主はゼロの割引利得和を得る。従業員が逸脱して努力したとしても，雇用主がその期も将来もボーナスを支払うことはない。つまり，努力することによって，正の利得を得ることはない。よって，従業員は状態 2 に属する期に逸脱することによって得をすることはないことが確認できた。

状態 2 に属する期において，従業員が逸脱して努力したとする。このとき，続き戦略が指定するとおりに雇用主がボーナスを支払わなければ，その期には 12 の利得を得て，翌期以降は 0 の利得を得ることになる。つまり，12 の割引利得和を得ることになる。一方，雇用主が逸脱してボーナスを支払うとその期

に 10 の利得を得る。しかし，翌期以降は 0 の利得を得ることになり，10 の割引利得和を得ることになる。よって，雇用主はボーナスを支払わないことが最適である。

　以上により，トリガー戦略の組は部分ゲーム完全均衡であることが示された。長期的関係においては，従業員が努力し続ければ雇用主はボーナスを支払ってくれるという信頼を維持することが可能なのである。雇用主が裏切ってボーナスを支払わないと従業員の報復によって雇用主は大きな将来の利益を失うことになる。その結果，従業員は雇用主が信頼を裏切ることはないであろうと信じることができる。

　一方，雇用主がボーナスを支払い続ける限り，従業員は努力し続けると雇用主は信じることができる。それは，従業員が一度怠けると雇用主はボーナスを支払うことはなくなるので，従業員に怠けるインセンティブはないからである。

　お互いに相手の逸脱行為に対して，報復できることが信頼の維持を可能にするのである。

7 長期的関係の功罪

　1 回限りの関係においては協調的な結果は実現可能でないとしても，長期的関係においては，協調的な結果を部分ゲーム完全均衡として達成可能となることがあることを示した。

　長期的関係では，あるプレーヤーが協調的な行動から逸脱した場合，他のプレーヤーは将来，非協調的な行動を選択し続けることによって，逸脱したプレーヤーを罰することができることが 1 回限りの関係との大きな違いである。ただし，長期的関係であれば，どのような段階ゲームでも協調的な結果が実現可能であるとは限らないことは業績連動分配スケジュールのチーム生産で確認したとおりである。

　協調的な結果を達成する戦略の組は部分ゲーム完全均衡となっていなければならない。部分ゲーム完全均衡においては，各プレーヤーは協調的な行動から逸脱するインセンティブがない。さらに，自分または他のプレーヤーが逸脱した場合，その逸脱プレーヤーは罰せられることになるが，逸脱プレーヤーは罰せられることから逸脱のインセンティブがないだけでなく，他のプレーヤーも

230　第 II 部　組織の問題をどのように解決するのか？

逸脱プレーヤーを罰することから逸脱するインセンティブがないことが必要である。協調的な行動から逸脱すると，将来必ず罰せられるという信憑性のある脅しになっていなければならないのである。

　第 5 節と第 6 節の分析から，現実の協調的関係を構築することに対して次のような含意が得られる。

- まずは協調的な行動を選択することから始め，裏切りがなければ協調を続ける。
- 裏切りには罰が与えられ，それは信憑性のある脅しになっている。

裏切りに罰を与えることが可能となるためには，当事者同士の行動が完全に観察可能でなければならない[19]。

　長期的関係はプレーヤー間の協調を維持するために有用であることを明らかにしたが，長期的関係はよいことのみをもたらすとは限らない[20]。逆に，長期的関係のために社会的に望ましくない行為が実現してしまうこともある。そのロジックは協調的な行動を実現する場合とまったく同じである。たとえば，価格カルテルや談合にみられるような**共謀**の問題を考えるとよい。

　価格カルテルや談合では，社会的な観点からは望ましくないが，当事者たちは共謀することによって，共謀しない場合より全員にとって得になるような状況になっている。当事者たちの観点からは囚人のジレンマと同じゲームの構造になっている。そのため，長期的関係によって共謀が成立してしまうのである。

　また，長期的関係のために，当事者たちにとって最悪の状態が維持されることも可能となる。たとえば，イジメを考えてほしい。プレーヤーたちはあるプレーヤーをイジメている。イジメられているプレーヤーからすると最悪の状態が続くことになる。一方で，イジメをしているプレーヤーたちはイジメはよくないと思っており，イジメに加担することに不快さを感じており，みんなが仲良くする方がよいと考えている。しかし，自分だけがイジメをやめてしまうと，次は自分がイジメられる側になることを恐れ，イジメを続けてしまうことが最適となってしまうのである。村八分もまったく同様のロジックにより維持可能となる。

19）　完全には観察可能でない場合にどのようなことが起こるかについては，第 8 節で解説する。

20）　「Column 7-2　フォーク定理」を参照されたい。

Column 7-2　フォーク定理

第5節で等分配スケジュールのチーム生産における無限回繰り返しゲームにおいて，毎期段階ゲームのナッシュ均衡に対応する行動が繰り返される非協調的な部分ゲーム完全均衡と，毎期協調的な行動が実現する協調的な部分ゲーム完全均衡の2つが存在することを示した。これらだけでなく，無限回繰り返しゲームには無数の部分ゲーム完全均衡が存在する。

割引因子が1に近い場合はプレーヤーたちの最低保証利得に近いようなものも部分ゲーム完全均衡として達成可能になる。プレーヤーの最低保証利得を説明するために段階ゲームとして，次の変形版囚人のジレンマを使うことにしよう。この段階ゲームは支配可解であり，(D_1, D_2) のみがナッシュ均衡である。そして各プレーヤーは1の均衡利得を得る。

表　変形版囚人のジレンマ

プレーヤー2

		C_2	D_2	E_2
	C_1	2, 2	0, 3	$-1, -1$
プレーヤー1	D_1	3, 0	1, 1	$0.1, -1$
	E_1	$-1, -1$	$-1, 0.1$	$-1, -1$

プレーヤー1の最低保証利得を定義する。いま，1回限りの関係であるとし，プレーヤー2は自分の利得を無視して，プレーヤー1の利得を最悪にすることのみに関心があるとする。プレーヤー1はこのことを理解しており，プレーヤー2のこの行動に対して最善の対応をしようとしている。プレーヤー2もプレーヤー1がこのような対応をとることを予想している。

プレーヤー1にとって D_1 は支配戦略となっている。つまり，プレーヤー2がどのような行動を選択しようとも D_1 を選択することが最善の対応である。したがって，プレーヤー2は E_2 を選択することによって，プレーヤー1の利得を最悪にすることができる。よって，プレーヤー1の最低保証利得は 0.1 となる。プレーヤー2についても同様であり，プレーヤー2の最低保証利得は 0.1 となる。両方のプレーヤーの最低保証利得は段階ゲームのナッシュ均衡利得を下回っている。

変形版囚人のジレンマを段階ゲームとする無限回繰り返しゲームを考える。プレーヤーの割引利得和が $x/(1-\delta)$ と表されたとする。割引利得和に $1-\delta$ を掛け合わせると x となる。割引利得和に $1-\delta$ を掛け合わせたもののことを**平均割引利得**とよぶ。つまり，毎期平均的に x の利得を得ていると解釈するのである。たとえば，第1期に

3 の利得を得て，翌期以降 2 の利得を得る場合の割引利得和は $3 + 2\delta/(1 - \delta)$ である
が，平均割引利得は $3(1 - \delta) + 2\delta$ となる．

　最低保証利得の組 $(0.1, 0.1)$ をパレート支配するいかなる平均割引利得の組につい
ても，それを部分ゲーム完全均衡として実現するような割引因子 δ が存在するという
主張は**フォーク定理**（folk theorem）とよばれている．

　「folk」は「民間伝承の」という意味がある．「フォーク定理」とは誰が言い出した
のかはわからないが，古くから誰もが成り立つであろうと信じられてきた民間伝承の
ような定理という意味である．割引因子が 1 未満の場合におけるフォーク定理を証明
した研究は 1986 年に出版された[*]．

　実際のところ，最低保証利得の組 $(0.1, 0.1)$ に近い平均割引利得の組を達成する部
分ゲーム完全均衡の構築は複雑である．利得の組 $(0.1, 0.1)$ を直接に実現する行動の
組は存在しないので，複数の行動の組を組み合わせて平均的に $(0.1, 0.1)$ に近くなる
ような戦略を構築しなければならない．研究者向けの文献になるが，部分ゲーム完全
均衡の構築方法はジョージ・メイラスとラリー・サミュエルソンの教科書[†]を参照さ
れたい．

　割引因子が高い場合は，段階ゲームのナッシュ均衡利得を下回るような平均割引利
得も部分ゲーム完全均衡として実現可能となる．つまり，関係が継続する確率が十分
に高い場合には村八分やイジメのような全員にとって好ましくないような状態も部分
ゲーム完全均衡として達成可能となるのである．また，一部のプレーヤーだけが非常
に高い平均割引利得を得て，残りのプレーヤーたちが非常に低い平均割引利得を得る
というような不平等な状態も部分ゲーム完全均衡となりうる．長期的関係がパレート
効率的な状態を実現する仕組みになる一方で，最低限の状態や不平等な状態を実現す
る仕組みにもなるのである．反社会的勢力の組織が逸脱者を出さずに存続しているメ
カニズムも同様である．

　[*] Fudenberg, D. and E. Maskin（1986）"The Folk Theorem in Repeated Games
with Discounting or with Incomplete Information," *Econometrica*, vol.54,
pp. 533-554.

　[†] Mailath, G. and L. Samuelson（2006）*Repeated Games and Reputations*, Ox-
ford University Press.

8　観測構造

　これまでの分析では，プレーヤーたちが各期に選択した行動をお互いに完全
に観察できる状況を分析した．この状況を完全観測の繰り返しゲームとよん
だ．ここでは，お互いに行動を完全には観察できない状況，つまり，繰り返し

ゲームの理論では**不完全観測**（imperfect monitoring）とよばれる状況について簡潔に紹介しておく。不完全観測に関する分析は最先端の研究であり、より詳しい解説は文献ノートで紹介されている文献を参照されたい。

不完全観測のモデルには**不完全公的観測**（imperfect public monitoring）と**不完全私的観測**（imperfect private monitoring）の2つのモデルがある。等分配スケジュールのチーム生産を使って説明する。2人のメンバーがおり、各メンバーは「努力する」か「怠ける」を選択できるものとする。各メンバーは行動を選択するとお互いの行動に関する不完全なシグナルを受け取るものとする。つまり、実現した行動の組に応じて各プレーヤーは確率的にシグナルを受け取る。

ここでは説明の簡単化のために、各メンバーは受け取る利得からは相手が選択した行動について何も情報を得ることはできず、実現したシグナルのみが相手の行動に関する情報となるものと仮定する。そして、不完全観測下ではパレート効率性を実現することは簡単ではないことを確認する。

8.1 不完全公的観測

各メンバーが行動を選択すると、選択された行動の組に応じてランダムに収益が実現し、その収益を各メンバーが共通に観察できる。これを**公的シグナル**（public signal）とよぶ。しかし、各メンバーは相手が選択した行動を直接には観察できない。このような状況を不完全公的観測という。

お互いの行動を直接には観察できないので、実現した収益から相手が選択した行動を推測しなければならない。ここでは、高い収益と低い収益のいずれかがランダムに実現するものと仮定し、両方のメンバーが努力した場合に高い収益が実現する確率が最も高いものとする。

不完全公的観測の状況においては、常に各メンバーが努力するような均衡は存在しない[21]。背理法を使ってそれを証明しよう。もし、各メンバーが常に

---

21) 正確にいえば、ここでいう均衡とは第9章で紹介される完全ベイジアン均衡のことである。不完全公的観測の状況においては、部分ゲームは全体ゲームのみである。各期において各メンバーは観察した公的シグナルから他のメンバーが選択した行動に関する信念を計算したうえで最適な行動を選択しなければならない。信念の定義については第4章を参照されたい。ここではこのような細かい概念については無視して読み進めていただきたい。

234 第II部 組織の問題をどのように解決するのか?

努力するような均衡が存在したとする。各メンバーは直接には相手の行動を知ることはできないので，実現した公的シグナルから相手が選択した行動を推測しなければならない。いま想定している均衡においては各メンバーは常に努力しているものと想定されているので，各メンバーはどのような公的シグナルを観察したとしても相手は努力していると信じることになる。どのような公的シグナルを観察したとしても，翌期には各メンバーは努力することになる。

メンバーは怠けたとしても相手にそれが発覚することはなく，相手は常に努力するので，努力するより怠けることが得になる。よって，両方のメンバーが常に努力するようなことは均衡とはならない。したがって，不完全公的観測のもとではパレート効率的な状態は均衡として実現可能ではない。

均衡において，各メンバーが常に努力するような均衡は存在しないが，部分的に努力するような均衡は存在する。たとえば，「第1期には努力し，第2期以降は過去に実現した収益がすべて高い収益であった場合は努力し，過去に一度でも低い収益が実現したことがある場合には怠ける」というトリガー戦略を変形したものは，割引因子がある程度高ければ均衡となる。

8.2 不完全私的観測

不完全私的観測とは，両方のメンバーが共通して観察できる公的シグナルがなく，相手メンバーが選択した行動に関する**私的シグナル**（private signal）を受け取るような状況である。たとえば，モニタリング・エラーがあるような状況である。

相手は努力しているにもかかわらず，モニタリング・エラーにより相手は怠けたという私的シグナルを受け取る可能性がある。ただし，エラーを観察したかどうかは相手にはわからない。このような状況においては，モニタリング・エラーがどんなに小さいとしても，各メンバーが常に努力するような均衡は存在しない。

次のようなトリガー戦略を考えてみよう。「過去の相手の行動に関するシグナルすべてが努力したというものであれば，努力し，過去の相手の行動に関するシグナルに怠けたというものが一度でもあれば，怠ける」という戦略に両方のメンバーが従うものとする。

モニタリング・エラーがどんなに小さいとしても，上の戦略の組は均衡とはならない。背理法を用いて証明しよう。いま想定している戦略の組において

は，各メンバーは常に努力するものと想定されているので，各メンバーはどのような私的シグナルを観察したとしても相手は努力していると信じることになる。

相手が怠けたという私的シグナルを受け取り，それに反応して怠けると翌期以降にお互いが怠けるという状態が続く確率が高まる。よって，相手が怠けたという私的シグナルを受け取ったしても，それは自分の勘違いだと思い，努力し続けることが最適となる。したがって，トリガー戦略に従うことは最適とはならないので均衡とはならない。

上の議論により，均衡において常に努力するのであれば，各メンバーは私的シグナルに関係なく常に努力するという戦略に従わなければならない。相手がこの戦略に従う場合，自分は常に怠けることが最適となり，逸脱のインセンティブがあるため均衡とはならない。

以上，プレーヤーが選択した行動に関するシグナルが不完全公的観測であれ不完全私的観測であれ，パレート効率的な状態を均衡として実現することは困難となることを確認した。パレート効率性の完全な実現は不可能であることを踏まえ，近似的に実現可能となるのはどのような条件が満たされる場合であるのかを明らかにすることが，不完全観測の繰り返しゲームの研究分野における重要な研究課題のひとつであった。現在では多くのことが明らかとなっている。より詳しい解説については文献ノートで紹介されている文献を参照されたい。

● ま と め

□ 段階ゲームが唯一のナッシュ均衡を持つ場合，その有限回繰り返しゲームにおける部分ゲーム完全均衡は段階ゲームのナッシュ均衡に対応する行動の組が繰り返されるものに限られる。よって，等分配スケジュールにおけるチーム生産においては，各メンバーが常に怠けるような戦略の組のみが部分ゲーム完全均衡となる。

□ チーム生産を段階ゲームとする場合，1回限りの関係における最適な分配スケジュールと有限回繰り返しゲームにおける最適な分配スケジュールは同じものとなる。

□ 等分配スケジュールのチーム生産を段階ゲームとする無限回繰り返しゲームについては，割引因子が適当に1に近い場合，パレート効率的な状態を部分ゲーム完全均

衡として実現可能である。

□ 業績連動分配スケジュールのチーム生産を段階ゲームとする無限回繰り返しゲームにおいては，どのような割引因子についても，パレート効率的な状態を部分ゲーム完全均衡として実現することはできない。

● 文献ノート

繰り返しゲームの入門的な説明については次の教科書がお薦めである。

1. 岡田章（2014）『ゲーム理論・入門——人間社会の理解のために（新版）』有斐閣，第 7 章

繰り返しゲームの初歩的な説明から始め，現実問題への応用，最新の研究トピックまで幅広く紹介したものに次がある。不完全観測についての解説もなされている。

2. 関口格「長期的関係の理論を学ぶ　繰り返しゲームの世界」『経済セミナー』日本評論社（2010 年 4・5 月号～2011 年 2・3 月号）

3. 関口格「長期的関係の理論を学ぶ　新・繰り返しゲームの世界」『経済セミナー』日本評論社（2018 年 4・5 月号～2019 年 2・3 月号）

次の書籍はゲーム理論を用いてどのように社会の仕組みを考えることができるのかを解説したものであり，繰り返しゲームの紹介もなされている。

4. 松島斉（2018）『ゲーム理論はアート——社会のしくみを思いつくための繊細な哲学』日本評論社，第 11 章

学部上級から大学院レベルの解説としては次のものに定評がある。

5. Gibbons, R.（1992）*Game Theory for Applied Economists*, Princeton University Press.（福岡正夫・須田伸一訳『経済学のためのゲーム理論入門』創文社），第 2 章

6. Tadelis, S.（2012）*Game Theory: An Introduction*, Princeton University Press. 第 9 章，第 10 章

繰り返しゲームの理論を歴史分析に応用した優れた研究書に次のものがある。学部上級から大学院レベルの内容である。

7. Greif, A.（2006）*Institutions and the Path to the Modern Economy: Lessons from Medieval Trade*, Cambridge University Press.（神取道宏・岡崎哲二監訳『比較歴史制度分析』NTT 出版，2009 年）

次のものは，繰り返しゲーム理論の研究者のための教科書であり，繰り返しゲームにおける主要な研究が網羅的に紹介されている。

8. Mailath, G. and L. Samuelson（2006）*Repeated Games and Reputations*, Oxford University Press.

第8章 関係的契約

1 関係的契約とは

第5章と第6章ではプリンシパル＝エージェント関係における契約の問題を考察した。そこでは正式契約に着目し，当事者間で合意された契約内容が第三者（裁判所）によって強制できるような契約の設計について考えた。正式契約で定められる行為や実現する状態は立証可能でなければならなかった。

現実では正式の契約として締結されていないような約束であっても守られていることは多々ある。ビジネスの世界では口約束で取引が行われることはよくある。電話一本で商品を注文して，それが期日までに納品されるという状況は想像に難くない。トヨタ自動車とサプライヤーの関係のように高額の取引の場合でさえ正式な契約を取り交わさずに行われることもある。

このような取引が可能となるのは当事者間で長期的関係が想定される状況である。見ず知らずの2者間では口約束による取引は，相手による裏切りというリスクを伴うためにうまくいかない。長期的関係によって維持される口約束のような合意のことを**関係的契約**（relational contract）という。または暗黙の契約（implicit contract）とよばれることもある。ここでは第7章で学んだ無限回繰り返しゲームを応用して，第5章と第6章で解説されたプリンシパル＝エージェント関係の分析を発展させ，関係的契約について分析する。

第2節では，第5章第2節で紹介されたプリンシパル＝エージェント関係の基本モデルを発展させる。そこではエージェントの行動は観察可能かつ立証可能であると仮定されていたが，ここではエージェントの行動は観察可能であるが立証不可能であるものとする。第3節では，第5章第3節で考察した隠

された行動のモデルを発展させる。エージェントの行動は観察可能でないが，エージェントが選択する行動に依存して確率的に実現する生み出される価値は観察可能かつ立証可能であった。ここでは生み出される価値は観察可能であるが立証不可能であるものとする。

この章で想定する状況においては，行動や生み出される価値は立証可能ではないため，それらに応じてボーナスを支払うという契約は実行可能ではない。このような状況においては，ボーナスを支払うという約束は単なる口約束となり，従業員が適切な行動を選択したとしても雇用主がボーナスを支払うインセンティブはなく，パレート効率性は達成可能ではない。

しかし，長期的関係においては，そういった情報が立証可能でないとしても，その情報が観察可能であれば，雇用主は口約束にもかかわらず約束どおりにボーナスを支払うインセンティブがある。つまり，長期的関係においては，口約束が信憑性のあるコミットメントとなりうるのである。一時的な裏切りは将来の関係悪化をもたらすため，それを恐れて約束を守るのである。

2 観察可能であるが立証不可能な行動

この節では第5章第2節で紹介されたプリンシパル＝エージェント関係の基本モデルを使って関係的契約について解説する。基本モデルにおいてはエージェントの行動は観察可能かつ立証可能であるものと想定されていた。エージェントが選択した行動は立証可能であるので，行動に応じてボーナスを支払うという正式契約を締結することができた。つまり，プリンシパルは契約にコミットすることができた。

ここでは基本モデルの仮定を変え，エージェントの行動は観察可能であるが，立証可能ではない状況を考える。このような状況においては，行動に応じてボーナスを支払うという正式契約を締結することは不可能であり，1回限りの関係ではパレート効率性は達成可能ではない。第2.2項でこれを確認する。第2.1項では行動が観察可能であるが立証可能ではない状況は社会生活においてよくあることを説明する。

第2.3項以降では長期的関係を想定し，関係的契約について考察する。関係的契約とは長期的関係において遵守される暗黙の合意のことである。関係的契約は文書として正式に締結された契約ではなく，第三者に頼ることなく当事者

第8章 関係的契約 239

たちが自発的に遵守する約束事のようなもののことである。関係的契約の定義
は第2.4項で与えられる。

第2.5項以降では，長期的関係においては行動が立証不可能であったとして
も一定の条件のもとでは関係的契約を利用することによってパレート効率性を
達成可能であることを紹介する。

2.1 立証不可能な行動・状態

経営者と従業員の関係を考えよう。従業員は組織にとって望ましい行動が求
められている。しかし，多くの場合，どのような行動が組織にとって望ましい
のかを事前に定義することは困難である。状況に応じて望ましい行動は変わり
うる。ある状況では同僚を手助けするような努力が望まれ，別の状況では顧客
の満足度を高めるような努力が望まれる，というように状況に応じてどのよう
な努力が適切であるかは変わる。従業員が選択できる努力は多次元であること
が通常である。

どのような状況においてどのような努力をしたかということが，対象となる
行動である。状況そのものが立証不可能であることもあるし，努力自体が立証
不可能であることもある。経営者と従業員の間では実現した状況は明白である
し，そのときに選択された従業員の努力が適切であったかどうかも明白である
が，組織の外の第三者にそれを証明することが難しいということはよくある。

医療行為はこれと関連する事例である。患者の状態を考慮して医者は適切な
処置を行ったが，不運にも患者の症状が悪化してしまうこともある。患者の状
態は専門家の間では明白であるが第三者に証明することは非常に困難である。
その結果，どのような処置を行ったかは明らかにすることはできるが，最善の
処置を行ったかどうかを証明することは困難であることはよくある。医療裁判
が難しくなる理由は患者の状態や医療行為が立証困難であることによる。

企業組織内だけでなく，企業間取引においても行動の立証不可能な状況は多
くある。トヨタ自動車と系列部品メーカーのケースを取り上げよう。

トヨタ自動車は部品メーカーから継続的に部品供給を受けている。当事者間
では「特別の事情がなければ，供給される部品の価格は半期ごとに1%程度
の値下げ交渉が行われる」ことが慣例である[1]。特別の事情がある場合には部

---

1) 「東洋経済オンライン」https://toyokeizai.net/articles/-/52937（2019年6月

品の価格は据え置きになることもありうるのである。この慣例は単なる口約束であり，正式の契約が締結されているわけではない。

部品メーカーの費用環境が悪化したという特別の事情が発生したとする。たとえば，原材料価格の上昇や急激な円安など複合的な環境変化が原因であったとする。この事実はトヨタ自動車と部品メーカーの間では共通認識となる。このときに部品価格の値下げをトヨタ自動車が要求することが約束を破ったことになるのかを第三者に証明することは非常に困難である。

また，ビジネスの世界だけの問題ではない。大学におけるゼミナールを考えてみるとよい。指導教員は一定の質を満たした卒業論文を提出すれば，学生に単位を認めると考えている。多くの場合，この質は第三者に立証することが非常に難しい。学生が選択するテーマに応じて要求される論文の質は変わる。指導教員は提出された卒業論文を読めば論文の質はわかる。一方，多くの場合，提出した学生も指導教員が要求している水準を満たした論文を提出したかどうかはわかっている。当事者間では論文の質は共通認識となっている。しかし，それをお互いに第三者に立証することは非常に困難である。

このように行動や状態が観察可能であるが立証不可能であるような状況は一般的である。以下では従業員の行動と生み出される価値の両方とも観察可能ではあるが立証不可能であると想定し分析を行う。

2.2　段階ゲーム

1人の雇用主と1人の従業員の関係を考え，従業員の行動は観察可能であるが立証不可能な状況を考えよう。従業員の行動が立証可能ではないことを除けば，第5章第2節の基本モデルと同じである。

従業員は「努力する」か「怠ける」を選択することができる。努力した場合に1の費用が発生し，怠けた場合には費用は0であるとする。従業員が努力した場合には，雇用主に12の価値をもたらし，怠けた場合には0の価値をもたらす。従業員が努力したかどうかは観察可能であるが，立証可能ではないと仮定する。

この項では，次のような「契約」に着目する。かぎかっこを付けている理由はすぐに説明される。雇用主は従業員に固定給 $w \geq 0$ を支払う。さらに，も

---

30 日閲覧）。

し，従業員が努力した場合にはボーナス $b \geq 0$ を支払う。固定給については契約可能であると仮定する。一方，ボーナスについては，行動が立証可能ではないため契約可能ではないと仮定する。

固定給とボーナスの組み合わせ (w, b) のことを報酬とよぶことにする。ここでは，ボーナスは契約可能ではないため (w, b) を「契約」とよぶことは適切ではないからである。従業員が努力したかどうかは立証不可能であるため，ボーナスの支払いについては，口約束にならざるをえない。

ボーナス額が正である，つまり，$b > 0$ であるような報酬を**ボーナス報酬**とよぶ。一方，ボーナス額がゼロ，つまり，$b = 0$ であるような報酬を**固定給報酬**とよぶことにする。

この関係は次のタイミングで行われる。

1. 雇用主が報酬 (w, b) を従業員に提示する。
2. 報酬 (w, b) が提示された場合，従業員はそれを拒否するか，受け入れるかを決定する。拒否した場合には，従業員は $\bar{u}$ の留保利得を受け取り，雇用主は $\bar{v}$ の留保利得を得る。報酬を受け入れた場合には，努力するか怠けるかを選択する。
3. 報酬が受け入れられ従業員が努力した場合には，雇用主はボーナス b を支払うかどうかを決める[2]。

図 8-1 は上記のタイミングをゲーム・ツリーを使って表したものである。利得の組は左側に従業員の利得，右側に雇用主の利得が書かれている。

図 8-1 は図 5-4 をもとにしているが，ボーナスの支払いは契約可能ではないため，雇用主のボーナス支払いに関する行動を明示している。また図 5-4 における従業員が契約に「合意する」という行動は，図 8-1 では，報酬を「受け入れる」という行動に名前を変更している。ボーナス支払いは契約可能ではないため，「合意」という表現を避けることにする。

以下では，第 5 章第 2 節と同様に雇用主と従業員の留保利得について以下の仮定をおくことにする。

$$\bar{u} \geq 0, \quad \bar{v} \geq 0 \quad かつ \quad \bar{u} + \bar{v} < 11$$

---

2) 従業員が怠けた場合にも雇用主がボーナスを支払うかどうかを決めることができるとしても以下の議論の本質は変わらない。

242　第 II 部　組織の問題をどのように解決するのか？

図 8-1　段階ゲーム

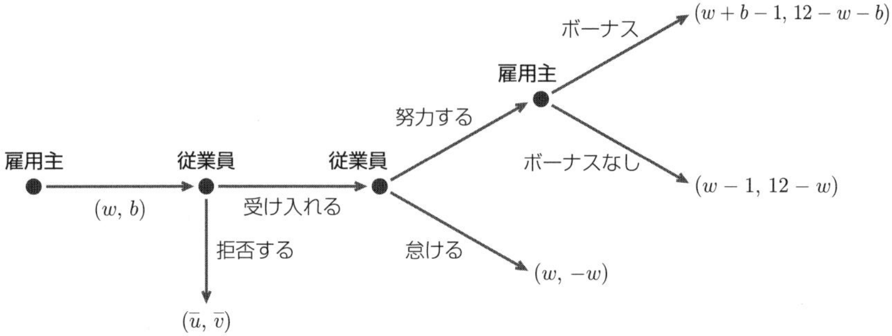

《段階ゲームの均衡》

　この段階ゲームにはパレート効率性を達成するような部分ゲーム完全均衡は存在しないことを確認しておこう。雇用主が報酬 (w, b) を提示し，従業員が受け入れた後の部分ゲームを考え，どのような報酬についても従業員が努力することはないことを示す。

　まず，$b > 0$ であるような報酬が受け入れられた場合の部分ゲームを考える。これは第 4 章で学んだトラスト・ゲームと同じ構造をしており，バックワード・インダクションによって，従業員は怠け，雇用主はボーナスなしを選択することが導出される。従業員が努力した場合，雇用主はボーナスなしを選択することが最適であり，従業員はこれを想定すると怠けることが最適となるからである。

　次に，$b = 0$ であるような報酬が受け入れられた場合の部分ゲームを考える。バックワード・インダクションによって，従業員は必ず怠けることが導出できる。ただし，従業員が努力した場合，ボーナスが 0 であることから雇用主はボーナスを支払うことと支払わないことは無差別であり，複数の最適な行動がある。いずれにせよ，従業員は必ず怠けることになる。従業員が努力したときの利得はボーナスが支払われるかどうかにかかわらず $w - 1$ であり，従業員は怠けることが最適となるからである。

　以上により，報酬が受け入れられたときのどのような部分ゲームにおいても従業員は怠けることが最適であることが示された。これを踏まえると雇用主は従業員が拒否するような報酬を提示することが最適となる。従業員に報酬を受け入れさせるためには $w \geq \bar{u}$ を満たさなければならないので，このような報酬が受け入れられると雇用主の利得は $-w$ となるからである。

この段階ゲームには複数の部分ゲーム完全均衡が存在するが，どのような均衡においても従業員と雇用主の均衡利得は留保利得に等しくなる。つまり，1回限りの関係においては，パレート効率性は達成可能ではない。以下の分析のためにひとつだけ部分ゲーム完全均衡を示しておく。

「雇用主は従業員が拒否するような報酬を提示する。もし，雇用主が $w \geq \bar{u}$ を満たすような報酬を提示した場合には従業員はこれを受け入れる。雇用主が $w < \bar{u}$ を満たすような報酬を提示した場合には従業員はこれを拒否する。従業員は報酬を受け入れた場合には怠ける。従業員が努力したとしても雇用主はボーナスを支払わない」

上は雇用主と従業員の戦略を個別に記述するのではなく，戦略の組をまとめて記述している。対応する個別の戦略は明らかであろう。

以下では段階ゲームの部分ゲーム完全均衡について言及する場合には単に「段階ゲームの均衡」ということにする。無限回繰り返しゲームの部分ゲーム完全均衡に言及する場合に混乱を避けるためである。

2.3 無限回繰り返しゲーム

次に雇用主と従業員の長期的関係について考えてみよう。上で説明したゲームを段階ゲームとする無限回繰り返しゲームを定義する。

まず，無限回繰り返しゲームの戦略を説明する。段階ゲームは展開形ゲームであり，4つの局面がある。

- 雇用主による報酬提示局面
- 従業員による報酬受諾に関する決定局面
- 従業員の行動選択局面
- 雇用主のボーナス支払い局面

よって，従業員と雇用主の戦略は各期の自分が直面している各局面までのプレーの結果に応じて，その局面で選択する行動を指定したもののことである。

各局面で選択される雇用主と従業員の行動は観察可能であるものと仮定されている。よって，各期の各局面において，それまでのプレーの結果を完全に観測することができるので，完全観測の無限回繰り返しゲームとなっている。

無限回繰り返しゲームの利得は，前章と同様に段階ゲームの利得の割引利得和で表される。割引因子を δ とし，0 より大きく 1 より小さいものとする。

前章で解説したように，無限回繰り返しゲームにはさまざまな部分ゲーム完

244　第 II 部　組織の問題をどのように解決するのか？

全均衡が存在する。以下では，部分ゲーム完全均衡の経路上において，雇用主が各期に同じ報酬を提示するようなものに着目して分析を行う[3]。そして，経路上において従業員が毎期努力するような報酬が存在するのかを明らかにすることが目的である。

2.4　関係的契約の定義

　上記の無限回繰り返しゲームにおいて，戦略の組がひとつ与えられると，その関係における完全な行動計画が定まる。つまり，各期の各局面について，それまでのプレーの結果に応じて，(1) その期に雇用主がどのような報酬を提示するか，(2) 従業員が報酬を受け入れるかどうか，(3) 受け入れた場合に努力するかどうか，(4) 雇用主が従業員にボーナスを支払うかどうかが定められる。この関係における完全な行動計画の組，つまり，無限回繰り返しゲームの戦略の組のことを関係的契約という。戦略の組が異なれば，それらは異なる関係的契約であると解釈しなければならない。

　関係的契約とは，長期的関係全体を契約として捉えるのである。関係的「契約」とよんではいるが，この関係を契約書に書き表したものと考えるよりは，暗黙の掟のようなものであると考えると理解しやすい。この掟は必ずしも明文化されたものではない。ただし，各主体がこの掟を互いに理解していることが必要である。掟にはあらゆる局面について，選択すべき行動が指定されており，掟を破った場合には，将来どのようなことが行われるかも掟によって指定されている。

　掟は法的強制力を持つものではないので，各主体が自発的に従うようなものになっていなければならない。つまり，全員が掟に従うのであれば，自分も掟に従うことが損にならないようになっていなければならない。さらにいえば，一時的に掟を破った場合にも，その後は掟に従うことが損にならないようになっていなければならない[4]。

---

　3)　時間に応じて報酬を変えるような部分ゲーム完全均衡も存在する。その分析はここでの分析と本質的には変わらない。

　4)　たとえば，時代劇や歴史小説などで登場する忍者社会における忍びの掟を想像するとよい。いうまでもなく，忍びの掟は明文化されてはいない。しかし，忍者社会では忍者は忍びの掟に従うものと想定される。掟を破った忍者は掟に従って制裁を加えられることになる。掟を破った忍者が抵抗することなく，潔く掟に従って制裁を受けるという場面は想像しやすいであろう。

第8章 関係的契約　245

これをゲーム理論の概念を用いて定義すると，次のように表される。関係的契約に対応する戦略の組が部分ゲーム完全均衡となっているということである。この条件を満たすとき，関係的契約は**自己遵守可能**（self-enforceable）であるということにする。自己遵守可能な関係的契約においては，それに対応する戦略の組は部分ゲーム完全均衡であるので，経路上であろうが経路外であろうが，各主体はどのような期においても逸脱のインセンティブはないことになる。

以下では，固定給報酬とボーナス報酬に着目し，それぞれについて自己遵守可能な関係的契約を導出する。

2.5　固定給報酬

ここでは固定給報酬を $(w, 0)$ とする関係的契約を考える。つまり，ボーナス額を $b = 0$ とする報酬である。経路上で固定給が常に提示されるような関係的契約のことを**固定給報酬の関係的契約**とよぶことにする。毎期，雇用主が固定給報酬 $(w, 0)$ を提示し，従業員がそれを受け入れ，努力するということが実現するような関係的契約を導出する。

関係的契約を記述する前に，第1期から各期の期初までのプレーの結果を以下の2つの状態に分類しておく。これを使ってここで考える固定給報酬の関係的契約を定義する。

状態1：第1期の期初である。または，第1期から現在の期初まで，各期において雇用主は固定給報酬 $(w, 0)$ を提示し，従業員はその報酬を受け入れ，努力している。

状態2：状態1以外のプレーの結果が実現している。

では，固定給報酬の関係的契約を定義する。関係的契約は無限回繰り返しゲームの戦略の組であるから，雇用主の戦略と従業員の戦略をそれぞれ定めなければならないが，まずは戦略の組をまとめて記述し，後で個別の戦略を記述することにする。固定給報酬の関係的契約は次のように定義される。

- 第 $t (\geq 1)$ 期の期初までのプレーの結果が状態1に属していたとする。このとき，この期に雇用主は固定給報酬 $(w, 0)$ を提示する。そして，従業員はこれを受け入れ，努力する。一方，$(w, 0)$ 以外の報酬 (w', b') が提示された場合には，$w' \geq \bar{u}$ であれば従業員は受け入れ，怠ける。そして，$w' < \bar{u}$ であれば拒否する。どのような報酬が受け入れられたとしても，

246 第 II 部 組織の問題をどのように解決するのか？

ボーナス支払い局面では雇用主はボーナスを支払わない。

- 第 $t\,(\geq 1)$ 期の期初までのプレーの結果が状態 2 に属していたとする。このとき，この期に雇用主は従業員が拒否するような報酬 $(w'', 0)$ を提示する。従業員は $w'' \geq \bar{u}$ であれば，その報酬を受け入れ，怠ける。そして，$w'' < \bar{u}$ であれば，その報酬を拒否する。どのような報酬が受け入れられたとしても，ボーナス支払い局面では雇用主はボーナスを支払わない。

この関係的契約に対応する雇用主と従業員の戦略はそれぞれ次のようになる。

《雇用主の戦略》

- 第 $t\,(\geq 1)$ 期の期初までのプレーの結果が状態 1 に属していたとする。このとき，この期に雇用主は固定給報酬 $(w, 0)$ を提示する。そして，どのような報酬が受け入れられたとしても，ボーナス支払い局面では雇用主はボーナスを支払わない。
- 第 $t\,(\geq 1)$ 期の期初までのプレーの結果が状態 2 に属していたとする。このとき，この期に雇用主は従業員が拒否するような報酬を提示する。そして，どのような報酬が受け入れられたとしても，ボーナス支払い局面では雇用主はボーナスを支払わない。

《従業員の戦略》

- 第 $t\,(\geq 1)$ 期の期初までのプレーの結果が状態 1 に属していたとする。このとき，この期に固定給報酬 $(w, 0)$ が提示された場合には，従業員はこれを受け入れ，努力する。一方，$(w, 0)$ 以外の報酬 (w', b') が提示された場合には，$w' \geq \bar{u}$ であれば従業員は受け入れ，怠ける。そして，$w' < \bar{u}$ であれば拒否する。
- 第 $t\,(\geq 1)$ 期の期初までのプレーの結果が状態 2 に属していたとする。この期には段階ゲームの均衡をプレーする。つまり，雇用主が $w' \geq \bar{u}$ を満たすような報酬 (w', b') を提示した場合には従業員はこれを受け入れる。雇用主が $w' < \bar{u}$ を満たすような報酬を提示した場合には従業員はこれを拒否する。従業員は報酬を受け入れた場合には怠ける。

上記の雇用主と従業員の戦略は一種のトリガー戦略である。雇用主と従業員がこの関係的契約に従う場合，経路上で雇用主は毎期固定給報酬 $(w, 0)$ を

提示し，従業員はそれを受け入れ，努力することになる。つまり，どの期の期初においてもプレーの結果は状態 1 に属することになる。状態 1 が続く限り，雇用主と従業員はこのプレーを続ける。

一方，雇用主と従業員が過去に一度でも逸脱するとそれ以降の期は状態 2 に属することになり，段階ゲームの均衡がプレーされることになる。

では，上記の関係的契約が自己遵守可能となるための条件を導出しよう。どのような期においても関係的契約に従うことから逸脱するインセンティブがあってはならない。状態 2 に属する期については段階ゲームの均衡がプレーされるので，雇用主も従業員も逸脱のインセンティブがないことは明らかである。

状態 1 に属する期について，各局面で逸脱のインセンティブが存在してはならない。雇用主のボーナス支払い局面において雇用主がボーナスを支払うインセンティブがないことは明らかである。よって，残りの 3 つの局面において逸脱のインセンティブがないことを示せばよい。よって，以下の 3 つの条件を満たすことが必要である。

$$\frac{12 - w}{1 - \delta} \geq \frac{\bar{v}}{1 - \delta} \tag{1}$$

$$\frac{w - 1}{1 - \delta} \geq \frac{\bar{u}}{1 - \delta} \tag{2}$$

$$\frac{w - 1}{1 - \delta} \geq w + \frac{\delta \bar{u}}{1 - \delta} \tag{3}$$

条件 (1) は雇用主の報酬提示局面におけるインセンティブ両立条件を表している[5]。左辺は雇用主が固定給報酬 $(w, 0)$ を提示し続けることによって得られる割引利得和を表している。右辺は逸脱して $(w, 0)$ とは異なる報酬を提示した場合に得られる最大の割引利得和を表している。それは，$(w, 0)$ とは異なる報酬を提示した場合，従業員が上で定義した戦略に従うものとすると，報酬が従業員によって受け入れられれば，雇用主は $-w \leq -\bar{u} \leq 0$ の利得，拒否された場合には $\bar{v} \geq 0$ の利得を得ることになるからである。

条件 (2) は従業員の報酬受諾局面におけるインセンティブ両立条件を表している。左辺は固定給報酬 $(w, 0)$ が提示され続ける限り，それを受け入れて努力し続ける場合の割引利得和を表している。右辺は，ある期に $(w, 0)$ を拒否

---

5) 不等式はインセンティブ両立条件と参加条件の両方の意味を持つ。

248　第 II 部　組織の問題をどのように解決するのか？

すると以降は留保利得 $\bar{u}$ を得ることを表している。不等式が満たされるとき，従業員は固定給報酬 $(w, 0)$ を受け入れることが最適となる。

条件 (3) は従業員の行動選択局面におけるインセンティブ両立条件を表している。従業員が固定給報酬 $(w, 0)$ を受け入れたときに努力することがインセンティブ両立的である条件である。左辺は努力し続けたときの割引利得和を表している。また，右辺はある期に怠けた場合の割引利得和を表している。ある期に怠けるとその期に w の利得を得るが，関係的契約に従って翌期以降は留保利得 $\bar{u}$ より高い利得をもたらすような報酬を提示されることはないので毎期留保利得 $\bar{u}$ を得ることになる。

(1) と (3) をそれぞれ整理することによって以下が得られる。

$$12 - w \geq \bar{v} \tag{4}$$

$$w \geq \bar{u} + \frac{1}{\delta} \tag{5}$$

割引因子 δ は 0 より大きく，1 より小さいことから，不等式 (5) が満たされるとき，不等式 (2) は自動的に成り立つ。よって，(4) と (5) のみに着目すればよい。これらの 2 つの不等式を組み合わせることにより，以下が得られる。

$$\bar{u} + \frac{1}{\delta} \leq w \leq 12 - \bar{v} \tag{6}$$

以上により，固定給報酬 $(w, 0)$ の関係的契約が自己遵守可能となるための条件は (6) を満たすことであることが明らかとなった。(6) を満たすような w は (1) から (3) のすべてをを満たす。

$\delta \geq \bar{\delta} = 1/(12 - \bar{v} - \bar{u})$ を満たすとき，(6) を満たす w は存在する。仮定により，$\bar{u} + \bar{v} < 11$ であるので，$0 < \bar{\delta} < 1$ を満たす。よって，$\delta \geq \bar{\delta}$ のとき，固定給報酬 $(w, 0)$ の関係的契約は自己遵守可能である。$\delta < \bar{\delta}$ の場合には自己遵守可能な固定給報酬の関係的契約は存在しない。

上の分析により，固定給報酬の関係的契約が自己遵守可能となるかどうかは，条件 (6) を満たすような固定給 w が存在するかどうかによって決まることがわかった。よって次のことがわかる。

- 割引因子 δ が大きいほど，条件 (6) は成り立ちやすい。
- 従業員の留保利得 $\bar{u}$ が小さいほど，条件 (6) は成り立ちやすい。
- 雇用主の留保利得 $\bar{v}$ が小さいほど，条件 (6) は成り立ちやすい。

割引因子が大きいということは関係が続く確率が高いということであった。

雇用主と従業員の関係では，δ は経営者が変わらない確率を表していると解釈することができる。経営者が変われば，報酬が変更される可能性があると従業員が予想しているとすれば，企業の倒産確率が小さい場合でも，経営者が頻繁に変わるような企業は割引因子は小さいと考えてよい。経営者があまり変わらないような企業においては，固定給報酬の関係的契約が自己遵守可能となりやすいと考えることができる。

従業員の留保利得 $\bar{u}$ が小さいということは，雇用主との関係を絶ち切ることによる利益が大きくないと解釈することができる。たとえば，他に魅力的な転職先がなく，転職のインセンティブが低い状況である。よって，$\bar{u}$ が小さくなると固定給 w を小さくすることができる。

雇用主の留保利得 $\bar{v}$ が小さいということは，従業員を解雇したとしても新しく有能な従業員を雇うことが難しい状況であると解釈することができる。よって，雇用主は現在の従業員を解雇するインセンティブが小さいことを意味し，固定給 w を大きくしたとしても従業員をとどめたいという状況である。

固定給報酬の関係的契約における雇用主の最適な報酬を導出してみよう。条件 (6) を満たす最小の w が雇用主の割引利得和を最大とするものである。

> **最適固定給報酬**：雇用主にとって最適な固定給報酬の関係的契約は固定給を $w = \bar{u} + 1/\delta$ とすることである。

最適報酬のもとでは雇用主は毎期 $12 - \bar{u} - 1/\delta$ の利得を得る。一方，従業員は毎期 $\bar{u} + (1 - \delta)/\delta$ の利得を得ることになる。図 8-2 にそれが表されている[6]。割引因子 δ は 0 より大きく，1 より小さいことから，$(1 - \delta)/\delta > 0$ が成り立つ。よって，雇用主の利得を最大にするような固定給報酬においては，従業員は正のレントを得る。つまり，従業員は毎期，留保利得より厳密に高い利得を得ることになる。これについてはボーナス報酬との対比で興味深い示唆が得られる。第 2.7 項で解説することにする。

ここでは雇用関係について分析したが，企業間の関係についても応用することができる。トヨタ自動車の事例を紹介しておこう。

トヨタ自動車と部品メーカーの関係では，部品メーカーは費用削減努力を期待されており，定期的に価格改訂があり，半期ごとに 1% 程度の値下げ交渉が行われる。さらに，部品メーカーが費用削減に成功したとしてもトヨタ自動

---

6) $u + v = 11$ の線は雇用主と従業員の和を最大にする利得の組み合わせを表す。

図 8-2 固定給報酬の関係的契約

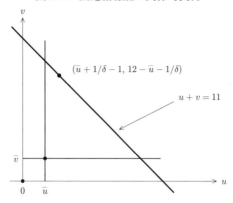

車は過剰な値下げは要求しないようにしており，部品メーカーもそれを認識している．

簡単に主体たちの選択可能な行動をまとめると次のとおりである．部品メーカーは費用削減の努力をするかしないかを選択でき，トヨタ自動車は 1% 程度の値下げを要請するかそれ以上の値下げを要請するかである．

部品メーカーが費用削減の努力をすることもトヨタ自動車が 1% 以上の値下げをしないことも正式の契約として締結されているわけではない．お互いにそうすることが期待されているだけであり，口約束のようなものである．部品メーカーの費用削減の努力がなされたかどうかは当事者間では立証することが困難なものである．

さまざまな調査報告によると両者の関係は良好に維持されており，関係的契約は遵守されているといえる．

2.6 効率賃金

1980 年代の典型的な日本企業においては，転職して得られる賃金よりも高い賃金を支払って従業員に働くインセンティブを与えるということが行われていた．これは **効率賃金**（efficiency wage）とよばれている．この事実は固定給報酬の関係的契約を使って説明することができる．雇用主が効率賃金を支払う合理的理由があることを説明する．

ある企業の雇用主と従業員の関係を考える．従業員は新入社員で，これから 30 年以上にわたってこの企業で働くつもりでいる．割引因子は δ とする．つ

まり，従業員は $1-\delta$ の確率でこの企業を退職することになると信じている。従業員にはコントロールできない要因によって企業との関係が終わることを想定している。たとえば，企業が倒産してしまうことや他に魅力的な転職先がみつかるといったものである。

前項で学んだ固定給報酬の関係的契約を適用することができる。毎期，企業は従業員に固定給報酬 $(w, 0)$ を支払うものとする。従業員は毎期この企業が求める努力をすることが期待されている。固定給 w と転職先で得られる固定給 $\bar{w}$ を比較するために，前項までのストーリーを若干変更し，努力による費用は 0 であるとし，企業が求めるような努力をしない，つまり，怠けた場合には従業員に 1 だけ私的な便益が発生するものと仮定する。怠けることによって削減することができた費用や，または，不正をすることによって得られた便益を表している。企業の立場からすると好ましくない行動をしたことを表す。従業員が怠けた場合には雇用主から解雇を言い渡される。

ある期に従業員が解雇された場合には，従業員は翌期以降，他の企業で働くことになり，$\bar{w}$ の賃金を得るものとする。つまり，上で説明したモデルにおける留保利得 $\bar{u}$ を他の企業に転職した場合の報酬であると解釈し，$\bar{u}=\bar{w}$ とする。

前項の分析でみたように，固定給報酬 $(w, 0)$ の関係的契約が自己遵守可能となるためには，従業員のインセンティブ両立条件と参加条件が満たされなければならない。

$$\frac{w}{1-\delta} \geq w + 1 + \frac{\delta \bar{w}}{1-\delta} \tag{7}$$

$$\frac{w}{1-\delta} \geq \frac{\bar{w}}{1-\delta} \tag{8}$$

(7) の左辺は努力し続けることによって得られる従業員の割引利得和を表している。右辺はある期に怠けることによって，一時的に 1 だけの追加利得を得て，解雇される。翌期以降は他の企業で働くことになり，毎期 $\bar{w}$ の利得を得ることを表している。

(8) は従業員の参加条件を表している。当該の企業で働き続けることによって他の企業で働くより損をすることはないことを意味する。

(7) を整理することにより，以下が得られる。

$$w \geq \bar{w} + \frac{1-\delta}{\delta}$$

この条件が満たされるとき，(8) は自動的に満たされる。よって，企業は $w = \bar{w} + (1-\delta)/\delta$ と設定することが最適となる。以上により，企業にとって最適な固定給報酬は $w > \bar{w}$ を満たし，他の企業より高い賃金を設定することが最適であることが示された。

　以下に効率賃金に関する 3 つの事例を紹介しておこう。

　ひとつは米国自動車会社フォードの事例である。フォードは 1914 年に「five-dollar day program」とよばれる改革を行った。それまで 1 日あたりの労働時間は 9 時間であったものを 8 時間に変更し，さらに，1 日あたりの最低賃金を 2.34 ドルから 5 ドルに引き上げたのである。この結果，離職率は減少し，解雇される従業員の人数も減少した。また生産性も上昇したとの調査結果がある。

　上のモデル分析と照らし合わせると，$w = 5$ であり，$\bar{w} < 5$ であると解釈することができる。賃金の上昇は従業員にとって解雇されることによる機会費用を増加させることを意味する。よって，従業員は解雇されることを恐れて，努力するインセンティブが高まったのである。そして，低離職率，低解雇の結果，従業員は長い期間同じ組織で働き続けることになる。その結果，従業員は生産能力が高まり，生産性が上昇したのである。

　2 つ目の事例は 1980 年代までの典型的な日本企業における終身雇用制である。これも効率賃金で説明することが可能である。1980 年代までの典型的な日本企業では終身雇用が維持されていた。従業員は長期にわたってひとつの企業に勤めることが通常であった。年を経るごとに従業員の企業内でのランクが上がっていく。高いランクほど高い賃金を得ることができる。転職をすると転職先の企業で低いランクから再出発することになる。$\bar{w}$ は転職した場合の生涯平均賃金として解釈することができる。

　従業員は転職をせずにひとつの企業で努力を続け，賃金 w をもらい続ける方が，転職して低いランクから再出発して賃金 $\bar{w}$ をもらい続けることになるより好ましいのである。企業側も低い賃金を設定して従業員に転職されるより，従業員がとどまってくれるように高い賃金を設定することが最適なのである。

　終身雇用は法律や契約で保証されていたものというより，自己遵守可能な関係的契約の結果として，維持されていたと考えることができる。

第8章 関係的契約　253

　3つ目の事例は最近のものである。2015年3月に中国広東省恵州市のアップル社の関連工場は日本円で月収約10万円で求人を行った[7]。当時の同地の工場作業員の賃金は高くても6万円程度であったことから破格の求人であったといえる。高い賃金を提示することは多くの人材を惹き付けることになり，能力の高い人材を採用することを期待していたと考えられる。そして，採用した後はフォードの事例と同様に，低い離職率と高い生産性を実現することができるのである。

2.7　ボーナス報酬

　次に，ボーナス報酬 (w, b) の関係的契約を考えよう。ボーナス額は $b > 0$ を満たすものとする。経路上において，毎期雇用主はボーナス報酬 (w, b) を提示し，従業員はそれを受け入れて努力し，雇用主がボーナスを支払うということが実現するような関係的契約を導出する。

　固定給報酬の関係的契約を構築したときと同じ手順でボーナス報酬の関係的契約を定義することにする。そして，その関係的契約が自己遵守可能となるための条件を導出しよう。

　ボーナス報酬の関係的契約を定義するために第1期から各期の期初までのプレーの結果を以下の2つの状態に分類しておく。

状態1：第1期の期初である。または，第1期から現在の期初まで，各期において雇用主はボーナス報酬 (w, b) を提示し，従業員はその報酬を受け入れ，努力している。そして，雇用主は従業員が努力した場合にはボーナス b を支払っている。

状態2：状態1以外のプレーの結果が実現している。

　では，ボーナス報酬の関係的契約を定義しよう。関係的契約とは戦略の組のことであったことを思い出そう。戦略の組をまとめて記述する。

- 第 $t\,(\geq 1)$ 期の期初までのプレーの結果が状態1に属していたとする。
  ・この期に雇用主はボーナス報酬 (w, b) を提示する。そして，従業員はこれを受け入れ，努力する。そして，雇用主はボーナス b を支払う。努力しないときはボーナスを支払わない。

---

7)　「アップル『月収10万円』の破格求人に数万人が殺到！　中国"使い捨て"農民工が高給取りへ⁉」（日刊サイゾー）http://www.cyzo.com/2015/03/post_21069_entry.html（2019年6月30日閲覧）。

254 第 II 部 組織の問題をどのように解決するのか？

・雇用主が (w, b) 以外の報酬 (w', b') を提示した場合には，$w' \geq \bar{u}$ であれば従業員は受け入れ，怠ける。そして，雇用主は従業員が努力したとしてもボーナスを支払わない。$w' < \bar{u}$ であるような報酬が提示された場合には従業員はそれを拒否する。

• 第 $t(\geq 1)$ 期の期初までのプレーの結果が状態2に属していたとする。この期には段階ゲームの均衡をプレーする。つまり，雇用主は従業員が拒否するような報酬を提示する。もし，雇用主が $w' \geq \bar{u}$ を満たすような報酬 (w', b') を提示した場合には従業員はこれを受け入れる。雇用主が $w' < \bar{u}$ を満たすような報酬を提示した場合には従業員はこれを拒否する。従業員は報酬を受け入れた場合には怠ける。従業員が努力したとしても雇用主はボーナスを支払わない。

上は各期の各局面で雇用主と従業員がすべきことがすべて記述されているので完全な行動計画になっている。固定給報酬の関係的契約と同様にして，このボーナス報酬の関係的契約に対応する雇用主と従業員の戦略を記述することができるが，それは省略することにする。この関係的契約が一種のトリガー戦略であることは固定給報酬の関係的契約での説明と同様にできる。

では，ボーナス報酬 (w, b) の関係的契約が自己遵守可能となるための条件を導出する。状態2に属するどの期においても関係的契約から逸脱インセンティブがないことは明らかであるので，状態1に属する期について考えよう。各期において4つの局面があるので，以下の4つの条件が満たされる場合に限り，各主体は経路上からの逸脱のインセンティブがない。

$$\frac{12 - w - b}{1 - \delta} \geq \frac{\bar{v}}{1 - \delta} \tag{9}$$

$$\frac{w + b - 1}{1 - \delta} \geq \frac{\bar{u}}{1 - \delta} \tag{10}$$

$$\frac{w + b - 1}{1 - \delta} \geq w + \frac{\delta \bar{u}}{1 - \delta} \tag{11}$$

$$\frac{12 - w - b}{1 - \delta} \geq 12 - w + \frac{\delta \bar{v}}{1 - \delta} \tag{12}$$

(9) は雇用主の報酬提示局面において，ボーナス報酬 (w, b) を提示することが雇用主にとって最適となるための条件である。右辺はある期に (w, b) 以外の報酬を提示した場合に得られる最大の割引利得和を表している。

(10) は従業員がボーナス報酬 (w, b) を受諾するためのインセンティブ両立

条件である。参加条件と考えてもよい。左辺は毎期ボーナス報酬 (w, b) を受け入れ，努力する場合の割引利得和を表している。右辺は逸脱して，ボーナス報酬 (w, b) を拒否した場合の割引利得和を表している。一度でも従業員が (w, b) を拒否すると，翌期以降，雇用主は従業員が拒否するような報酬を提示するので毎期留保利得 $\bar{u}$ を得る。

(11) は従業員がボーナス報酬 (w, b) を受け入れた場合に努力することがインセンティブ両立的となるための条件である。右辺は逸脱して怠けた場合の従業員の割引利得和を表している。従業員は怠けることによって努力の費用 1 を節約することができる。しかし，ボーナスは支払われないので，その期には w の利得を得ることになる。翌期は状態 2 に移行するので，関係的契約にしたがって雇用主は従業員が拒否するような報酬を提示する。よって，右辺が得られる。

(12) はボーナス支払い局面における雇用主のボーナス支払いインセンティブに関する条件である。右辺は従業員が努力したにもかかわらず，ボーナスを支払わない場合の割引利得和を表している。雇用主はボーナスを支払わないことにより，その期に $12 - w$ の利得を得る。そして，翌期以降は留保利得 $\bar{v}$ を得ることになる。

関係的契約が自己遵守可能となるための条件を導出する。(11) と (12) をそれぞれ整理すると以下が得られる[8]。

$$\frac{w + b - 1}{1 - \delta} \geq \frac{\bar{u}}{1 - \delta} + \frac{1 - b}{\delta} \tag{13}$$

$$\frac{12 - w - b}{1 - \delta} \geq \frac{\bar{v}}{1 - \delta} + \frac{b}{\delta} \tag{14}$$

$b > 0$ という想定であるから，(14) が満たされるとき，自動的に (9) も成り立つ。よって，ボーナス報酬の関係的契約を導出する場合，雇用主の報酬決定に関する条件 (9) は無視して考えることができる。

---

8)　(13) の導出を説明しておく。(14) の導出も同様である。(11) の右辺を変形し，整理すると次のようになる。

$$\frac{w + b - 1}{1 - \delta} \geq w + b - 1 + (1 - b) + \delta \frac{\bar{u}}{1 - \delta} \quad \Leftrightarrow$$

$$\delta \frac{w + b - 1}{1 - \delta} \geq (1 - b) + \delta \frac{\bar{u}}{1 - \delta}$$

両辺を δ で割ることによって (13) が得られる。

256 第 II 部 組織の問題をどのように解決するのか？

さらに，ボーナスが $0 < b \leq 1$ となる場合には，(13) が満たされるとき，(10) は自動的に成り立つ。よって，この場合，(10) を無視し，(13) と (14) のみに着目すれば関係的契約が自己遵守可能であることを確認することができることになる。一方，$b > 1$ の場合には，(13) を無視して，(10) と (14) のみに着目すればよい。

まず，$0 < b \leq 1$ を満たすようなボーナス報酬の関係的契約が自己遵守可能となるための条件を導出しよう。$0 < b \leq 1$ の場合，(13) と (14) のみ着目すればよいので，これらを整理してひとまとめにすると次が得られる。

$$\bar{u} + \frac{1}{\delta} \leq w + \frac{b}{\delta} \leq 12 - \bar{v} \tag{15}$$

このとき，(15) を満たすようなボーナス報酬 (w, b) が存在するのは

$$\bar{u} + \frac{1}{\delta} \leq 12 - \bar{v} \quad \Leftrightarrow \quad \delta \geq \frac{1}{12 - \bar{v} - \bar{u}} \tag{16}$$

が成り立つときである。この条件は割引因子 δ が大きいほど成り立ちやすい。また，従業員の留保利得 $\bar{u}$ や雇用主の留保利得 $\bar{v}$ が小さいほど成り立ちやすい。仮定により，$\bar{u} + \bar{v} < 11$ であるから，上を満たすような δ は存在する。

次に，$b > 1$ を満たすようなボーナス報酬の関係的契約が自己遵守可能となるための条件を導出しよう。$b > 1$ の場合，(10) と (14) のみ着目すればよいので，これらを整理してひとまとめにすると次が得られる。

$$\bar{u} + 1 - w \leq b \leq \delta(12 - w - \bar{v}) \tag{17}$$

なお，(10) と (14) の両辺を足し合わせて整理し，$b > 1$ であることを用いると，

$$\delta \geq \frac{1}{12 - \bar{v} - \bar{u}}$$

が得られ，割引因子の条件は $0 < b \leq 1$ の場合の条件 (16) と同じものになる。よって，(16) は自己遵守可能なボーナス報酬の関係的契約が存在するための必要条件である。

条件 (17) はボーナス額には上限があることを意味する。b を大きくした場合，w を小さく（場合によってはマイナスに）すれば条件 (17) の 2 番目の不等号は満たされるが，一方で左辺の値も大きくなり，1 番目の不等号が満たされなくなるのである。左辺の値と右辺の値を比較することによって，固定給 w の

下限を導出することができる。

$$w \geq \frac{\bar{u} + 1 - \delta(12 - \bar{v})}{1 - \delta}$$

以上によって，ボーナス報酬の関係的契約が自己遵守可能となるための条件は次のようにまとめられる。

- 自己遵守可能なボーナス報酬の関係的契約が存在するためには条件 (16) が必ず満たされなければならない。
- $0 < b \leq 1$ を満たすようなボーナス報酬の関係的契約が自己遵守可能となるためには，(w, b) が条件 (15) も満たさなければならない。
- $b > 1$ を満たすようなボーナス報酬の関係的契約が自己遵守可能となるためには，(w, b) が条件 (17) も満たさなければならない。

上の条件を満たすような (w, b) は複数存在しうる。つまり，自己遵守可能な関係的契約は複数存在しうる。次に自己遵守可能な関係的契約の中で雇用主の割引利得和を最大にするようなボーナス報酬，つまり最適ボーナス報酬の性質を導出しよう。

《最適ボーナス報酬》

まず，$0 < b \leq 1$ の範囲で雇用主の割引利得和を最大にするようなボーナス報酬について考察する。$0 < b \leq 1$ の場合，関係的契約が自己遵守可能であるためには条件 (15) が満たされなければならない。雇用主にとっては固定給 w とボーナス b をできるだけ小さくすることが好ましいので，条件 (15) のひとつ目の不等号が等号になるように w と b を決定することになる。つまり，

$$\bar{u} + \frac{1}{\delta} = w + \frac{b}{\delta} \quad \Leftrightarrow \quad w = \bar{u} + \frac{1 - b}{\delta} \tag{18}$$

を満たすように w と b を設定することになる。

(18) を雇用主の割引利得和に代入すると以下が得られる[9]。

$$\frac{12 - w - b}{1 - \delta} = \frac{11 - \bar{u}}{1 - \delta} + \frac{1}{\delta}(b - 1)$$

---

9) (18) を代入後，以下のように変形することによって導出することができる。

$$\frac{12 - w - b}{1 - \delta} = \frac{12 - \bar{u} - (1 - b)/\delta - b}{1 - \delta} = \frac{11 - \bar{u} - (1 - b)/\delta + (1 - b)}{1 - \delta}$$

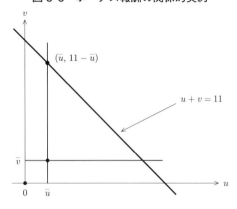

図 8-3　ボーナス報酬の関係的契約

$0 < b \leq 1$ の範囲では $b = 1$ のときに雇用主の割引利得和は最大となる。つまり，$w = \bar{u}$ かつ $b = 1$ を満たす。このとき，雇用主の割引利得和は $(11 - \bar{u})/(1 - \delta)$ となり，従業員の割引利得和は $\bar{u}/(1 - \delta)$ となる。パレート効率性が実現されており，従業員は毎期留保利得に等しい利得を得ているので，雇用主は毎期，可能な利得の中で最大の利得を得ていることになる。図 8-3 も参照されたい。

この結果をまとめると次のように主張することができる。

> **最適ボーナス報酬**：条件 (16) が成り立つ場合，$w = \bar{u}$ かつ $b = 1$ を満たすボーナス報酬の関係的契約は自己遵守可能であり，最適ボーナス報酬のひとつである。

上の最適ボーナス報酬のもとではパレート効率性が実現されており，かつ，雇用主は最大の利得を得ているので，$b > 1$ となるようなボーナス報酬が選択可能であるとしても，雇用主の利得を改善するような報酬は存在しないことを意味する。

特殊な条件を除けば，最適ボーナス報酬は複数存在する。上で導出した報酬は最適ボーナス報酬のひとつにすぎない。条件 (16) が厳密な不等号で成り立つ場合には，$b > 1$ と条件 (17) を同時に満たすような w と b が存在し，そのようなものの中に $w + b - 1 = \bar{u}$ を満たすものがある。このような報酬のもとでは雇用主は $(11 - \bar{u})/(1 - \delta)$，従業員は $\bar{u}/(1 - \delta)$ の割引利得和を得ているので最適ボーナス報酬となっている。

最適固定給報酬と最適ボーナス報酬の比較を行っておこう。最適ボーナス報酬のもとでは従業員は毎期 $\bar{u}$ の利得を得るため正のレントを得ることはできない。これは最適固定給報酬の関係的契約では従業員が正のレントを得ることと対照的である。

固定給報酬よりボーナス報酬の最適な関係的契約の方が雇用主の利得が高くなることはそれほど自明なことではない。ボーナス報酬の方が雇用主の自由度が増す一方で、雇用主がボーナスを支払うためのインセンティブ両立条件が追加されるので条件が厳しくなる。一方、従業員の努力のインセンティブ両立条件はボーナス報酬の方が固定給報酬より満たされやすいという 2 つの効果があるからである。

ボーナス報酬の方が固定給報酬より雇用主にとって好ましくなる理由は次のとおりである。固定給報酬においては、従業員が怠けた場合に、その期には従業員に罰を与えることはできず、翌期以降、従業員の利得を $\bar{u}$ にするような報酬を提示することによって罰を与えることになる。ボーナス報酬においては、従業員が怠けた場合、その期にボーナスを支払わないことによって罰を与え、さらに翌期以降には従業員の利得を $\bar{u}$ にするような報酬を提示することによって罰を与えることができる。この効果が雇用主に有利に働くのである。

3 隠された行動と立証不可能な業績

ここでは従業員の行動が観察可能ではない状況、つまり、隠された行動における関係的契約について考える。第 5 章第 3 節の隠された行動のモデルを利用することにする。

隠された行動のモデルでは、従業員の行動は観察可能ではないが、選択された行動に応じて確率的に実現する価値が観察可能かつ立証可能であるものと仮定されていた。ここでは、実現した価値は観察可能であるが、立証不可能な状況を想定する。よって、実現した価値に応じてボーナスを支払うという契約を結ぶことはできない状況である。

1 回限りの関係においてはパレート効率性を達成することはできないが、長期的関係においては関係的契約を利用することによってパレート効率性が達成可能となることを示す。

260 第II部 組織の問題をどのように解決するのか?

3.1 段階ゲーム

従業員は「努力する」か「怠ける」のいずれかの行動を選択することができる。従業員が努力した場合には1の費用が発生し，怠けた場合には費用は発生しないものとする。従業員が選択した行動を雇用主は観察することはできないものとする。

従業員が選択した行動に応じて確率的に価値が生み出される。生み出された価値は雇用主と従業員は観察可能であるが，立証不可能であるとする。この仮定が第5章第3節の隠された行動のモデルとの違いである。

従業員が努力した場合には，確率 p で12の価値が実現し，残りの確率 $1-p$ で0の価値が実現する。一方，従業員が怠けた場合には，確率 q で12の価値が実現し，残りの確率 $1-q$ で0の価値が実現する。p と q は0より大きく，1より小さいものと仮定する。

生み出された価値は雇用主に帰属するものとする。従業員が努力する場合の雇用主と従業員の期待利得の和は $12p-1$ である。一方，従業員が怠けた場合の雇用主と従業員の期待利得の和は $12q$ である。以下では，$p-q>1/12$ を仮定する。

後の分析のためにパレート効率的な状態における雇用主と従業員の利得の和を $s=12p-1$ と書くことにする[10]。雇用主の留保利得を $\bar{v} \geq 0$ とし，従業員の留保利得を $\bar{u} \geq 0$ とする。雇用主と従業員の留保利得の和を $\bar{s}=\bar{u}+\bar{v}$ と表す。

第5章第3節でみたように，1回限りの関係においては，生み出される価値が立証可能である場合には，パレート効率的な組織の状態は達成可能である。復習しておこう。「固定給 w を支払い，12の価値が生み出された場合にはボーナス b を支払う」という契約を結ぶことによってパレート効率性は達成できる。この契約を (w,b) と表す。

契約 (w,b) が以下のインセンティブ両立条件と参加条件を満たすときパレート効率性を達成することができる。

$$w+pb-1 \geq w+qb-0 \tag{19}$$

---

10)　パレート効率的な組織の状態と雇用主と従業員の利得の和に関する議論については第2章第4節の価値最大化原理を参照されたい。

$$w + pb - 1 \geq \bar{u} \tag{20}$$

(19) と (20) を整理することによって次の条件が得られる。

$$b \geq \frac{1}{p - q} \tag{21}$$

$$w + pb \geq \bar{u} + 1 \tag{22}$$

(22) の右辺は雇用主の期待支払額を表しているので，参加条件が等号で成り立つように w と b を設定することが雇用主の期待利得を最大とする。このとき，

$$b \geq \frac{1}{p - q} \quad \text{かつ} \quad w + pb = \bar{u} + 1$$

を満たすような固定給 w とボーナス b の組み合わせはすべて雇用主にとって最適である。

　生み出される価値が立証可能ではない状況を考えてみよう。この状況においては「固定給 w を支払い，12 の価値が生み出された場合にはボーナス b を支払う」という正式契約を結ぶことはできず，単なる口約束にならざるをえない。このとき，12 の価値が生み出されたとしても雇用主にはボーナスを支払うインセンティブはない。なぜなら，生み出された価値は立証可能ではないため，雇用主はボーナスの支払いを強制されることはないからである。これを予想し，従業員は努力することはない。よって，1 回限りの関係においては，パレート効率性は達成可能ではない。

　この段階ゲームには複数の部分ゲーム完全均衡が存在するが，どのような均衡においても従業員と雇用主の均衡利得は留保利得に等しくなることは第 2 節と同様である。以下の戦略の組は部分ゲーム完全均衡のひとつである。

　　「雇用主は従業員が拒否するような報酬を提示する。もし，雇用主が $w \geq \bar{u}$ を満たすような報酬を提示した場合には従業員はこれを受け入れる。雇用主が $w < \bar{u}$ を満たすような報酬を提示した場合には従業員はこれを拒否する。従業員は報酬を受け入れた場合には怠ける。12 の価値が生み出されたとしても雇用主はボーナスを支払わない」

　前節同様に，以下では段階ゲームの部分ゲーム完全均衡について言及する場合には単に「段階ゲームの均衡」ということにする。

262   第 II 部   組織の問題をどのように解決するのか？

3.2   無限回繰り返しゲーム

　長期的関係を想定し，関係的契約によってパレート効率性が達成可能となることをみていくことにしよう．前項で定義されたゲームを段階ゲームとする無限回繰り返しゲームを考える．段階ゲームに 4 つの局面がある．

- 雇用主による報酬提示局面
- 従業員による報酬受諾に関する決定局面
- 従業員の努力選択局面
- 雇用主のボーナス支払い局面

　無限回繰り返しゲームにおける各プレーヤーの戦略は各期の自分の各局面までのプレーの結果について，その局面で選択する行動を指定するもののことである．無限回繰り返しゲームの利得は割引因子を δ とする割引利得和で表されるものとする．

3.3   関係的契約の導出

　毎期，雇用主は報酬 (w, b) を提示し，それを従業員が受け入れ，努力し，12 の価値が生み出された場合には雇用主がボーナスを支払うということが実現するような自己遵守可能な関係的契約を導出する．

　これまでと同様に，関係的契約を構築するために各期の期初までのプレーの結果を 2 つに分類することから始める．ここでは従業員の行動は観察可能ではないので，従業員と雇用主の両方に観察可能な情報のみに応じてプレーの結果を分類する．

　状態 1：第 1 期の期初である．または，第 1 期から現在の期初まで，各期の各局面において，雇用主は報酬 (w, b) を提示し，従業員はその報酬を受け入れ，12 の価値が生み出された場合にはボーナスが支払われている．

　状態 2：状態 1 以外のプレーの結果が実現している．

　第 2 節では，状態 1 は過去に誰も逸脱していないというプレーの結果を表していたが，ここでは従業員が逸脱して怠けた場合も状態に含まれている．関係的契約を定義した後に説明するが，従業員の行動は観察可能ではないので，状態 1 に属するようなプレーの結果を観察した場合には従業員は常に努力していたという信念を雇用主は持つことになる．

次のような関係的契約を考えよう。

- 第 $t \, (\geq 1)$ 期に，その期初までの観察可能なプレーの結果が状態 1 に属するものであったとする。
  - ・その期に，雇用主は報酬 (w, b) を提示する。そして，従業員はそれを受け入れ，努力する。12 の価値が生み出された場合には雇用主はボーナスを支払う。
  - ・雇用主が (w, b) と異なる報酬 (w', b') を提示した場合には，$w' \geq \bar{u}$ を満たすような報酬であれば，従業員は受け入れ，怠ける。$w' < \bar{u}$ を満たすような報酬であれば，従業員は拒否する。(w, b) と異なる報酬 (w', b') が受け入れられた場合には雇用主はボーナスを支払わない。
- 第 $t \, (\geq 1)$ 期に，その期初までの観察可能なプレーの結果が状態 2 に属するものであったとする。その期に，雇用主は従業員が拒否するような報酬を提示する。$w' \geq \bar{u}$ を満たすような報酬が提示された場合には，従業員は報酬を受け入れ，怠ける。$w' < \bar{u}$ を満たすような報酬が提示された場合には，その報酬を拒否する。いかなる報酬が受け入れられたとしても雇用主はボーナスを支払わない。

この関係的契約に対応する従業員と雇用主のそれぞれの戦略を定義することができるが，ここでは省略する。

従業員の戦略も雇用主の戦略も観察可能なプレーの結果のみに依存している[11]。従業員は自分が選択した過去の行動を知っているので，従業員の戦略は自分が過去に選択した行動に応じて各局面における決定を行うこともできる。しかし，上の関係的契約が自己遵守可能な場合には，従業員は関係的契約に従って観察可能なプレーの結果のみに応じてプレーすることが最適となるのである。

従業員と雇用主が上の関係的契約に従う場合，実現する観察可能なプレーの結果はすべて状態 1 に属する。そして，従業員は毎期努力することになる。よって，毎期パレート効率的な組織の状態が達成される。

では，上記の関係的契約が自己遵守可能となるような w と b の条件を導出しよう。状態 2 に属する期については段階ゲームの均衡がプレーされるので，

---

11) ゲーム理論ではこのような観察可能なプレーの結果のみに依存する戦略のことを公的戦略（public strategy）という。

264 第 II 部　組織の問題をどのように解決するのか？

雇用主も従業員も逸脱のインセンティブがないことは明らかである。状態 1
に属する期については，各期に 4 つの局面があるので，以下の 4 つの条件が
満たされるとき関係的契約は自己遵守可能となる。

$$\frac{p(12-b)-w}{1-\delta} \geq \frac{\bar{v}}{1-\delta} \tag{23}$$

$$\frac{w+pb-1}{1-\delta} \geq \frac{\bar{u}}{1-\delta} \tag{24}$$

$$\frac{w+pb-1}{1-\delta} \geq (w+qb)+\frac{\delta}{1-\delta}(w+pb-1) \tag{25}$$

$$\frac{p(12-b)-w}{1-\delta} \geq (12p-w)+\frac{\delta}{1-\delta}[p\bar{v}+(1-p)\{p(12-b)-w\}] \tag{26}$$

(23) は雇用主の報酬提示局面におけるインセンティブ両立条件を表してい
る[12]。雇用主が報酬 (w,b) を提示することで，従業員が拒否するような報酬
を提示するより損をすることはないことを表している。なお，(w,b) 以外の報
酬を提示することが最適とならないことは (26) が満たされる場合に成り立つ。

(24) は従業員の報酬受諾局面におけるインセンティブを表している。報酬
(w,b) を受け入れることが最適となるための条件である。従業員が拒否した場
合，その期に $\bar{u}$ の利得を得て，翌期以降は関係的契約に従い $\bar{u}$ の利得を得る
ことになる。

(25) は従業員の行動選択局面におけるインセンティブ両立条件である。左
辺は関係的契約に従い，従業員が努力し続ける場合の割引利得和を表してい
る。右辺はある期に関係的契約から逸脱して怠け，そして翌期以降は関係的契
約に従い，努力し続ける場合の割引利得和が表されている。この条件が満たさ
れる場合，複数回逸脱して怠けたとしても条件の左辺より高い割引利得和を得
ることはない[13]。

(26) は雇用主のボーナス支払い局面におけるインセンティブ両立条件であ
る。左辺は雇用主が関係的契約に従い，12 の価値が生み出されたときにはボー
ナスを支払い続ける場合の割引利得和を表している。右辺の第 1 項はある
期に関係的契約から逸脱し，12 の価値が生み出されたにもかかわらず，ボー
ナスを支払わない場合の期待利得を表している。

---

12)　この不等式は雇用主の報酬選択のインセンティブ両立条件と参加条件の 2 つの意味を
　　持つ。

13)　条件 (27) を参照せよ。

第 8 章 関係的契約　265

　第 2 項の大かっこの中の第 1 項は，前の期に関係的契約から逸脱し，12 の
価値が生み出されたにもかかわらず，ボーナスを支払わず，以降は関係的契
約に従い，報酬を提示しない場合に毎期受け取る利得 ($\bar{v}$) を表している。第
2 項の大かっこの中の第 2 項は，前の期に 0 の価値が生み出されたため，ボー
ナスを支払う必要がなかったため，以降は関係的契約に従い，報酬 (w, b)
を提示し続け，12 の価値が生み出されたときにボーナスを支払い続ける場合
の利得を表している。よって，第 2 項全体は，ある期においてボーナスを支
払わないと決めたときに，その期から評価した翌期以降の期待割引利得和を表
している。

　(25) を整理すると以下の条件が得られる。

$$w + pb - 1 \geq w + qb \quad \Leftrightarrow \quad b \geq \frac{1}{p - q} \tag{27}$$

つまり，従業員の行動選択に関するインセンティブ両立条件は 1 回限りの関
係におけるインセンティブ両立条件と同じものになる。

　(24) と (26) をそれぞれ整理すると以下の条件が得られる。

$$w + pb - 1 - \bar{u} \geq 0 \tag{28}$$

$$12p - w - pb - \bar{v} \geq \frac{1 - \delta}{\delta} b \tag{29}$$

(27) より，$b > 0$ であることから，(29) が満たされるとき，(23) は自動的に
成り立つ。よって，(23) は無視して考えることができる。

　(28) と (29) の両辺を足し合わせ，(27) と組み合わせることによって，以下
の条件が得られる。

$$\frac{\delta}{1 - \delta}(s - \bar{s}) \geq b \geq \frac{1}{p - q} \tag{30}$$

　(30) の右側の不等号が成り立つとき，従業員のインセンティブ両立条件が
成り立つことはすでに説明したとおりである。左側の不等号が成り立つような
b が存在するとき，w を適当に選ぶことによって (28) と (29) の両方を満足さ
せることができる。以上により，(30) を満たすような b が存在するとき，す
べての条件を満たす適当な固定給 w をみつけることができ，報酬 (w, b) の関
係的契約は自己遵守可能となる。

　上により自己遵守可能な関係的契約は複数存在しうる。$w + pb$ は各期の雇
用主の期待支払額を表している。よって，(28) を等号で満たし，(30) を満た

266 第II部 組織の問題をどのように解決するのか？

Column 8-1 リンカーン・エレクトリックのケース

リンカーン・エレクトリック（Lincoln Electric）は米国に本社を置く溶接メーカーで世界トップレベルの市場シェアを誇っている。この企業は発生した企業利益の一部をボーナスとして従業員に支払うことで有名であった。本章で紹介した理論とほぼ整合的な事例が 1990 年代に発生している。

1992 年に米国では好業績をあげた。その当時の約 3000 人の米国従業員は総額で 5000 万ドル（当時の為替レート換算で 60 億円）以上のボーナスを期待していた。しかし，買収した外国企業の巨額の損失により米国での利益を帳消しにするほどの事態が発生し，米国の従業員の期待どおりにボーナスを支払う場合，会社が傾く可能性もあった。この事実を従業員は知ることはできなかった。

当時の CEO であったドナルド・ヘイスティングス氏はボーナスを支払わないことによって従業員のモチベーションが低下し将来に大きな損失がもたらされるより，巨額の借り入れをしてでもボーナスを支払って従業員のモチベーションを維持することによる利益が上回ると判断した。そして，5210 万ドルもの巨額の借り入れを行い，従業員にボーナスを支払ったのである。

この事例では雇用主は知っているが従業員は知らない私的情報があり，本章で紹介した理論をそのまま適用できるわけではない。雇用主の保有する私的情報を踏まえた関係的契約に関する学術研究は存在し，ジン・リーとニコ・マトウシェクによって数理モデルを用いて詳細に分析されている*。

リンカーン・エレクトリックの経営に関する事例は世界中のビジネス・スクールで取り上げられたり，学術論文でもしばしば言及される有名なものである。

　　*Li, J. and N. Matouschek（2013）"Managing Conflicts in Relational Contracts," *American Economic Review*, vol. 103, pp. 2328-2351.

すような報酬 (w, b) が雇用主にとって最適な報酬となる。

いくつかの性質について述べておこう。ボーナス額の上限は割引因子 δ と $s - \bar{s}$ に応じて変わる。δ が大きいほど，(30) は満たされやすい。一方，δ が 0 に近い場合は (30) を満たすようなボーナスは存在しない。つまり，従業員に努力させるような関係的契約は存在しないことになる。また，$s - \bar{s}$ が大きいほどボーナス額の上限は大きくなる。つまり，努力が生み出す社会的余剰が大きいほど，高いボーナスを維持可能となるということである。

最後に，1 回限りの関係における価値が立証可能な場合の最適契約が，必ずしも自己遵守可能な関係的契約として実現可能なわけではないことを確認しておく。1 回限りの関係において，生み出された価値が立証可能な場合には，$b \geq 1/(p - q)$ かつ $w + pb = \bar{u} + 1$ を満たすような報酬 (w, b) はすべて，雇

用主にとって最適な契約であった。ボーナス額 b がどんなに大きいとしても，$w + pb = \bar{u} + 1$ を満たすように固定給 w を適切に小さく調整することによって期待支払額を最小化することができる。

一方，関係的契約においては，ボーナス額 b は (30) を満たさなければならない。b が大きい場合には (30) は満たされない。つまり，雇用主がボーナスを支払うインセンティブがなくなってしまうのである。よって，関係的契約においては，ボーナスの上限が存在することになる。

4　客観的評価，主観的評価

最後に本章で想定した組織における情報構造について若干の補足をしておく。ここまでの分析では，従業員と雇用主の両方が観察可能な従業員の行動に関する情報が存在するものと想定してきた。第 2 節では従業員の行動が雇用主と従業員の間で観察可能であった。第 3 節では，雇用主は従業員の行動は観察可能ではなかったが，生み出される価値は雇用主と従業員の間で観察可能であった。

このような従業員と雇用主の両方が観察可能な情報のことを従業員の行動に関する客観的な情報という。このような状況は雇用主が従業員の行動を客観的指標に基づいて評価しているものと考え，雇用主が従業員に対して**客観的評価**を行っている状況であると解釈できる。

たとえば，セールスパーソンが顧客と結んだ契約数は客観的な情報となる。契約数に応じてセールスパーソンにボーナスが支払われるのであれば，従業員は客観的評価に基づいた査定が行われていると考えられる。

本章は客観的評価における関係的契約について解説した。客観的評価における関係的契約に関する研究は数多くなされており，多くのことが明らかにされている。パレート効率性はどのような条件のもとで達成可能であるかや雇用主にとって最適な報酬はどのような性質を有しているかなどが明らかにされている。

客観的評価に対し，**主観的評価**とよばれるような状況も考えることができる。つまり，雇用主は従業員が選択した行動を観察することはできないが，選択された行動と相関する情報を雇用主が私的に獲得するような状況である。従業員は雇用主がどのような情報を獲得したのかを知ることはできない。このよ

うな状況は雇用主が従業員の選択した行動を主観に基づいて評価しているものと考え、雇用主が主観的評価を行っている状況であると解釈できる。第7章第8節で紹介した不完全私的観測に対応する状況である。

多くの企業では主観的な評価によって従業員は査定されている。たとえば、従業員がどれくらい組織に貢献したかといったことが上司によって評価される。このような評価は上司の主観に大きく左右される。従業員は努力して組織に貢献したにもかかわらず、上司が勘違いして貢献度は低いという評価をされるかもしれない。評価のエラーはよく発生することである。

評価が主観的にならざるをえないことから上司は自分の利益を優先し、意図的に不当な評価を与えることもありうる。上司が評価能力を高めるような努力を怠ることも考えられる。パレート効率性を達成するためにはこれらを防止するような関係的契約を構築しなければならない。この問題に関する研究は発展途上にある。

● まとめ

□ 従業員の行動が観察可能であるが立証可能ではない状況について、パレート効率性を達成するような固定給報酬の関係的契約とボーナス報酬の関係的契約を特徴づけた。

□ 固定給報酬の関係的契約においては従業員は正のレントを得るが、ボーナス報酬の関係的契約における最適な報酬のもとでは従業員はレントを得ないことが明らかとなった。

□ 隠された行動の状況において生み出される価値が立証不可能であると想定し、パレート効率性を達成するような関係的契約を特徴づけた。

□ 割引因子や従業員の努力によって生み出される余剰に応じて、関係的契約で維持可能となる最大のボーナス額が変わることが明らかとなった。

● 文献ノート

関係的契約に関する最初の学術研究は法学者であるスチュワート・マコーリーによる社会学的調査研究である。

1. Macaulay, S. (1963) "Non-Contractual Relations in Business: A Preliminary Study," *American Sociological Review*, vol. 28, pp. 55-67.

最初の数理モデルによる研究はレスター・テルザーによるものである。

2. Telser, L. (1980) "A Theory of Self-Enforcing Agreements," *Journal of Busi-*

ness, vol. 53, pp. 27-44.

現代的な関係的契約の基礎となる重要な研究は以下の2つである。本章の解説は Levin（2003）をもとにしている。

3. MacLeod, W. B. and J. Malcomson（1989）"Implicit Contracts, Incentive Compatibility, and Involuntary Unemployment," *Econometrica*, vol. 57, pp. 447-480.

4. Levin, J.（2003）"Relational Incentive Contracts," *American Economic Review*, vol. 93, pp. 835-857.

関係的契約に関する最良のサーベイは以下のものである。

5. Gibbons, R. and J. Roberts（2013）*The Handbook of Organizational Economics*, Princeton University Press. 第25章

著者たちが知る限り，日本語による関係的契約に関する解説書やサーベイ論文は今のところない。

第2.6項で紹介した2つ目の事例は下記の書籍の第3章「インセンティブ・システムとしてのランク・ヒエラルキー」で詳しく分析されている。

6. 青木昌彦（1992）『日本経済の制度分析——情報・インセンティブ・交渉ゲーム』筑摩書房

この書籍は日本企業におけるインセンティブ・システムに関する先駆的研究である。

第9章 戦略的情報伝達

1 組織における意思決定と戦略的情報伝達

　第3章でみたように，組織は分業していた仕事をコーディネーションを行うことで統合し，最終的な意思決定を下すことで何らかのアウトプットを提供することになる。分業しているということは同時に，最終的な意思決定を下すにあたって必要な情報が組織の中に散在していることを意味している。このことはさらに，意思決定者は，他のメンバーが保有している情報を伝えてもらうことで，判断せざるをえない状況が生まれうることを意味している。つまり，組織的な統合プロセスの中で，意思決定者は組織に散在している情報を集約して意思決定する必要がある。

　逆に，情報を保有している立場からこうした状況を考えると，自分がどのような情報を伝達するかによって組織の意思決定が影響され，それがめぐって自分のところが影響を受けるという場合，保有している情報を必ずしも包み隠さず伝えるということは期待できない。たとえば，自分の立場が不利になるような情報は隠蔽するかもしれないし，他方，有利になるのであれば積極的に開示するかもしれない。このように，組織における情報伝達はきわめて戦略的になってしまうのである。

　また，戦略的な情報伝達のあり方も情報の性質によって大きく異なる。たとえば，会計情報のような客観的で立証可能な情報を伝達する状況を考える。このような情報を**ハードな情報**（hard information）という。ハードな情報は数値のような客観的な情報で曖昧さなく相手に伝わるので，ここでの戦略的伝達は単に真実を伝えるか，虚偽の報告をするかのいずれかになる。他方，ある個

人の能力に関する情報のように，主観的な評価が入り交じり，立証することが難しい情報を伝達する状況もありうる。このような情報を**ソフトな情報**（soft information）という。ソフトな情報の場合，情報に解釈の余地が残るので，それぞれの立場に応じて都合のよいように情報が歪んで送られたり，受け止められたりするということが起こる可能性がある。そのため，情報の送り手・受け手双方が歪みが生じる可能性を踏まえながらきわめて戦略的に振る舞うことになる。

　本章では上で述べた情報のうち後者のような情報に焦点を当てて，情報の保有者と組織の意思決定者が異なる状況における戦略的な情報伝達の問題を簡単なモデルを用いて考察する。

2　準備：個人の意思決定と予想の更新

　本章における戦略的な情報伝達の状況下では，情報を保有していない当事者は，相手が保有している情報を推測しながら最適な意思決定を行うことになる。第4章で考察したように，相手が保有している情報に対する推測を行うには，まずはこれまでの経験や観察等をもとにして事前に予想を形成することになる。さらに，追加情報を得るときに事前に形成した予想を更新する。とくに，戦略的なやり取りの中で，相手の行動やそれに関するシグナルを観察した場合，その追加情報が発生した背景等を考慮しながら，そのうえで事前に形成した予想を更新する。意思決定者は，このように予想を更新することで，相手が保有する情報についての推測の精度を上げ，よりよい意思決定を実施していく。

　このことを具体的にみていくために，次のような自動的に関連情報が事後的に獲得できる場合における，状況判断とそれに基づくプロジェクト選択を，ある事業部の事業部長が単独で意思決定する状況を考える。この事業部が直面する経営状況として，よい状態（Good）と悪い状態（Bad）があるものとする。それぞれの状態は確率 1/2 で起こるものとする。事業部長は過去の経験などから，それぞれの状態がどれくらいの頻度で起こるかはわかっているため，この確率分布は知っているものとする。しかし，現在直面している状態がどちらの状態であるかは判別できないとしよう。その代わり，状態に関連する情報（シグナル）を受け取り，それはよい状態を示唆するシグナル g か悪い状態を

示唆するシグナル b があるものとする[1]。それぞれの状態のもとで、それぞれの状態を示すシグナルを受け取る確率を 2/3 とする。つまり、$P(g|\text{Good}) = P(b|\text{Bad}) = 2/3$ ということである。

このシグナルに基づいて、状況判断した結果、状態に適したプロジェクトを選択することができると、1 の利益が得られ、不適切なプロジェクトを選択してしまうと、利益が得られない（0 の利益を得る）ものとする。ここでは、状態 Good ではプロジェクト X1 が相応しく、状態 Bad ではプロジェクト X2 が相応しいものとする。

現在直面する状態を推測するにあたっては、合理的な個人であれば、事前の予想に加えて実現したシグナルという追加的な情報を取り込んで予想を更新する。具体的に予想の更新がどのように行われるかを見てみるために、シグナル g を観察した後の事業部長の推論を考えよう。シグナル g を観察するには、2 つの経路があり、事業部長はそのどちらから到達したかについて区別することができない。ひとつは、真の状態が Good であり、それを示すシグナル g を受け取った場合である。もうひとつは、真の状態が Bad であるが、それとは反対に状態 Good を示すシグナル g が実現した場合である。したがって、状態 Good が起こる確率が 1/2 で、状態 Bad が起こる確率が 1/2 なので、とにかくシグナル g を受け取る確率は先述した 2 つの経路が起こる確率であるので

$$\frac{1}{2} \times \frac{2}{3} + \frac{1}{2} \times \frac{1}{3} = \frac{3}{6} = \frac{1}{2}$$

となる。合理的なプレーヤーであれば、この確率のうちどちらの経路で到達したかを予想するにあたっては、相対的な比率で推測するだろう。たとえば、シグナル g を観察したときに、真の状態が Good であると予想する確率は、

$$P(\text{Good}|g) = \frac{1/2 \times 2/3}{1/2 \times 2/3 + 1/2 \times 1/3} \tag{1}$$

となる。

これは、条件付き確率についての定理である**ベイズの定理**（Bayes' theorem）といわれる定理と対応している。ベイズの定理は、事象 Q と事象 S があると

---

1) ここで、シグナルとは後で出てくる、合図を送るという意味の「シグナリング」とは異なり、経営指標等の追加情報を意味する。

き，

$$P(S|Q) = \frac{P(Q \cap S)}{P(Q)} = \frac{P(S)P(Q|S)}{P(S)P(Q|S) + P(\bar{S})P(Q|\bar{S})}$$

という関係が成立する，という定理である．ここで，$P(Q \cap S)$ は，事象 Q と S が同時に起こる確率，つまり，事象 Q と事象 S の同時確率分布であり，$\bar{S}$ は S の余事象である[2]。今の状況にベイズの定理を適用する．たとえば，いま事象 Q，S，$\bar{S}$ を次のように定める．事象 Q はシグナル g を受け取ることとすると，事象 S は状態「Good」が実現すること，したがって，$\bar{S}$ は状態「Bad」が実現することとなる．これらについてベイズの定理を利用すると，

$$P(\text{Good}|g) = \frac{P(\text{Good})P(g|\text{Good})}{P(\text{Good})P(g|\text{Good}) + P(\text{Bad})P(g|\text{Bad})} = \frac{2}{3} \qquad (2)$$

という式が導かれ，これは上で述べた式 (1) に対応している．この推論の結果，シグナル g を受け取った場合，シグナルを受け取る前には，1/2 であった状態 Good に対する予想が，シグナル g を受け取った後には，状態 Good に対する予想が 2/3 に上昇したことを意味する．したがって，相対的に状態 Good の可能性が高いので，事業部長は状態 Good に相応しいプロジェクトである X1 を選択することが最適となる．

3　会話の役割——チープ・トーク

3.1　チープ・トークと完全ベイジアン均衡

さて，以上の準備のもとで，戦略的情報伝達について考察を行う．まずは一番単純な情報伝達である，利得構造に何ら影響を持たない会話が許される場合に，どのような情報伝達が行われるのかについて分析する．ゲーム理論ではこのような利得構造に影響を与えない会話のことを**チープ・トーク**（cheap talk）という．

　チープ・トークの役割をみるために，以下の例を考察する．いま，ある部署における上司とメンバー 1 の情報伝達問題を考える．この部署でどういうプロジェクトを実施するかについて，まずメンバー 1 から情報を収集し，プロジェクトを選択するという上司の意思決定問題を考える．上司が選択するプロ

---

　2)　ある事象 Q の余事象とは，Q が起こらない事象のことである．

274　第 II 部　組織の問題をどのように解決するのか？

表 9-1　プロジェクト選択ゲーム#1

		上司	
		X1	X2
状況	よい	2, 1	0, 0
	悪い	0, 0	1, 3

ジェクトにはプロジェクト 1（X1）とプロジェクト 2（X2）の 2 つがある。プロジェクト 1 はよい経済的状況のもとで実施するのに相応しいプロジェクトであり，他方，プロジェクト 2 は悪い経済的状況のもとで実施するのに相応しいプロジェクトである。メンバー 1 はこの部署が直面する経済的状況として，よい状況と悪い状況のどちらであるか知っているが，上司はどちらであるか知らないものとする。つまり，この部署が直面する経済的状況についての情報はメンバー 1 だけが知っている私的情報であり，第 4 章の言葉を用いると，経済的状況の情報はメンバー 1 のタイプとして表現されることに注意しよう。しかし，上司は過去の経験やデータ等から現在の状況がどちらかについて可能性を考えており，それぞれ 50% ずつだとする。この状況をまとめたものが表 9-1 である。

　表 9-1 の各マスではメンバー 1 の持つ情報と上司が選ぶプロジェクトに対応して，左側の数字がメンバー 1 の利得を表し，右側の数字が上司の利得を表している（以下同様）。

　以上の設定のもとで，まずメンバー 1 が経済的状況がよいか悪いかのどちらであるかを上司に告げ，それに基づいて上司はプロジェクトの選択をする，というように 2 段階で情報伝達が行われるものとする。この状況をゲーム・ツリーを用いて表現したものが図 9-1 である。このゲームのように，誰かの私的情報が存在するゲームのことを**ベイジアン・ゲーム**（Bayesian game）という[3]。

　こうしたベイジアン・ゲームをプレーするとき，メンバー 1 と上司では持っている情報が異なるので，プレーの仕方を定める戦略の形が自ずと異なる。まずメンバー 1 は私的情報を保有しており，保有している情報ごとにどのようなメッセージを伝達するかを定める必要がある。それに対し，上司は経済的

3）　厳密な定義を知りたい読者は，章末にある文献ノートを参照すること。

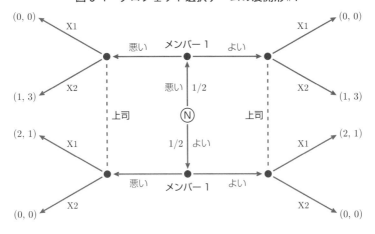

図9-1 プロジェクト選択ゲームの展開形#1

状況についての情報がわからず，メンバー1が真実を伝えているのか嘘をついているのか区別できないので，結局のところ伝達された内容に基づいて，どちらかのプロジェクトを選ぶということになる。このことを図9-1を用いて説明すると，メンバー1は上下にある自分のノードでそれぞれよいと伝達するか，悪いと伝達するかを定め，上司は左右の情報集合において，X1を採用するか，X2を採用するかをそれぞれ定めるということである。これらを各プレーヤーの戦略，とりわけ**ベイジアン戦略**（Bayesian strategy）と定義する。

具体的な分析に入る前に，ひとつだけ読者に注意を促しておきたいことがある。それは，第4章の付録での議論を覚えている読者にとっては当たり前に聞こえるかもしれないが，たとえば，図9-1における右側の情報集合において，上司は上のノードでX1を選択し，下のノードでX2を選択することはできないということである。こういうことが可能になるためには，上司は真の状況がよいか悪いかを知っていなくてはいけないからである。ここでは，上司はあくまでもメンバー1の行動のみが観察可能であり，真の状況がわからないので，メンバー1から伝えられた情報に依存してプロジェクトを選択するしかない。それゆえ，ひとつの情報集合内の別のノードで異なるプロジェクトを選択することはできないということである。

それでは，具体的にこのゲームにおける均衡をみていくことにする。ここでは，メンバー1はどちらのタイプであっても自分の真実の情報を告白し，上司はメンバー1がよい状況だと告げた場合には，X1を採用し，そうでない場

276 第II部 組織の問題をどのように解決するのか？

合には X2 を採用する，という戦略の組み合わせが「均衡」となる（「均衡」の厳密な定義は後述することにする）。

なぜそのような戦略の組が「均衡」となるのかについて，第4章で導入したバックワード・インダクションの考え方を拡張しながら直観的に考察する。そこでまず，この2段階ゲームにおける最後の意思決定である，2段階目の上司の意思決定から考える。まず，上司はメンバー1の持つ情報のタイプがわからないので，メンバー1の発するメッセージから，メンバー1の持つ情報のタイプを第2節で紹介したベイズの定理に従って推測し，最適なプロジェクトの選択をするものとしよう。いま考察している「均衡」では，メンバー1はよい状況である場合は確率1でよい状況であると告げ，そうでない場合は確率1で悪い状況であると告げる。つまり，よい状況であるというメッセージを受け取る可能性があるのは，本当によい状況である場合だけであり，悪い状況であるというメッセージを受け取るのは本当に悪い状況である場合である。したがって，もし上司がメンバー1からよい状況であるというメッセージを受け取った場合は，確率1でこの部署はよい状況にあるという予想を上司は形成することになる。つまり，図9-1において，右側の情報集合では下のノードに確率1が割り当てられ，上のノードには確率0が割り当てられる。この予想に基づくと，よい状況であるというメッセージを受け取った場合，X1 を選択すると上司の利得は1となるが，X2 を選択すると0と予想されるので，上司はよい状況であるというメッセージを受け取った場合は X1 を選択することが最適となる。同様に，悪い状況であるというメッセージを受け取った場合は，確率1でメンバー1の持つ情報は悪い状況であるという予想を形成し，この予想に基づいて X2 を選択することが最適となる。

次に，このような上司の最適反応を読み込んだうえでの，メンバー1の最適なメッセージ戦略を考える。メンバー1が経済的状況がよい状況であるという情報を持っている場合を考える。「均衡」で指定されているとおりに，よい状況であると真実を告白する場合は，上の分析から上司は X1 を選択するので，メンバー1は2の利得を受け取る。一方で，「均衡」から逸脱して，悪い状況であるとメッセージを送る場合は，上司は X2 を選択するので，本当はよい状況であるにもかかわらず X2 を行うことになり，メンバー1は0の利得を受け取ることになる。また，メンバー1が持つ情報が悪い状況という場合も，「均衡」どおりに悪い状況であると告白すると1の利得を受け取るのに対し，

第 9 章　戦略的情報伝達　　277

よい状況であると嘘をつくと 0 の利得を受け取ることになる。

　以上のように，上司とメンバー 1 のそれぞれの最適反応の分析から，両者ともに均衡で指定されている行動から逸脱するインセンティブはないので，先に示した戦略の組が，このベイズの定理を用いて予想を更新するという拡張を加味した意味での「均衡」となりそうだということがわかる。ここでは，このいま示した「均衡」分析の均衡概念を完全ベイジアン均衡といい，それを厳密に次のように定義する。

> **完全ベイジアン均衡**：多段階ベイジアン・ゲームにおいて，戦略と予想の組が**完全ベイジアン均衡**（perfect Bayesian equilibrium）であるとは，
> 　(1)　指定された戦略が導く確率分布のもとで到達する情報集合においては，戦略が導く確率をもとにベイズの定理によって予想が形成されている
> 　(2)　指定された戦略が導く確率分布のもとで到達しない情報集合においては，任意の予想を形成しうる
> 　(3)　相手が均衡で指定されている戦略に従うことを所与として，各自がそれぞれの予想のもとで最適な反応を選択している
> という条件を満たすことをいう。

　とくに，条件 (1) と (2) を**予想の整合性**（belief consistency）といい，条件 (3) を**逐次合理性**（sequential rationality）という。ここで，上の定義について 2 点の注意を喚起しておこう。まず，完全ベイジアン均衡においては，均衡という概念が，戦略だけではなく予想も含めて，戦略と予想の組に対して定義されていることに注意しよう。ベイジアン・ゲームにおいては，プレーヤーが得られた情報を駆使し，相手の保有する情報を推測する。そのようにして形成された予想に基づいて最適な反応を行うので，予想と戦略が相互に関連し合っているからである。

　次に，先ほどの例の場合，想定した均衡戦略のもとでは，メンバー 1 がよい状態である情報を持っているときにはよいといい，悪い状態であるときには悪いというので，左右両方の情報集合が起こりうることから，条件 (2) で言及されている到達しない情報集合がないことに注意しよう。つまり，どちらの情報集合にも想定した均衡戦略のもとでは到達可能であるということである。それゆえ，どの情報集合にも到達することから，条件 (2) についてとりたて

278　第II部　組織の問題をどのように解決するのか？

表9-2　プロジェクト選択ゲーム#2

上司

		X1	X2
状況	よい	2, 1	0, 0
	悪い	a, 0	1, 3

て考慮する必要がなかった。この条件が意味を持つのは，想定した均衡戦略の
もとで到達されない情報集合がある場合である。これについては次の例で詳し
く考察することにする。

3.2　利害対立と情報伝達

　さて，上記のゲームにおいて，真実の伝達がなされるという結果が起こるの
は，よい状況にはX1を選択し，そうでない場合にはX2を選択したい上司の
利益と，自分が持つ情報がよい状況であるというものであればX1を行い，そ
うでなければX2を実行してもらいたいメンバー1の利益とが完全に一致して
いるからである。

　そこで，表9-1における利得を表9-2のように変更してメンバー1の情報
伝達のインセンティブがどのように変化するかを考察する。

　このゲームの特徴は，状況が悪いときに上司がX1を選択した場合のメンバ
ー1の利得aの大きさに応じてメンバー1の最適な情報伝達戦略が変化する，
ということにある。このことを理解するために，aが1より小さい（$a < 1$）
場合を考える。これを調べるために，表9-2の利得構造を持つゲームをゲー
ム・ツリーで書いたものが図9-2である。

　これまでと同様，真実が伝達される結果が完全ベイジアン均衡によって支
えられるかを調べる。まず，2段階目の上司の最適反応から考える。上司は，
よい状況であるといわれた場合には，確率1でよい状況であると信じるので，
X1を選択する。他方，悪い状況であるといわれた場合には，確率1で悪い状
況であると信じるので，X2を選択する。次に，メンバー1のメッセージ戦略
を考える。よい状況であるという情報を持っている場合に，よい状況であると
真実を伝えると，上司はX1を実行するので，2の利得が得られる。他方，逸
脱して，本当はよい状況であるにもかかわらず，悪い状況であると伝えると
X2が実行され，0の利得しか得られない。それゆえ，メンバー1にとっては

図 9-2 プロジェクト選択ゲームの展開形#2

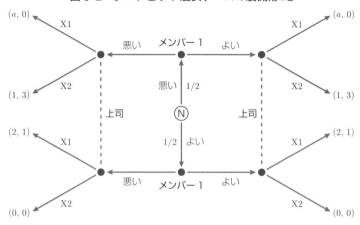

よい状況である場合には，よい状況であると真実を伝えることが最適となる。

　それでは，悪い状況であるという情報を持っている場合はどうであろうか。正直に悪い状況であると伝えると，上司は X2 を実行するので，1 だけの利得が得られる。他方，逸脱して，悪い状況であるにもかかわらず，よい状況であると嘘をつくと，上司は X1 を実行するので，メンバー 1 は a の利得を得られる。ここで，a は 1 より小さいので，悪い状況であると真実を伝えることが最適となる。

　ところが，a が 1 より大きい（$a > 1$）場合，この真実伝達は均衡とならない。まず，先ほどの分析にもあったように，メンバー 1 が悪い状況であるという情報を持っている場合に，よいと嘘をつくことで，a の利得を獲得する。いま a は 1 より大きいことから，嘘をつくことでより高い利得を得られることになるからである。

　それでは，$a > 1$ の場合，メンバー 1 は自分の持っている情報にかかわらず，常によい状況だといい，上司はメンバー 1 の持っている情報についての予想を形成し，その結果としてよい状況だと聞いた場合には，メンバー 1 は嘘をついていると上司は判断して X2 を割り当てる，ということが完全ベイジアン均衡によって実現されるであろうか。

　ここで，まず考察しなければならないのが，均衡戦略のもとで到達されない情報集合において上司はどのような予想のもとでどのような行動をとることにするかということである。つまり，今の状況の場合メンバー 1 が悪いと伝達

280　第 II 部　組織の問題をどのように解決するのか？

するときに到達する情報集合（図 9-2 の左側の情報集合）において，上司がどのように予想を形成するかという問題である。この情報集合においてベイズの定理に基づいて予想を計算しようとしても，どちらの状況であるにせよメンバー 1 は悪いとはいわないので，それぞれの状況のもとで悪いという確率が 0 となる。その結果として，ベイズの公式における分母が 0 となり，ベイズの公式に当てはめて計算ができない。そのため，このような場合はどんな予想も整合的であるとするというのが，完全ベイジアン均衡の定義の (2) の条件である。この例の場合でいうと，たとえば，悪い状況だと聞いた場合，確率 1 で相手は悪い状況であるという情報を持っているという予想を持つとする。この予想のもとでは，上司は X2 を選択することが最適となる。

　次に，上司がよい状況であると聞いた場合を考える。このとき，どちらの情報を持っていてもメンバー 1 はよい状況であると伝達するので，このメッセージは上司に何ら追加的な情報をもたらさない。それゆえ，あらかじめ持っている分布がこの情報集合における上司の整合的な予想となる。そのもとでは，X1 を選択すると期待利得は $1/2 \times 1 = 1/2$ となり，他方，X2 を選択すると $1/2 \times 3 = 3/2$ となるので，X2 を選択することになる。以上の上司の分析によれば，メンバー 1 の持っている情報がどちらのタイプであるかにかかわらず，どちらのメッセージを送ったとしても，上司は X2 を選択するので，部下はどんな場合でもよい状況であると伝達してもよいと考えている。したがって，想定した行動と予想が均衡として実現しうるのである。この均衡のように，メッセージが送られるものの，その内容が意味を持って相手に伝わらない均衡を**無駄口均衡**（babbling equilibrium）という。

　この無駄口均衡は $a < 1$ の場合にも存在しているという事実にも注意しよう。たとえば，表 9-2 で考察した無駄口均衡と同様の戦略と予想の組を考える。すなわち，メンバー 1 は常によい状況であるといい，上司は均衡戦略のもとで到達する情報集合では，あらかじめ持っている分布に基づいてメンバー 1 の持つ情報についての予想を形成し，均衡戦略のもとで到達しない情報集合では，確率 1 で悪い状況であるという予想を形成し，それらの結果としてどちらのメッセージを受け取っても X2 を選択するというものである。この結果は，たとえ情報がうまく伝達されるような均衡が存在するゲームでも，チープ・トーク・ゲームでは，この種の無駄口均衡が必ず存在しているということを示唆している。

第9章　戦略的情報伝達　281

　表9-2のゲームの分析からわかることは，プレーヤー間での利害対立がなければ，チープ・トークでも真実がきちんと伝達される均衡が存在し，情報伝達が機能する可能性があるが，利害対立関係が深刻であると情報保有者は真実を伝えるインセンティブを持たず，チープ・トークによる情報伝達は不全をきたす，ということである。

3.3　曖昧な情報伝達の効果

　では，上司のメンバー1が持つ情報についての予想と，そのもとでのメンバー1の利得構造との間の相関関係がどの程度であれば，情報伝達が機能するのであろうか。

　それをみるために，表9-3に示されるゲームを考える。また，これを展開形で表現したものが図9-3である。このゲームでも表9-2で考察したような，事前に有効な情報伝達がなされず，上司はあらかじめ持っている経済的状況の分布（よい状況が50%，悪い状況が50%）に基づいて期待値を計算することでX3を選択する均衡がある。たとえば，メンバー1が実際の状況にかかわらず，よい状況という情報伝達の戦略がこれにあたり，この均衡のもとでは，メンバー1の利得は直面する状況にかかわらず0となる。

　反対に，仮に経済的状況が完全な形で上司に伝達されたとしても，メンバー1の利得は0となってしまう。なぜなら，仮に状況がよい場合，それが上司に伝わると上司はX1を割り当てるので，メンバー1の利得は0となり，同様に状況が悪い場合，上司はX5を割り当てるので，やはりメンバー1の利得は0となる。

　それでは，メンバー1はこのゲームで0より高い利得を実現する方法はないのだろうか。そこで，次に示すようにメンバー1は完全に自分の持つ情報を伝えるのではなく，たまに嘘をつくことで伝達情報にノイズを含ませて伝えるということを考えてみよう。いまメンバー1は確率3/4で真実の状況を

表9-3　プロジェクト選択ゲーム#3

		上司				
		X1	X2	X3	X4	X5
状況	よい	0, 10	1, 8	0, 5	1, 0	0, −8
	悪い	0, −8	1, 0	0, 5	1, 8	0, 10

282　第II部　組織の問題をどのように解決するのか？

図9-3　プロジェクト選択ゲームの展開形#3

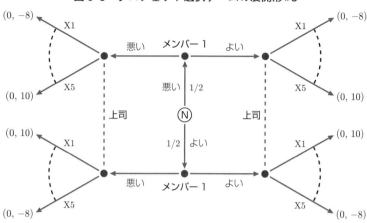

伝え，1/4で嘘の状況を伝えるという戦略を考えてみよう。この場合，上司はメンバー1の持つ情報についての予想を，あらかじめ保有している状況の予想とメンバー1の戦略をもとにして，次のように予想を更新するだろう。たとえば，上司はメンバー1から「よい状況である」と告げられた場合，本当によい状況で真実を告げた結果それを聞いている場合と，状況は悪いにもかかわらず，嘘をついた結果よい状況だと聞く場合とがある。前者が起こる確率は，本当によい状況である確率が1/2で，真実を告白する確率が3/4なので，1/2×3/4となる。他方，後者が起こる確率は本当に悪い状況である確率が1/2で，嘘をつく確率が1/4なので，1/2×1/4となる。したがって，メンバー1がよいと告げたときに，本当によい状況である確率は，とにかくメンバー1がよいと告げる確率のうち，本当によい状況で真実を告げる確率であるから，前節の予想の更新についての計算を応用すると，

$$\frac{1/2 \times 3/4}{(1/2 \times 3/4) + (1/2 \times 1/4)} = \frac{3}{4}$$

となる。それゆえ，メンバー1の持つ情報がよい状況である場合に，当該戦略に従うと，確率3/4で上司は経済的状況をよいと予想し，1/4で悪いと予想するので，上司はこの場合メンバー1にX2を割り当てて，利得として$3/4 \times 8 + 1/4 \times 0 = 6$を得ることが最適になる。このとき，メンバー1の利得は1となる。同様にして，メンバー1の持つ情報が悪い場合，上司はメンバー1

Column 9-1　退出するか声を上げるか（Exit or Voice）

　経済学では伝統的に，企業が品質の低い製品やサービスを提供してしまう場合，顧客が離れて行くこと（Exit）によって，そうした企業はいずれ淘汰されると考えられてきた。他方，企業が独占的に供給を行うような場合には，顧客は離れるという選択肢を持てない可能性もある。そうしたときには，好ましくないことが起きていると声をあげること（Voice）で，情報伝達を通じて事態の解決を図るという手段に訴えることが考えられる。このように，さまざまな状況における代表的な対処の方法としてExit と Voice があることが，アルバート・ハーシュマンによって提示された[*]。

　しかし，本章で考察してきたことから類推すると，企業と顧客の利害が対立している場合には，情報伝達を行っても改善する方向で行動が調整される保証はない。そこで，第7章や第8章で考察した長期的関係を利用できる場合には，継続的な取引から発生する毎期の利潤と短期的な顧客対策の費用とを勘案して，前者が後者を上回っている場合は，顧客があげた声を企業がひろうことで，事態が改善する可能性がある。

　ジョシュア・ガンズらは，こうした問題に対し，米国の航空輸送産業における延着状況とそれに対する顧客の Twitter でのツイート数のデータを利用して検証している[†]。ここでは，延着の発生をサービスの質の低下と捉え，他方，それに対するツイートを顧客が公的にあげた声として捉えている。その声が潜在的な顧客に向けた情報提供となり，彼／彼女らが将来的に当該企業を利用しなくなる状況を脅しとして，改善を促す行動を示唆していると考えた。

　ガンズらの研究によってわかったことは次のとおりである。第1に，顧客は品質の低下という事態には，ツイートによってそれを広めるという手段をとることがわかった。これは，市場の大きさなどの属性とは関係なく，頑健的に成立していることがわかった。第2に，第1の性質は，当該路線における支配的な企業に対して，より強く反応することがわかった。第3に，企業の側は，すべての顧客にチケットの割引券などによる譲歩を行うわけではなく，相対的により利用頻度の高い顧客に対して行うことがわかった。これはつまり，企業と長期的な関係にある顧客との関係の改善を企業が図っていることの間接的な証拠であろう。また，独占的企業のような極端な場合は，退出する選択肢がそもそもないかもしれないので，上述のメカニズムが働くかは難しいが，ライバル企業がもう1社あれば，顧客が持つ退出の選択肢の信憑性が担保されるので，長期的関係を通じた関係改善が行われるということを意味している。

　　[*] Hirschman, A. O. (1970) *Exit, Voice, and Loyalty: Responses to Decline in Firms, Organizations, and States*, Harvard University Press.

　　[†] Gans, J. S., A. Goldfarb, and M. Lederman (2017) "Exit, Tweets and Loyalty," NBER Working Paper Series, No.23046.

284　第 II 部　組織の問題をどのように解決するのか？

に X4 を割り当てて，利得として $3/4 \times 8 + 1/4 \times 0 = 6$ を得ることが最適になり，メンバー 1 は 1 の利得を得る。以上の分析より，メンバー 1 は持つ情報の如何にかかわらず 1 の利得を得る。このように，部分的にでも情報伝達が成立する均衡を**情報伝達均衡**（informative equilibrium）という。

　ここまでの分析が示すことは，利害の対立が存在する場合には，必ずしも真実を完全に伝えることが個人にとって最適な方法とはならず，曖昧な形で情報を伝えることが望ましいこともある。そして，こうしたノイズを含めた情報伝達を通じて，当事者の利得は無駄口均衡の $(0,5)$ から $(1,6)$ へとパレート改善することになる。

　それではさらに，上で考察した均衡よりもパレート改善するような均衡はもうないのであろうか。そこで，メンバー 1 が確率 p で真のタイプを伝え，$1-p$ で嘘をつくという戦略を考える。たとえば，$p = 0.8$ で真実を伝達して，残りの確率で嘘をつくときに，上司はメンバー 1 からよい状況だと聞いた場合は X2 を割り当てて，悪い状況だと聞いた場合は X4 を割り当てることが最適となり，6.4 の利得をもらえる。また，メンバー 1 はこのような場合でも常に 1 の利得を受け取るので，そのような戦略に従うことが最適となる。それゆえ，上司が 6.4 の期待利得を受け取り，メンバー 1 は 1 の利得を受け取るので，先ほど述べた均衡をパレート改善する。

　最後に読者に注意を喚起しておくと，ここで述べたメンバー 1 が確率 p で真のタイプを伝え，$1-p$ で嘘をつくという戦略は，$p < 1$ である限り，p が 1 に近づけば近づくほど，メンバー 1 の利得は 1 のまま上司の利得が改善することになる。したがって，p をある値に固定すると，それより大きい別の p' を用いる方がより効率的な均衡となってしまうので，最も効率的な均衡というものが存在しないということになる。

4　態度で示す情報伝達——シグナリングとしての根回し

4.1　組織における根回し

　チープ・トークによる情報伝達では伝達内容が直接的にメンバー 1 の利得に影響を与えない（情報伝達に費用がかからない）ために，情報が信頼を持って上司に伝わらないという側面があり，これが情報伝達の離齬を生む源泉となっていた。しかし，十分によい状況のときであれば，そのような離齬を解消する

ために，事前にマーケンティング調査の結果などを材料として，根回しのために，自分が実行したいプロジェクトのよさを時間をかけて関係者に説得するかもしれない。

ここで，根回しとは，ある案件の正式決定の会議に先立ち，事前に関係各部署に対し説得を行い，関係部署からの協力を引き出すことである。こうした根回しは，民間企業だけでなく官庁を含めた幅広い，日本の組織において観察される典型的な合意形成手法である。つまり，「わが国の組織体での決定は，発意した者を起点として波紋のように上へ下へヨコへとひろがり，波及した先の要所要所の人物がそのプランに対して最良と判断する援助の手をのばし，組織内関係者のすべてが，全体的状況の中の個として最適の働きをするように，自律的行動をとることによって成立している」という状態を達成することが，根回しを行う目的である[4]。しかし，こうした説得活動には少なからぬ時間を要することは明らかであり，それには情報伝達に伴う費用が生じることになる。そのため，すべての案件についてこうした根回しを行っていたのでは，効率的な業務活動はできない。したがって，組織の成員にとっては，根回しに要する費用に見合う分の見返りが生まれるであろう，「これぞ」と自らが信じる案件についてのみ根回しを行うはずである。

具体的な根回しの例として，1973 年 4 月に住友電工の光ファイバー専門の実験工場を建設するという常務会決定が下されるに至る根回しのプロセスを見てみよう。それは次のような状況だったという。

「それまでどの民間企業も手をつけていなかった光ファイバーの量産開発は，当然のことながら多大のリスクを予想される事業だった。まだ現実の需要がない製品であるから，利益計画どころか，売上げの予測すらつかない状況下だっただけに，五億円の投資を回収する見通しもなく，五年や一〇年は利益がでてこない覚悟の上で下された決定だった。（中略）もちろんこれだけのリスクのともなう投資決定を，漫然と常務会に付議したとしても通るはずがない。常務会付議の時点では，すでに八割の確信を氏（筆者註：当時通信事業部副部長の中原恒雄氏）はもっていたという。というのも，同年の二月の段階から，氏は関係者の根回しに入っていたからである。」

そもそも，中原氏は，1972 年に同社の実験グループが一定の成果を得たこ

---

4) 章末の文献ノート（山田，1985）を参照すること。

286 第II部 組織の問題をどのように解決するのか？

とから，光ファイバーの量産化を決意した。そこで，中原氏は「直属上司である小杉氏（当時取締役通信事業部長）の了解をとりつけ，関係先への"根回し"に入ることに」なった。次に，中原氏は直属の上司に相談して，当時同社の技術部門の最高責任者だった杉正男常務を訪問し，杉氏は中原氏の技術者としての姿勢に賛同してくれたということである。その後，中原氏は，経理部予算課長のもとに通った。これは予算課には全社的な情報が集約された形で入ってくるので，当該案件についての全般的な感触がつかめるからである。その中で，あまりよい反応を持っていない人々にはわかりやすい例を用いて説得を続けたという。以上のような中原氏の精力的な根回しの結果，冒頭のような常務会での決定に至ったのである。

4.2　費用を伴う情報伝達——シグナリング・ゲーム

このような根回しのメカニズムを理解するために，前節の表9-2のゲームをもう一度考える。表9-2のゲームにおいて$a > 1$の場合，どちらの状況でもX1が好ましかったために情報が伝わらないということが起きたという事実があった。そこで，本節ではそういう状況でも費用をかけて情報伝達をすることで情報伝達がうまく行われる可能性があることを示す。

しかし，単に費用がかかる情報伝達といっても，どの状態でも固定的に同額の費用がかかるというのでは問題解決とならない。なぜなら，そのような変更は，利得を一律に下げるだけで，そこにあるインセンティブ構造は何ら変化しないからである。本節における費用を伴うコミュニケーションで重要な点は，各状態に応じて発生する費用が異なるという点である。それによって，ある状態では特定の行動を選択し費用が発生したとしても依然として利得が高いが，他の状態ではその行動をとろうとすると費用の負担が増すので別の行動を選択することが最適となる。それゆえ，これらの状態別の最適行動から個人の持つ私的情報が信頼性を持って伝わる経路が生まれるのである。

以上の問題を考察するため，表9-2を少し変形させた次のようなゲームを考える。当該部署が直面する状況にはよい状況か悪い状況かの2つの状況があり，よい状況が確率1/3で起こり，悪い状況が確率2/3で起こるとする。どちらの状況であっても，プロジェクトX1よりもプロジェクトX2の方がメンバー1にとっては好ましく，X1を行うことから生まれる利潤は2でX2のそれは4であるとする。他方，上司は，よい状況であればX2をしたいと考え

図 9-4　シグナリング・ゲーム

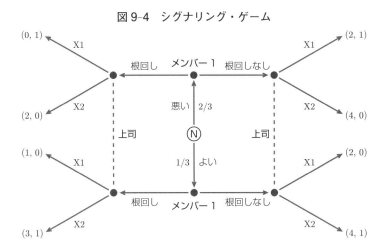

ているが，そうでなければ X1 をしたいと考えている。上司の利得は，その思惑どおりプロジェクトが実施されれば 1 で，思惑と外れた場合は 0 の利得を受け取るとする。

　ここで，前節の表 9-2 のゲームと大きく異なるのは，メンバー 1 は状況を観察した後に，費用のかからない会話による情報伝達ではなく，根回しを行うか否かという費用を伴う行動の選択を行うという点である。このように，私的情報を持つ人が，費用を伴う行動を先んじて選択する機会を通じて，私的情報を持たない人に対して何らかの情報を伝達するゲームを**シグナリング・ゲーム**（signaling game）という。さらに，根回しの費用の大きさについては，直面する状況がよい状況の方がプロジェクトがもたらす収益が高く，関連部署にも受け入れてもらいやすいので，根回しにかかる費用が低いと仮定する。具体的には，よい状況の場合は根回しの費用は 1 で悪い状況の場合は 2 であるとする。以上の状況をまとめると図 9-4 のようになる。

　まず，異なる状況のもとで異なる根回し行動を選択するような情報伝達が機能する均衡が存在するかを調べよう。とくに，メンバー 1 について，よい状況の場合は根回しを行い，悪い場合は根回しをしないという戦略を考える。上司については，根回し行動を観察したらよい状況であると確率 1 で予想し，X2 を実施し，そうでない場合は悪い状況であると確率 1 で予想するという予想のもと X1 を実施するという予想と戦略を考える。このような，戦略と予想

288 第 II 部 組織の問題をどのように解決するのか?

の組が完全ベイジアン均衡となるかをチェックする。

まず後手である上司の選択から考える。上で想定された上司の予想は，想定された部下の戦略と整合的な予想となっており，また，その予想のもとでは，想定された上司の戦略は最適反応になっていることに注意しよう。つまり，根回し行動を観察した場合，想定された予想のもとでX2を実施したときの期待利得は1であるのに対し，逸脱してX1を実施すると0の利得になってしまう。同様に，根回し行動を観察しない場合は，想定された予想のもとでX1を実施したときの期待利得は1であるのに対し，逸脱して仕事2を実施すると利得は0となる。

上で分析した上司の選択を所与として，先手の部下の選択を考える。直面している状況がよい場合から考察する。想定された戦略に従って，根回しをすると，上司はX2を実施するので，利得は3となる。他方，逸脱して根回しをしないと，上司はX1を実施するので，利得は2となる。それゆえ，よい状況では根回しをすることが最適となる。次に，直面している状況が悪い場合を考える。想定された戦略に従って，根回しをしないと，上司はX1を実施するので，利得は2となる。他方，逸脱して根回しをすると，上司はX2を実施するので，利得は2となる。この場合，部下はどちらの選択肢も無差別となるので，想定どおり根回しをしないを選択してもよいと考えている。このように，図9-4では情報伝達が機能する均衡が存在し，この均衡をシグナリング・ゲームの文脈では，情報伝達者が持つ私的情報に応じて異なる行動を採用するという意味で**分離均衡**（separating equilibrium）という。

ここで，図9-4にもこのような情報伝達が起こらない均衡が存在することにも注意しよう。具体的には，メンバー1はどちらの状況であっても根回しをしないという戦略を考え，上司についてはメンバー1による根回しを観察するしないにかかわらず，X1を選択する戦略の組み合わせが均衡となることを示す。まず，後手の上司の選択から考える。根回しを観察しない場合，どちらの状況でもメンバー1は根回しをしないので，上司はメンバー1の行動から追加的な情報を得ることができない。そのため，上司はもともとの確率分布で状況を評価せざるをえなくなり，X1を選択した場合の期待利得は2/3となり，X2を選択した場合の期待利得は1/3となる。それゆえ，X1を選択することが最適となる。

また，この均衡において，根回しを観察した後の上司の情報集合は，前節で

述べた完全ベイジアン均衡の条件のうち，均衡戦略のもとで到達しない情報集合ということになる。そのため，任意の予想を形成するので，ここでは根回しを万が一，観察した場合は悪い状態が起こったと確率 1 で予想することにする。そうすると上司にとって，X1 を選択することがやはり最適となる。

　この上司の分析をもとにして，先手であるメンバー 1 の最適反応を考察する。直面している状況がよい場合，均衡戦略どおり根回しを行わないと，上司は X1 を実施するので，2 の利得を受け取る。他方，逸脱して根回しを行う場合も，上司は X1 を実施するので，1 の利得を受け取ることになり，均衡戦略に従うことが最適となる。また，直面している状況が悪い場合，均衡戦略に従い，根回しを行わないと，上司は X1 を実施するので，メンバー 1 は 2 の利得を受け取るが，逸脱して根回しをすると，0 の利得を受け取るので，やはりこの場合も均衡戦略に従うことが最適となる。このような，情報伝達が機能しない，つまり私的情報に依存させず同じ行動を採択する均衡のことをシグナリング・ゲームの文脈では，**一括均衡**（pooling equilibrium）という。

　最後に，このゲームでは，どちらの状況でも根回しを行うという一括均衡は存在しないことに注意しよう。まず，上司は根回しを観察した場合，もともとの確率分布で予想するので，X1 を選択すると期待利得は 2/3 となり，X2 を選択すると期待利得は 1/3 となるため，X1 を選択する。他方，根回しを観察しない場合の情報集合には均衡戦略のもとでは到達しないので，上司は任意の予想を形成し，その予想によって選択するプロジェクトが変わりうる。しかしながら，この上司の予想によらず，メンバー 1 は根回しを行うインセンティブを持たない。なぜなら，たとえば，よい状況のもとで，根回しを行うと，1 の利得しかもたらされないが，根回しを行わないと，どちらのプロジェクトが実施されるにせよ，最低でも 2 の利得を受け取ることができるからである。この議論は，悪い状況にも応用することができる。

4.3　根回しによる情報伝達の効率性

　このように図 9-4 のゲームには，複数の均衡が存在するが，効率性という観点からみると，2 つのどの均衡の効率性が高いのであろうか。まず，分離均衡の場合，よい状況の場合はメンバー 1 は 3，上司は 1 の利得を受け取り，悪い状況の場合はメンバー 1 は 2，上司は 1 の利得を受け取るので，期待利得和は $1/3 \times 4 + 2/3 \times 3 = 10/3$ となる。次に，常に根回しをしない一括均

290　第 II 部　組織の問題をどのように解決するのか？

Column 9-2　情報共有と情報伝達技術

　本文で紹介した根回しは，日本的経営手法のひとつである。日本的経営の研究は，ジェイムズ・アベグレンの研究* を端緒として，1960 年代後半から 1980 年代にかけて盛んに研究されてきた。その中で明らかにされた日本的経営の特徴には，根回しのほか，年功序列制，終身雇用制，企業別労働組合，稟議書による情報共有，などがあげられる。この時代は，日本経済が好調な時期とも重なり，こうした制度が日本企業の競争力を支える仕組みとして語られていた。

　この日本的経営は現代の（一部の）日本企業にも当てはまるところもあるが，それは，意思決定スピードの遅さや，賃金体系の固定化によって内外の優秀な人材を日本企業に惹きつけにくい，などのデメリットとして語られることが増えてきている。

　他方，近年注目を集めているのは，グーグルをはじめとする米国のハイテク企業の経営手法である。たとえば，情報共有のあり方として，毎週金曜日に開かれる全社会議「TGIF」では，インターネットを通じたビデオ会議によって，経営陣に対して直接 Q&A 方式で行われている†。

　とはいえ同じ現代でも，オリアナ・バンディエラらの研究‡ のように，イタリアのトップ企業の CEO は，85% の時間を人と会うことに費やしているという調査もあり，実際の経営において語られる経営手法には，それぞれの時代を反映した波があり，その時代において利用可能な技術にも制約を受けている。組織の経済学は，こうした一連の経営現象の背景にあるメカニズムを解明することを通じて，時代に応じた適切な経営手法を選択できる理論を構築する。

> * Abegglen, J. C.（1958）*The Japanese Factory: Aspects of its Social Organization*, Gencoe, Ill., Free Press.（占部都美監訳『日本の経営』ダイヤモンド社，1958 年）
>
> † Schmidt, E. and J. Rosenberg（2014）*How Google Works*, Grand Central Publishing.（土方奈美訳『How Google Works 私たちの働き方とマネジメント』日本経済新聞出版社，2014 年）
>
> ‡ Bandiera, O., S. Hansen, A. Prat, and R. Sadun（2011）"What Do CEOs DO?" Harvard Business School Working Paper, 11-081.

衡の場合，よい状況の場合はメンバー 1 は 2，上司は 0 の利得を受け取り，悪い状況の場合はメンバー 1 は 2，上司は 1 の利得を受け取るので，期待利得和は $1/3 \times 2 + 2/3 \times 3 = 8/3$ となる。

　もちろん，情報の非対称性がなければ，メンバー 1 は根回しをする必要がなくなるので，期待利得和は $1/3 \times 5 + 2/3 \times 3 = 11/3$ となり，分離均衡のそれを上回る。しかし，情報の非対称性があっても，根回しによる情報伝達が機

能するとき，よい状況において追加的な根回し費用の1を支払えば（つまり，期待利得和の観点からは，根回し費用によい状況が起こる確率1/3を掛けた1/3の犠牲を払うだけで），それに近い効率性を達成することができる。また，裏を返せば，両者の差の1/3が情報の非対称性による，効率性の損失ということになる。

上で議論した2つの均衡には，根回し費用の大きさが強く関連している。それでは，根回し費用が上昇すると，それらの均衡はどのような影響を受けるだろうか。これを理解するために，まずよい状況，悪い状況のどちらの状態においても，根回し費用が1だけ高くなった状況を考えよう。このとき，分離均衡への影響を考察する。分離均衡では，根回しを行うのはよい状況のときだけであることに注意する。そこにおけるメンバー1の最適反応を見てみると，想定どおり根回しを行うと先ほどの同じ状況の利得より1小さい2の利得を受け取り，根回しをしないときの利得も2の利得を受け取る。それゆえ，どちらの選択肢も無差別となるので，想定どおり根回しを行うこともメンバー1はかまわないと考えている。

最後に，どちらの状態も根回しを行わない一括均衡は，均衡経路上では根回しをしないので，根回し費用の上昇は，根回しをする誘因を下げることとなり，この均衡には影響を与えない。

さらにここで，根回し費用が両状態においてさらに1上昇する，つまり，もともとの状況からみると2上昇する場合を考える。すると，分離均衡が均衡ではなくなってしまう。これは，先ほど無差別であった，よい状況におけるメンバー1の意思決定において，もはや根回しをすることが無差別にすらならず，根回しをしない方がよくなってしまう。それゆえ，この状況では，根回しを行わない一括均衡が残ることになる。

5 イエスマン──組織における群衆行動

5.1 イエスマンの発生

社内に偏在している情報を集約・共有する過程において，とりわけ，組織において評価される人が自分を評価する立場にいる人に情報伝達をする場合，対立をさけることがある。たとえば，2018年2月27日付の日本経済新聞（電子版）では，不正会計が取りざたされた東芝では，東芝は公式には下記のような

292　第Ⅱ部　組織の問題をどのように解決するのか？

報復的な人事を認めていないものの，次のような上位の職位者に対する反論に
よって報復的な人事が行われたのではないかという疑惑が報道されている。

　　「10 年冬。足元の業績改善を命じる佐々木（筆者注：代表取締役〔当時〕）に
　　執行役は抵抗した。構造改革で損失を出し切り翌期に V 字回復すべきとの
　　主張を曲げなかったという。佐々木は折れた。だが，執行役は担当を外され
　　グループ会社へ。報復人事——。真偽は不明だが周囲はそう噂した。事業部
　　は翌期に黒字転換したものの，執行役はもう本社にいなかった。08 年度か
　　ら 7 年間続いたとされる不正会計。損失の先送りや利益水増しに疑問を感
　　じた幹部もいた。だが，反論は許されなかった。多くの幹部は抵抗もできず
　　に不正を胸にしまいこんだ。」

このような組織においては，なかなか部下が上司に対して，部下が保有する情
報を提供することが難しくなり，上司のいっていることに従うだけの「イエス
マン」が発生する。

　さらに，そのような組織と異なり，職位に関係なく，徹底的に情報を開示し
議論をすることが求められる組織においても，イエスマンの発生を防ぐのはな
かなか難しい。たとえば，2016 年 4 月 29 日付の日経スタイル・出世ナビにお
いて，DeNA 会長（当時）の南場智子氏は，DeNA の新卒採用において，その
採用の方針として次のように述べている[5]。

　　「わが社の場合は『おもねらない』がスローガンのようにいわれています。
　　『あなた上司の意見におもねっていない』とか始終言い合う文化なんです。
　　これがわが社の価値観みたいなものです。（中略）私が未熟な知見で『これ
　　値段を半分にしない』といったら，『はい，仰せの通り』では困ります。イ
　　エスマンはうちには向いていません。私が『こうしてよ』と強めに言って
　　も，『南場さん，それは違います』と。そして徹底的に議論して，結論を出
　　していくそんな会社です。」

　しかし，その DeNA でも，2016 年 11 月に発生した同社の医療・ヘルスケ
ア情報のキュレーションメディア「WELQ（ウェルク）」の不正確な医療情報
や制作体制に端を発した，いわゆる「WELQ 問題」において，その原因の一
部として組織内での情報伝達不全が報告されている。具体的には，「WELQ
問題」に対する第三者委員会調査報告書において，同社の「キュレーション

　5）　これは，2015 年 7 月 24 日付の日経 Biz アカデミーの記事を再構成した記事である。

事業をめぐるコミュニケーション不全」という部分（同報告書，269ページ）では，「上司には，部下の諫言にも耳を貸す寛容さが求められる。それがなければ，誰も上司にものを言わなくなる。」あるいは，「イエスマンだけで周囲を固めることは，心地良いかもしれないが，何も見えなくなるだけである。」といったことが，第三者委員会から苦言という形で呈されている。

本節では，上の2つの事例で語られているような，情報の偏在のあり方と組織内での合意形成の方法との関係の中で，イエスマンのような群衆行動がどうして発生するのかについて，戦略的情報伝達の観点に立ち，第2節の状況を集団的な意思決定状況に拡張し考察していく。

5.2 基本モデル

第2節の状況を，複数ある事業部がそれぞれ状況判断を行い，どちらのプロジェクトを選択すべきかを推薦し，全社的に意見を集約していくという，集団的な意思決定状況に拡張する。議論の簡単化のために，事業部には，AからCの3つの事業部があり，各事業部とも組織が直面する状況に相応しいプロジェクトが実現してほしいと考えているものとする。つまり，全社的に望ましいプロジェクトと，各事業部の利害とが一致している状況である。また，ここでは，事業部A，事業部B，事業部Cの順に意思決定するものとする。具体的な意思決定の流れは以下のとおりである。

$t = 0$：状態が実現する。

$t = 1$：事業部Aがシグナルを受け取り，どちらのプロジェクトを選択すべきか推薦する。

$t = 2$：事業部Bが事業部Aの選択結果を観察し，シグナルを受け取り，プロジェクトを推薦する。

$t = 3$：事業部Cが事業部Aと事業部Bの選択結果を観察し，シグナルを受け取り，プロジェクトを推薦する。

以上の状況を図示すると図9-5のように表せる。

ここで，シグナルgを受け取ったときの事業部Aの最適反応を考える。ベイズの定理を適用するにあたって，シグナルgを受け取る確率を計算する。シグナルgを受け取る確率は，真の状態がGoodのときにシグナルgを受け取る場合と，真の状態がBadであるにもかかわらずシグナルgを受け取る場合があるので，

図 9-5 情報伝達の流れ

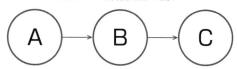

$$P(g) = P(\text{Good})P(g|\text{Good}) + P(\text{Bad})P(g|\text{Bad}) = \frac{1}{2} \times \frac{2}{3} + \frac{1}{2} \times \frac{1}{3} = \frac{1}{2} \tag{3}$$

となる。それゆえ，ベイズの定理より，

$$P(\text{Good}|g) = \frac{P(g|\text{Good})P(\text{Good})}{P(g)} = \frac{1/3}{1/2} = \frac{2}{3}$$

となる。ゆえに，状態 Good に相応しいプロジェクト X1 を選択することが最適となる。

次に，事業部 A が X1 を選択したことを観察し，シグナル g を受け取ったときの事業部 B の最適反応を考える。事業部 A が X1 を選択したということは，上述の推論から事業部 A はシグナル g を受け取っているということを意味するので，事業部 B もシグナル g を受け取っていることを考え合わせると，2 回続けてシグナル g が出ているものと推測される。そのため，2 回続けてシグナル g が出現する確率は，真の状態が Good であるときに 2 回続けてシグナル g が観察されるか，真の状態が Bad であるにもかかわらずシグナル g が 2 回続けて出現したかのいずれかである。したがって，事業部 A が X1 を選択し，事業部 B がシグナル g を観察する確率は，

$$P(X1, g) = P(\text{Good})\{P(g|\text{Good})\}^2 + P(\text{Bad})\{P(g|\text{Bad})\}^2$$
$$= \frac{1}{2} \times \left(\frac{2}{3}\right)^2 + \frac{1}{2} \times \left(\frac{1}{3}\right)^2 = \frac{5}{18}$$

となる。それゆえ，ベイズの定理より，事業部 A が X1 を選択したことを観察し，事業部 B がシグナル g を受け取ったときに，状態 Good が真の状態である確率は，

$$P(\text{Good}|X1, g) = \frac{P(\text{Good})\{P(g|\text{Good})\}^2}{P(X1, g)} = 4/5 \tag{4}$$

となる。ゆえに，状態 Good に相応しいプロジェクトである X1 を推薦するこ

とが最適となる。

ここで，事業部 A が X1 を選択したことを観察し，シグナル g を受け取ったときの事業部 B の予想の更新について，次のように捉えることで計算がより容易になることを理解しておこう。それは，本来事前には，状態 Good が起こる確率は，1/2 であり，上の計算ではその後，得られるひとつひとつの情報をもとにして事後的に状態 Good が起こる確率がどのように変化するかを捉えた。ただ，一方で事業部 B が意思決定を行う前に，事業部 A も得られた情報をもとにして予想を形成し，選択を行っているはずである。つまり，X1 を選択したということは，シグナル g を得て，事後的には状態 Good が起こりやすいと判断したということに他ならない。それゆえ，事業部 A が形成した事後的な予想 $P(\text{Good}|g)$ を事業部 B の事前分布と読み替えて，それをもとにベイズの定理から事業部 B の予想を計算しても上述の結果と変わらないはずである。具体的には，

$$
\frac{P(\text{Good}|g)P(g|\text{Good})}{\underbrace{P(\text{Good}|g)}_{\text{事業部 A の事後分布}} P(g|\text{Good}) + \underbrace{P(\text{Bad}|g)}_{\text{事業部 A の事後分布}} P(g|\text{Bad})} \tag{5}
$$

を計算すると，4/5 となり，(4) 式の結果と一致する。これは一般的に成立する性質で，詳細は web 付録 9.2 を参照してほしい。以下では，この性質を利用して計算を行っていく。

次に，事業部 A が X1 を推薦したことを観察し，シグナル b を受け取ったときの事業部 B の最適反応を考える。この状況は，先ほどの議論から，事業部 A は X1 を選択しているので，シグナル g を観察しているが，事業部 B はシグナル b を観察しているという状況に他ならない。それゆえ，ベイズの定理を適用すると，事業部 A が X1 を選択したことを観察し，事業部 B がシグナル b を受け取ったときに，状態 Good が真の状態である確率は，

$$
\begin{aligned}
P(\text{Good}|\text{X1}, b) &= \frac{P(\text{Good}|g)P(b|\text{Good})}{P(\text{Good}|g)P(b|\text{Good}) + P(\text{Bad}|g)P(b|\text{Bad})} \\
&= \frac{2/3 \times 1/3}{2/3 \times 1/3 + 1/3 \times 2/3} \\
&= \frac{1}{2}
\end{aligned}
$$

となる。ゆえに，X1 と X2 で無差別となり，X2 をとる可能性もあることになる。議論の簡単化のために，無差別の場合は，各自が観察したシグナルが示

す状態に相応しいプロジェクトを推薦するものとする。この場合は，事業部
B は X2 を推薦する。

　最後に，事業部 A，事業部 B がともに X1 を選択したことを観察し，シグ
ナル b を受け取ったときの事業部 C の最適反応を考える。この状況は，これ
までの議論から，事業部 A と B は X1 を選択しているので，ともにシグナル
g を観察しているが，事業部 C はシグナル b を観察しているという状況に他
ならない。ここで，事業部 A と B が X1 を選択したことを観察し，事業部 C
がシグナル b を受け取ったときに，状態 Good が真の状態である確率は，今
回は事業部 B の事後分布をもとにして，ベイズの定理を適用すると

$$
\begin{aligned}
P(\text{Good}|\text{X1}, \text{X1}, b) &= \frac{P(\text{Good}|\text{X1}, g)P(b|\text{Good})}{P(\text{Good}|\text{X1}, g)P(b|\text{Good}) + P(\text{Bad}|\text{X1}, g)P(b|\text{Bad})} \\
&= \frac{4/5 \times 1/3}{4/5 \times 1/3 + 1/5 \times 2/3} \\
&= \frac{2}{3}
\end{aligned}
$$

となる。それゆえに，事業部 C はシグナル b を受け取ったにもかかわらず，
X1 を推薦することが最適となる。もちろん，シグナル g を観察した場合も
X1 を推薦することが最適となる。つまり，自分の観察したシグナルによら
ず，X1 を推薦することが最適となる。

　さらに一般的な議論として，この議論によって，事業部 C は X1 を推薦す
るので，それ以降に他の事業部が意思決定する場合でも同種の議論が当てはま
り，自分のシグナルにかかわらず X1 を推薦することになる。これを**群衆行動**
（herding behavior）という。この数値例では，続けて 2 回同じシグナルを観察
することがあると，その後は群衆行動が出現する。

5.3　情報精度の異質性

　以上の分析では，各事業部の獲得するシグナルの精度が，同質的な状況を考
察してきた。しかし，各事業部が持っている情報が必ずしも同一であるとは限
らないことや，よりよい情報源を持つことが当該事業部の社内での発言権を増
大させる場合があることなどは容易に想像される。そこで，シグナルの精度が
各事業部で異なる場合，意思決定の順序の変更が，採択されるプロジェクトの
変更をもたらす場合があることを見てみよう。

　いま，事業部 A のシグナルの精度が $P_A(g|\text{Good}) = P_A(b|\text{Bad}) = 0.8$，事

第 9 章 戦略的情報伝達　297

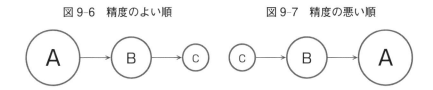

図 9-6　精度のよい順　　　　図 9-7　精度の悪い順

業部 B のシグナルの精度が $P_B(g|\text{Good}) = P_B(b|\text{Bad}) = 0.6$，事業部 C のシグナルの精度が $P_C(g|\text{Good}) = P_C(b|\text{Bad}) = 0.5$ という状況を考える。つまり，A，B，C の順にシグナルの精度が悪くなっている。このとき，(1) 精度のよい順（A ⇒ B ⇒ C，図 9-6），(2) 精度の悪い順（C ⇒ B ⇒ A，図 9-7）に意思決定を行う場合，上で観察された結果がどのように変化するかを見てみよう。ここで，図 9-6，図 9-7 において，円の大きさは情報精度の大きさを表しているものとする。

まず，(1) の精度のよい順のケースから分析していく。シグナル g を受け取ったときの事業部 A の最適反応を考える。同質的な情報精度の場合と同様に，

$$P(g) = P(\text{Good})P_A(g|\text{Good}) + P(\text{Bad})P_A(g|\text{Bad})$$

となり，ベイズの定理より，

$$P_A(\text{Good}|g) = \frac{P_A(g|\text{Good})P(\text{Good})}{P(g)} = 0.8$$

となるので，状態 Good に相応しいプロジェクト X1 を選択することが最適となる。

次に，事業部 A が X1 を選択したことを観察し，シグナル g を受け取ったときの事業部 B の最適反応を考える。これも同質的な場合と同様の計算によって，

$$\begin{aligned}P_B(\text{Good}|\text{X1}, g) &= \frac{P_A(\text{Good}|g)P_B(g|\text{Good})}{P_A(\text{Good}|g)P_B(g|\text{Good}) + P_A(\text{Bad}|g)P_B(g|\text{Bad})} \\ &= \frac{0.24}{0.28} \approx 0.86\end{aligned}$$

となる。ゆえに，状態 Good に相応しいプロジェクトである X1 を選択することが最適となる。

また，事業部 A が X1 を選択したことを観察し，シグナル b を受け取ったときの事業部 B の最適反応を考える。このときも同質的な場合と同様の計算

298 第 II 部 組織の問題をどのように解決するのか？

によって，

$$P_B(\text{Good}|\text{X1}, b) = \frac{P_A(\text{Good}|g)P_B(b|\text{Good})}{P_A(\text{Good}|g)P_B(b|\text{Good}) + P_A(\text{Bad}|g)P_B(b|\text{Bad})}$$
$$= \frac{0.16}{0.22} \approx 0.73$$

となり，シグナル b を観察したにもかかわらず，X1 を選択することが最適となる。つまり，先ほどの分析では，シグナルに基づいて意思決定を行っていた事業部 B も，自らのシグナルを無視して事業部 A の決定に従うことになり，群衆行動がこの段階で出現する。もちろん，事業部 C についても同様で，事業部 A の決定に従うことになる。

次に，（2）の精度の悪い順のケースを分析する。シグナル g を受け取ったときの事業部 C の最適反応を考える。同質的な場合と同様の論理で，

$$P(g) = P(\text{Good})P_C(g|\text{Good}) + P(\text{Bad})P_C(g|\text{Bad})$$

となり，ベイズの定理より，

$$P_C(\text{Good}|g) = \frac{P_C(g|\text{Good})P(\text{Good})}{P(g)} = 0.5$$

となるので，無差別となるが，上で述べた仮定より，シグナル g を観察しているので状態 Good に相応しいプロジェクト X1 を選択することが最適となる。

次に，事業部 C が X1 を選択したことを観察し，シグナル g を受け取ったときの事業部 B の最適反応を考える。同質的な場合と同様に，

$$P_B(\text{Good}|\text{X1}, g) = \frac{P_C(\text{Good}|g)P_B(g|\text{Good})}{P_C(\text{Good}|g)P_B(g|\text{Good}) + P_C(\text{Bad}|g)P_B(g|\text{Bad})} = 0.6$$

となる。ゆえに，状態 Good に相応しいプロジェクトである X1 を選択することが最適となる。

また，事業部 C が X1 を選択したことを観察し，シグナル b を受け取ったときの事業部 B の最適反応を考える。このときもこれまでと同様に，

$$P_B(\text{Good}|\text{X1}, b) = \frac{P_C(\text{Good}|g)P_B(b|\text{Good})}{P_C(\text{Good}|g)P_B(b|\text{Good}) + P_C(\text{Bad}|g)P_B(b|\text{Bad})} = 0.4$$

となるので，X2 を選択することが最適となる。

最後に，事業部 C，事業部 B がともに X1 を選択したことを観察し，シグ

第9章　戦略的情報伝達　299

ナル b を受け取ったときの事業部 A の最適反応を考える。このとき，事業部
C，事業部 B がともに X1 を選択したことを観察し，事業部 A がシグナル b
を受け取ったときに，状態が Good である確率は

$$P_A(\text{Good}|\text{X1}, \text{X1}, b)$$
$$= \frac{P_B(\text{Good}|\text{X1}, g)P_A(b|\text{Good})}{P_B(\text{Good}|\text{X1}, g)P_A(b|\text{Good}) + P_B(\text{Bad}|\text{X1}, g)P_A(b|\text{Bad})}$$
$$= \frac{0.03}{0.11}$$
$$\approx 0.27$$

となる。それゆえに，事業部 A は群衆行動をとらず，自らのシグナルに従っ
て X2 を選択することになる。これまでの結果をまとめると，表 9-4 のように
なる。

　以上の2つのケースでわかることは，各自の情報の保有状況が同じでも，
意思決定，あるいは，会議での話す順序等が異なるだけで，会議でなされる意
思決定が大きく異なるということである。精度の高い情報に基づいて，行動を
統一していくのであれば，ケース (1) のように，先に精度の高い情報を持つ
人から順に意見表明を行えばよいし，反対に広く多様な意見を知りたいという
場合は，ケース (2) のようにあまり詳細を知らない人から順に意見表明をす
ればよいことになる。

　本節を締めくくるにあたり，2点ほど注意を喚起しておきたい。ひとつ目
は，本節における群衆行動の発生は，自分より前に意思決定している人たちの
決定をみれば，自分のシグナルに頼らずとも，選択すべきプロジェクトがわか
るという側面を持っているという点である。これは，先手の人たちの行動を単
純に盲信するということとは異なっている。実際に，上で考察した中で，群衆
行動が発生する場合は，その流れに乗る方が組織としても状態に相応しいプロ
ジェクトを選択する可能性が高いという意味で合理的である。

　このような群衆行動が起こっても，本節における例では，全社的な利害と各

表 9-4　結果のまとめ

	同質的情報精度	異質的情報精度	
発言の順序	—	精度のよい順	精度の悪い順
群衆行動の発生時点	$t = 3$（事業部 C）	$t = 2$（事業部 B）	発生せず

300 第II部 組織の問題をどのように解決するのか？

事業部の利害が対立していないために，損失はあまりないようにみえる。しかし，これが上記想定とは異なり，全社的な利害と各事業部の利害とがそれぞれ異なっている場合では，全社的には損失が発生するかもしれない。さらには，意思決定の権限を下に委譲することで，かえって全社的な利益が確保される場合もあるであろう。こうした情報の偏在と組織構造の設計問題については，第10章でみていくこととなる。

2つ目は，何かを決定する会議であれば，上記の設定に加えて多数決や全員一致などの何らかの決定ルールがあるはずであるが，本書のレベルを超えるため，ここではそれらを明示的に導入した決定ルールそれ自体の選択についての問題を考察していない。そのため，ここでは，それを明示的に考慮するとどのような議論が必要となるか，その一端を紹介したい。具体的には，たとえば，各事業部が持つ情報の精度が異質的な場合において，各事業部 A から C がそれぞれ (g, b, b) というシグナルを得ている状況を考える。このとき，精度のよい順では事業部 A が X1 を推薦するという事象が起これば群衆行動が発生するため，多数決でも全員一致でも X1 が選択されることになる。他方，精度の悪い順では，シグナルのとおりに各事業部が推薦するので，多数決では状態 Bad に相応しい X2 が選択され，全員一致では決めきれないということになる。この状況では，X1 を採択することに全社的には合理性があるので，精度のよい順に発言しさえすれば，多数決でも全員一致でも全社的には合理的な選択がなされるが，精度の悪い順で，かつ，多数決を選択すると全社的な観点からは合理的な判断ができていない。

この種の問題を分析する領域は，**メカニズム・デザイン**（mechanism design）とよばれ，制度設計を行ううえで大変興味深い問題ではあるが，これを一般的に考察するには本書のレベルを超えるため，文献ノートにあげた文献に委ねたい。さらに，近年では，これに追加して，情報の提供関係なども含めた組織的な情報デザイン（information design）という領域も出てきているが，これも本書のレベルを超えるため割愛する。

● ま と め

□ 会話を通じた情報伝達によって組織内に情報が適切に伝達されるかどうかは，当事者間での利害が一致しているかが大きく影響を与える。

□ 当事者間の利害が一致していない場合には，シグナリングを通じて情報を伝達することで，組織内に情報が適切に伝達される可能性がある。そして，根回しはその典型例である。

□ 合理的な個人でも自分の情報を捨てて，先んじて意思決定を行った人の決定をマネすることが起こり，結果として群衆的な行動が組織内で発生する。

□ 上述の群衆行動は，当事者の情報源が同質的な場合に顕著であるが，異質的な場合でも意思決定の順序によっては十分起こりうる。

● 文献ノート

本章の第 3 節の例は，Farrell, J. and M. Rabin (1996) "Cheap Talk," *Journal of Economic Perspectives*, vol. 10, pp. 103-118 における例を利用している。当該論文は一般読者向けに解説したものであるので，意欲的な読者はぜひ一度手に取ってみてほしい。

第 4 節でふれた根回しの事例については，山田雄一 (1985)『稟議と根回し』講談社（講談社現代新書）で詳しく解説されている。

また，本章でふれることのできなかった，メカニズム・デザインについては，

1. 坂井豊貴 (2016)『「決め方」の経済学』ダイヤモンド社

2. 坂井豊貴・藤中裕二・若山琢磨 (2008)『メカニズム・デザイン』ミネルヴァ書房
を参照されたい。前者は，さまざまな「決め方」の持つ意義について，経済学的に丁寧に考察している。後者はメカニズム・デザインについて本格的な解説を行っている。

情報デザインについては，現況，研究論文しかないが，関心のある読者は

3. Bergemann, D. and S. Morris (2016) "Information Design, Bayesian Persuasion and Bayes Correlated Equilibrium," *American Economic Review*, vol. 106, no. 5, pp. 586-591.

4. Bergemann, D. and S. Morris (2019) "Information Design: A Unified Perspective," *Journal of Economic Literature*, vol. 57, no. 1, pp. 44-95.
などを参照されたい。

最後に，ベイジアン・ゲームそれ自体の厳密な定義を知りたい読者は，

5. Gibbons, R. (1992) *Game Theory for Applied Economists*, Princeton University Press.（福岡正夫・須田伸一訳『経済学のためのゲーム理論入門』創文社，1995 年）

6. 岡田章 (2011)『ゲーム理論（新版）』有斐閣
などを参照することをお薦めする。

第Ⅲ部

組織の違いは
何から
生じるのか？

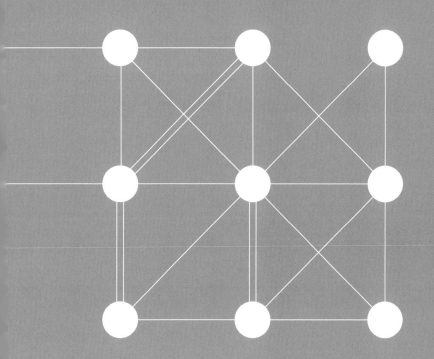

第10章 意思決定プロセスと集権化・分権化

1 組織における意思決定プロセス

　会社組織の中ではさまざまな決定がなされ，実行されている。そして，会社のトップである社長がすべての決定と実行に携わっているということはなく，決定と実行は組織のあらゆる階層レベルで（たとえば最前線の現場でも）行われている。ソニー，アップル，グーグルが設立されたころならば，井深大と盛田昭夫（ソニー），スティーブ・ジョブズ（アップル）やラリー・ペイジとセルゲイ・ブリン（グーグル）がすべてを決定し，自分自身で実行していた時代があったかもしれない。しかし，会社が成長を始めれば，そのように決定権限がトップに集権化した経営の限界はすぐに明らかになる。そして会社の成長とともに，決定権限を組織下位に委譲して分権化する**権限委譲**（delegation of authority）をどの程度行うかという問題に悩まされることになる。

　組織の経済学は組織の中で生じるさまざまな問題を対象とするが，問題の背後には，組織の中で行われている決定のプロセスの特徴が関係している。組織における決定プロセスは，大まかには次の3つの段階に分けることができる。

1. 決定に必要・有益な情報の収集と提案（何が選択可能で，どの選択肢がどの程度の成果をもたらすのか）。
2. 選択と承認（何が正式に決定されたのか）。
3. 決定の実行（何が実際に行われるのか）。

たとえば，自動車製造会社が乗用車の新モデルを開発する場合を考えてみよう。きっかけは「次期モデルを開発せよ」という経営陣からの命令かもしれないし，現場のエンジニアによる，新しいエンジンについての思いつきかもしれ

ない。いずれにせよ，開発プロジェクト・チームを中心に，さまざまな可能性が検討され，その過程でさまざまな情報が蓄積されていく。適当なタイミングでプロジェクト案がまとめられ，経営陣に提案される。そこでプロジェクトの採択と承認が行われ，決定されたプロジェクトが実行に移される。プロジェクトの実行はプロジェクト・チーム自身によって実行されるかもしれないし，実行段階では彼ら／彼女らとは異なる人々が新たに関与してくるかもしれない。

　このような組織の決定プロセスの重要な特徴は，まず，組織の多くのメンバーがプロセスに関与する，という点である。情報の収集と提案，選択と承認，決定の実行というそれぞれの段階は別々の人々によって行われ，かつ，それぞれの段階でも多数の人々が関わっている。第2に，決定プロセスに関与する人々の持つ情報が異なるという点である。情報の収集と提案に関わる人々は，選択と承認を行う人々が知らないことを私的な情報として持っている。また，情報の収集と提案に関わる人々の間でも，専門分野やこれまでの経験の相違によって，情報の差が生じている。第3に，決定に関わる人々の選好や意見も異なるという点である。新製品開発プロジェクト・チームのメンバーは，おそらく自分たちの提案するプロジェクトに対する強い思い入れがあり，経営陣以上にプロジェクトが採択されることを強く望み，また，その成功可能性を高く見積もっているだろう。

　本書のこれまでの章で，チームのメンバー，会社の部下，従業員などが「努力する」か「怠ける」か，活動を「行う」か「控える」かを選ぶ状況を分析してきた。これらの設定はプロジェクト選択など広範な状況に応用可能だが，主に決定の実行段階，つまり，選択と承認を行う主体と決定事項を実行する主体とが異なり，選択・承認された決定事項を適切に実行してもらう状況を想定したものである。本章では対照的に，主に情報の収集と提案を行う主体と，選択と承認を行う主体が異なる状況に焦点を合わせる。とりわけ，情報を収集する主体に選択と承認を行う権限を付与するかどうかという問題が中心となる。

　本章の構成は以下のとおりである。まず第2節で，組織におけるメンバー間の基本的な指揮命令関係（権限関係）を紹介する。第3節では，決定権限がトップ（たとえば本社）に集中している集権的な組織が，決定権限を組織下位（事業部）に委譲して分権化することのメリットとデメリットを整理する。第4節では，組織のモチベーション問題のために，事業部が現場の情報を戦略的に本社に伝達する可能性がある状況を考察する。第5節では，組織のコーディ

ネーション問題に焦点を合わせて，集権化と分権化を比較する。第6節では，公式権限を有する会社のトップが，権限を組織下位に委譲することが可能なのかどうかという基本的問題を考察する。

2 権限関係と権限委譲

会社組織のメンバー間の関係の基本は，**権限関係**（authority relation）である。権限とは，許容された選択肢の集合から特定の選択肢を選ぶ権利である。たとえば長期的な雇用を前提とした正規従業員の雇用関係を考えてみよう。労働者が雇用主と労働契約を結び雇用関係に入るということは，事前に定められた報酬と引き換えに，法律・判例・慣習などで限定された範囲内で雇用主の指揮命令を受け入れることに同意すること，と理解される。

第1章で紹介したように，サイモンやコースは，市場と対比したときの組織の重要な特徴として，雇用関係の根幹にある公式の権限関係に注目した。もちろん，市場取引においても対等でない権限関係は成立しうる。明示的な契約を通して買手が売手に一定の権利を与えることもある。しかし，純粋形として市場と組織を両極にとり，現実の多用な取引形態をその間に位置づけるならば，市場を対等な「ヨコ」の関係，組織を権限関係に基づく「タテ」の関係として特徴づけることができる。

なぜ権限関係は市場よりも組織の特徴となるのだろうか。第1に，企業組織では取引に関連する（所有できない人的資産を除く）資産の所有が，取引当事者の一方に集中する傾向がある。資本関係のない部品サプライヤーと組立メーカー間の取引ならば，それぞれ自社の生産に関係した工場，機械をはじめとする資産を別々に所有している。しかし，部品サプライヤーが統合されて組立メーカーの一事業部になったならば，資産の所有は組立メーカー（の本社）に集中することになる。資産の所有は，資産の利用に関する**残余コントロール権**（residual rights of control）を得ることを意味する。資産の残余コントロール権とは，契約・慣習・法律等で明示的に非所有者に移転された権利を除いて，資産の利用をコントロールする権利である。たとえば，資産をどのように利用するかの決定権，資産への他人のアクセスを排除する権利，資産の形態を変化させる権利，資産を譲渡，売却する権利等である。こうして，組織内では資産の集中が権限の源泉となる。

第 10 章　意思決定プロセスと集権化・分権化　　307

　第 2 に，すでにふれたように，組織が統合されて従業員となり雇用関係に入ることは，事前に定められた報酬と引き換えに，法律・判例・慣習などで限定された範囲内で雇用主の指揮命令を受け入れることに同意することを意味する。また，雇用主に対して，会社の利益を不当に侵害してはならないという「誠実義務」を負い，同業他社での兼業や企業秘密の漏洩は懲戒解雇の理由となる。こうして，権限関係が組織内で機能しやすくなる。

　権限関係を基礎に持つ企業組織では，公式の最終決定権は階層組織のトップ，たとえば社長が握っている。しかし，本章冒頭で説明したように，大部分の企業では多くの決定権限が組織下位に委譲されている。権限委譲をあまり進めず集権化された組織にするか，それとも権限委譲を大幅に進めて分権化された組織にするかは，組織設計のうえで非常に重要な問題である。この問題を理解するためには，権限委譲のメリット・デメリットを注意深く考える必要がある。次の節で検討しよう。

3　分権化の基本トレードオフ

　表 10-1 は，集権化と分権化（権限委譲）の基本トレードオフをまとめたものである。表で♡はメリットを，♠はデメリットを示す。まず最初に基本トレードオフを直観的に説明し，その後，簡単なモデル分析でこれらのトレードオフをもう少し厳密に説明する。

3.1　局所情報の利用

　「情報を持つ人の手に意思決定の権限を委ねよ。」成功した組織に共通する特徴としてよく語られる原理である。企業は，不確実で変化する複雑な外部環境に取り囲まれているが，個人の情報処理能力には限度がある。組織の各メンバーが異なる情報源に分業して特化することによって，環境に対する情報処理を

表 10-1　集権化と分権化の基本トレードオフ

	集権化	分権化
局所情報の利用	♠	♡
コントロール	♡	♠
モチベーション	♠	♡

308　第 III 部　組織の違いは何から生じるのか？

組織全体として効果的に行うことができるかもしれない。しかし，その結果，組織内部で情報が偏在するという現象が不可避になる。よって，現場などに偏在する局所情報・知識を持つ者に決定権を与えることによって，情報を決定に反映させ，組織の環境適応能力を高めることができると考えられる。権限委譲が組織の決定プロセスにもたらす正の効果である。

　組織に有益な情報・知識を持つ現場が組織上部に情報を伝達し，伝達された情報に基づいて集権的に決定すれば，権限委譲と同様の効果が得られるかもしれない。しかし，このような集権的システムにはいくつかの問題がある。第 1 に，適切な情報が正確に伝達されるか，という問題である。現場の情報・知識の多くは暗黙的なもので，そのままでは組織上部に共有されるのは難しい。たとえば銀行の融資担当者は，借手企業の能力，事業意欲，従業員の士気などの定性的な情報を得る。このような情報は，第 9 章で紹介されたようにソフトな情報とよばれ，数値化することが困難なために，融資決定を行う上司や本部に検証可能な形で伝えることは難しい。このことと整合的に，金融機関が経営統合して規模が拡大すると，ソフトな情報の活用や生産の度合いが低下してしまうことを，日本のデータで確認した研究もある（章末の文献ノートを参照のこと）。

　第 2 に，情報がいちいち組織上部に上ってからしか決定ができないことで失われるスピードの問題である。最近の情報通信技術の発展が決定の遅れを解消する可能性はある。しかし，第 9 章「Column 9-2　情報共有と情報伝達技術」で紹介されている経営トップの時間の使い方を調査した最近の研究でも，トップは会社での時間の 3 分の 2 以上を会議や人との面会に費やしていることが見出されている。その理由は，数値データや報告書では抜け落ちてしまう重要な情報があることを示唆する第 1 の理由とも整合的である。

　第 3 に，情報を持つ人が適切な情報を正確に上に伝えるように動機づけなければならない。自分に不利な情報を隠匿・歪曲するような事態が発生することを防がなければならないが，防止策を講ずることによって決定の歪みが生じてしまう。この問題は第 4 節で考察される。

3.2　モチベーション効果とコントロールの喪失

　「任せることによって人はやる気を出す。人材が育つ。」これは権限を与えられた者にもたらされるモチベーション効果である。自ら決定できるということ

第 10 章　意思決定プロセスと集権化・分権化　**309**

Column 10-1　情報通信技術の発展と集権化・分権化

　本文でもふれたように，電子メール，ネットワーク，クラウディング，企業資源計画（ERP）パッケージ，コンピュータ援用設計・製造（CAD/CAM）などの情報通信技術の進展は，集権化・分権化のトレードオフに重要な影響を及ぼす。欧米の約1000 社ほどの企業調査に基づく研究* が，本社と工場長の間の権限関係，および工場長と工場従業員の間の権限関係が情報通信技術とどのように関係するかを明らかにしている。工場長への分権化は，工場従業員の採用，資本投資額，新製品導入などにおける決定権限の程度によって測られ，工場従業員への分権化は，仕事のペースと配分に関する裁量の程度によって測られている。

　研究によると，工場長にとっての ERP パッケージ，工場従業員にとっての CAD/CAM の導入は，それぞれ工場長，工場従業員の情報収集費用を低下させ，分権化を促進するという主張と整合的な結果が得られた。たとえば ERP パッケージは，発注，生産，在庫，納入，故障，人材，財務などさまざまな組織の生産および管理プロセスに関する情報を統合された形で保存，検索，共有することを可能にする。その結果，工場長に利用可能な情報が飛躍的に増大し，工場長への分権化が進んだと考えられる。CAD/CAM は，工場従業員が工場長等上司の助けなく，生産上の諸問題を自ら解決するために必要な情報へのアクセスを容易にし，工場従業員の自律性を高めたと考えられる。

　一方，電子メールや企業内ネットワークの進展は，情報伝達費用を低下させ集権化を促進するという主張と整合的な結果が得られた。工場長は工場従業員からの情報収集が容易になることによって，それまで工場従業員に任せていた仕事の一部を自ら行うことが望ましくなり，本社は工場長に任せていた仕事の一部を自ら行うことが望ましくなったと考えられる。もちろん，電子メールやネットワークの発展には，多すぎるメールに情報が埋没してしまうという負の効果もありうるが，本研究はそれを上回る情報伝達費用の低下があったと解釈することができる。

　ひとことでまとめると，情報通信技術の「情報技術」は分権化，「通信技術」は集権化と正の相関がある。情報通信技術をひとまとめにして，集権化か分権化かを考えることは，誤った組織設計に導く可能性があることを示唆している。

　　* Bloom, N., L. Garicano, R. Sadun, and J. Van Reenen（2014）"The Distinct Effects of Information Technology and Communication Technology on Firm Organization," *Management Science*, vol. 60, pp. 2859-2885.

は，その決定がもたらす可能性のある名声，評判，学習などを自分自身が左右することになる。金銭的報酬をとりあえず無視しても，やる気への影響は強力である。

　もちろん，分権化が常に望ましいと主張しているのではない。権限委譲にも

310 第 III 部 組織の違いは何から生じるのか？

コントロールの喪失（loss of control）とよばれる負の効果がある。たとえば事業部長の目的は，組織全体のパフォーマンスよりも，自身の事業部のパフォーマンスにより重きを置いている可能性が高い。そのような事業部長の手に決定権を委ねることによって，事業部にとっては好ましくても本社にとっては必ずしも好ましくない決定がなされるという問題が発生する。事業部間の連携が望ましいプロジェクトであるにもかかわらず，分業化・専門化による弊害で補完性が発揮できない問題や，異なる事業部間で市場や顧客を奪い合うカニバリゼーション（共食い）問題はその典型的な例である。

3.3 簡単なモデル分析

　以上の3種類の効果を，本社（社長）と事業部（部長）をプレーヤーとする簡単なモデルでもう少し厳密に考えてみよう。この事業部が策定・実行しようとしているプロジェクトの候補が2種類ある。現状維持プロジェクトと新規プロジェクトとよぼう。両方を実行することは予算，人員，技術要因などの都合で不可能で，どちらか一方を選択しなければならない。現状維持プロジェクトが選択された場合の本社と事業部の利得を基準化して0とする。

　新規プロジェクトは，企業にとって現状維持より好ましいものであるとは限らない。新規プロジェクトからの企業の利益は確率pで100，確率$1-p$で-100としよう（$0<p<1$）。すなわち，確率pで新規プロジェクトは現状維持より好ましいが，確率$1-p$で現状維持よりもむしろ企業の状態を悪化させるプロジェクトである。本社と事業部は企業の利益を折半すると仮定する。本社の利得は利益の半分のみで，新規プロジェクトが実行される場合には確率pで50，$1-p$で-50である。一方，事業部の利得は，利益の半分に加えて，新規プロジェクトが採択・実行されることによって私的利益$B>0$を得ると仮定する。たとえば，新規プロジェクトの実行は事業部の他の既存事業，事業部自体の名声や経験などに好影響をもたらすかもしれない。したがって，事業部は新規プロジェクトが採択・実行されると確率pで$B+50$，$1-p$で$B-50$を得る。利得は表 10-2 にまとめられている。

　新規プロジェクトが企業にもたらす利益は事業部のみが知る局所情報である。そして，この情報を本社が理解できるように伝達することはできないと仮定する。集権化の場合には，本社が新規プロジェクトと現状維持プロジェクトのいずれか一方を選択する。本社には新規プロジェクトがもたらす利益がわか

第 10 章　意思決定プロセスと集権化・分権化　　311

表 10-2　基本トレードオフの分析――利得

		本社の利得	事業部の利得
新規プロジェクト	確率 p	50	$B + 50$
	確率 $1 - p$	-50	$B - 50$
現状維持		0	0

らないので，期待利得に基づいて決定を行う。新規プロジェクトを選択した場合の期待利得は，

$$p \times 50 + (1 - p) \times (-50) = 100(p - 1/2)$$

である。したがって，本社は $p > 1/2$ ならば新規プロジェクト，$p < 1/2$ ならば現状維持プロジェクトを選択する。

　分権化の場合には，局所情報に基づいて事業部がプロジェクトの選択を行う。まず最初に事業部の私的利益は $B < 50$ であると仮定しよう。すると，事業部は企業利益が 100 ならば新規プロジェクト，-100 ならば現状維持プロジェクトを選択・実行する。その結果，本社の期待利得は

$$p \times 50 + (1 - p) \times 0 = 50p$$

となる。$50p - 100(p - 1/2) = 50(1 - p) > 0$ より，集権化よりも分権化の方が本社の期待利得は大きくなる。局所情報をプロジェクト選択に反映させることができるという，分権化のメリット（局所情報の利用）のためである。

　次に，事業部の私的利益が十分大きく $B > 50$ であるとしよう。この場合には，新規プロジェクトの利益がマイナスで企業および本社にとって好ましくない場合でも，事業部は新規プロジェクトを現状維持プロジェクトよりも選好する。すなわち，確率 $1 - p$ で本社と事業部の間で利害対立が生じる。分権化してプロジェクト選択の権限を事業部に与えると，事業部は常に新規プロジェクトを選択・実行する。一方，集権化のもとでは，本社は $p > 1/2$ ならば常に新規プロジェクトを選択するが，$p < 1/2$ ならば常に現状維持プロジェクトを選択する。つまり $p < 1/2$ のときには，分権化のもとでは，確率 $1 - p$ で利益がマイナスの新規プロジェクトが実行されるというコントロールの喪失のデメリットが生じる。集権化していれば，好ましくない新規プロジェクトが実行されるという問題は回避されるのである（ただし，利益がプラスの新規プロジェクトも実行されないという問題は残る）。

312　第 III 部　組織の違いは何から生じるのか？

Column 10-2　業績連動報酬と集権化・分権化

　分権化のデメリットであるコントロールの喪失を回避する方法のひとつに，第 5，6 章で紹介されたような業績連動報酬の利用がある。本文の分析では，プロジェクトの成果を事前に契約に明記することはできない（たとえばプロジェクトの成果が明らかになるのは時間がかかる，他のプロジェクトの成果と区別できない，など）と暗黙に仮定して，業績連動報酬を考慮していない。

　もしも業績連動報酬が利用可能ならば，「任せるが任せっぱなしにしない」で権限委譲による結果に対する責任を事業部長に課すことが望ましい。実際，業績連動報酬と権限委譲の間に正の相関関係があることが，多くの実証研究で見出されている。米国の 250 社以上の上場企業の十数年のデータに基づく研究* によると，事業部長の権限の程度と報酬の事業部業績への依存度との間には有意な相関はないが，企業の売上成長率のような全社的な業績指標への依存度は，より幅広い権限を持つ事業部長の方が 3 倍以上大きい。なお，この研究では，事業部長の権限の程度は，事業部長が取締役かどうかによって測られている。

　日本では子会社への質問票調査に基づく研究† で，親会社と子会社の間の権限委譲と子会社の説明責任との関係が分析されている。権限委譲は，中長期戦略策定，年次予算と経営計画，組織変更の側面について測定され，説明責任は子会社社長や役員の処遇・報酬と損益との関係の程度によって測定されている。研究結果によると，権限委譲の程度と説明責任の程度がいずれも高い子会社の業績は，一方のみが高い子会社の業績よりも有意に高いことが見出されている。権限を委譲する場合には，説明責任も子会社に課すことが業績にプラスの効果をもたらすという補完的な関係が示唆されている。

* Wulf, J. (2007) "Authority, Risk, and Performance Incentives: Evidence from Division Manager Positions inside Firms," *Journal of Industrial Economics*, vol. 55, pp. 169-196.

† Itoh, H., T. Kikutani, and O. Hayashida (2008) "Complementarities among Authority, Accountability, and Monitoring: Evidence from Japanese Business Groups," *Journal of the Japanese and International Economies*, vol. 22, pp. 207-228.

　最後に，分権化のモチベーション効果について考察する。ここまでの分析では，すでに新規プロジェクトが選択肢のひとつとして存在している状況に焦点を合わせてきた。しかし，現状維持プロジェクトとは異なり，新規プロジェクトの開発のためには事業部の努力が必要だと考えるのは自然だろう。そこで，事業部は新規プロジェクトを開発するための努力 a を選択するとしよう。これは，組織の決定プロセスにおける情報の収集と提案の段階に対応する。努力

a は $a = 0$ か $a = 1$ のいずれかの値をとる。$a = 0$ は新規プロジェクトを開発しないことを意味し，選択肢は現状維持プロジェクトのみとなる。努力 $a = 1$ は新規プロジェクトを開発することを意味し，事業部は $c > 0$ の機会費用（たとえば他の既存事業のための時間，労力，経営資源の低下）を負担する。新規プロジェクトが企業にもたらす利益は，事業部が $a = 1$ を選択した場合のみ，選択後に事業部のみが知る私的情報となる。事業部の努力選択も本社にはわからない。集権化の場合には，事業部は新規プロジェクトを本社に提案するか提案しないかを決定するとしよう。新規プロジェクトが提案された場合には，本社が新規プロジェクトと現状維持プロジェクトの間の選択を行う。新規プロジェクトが提案されなかった場合には現状維持プロジェクトが選択・実行される。なお，事業部が $a = 0$ を選択した場合には新規プロジェクトは開発されないので，事業部は新規プロジェクトを提案できない。

事業部の私的利益が大きい（$B > 50$）場合を考察する[1]。分権化のもとで事業部は，新規プロジェクトを開発したら常に実行するので，事業部の期待利得は $a = 1$ を選択すると

$$p \times (B + 50) + (1 - p) \times (B - 50) - c = B + 100(p - 1/2) - c$$

となり，$c < (B - 50) + 100p$ ならば正となる。新規プロジェクトを開発しない場合の事業部の利得は 0 なので，開発の機会費用 c が十分小さければ事業部は分権化のもとで新規プロジェクトを開発する。一方，集権化のもとで本社は，事業部は新規プロジェクトを開発した場合には常に提案すると予想するので，$p < 1/2$ の場合には提案された新規プロジェクトを採択せず現状維持プロジェクトを選択する。このことを先読みする事業部には，新規プロジェクトを開発するモチベーションは生じない。つまり，$p < 1/2$ かつ $B > 50$ のとき，新規プロジェクト開発の機会費用が十分に小さければ，分権化のときのみ事業部は新規プロジェクトを開発することを選択する。「任せれば人はやる気を出す」のである。

本節で紹介した簡単なモデルは，web 付録 10.1 で拡張し，詳しく解説する。

---

1) 事業部の私的利益が小さい（$B < 50$）場合には，本社と事業部の利害は一致しており，事業部は $a = 1$ を選択し利益が 100 の場合のみ新規プロジェクトを提案し，本社は新規プロジェクトの実行を承認する。したがって，集権化でも分権化でも事業部の新規プロジェクト開発モチベーションに違いは生じない。

4 戦略的情報伝達と権限委譲

ここまでの議論では，組織のメンバー間や本社と事業部間の情報伝達（コミュニケーション）の可能性をあえて考慮してこなかった。前節最後の分析でも，事業部は新規プロジェクトを提案するのみで，新規プロジェクトがもたらす利益についての情報を伝達することはできないと仮定していた。しかし，組織全体に有益な局所情報を持つ現場が組織上部に情報を伝達し，伝達された情報に基づいて集権的に決定すれば，「情報を持つ人の手に意思決定の権限を委ねる」ことと同様の効果を，権限委譲することなく得られる可能性がある。ただし，適切な情報が正確に伝達されるかどうかという問題を考慮しなければならない。現場の情報の多くは暗黙的なもので，組織上部に理解・共有されるように伝えることは難しいかもしれない。

さらに，組織全体の目的が共有されていない状況では，情報を持つ人が適切な情報を正確に上に伝えないというモチベーション問題が発生する。そして，目的の乖離が大きくなるほど，たとえば事業部長の目的が事業部のパフォーマンスに偏る程度が大きいほど，情報が正確に伝わらないという戦略的情報伝達の問題も深刻になり，コントロールの喪失の問題を回避できるという集権化のメリットが失われてしまう可能性が出てくる。本節では，事業部は望むならば現場の情報を本社に正しく伝えることができるが，モチベーション問題によって戦略的に情報伝達を行う可能性がある状況を考察する。以下の分析では，第9章（戦略的情報伝達）で学習した分析ツールを駆使するので，事前に復習しておいてほしい。

4.1 モデルの設定

本社と事業部とからなる企業を考える。企業は事業部の直面する不確実な経営環境にうまく適応しなければならない。経営環境は五分五分で Good か Bad のいずれかであるとする。この環境に直面している事業部は，「現場に近い」という利点から真の環境を知ることができる可能性がある。事業部は確率 1/2 で真の環境が Good か Bad かを知ることができるとしよう。しかし，確率 1/2 で事業部には何の追加情報もなく，相変わらず Good か Bad かは五分五分であるとする。

第 10 章　意思決定プロセスと集権化・分権化　315

第 9 章第 2 節の表記を用いるならば，事業部が得る追加情報（シグナル）は g（真の環境が Good であることを知る），b（真の環境が Bad であることを知る），ϕ（何の追加情報もない）のいずれかである。第 9 章では追加情報は g もしくは b だが，本章では ϕ が加わって 3 種類の可能性がある。しかし，$P(g \mid \text{Good}) = P(b \mid \text{Bad}) = 1/2$，$P(b \mid \text{Good}) = P(g \mid \text{Bad}) = 0$，$P(\phi \mid \text{Good}) = P(\phi \mid \text{Bad}) = 1/2$ となるので，真の経営環境が Good ならば事業部が受け取る追加情報は g，ϕ のいずれか，真の経営環境が Bad ならば事業部が受け取る追加情報は b，ϕ のいずれかとなっている。すると，追加情報が g である確率は

$$P(g) = P(\text{Good})P(g \mid \text{Good}) + P(\text{Bad})P(g \mid \text{Bad}) = \frac{1}{2} \times \frac{1}{2} + \frac{1}{2} \times 0 = \frac{1}{4}$$

となる。したがって，ベイズの定理（第 9 章第 2 節参照）により，

$$P(\text{Good} \mid g) = \frac{P(\text{Good})P(g \mid \text{Good})}{P(g)} = 1$$

となり，追加情報 g を受け取った事業部は真の経営環境が Good であることを知る。同様に，事業部は確率 1/4 で追加情報 b を受け取り，そのとき事業部は真の経営環境が Bad であることを知る。追加情報が ϕ である確率は

$$P(\phi) = P(\text{Good})P(\phi \mid \text{Good}) + P(\text{Bad})P(\phi \mid \text{Bad}) = \frac{1}{2} \times \frac{1}{2} + \frac{1}{2} \times \frac{1}{2} = \frac{1}{2}$$

で，

$$P(\text{Good} \mid \phi) = \frac{P(\text{Good})P(\phi \mid \text{Good})}{P(\phi)} = \frac{1}{2}$$

となり，真の状況が Good か Bad かは五分五分のままである。

企業は 3 種類のプロジェクトのいずれかを選択・実行しなければならない。プロジェクトをそれぞれ 0，1，2 で表す。プロジェクト 0 は現状維持プロジェクトで，本社と事業部の利得は真の経営環境には依存しない。この利得を基準化して 0 とする。プロジェクト 1 と 2 は新規プロジェクトで，企業にもたらす利益は真の経営環境に依存する。プロジェクト 1 は経営環境が Good のもとでは企業に利益 160 をもたらすが，Bad のときの利益は -200 である。プロジェクト 2 はプロジェクト 1 よりも規模が大きく，経営環境が Good ならば企業利益 280 を生み出すが，Bad のときの損失も大きく，利益は -400 となる。企業利益は本社と事業部で折半され，本社の利得は企業利益の半分と等しい。一方，新規プロジェクトが実行された場合の事業部の利得は，企業利

316 第 III 部 組織の違いは何から生じるのか？

表 10-3 利得（本社，事業部の順番。$10 < B < 100$）

プロジェクト	経営環境が Good	経営環境が Bad
0	$(0, 0)$	$(0, 0)$
1	$(80, B + 80)$	$(-100, B - 100)$
2	$(140, B + 140)$	$(-200, B - 200)$

益の半分に私的利益 $B > 0$ を加えたものと仮定する。本社よりは事業部の方が，現状維持ではない新しいプロジェクトを実行したいと考えていることを表している。事業部の私的利益は $10 < B < 100$ の範囲にあると仮定する。この仮定の意味は，以下で明らかになる。本社と事業部の利得は表 10-3 にまとめられている。

まず，分析の基準となる仮想的な状況として，真の経営環境が本社にも事業部にもプロジェクト選択前にわかっている，と想定しよう。この場合には，本社と事業部の間に利害対立はない。真の環境が Good ならば，本社も事業部もプロジェクト 2 を最も好ましいと考え，真の環境が Bad ならば，本社も事業部もプロジェクト 0（現状維持）を最も好ましいと考える。事業部の私的利益が $B < 100$ であるためである。

続いて，真の経営環境が本社にも事業部にもわからず，両者とも五分五分で Good か Bad であると予想しているとしよう。本社の期待利得はプロジェクト 1 が実行されると -10，プロジェクト 2 が実行されると -30 である。したがって，本社はこのような不確実性に直面している場合にはプロジェクト 0 が最も好ましいと考える。一方，事業部の期待利得はそれぞれ $B-10$，$B-30$ である。上記の仮定 $B > 10$ により，事業部にとって最も好ましいプロジェクトは 1 ということになり，本社と事業部間の利害対立が生じる。以下の分析で，この利害対立が本社と事業部間の情報伝達を阻害しうることが明らかになる。

決定プロセスは集権化と分権化（権限委譲）の間で少し異なる。集権化の場合には，次のタイミングである。

1. 真の経営環境（Good または Bad）が実現する。
2. 追加情報（g, b もしくは ϕ）が実現し，事業部のみが観察する。
3. 事業部が本社に経営環境についてメッセージを伝達する。可能なメッセージは「よい」「悪い」「わからない」のいずれかであるとする。

第 10 章　意思決定プロセスと集権化・分権化　317

　4.　実行するプロジェクトを本社が選択する。

分権化の場合には 3 のコミュニケーション段階がなく，4 で実行するプロジェクトを事業部が選択する。

4.2　分析：分権化

　コミュニケーション段階がない分権化の分析は簡単である。事業部の追加情報は g，b，ϕ のいずれかである。それぞれの場合について，事業部の最適なプロジェクト選択を確認すればよい。

- □　追加情報が ϕ（確率 1/2）：すでに分析したように，プロジェクト 1 が実行される。
- □　追加情報が g（確率 1/4）：表 10-3 により，プロジェクト 2 が実行される。
- □　追加情報が b（確率 1/4）：表 10-3 により，プロジェクト 0 が実行される。

以上の分析により，分権化のもとでの本社の期待利得は，

$$\frac{1}{2} \times (-10) + \frac{1}{4} \times 140 + \frac{1}{4} \times 0 = 30$$

となる。

4.3　分析：集権化

　分権化の場合と同様に，事業部の追加情報は 3 通りあるが，すでに分析したように，事業部が真の経営環境を知る（追加情報が g または b の）場合には本社と事業部の間に利害対立はない。しかし，事業部が真の環境を知らない（追加情報が ϕ の）場合には利害対立が生じる。事業部はプロジェクト 1 を実行したいが，本社にとってはプロジェクト 0 が最も好ましい。その結果，事業部が伝達するメッセージを歪めて，本社の選択が事業部にとって望ましいものとなるように操作しようとするモチベーション問題が生じる。これは第 9 章の戦略的情報伝達問題，とりわけ第 3 節のチープ・トークの問題の一例であり，そこで紹介されたベイジアン・ゲームの理論を適用し，完全ベイジアン均衡を求めなければならない。

　実は，第 9 章第 3 節と同様に，ここでも事業部の追加情報が本社にまったく伝わらない無駄口均衡が存在する。このとき本社は，事業部がどんなメッセ

318　第 III 部　組織の違いは何から生じるのか？

ージを送ってもプロジェクト 0 を選択し，本社の期待利得は 0 になる。したがって，集権化で無駄口均衡が成立する場合には，分権化が望ましい。

　以下では，事業部の追加情報が少なくとも部分的に本社に伝わる情報伝達均衡に焦点を合わせて集権化の分析を行う。以下の戦略と予想の組を考察する。

　　□　事業部の戦略
　　　　▷　追加情報が ϕ の場合にはメッセージ「よい」を伝達する。
　　　　▷　追加情報が g の場合にはメッセージ「よい」を伝達する。
　　　　▷　追加情報が b の場合にはメッセージ「悪い」を伝達する。
　　□　本社の戦略
　　　　▷　メッセージが「よい」ならばプロジェクト 2 を選択する。
　　　　▷　メッセージが「悪い」ならばプロジェクト 0 を選択する。
　　　　▷　メッセージが「わからない」ならばプロジェクト 0 を選択する。

　また，本社の次のような予想を考える。メッセージが「よい」ならば，事業部の追加情報は確率 2/3 で ϕ，確率 1/3 で g と予想する。メッセージが「悪い」ならば，事業部の追加情報は確率 1 で b と予想する。メッセージが「わからない」ならば，事業部の追加情報は確率 1 で ϕ と予想する。戦略と本社の予想の組は表 10-4 にまとめられている。なお，本社の予想は ϕ の確率，g の確率，b の確率の順番である。

　以下で，これらの戦略と本社の予想の組が完全ベイジアン均衡であることを説明しよう。完全ベイジアン均衡は以下の条件を満たす戦略ペアと本社の予想である。

条件 I　事業部の戦略のもとで実際に送られるメッセージ「よい」または「悪い」を受け取った本社の予想は，ベイズの定理に従う。

条件 II　事業部の戦略のもとでは送られないメッセージ「わからない」を受け取った本社の予想は任意である。

表 10-4　完全ベイジアン均衡（$B \geq 30$）

事業部の追加情報	確率	事業部のメッセージ	本社の予想	実行されるプロジェクト
ϕ	1/2	「よい」	$(2/3, 1/3, 0)$	プロジェクト 2
g	1/4			
b	1/4	「悪い」	$(0, 0, 1)$	プロジェクト 0
		「わからない」	$(1, 0, 0)$	プロジェクト 0

条件Ⅲ-a 本社の予想を所与としたとき，本社の戦略は事業部の戦略に対する最適反応となっている。

条件Ⅲ-b 事業部の戦略は本社の戦略に対する最適反応となっている。

　条件Ⅰが成り立つことを最初に確認する。まず，メッセージが「悪い」だとしよう。事業部の戦略によると，追加情報が b である事業部のみがこのメッセージを伝達する。したがって，計算するまでもなく，事業部の追加情報は確率1で b であるという本社の予想はベイズの定理に従う[2]。

　続いてメッセージが「よい」だとしよう。事業部の戦略によると，事業部がこのメッセージを伝達するのは，事業部の追加情報が g の場合と ϕ の場合である。したがって，メッセージ「よい」と事業部の戦略を所与とすると，ベイズの定理によって，

$$P(\phi \,|\, \lceil よい \rfloor)$$
$$= \frac{P(\phi)P(\lceil よい \rfloor \,|\, \phi)}{P(\lceil よい \rfloor)} = \frac{1/2 \times 1}{1/2 + 1/4} = \frac{2}{3}$$

$$P(g \,|\, \lceil よい \rfloor)$$
$$= \frac{P(g)P(\lceil よい \rfloor \,|\, g)}{P(\lceil よい \rfloor)} = \frac{1/4 \times 1}{1/2 + 1/4} = \frac{1}{3}$$

と計算され，表 10-4 の本社の予想と一致する[3]。最後にメッセージ「わからない」は事業部の戦略では伝達されることのないメッセージなので，条件Ⅱにより表 10-4 の本社の予想に整合性の問題はない。

　次に，本社の予想に基づいて条件Ⅲ-a が成り立つことを確認する。メッセージが「悪い」の場合には，事業部の追加情報は確率1で b であると予想し，その結果真の環境は Bad であると予想するので，プロジェクト 0 を選択することが本社にとって最も好ましい。メッセージが「よい」の場合には，事業部

---

2) 念のために計算すると次のようになる。

$$P(b \,|\, \lceil 悪い \rfloor) = \frac{P(b)P(\lceil 悪い \rfloor \,|\, b)}{P(\lceil 悪い \rfloor)} = \frac{1/4 \times 1}{1/4} = 1$$

3) 念のために分母を計算すると次のようになる。

$$P(\lceil よい \rfloor) = P(\phi)P(\lceil よい \rfloor \,|\, \phi) + P(g)P(\lceil よい \rfloor \,|\, g)$$
$$= (1/2) \times 1 + (1/4) \times 1 = 3/4$$

320 第III部 組織の違いは何から生じるのか?

の追加情報は確率2/3でϕ,確率1/3でgであると予想するので,プロジェクト1,2を実行したときの本社の期待利得は,それぞれ

$$\text{プロジェクト 1:} \quad \frac{2}{3} \times (-10) + \frac{1}{3} \times 80 = 20$$

$$\text{プロジェクト 2:} \quad \frac{2}{3} \times (-30) + \frac{1}{3} \times 140 = 26.66...$$

となり,本社にとってプロジェクト2が最も好ましい。最後に,メッセージが「わからない」の場合には,事業部の追加情報はϕであると予想するので,以前の分析により,プロジェクト0が本社にとって最も好ましい。以上により,条件III-aが成り立つことが確認された。

最後に,条件III-bが成り立つかどうかを確認する。真の環境がBadであることを事業部が知る(追加情報がbの)場合には,メッセージ「悪い」を伝達すれば最も好ましいプロジェクト0が実行されるので,明らかに最適反応である。同様に,真の環境がGoodであることを事業部が知る(追加情報がgの)場合には,メッセージ「よい」を伝達すれば最も好ましいプロジェクト2が実行されるので,明らかに最適反応である。したがって,事業部が真の環境を知らない(追加情報がϕの)場合に,メッセージ「よい」を伝達することが最も好ましいかどうかを調べればよい。メッセージ「よい」を伝達すると本社はプロジェクト2を選ぶので,事業部の期待利得は$B - 30$となる。それ以外のメッセージを伝達した場合には本社はプロジェクト0を選ぶので,事業部の利得は0となる。したがって,メッセージ「よい」を伝達することが事業部にとって好ましいための条件は,

$$B \geq 30 \tag{1}$$

となる。以上の考察によって,事業部の私的利益が条件(1)を満たすほど十分に大きいならば,表10-4の戦略ペアと本社の予想が完全ベイジアン均衡であることが示された。

もしも事業部の私的利益が十分小さい($10 < B < 30$)場合には完全ベイジアン均衡はどうなるだろうか。この場合には,真の環境がわからない事業部にとってプロジェクト2よりもプロジェクト0の方が好ましい。さらに,本社にとってもプロジェクト0は真の環境がわからない場合には最も好ましいプロジェクトである。実は,この場合には,事業部が情報を正直に伝達する完全

第 10 章　意思決定プロセスと集権化・分権化　321

表 10-5　完全ベイジアン均衡（$B \leq 30$）

事業部の追加情報	確率	事業部のメッセージ	本社の予想	実行されるプロジェクト
ϕ	$1/2$	「わからない」	$(1, 0, 0)$	プロジェクト 0
g	$1/4$	「よい」	$(0, 1, 0)$	プロジェクト 2
b	$1/4$	「悪い」	$(0, 0, 1)$	プロジェクト 0

ベイジアン均衡が存在する。戦略と予想の組は表 10-5 でまとめられている。

　この戦略と予想の組が完全ベイジアン均衡であることは，これまでの分析を参考にすれば容易に示すことができる。読者への練習問題として残しておこう。

4.4　分析：比較

　以上の分析の結果，完全ベイジアン均衡における本社の期待利得は次のように計算できる。事業部の私的利益が十分高い（$30 < B < 100$）場合には，事業部の情報は本社には不完全にしか伝わらず，

$$\frac{1}{2} \times (-30) + \frac{1}{4} \times 140 = 20$$

となる。また，事業部の私的利益が十分低い（$10 < B < 30$）場合には，事業部の情報は本社に正確に伝わり，

$$\frac{1}{4} \times 140 = 35$$

となる。分権化（権限委譲）の場合の本社の期待利得 30 と比べると，事業部の私的利益が十分に高いという意味で本社と事業部の利害対立が大きい場合には，集権化よりも分権化が望ましい。逆に，事業部の私的利益が十分に低いという意味で本社と事業部の利害対立が小さい場合には，分権化よりも集権化が望ましい。前節の分権化の基本トレードオフでの議論とは逆の結果であることに注意されたい。

　前節では，利害対立が大きくなると，コントロールの喪失の問題によって，集権化が相対的に望ましくなる。本節の考察は，この結論を否定することを意図しているわけではない。利害対立が大きいことによって，事業部と本社の間の情報伝達が歪められる可能性もまた高まるので，集権化が望ましくなると安易に結論づけることには慎重でなければならないことを示唆している。

322 第III部 組織の違いは何から生じるのか?

5 コーディネーション問題と権限委譲

　通常，会社組織はピラミッドのように，本社を頂点としてその下に複数の階層が広がっている。分権化の基本トレードオフは，ひとつの本社とひとつの事業部のどちらに決定権限を与えるかという問題に適用できるという点でまさに基本的だが，事業部が複数存在すると，関連する別の問題が絡んでくる。組織内のさまざまな活動の間には大きな外部効果があり，相互に関連しているので，ばらばらに意思決定を行うことは望ましくない。さまざまな決定の間で足を引っ張り合ったり矛盾が生じることを防ぎ，うまくかみ合うように調整する必要がある。第3章で紹介したコーディネーション問題である。

5.1 複数均衡

　コーディネーション問題は，個々の決定が別々のプレーヤーによってなされる分権化された状況で深刻な問題となる。たとえば，表10-6のゲーム・マトリックスで表されるゲームを考えよう。このゲームは，第3章表3-3からプレーヤーと戦略の名前を変更したものである。一方の事業部がプロジェクトA，もう一方の事業部がプロジェクトBを選択して分業できた場合には，各事業部はそれぞれ5の収益を得るが，プロジェクトを行う費用3を負担するため，利得は5-3=2となる。両方の事業部が同じプロジェクトを選択した場合には分業が行われないために各事業部の収益は3となり，プロジェクトの費用を引くと利得は0となる。

　第3章で説明したように，このゲームには（純粋戦略）ナッシュ均衡が2つ存在する。事業部1がプロジェクトA，事業部2がプロジェクトBを選択するナッシュ均衡と，事業部1がプロジェクトB，事業部2がプロジェクトAを選択するナッシュ均衡である。このゲームでは事業部間に利害不一致はな

表10-6　コーディネーション・ゲーム#1

		事業部2	
		プロジェクトA	プロジェクトB
事業部1	プロジェクトA	0, 0	2, 2
	プロジェクトB	2, 2	0, 0

第 10 章　意思決定プロセスと集権化・分権化　**323**

く，異なるプロジェクトに分業するというコーディネーションに成功するならば，どちらの事業部がどちらのプロジェクトを行っても無差別である。しかし，各事業部が互いに独立に相手の選択を知らずにプロジェクトを選択する分権化のもとでは，コーディネーションに失敗する可能性がある。

　本節で新たに指摘される集権化のメリットは，コーディネーション問題の緩和である。表 10-6 のゲームでは，プロジェクト A を行う事業部とプロジェクト B を行う事業部を本社が指定すればコーディネーション問題は解決するので，明らかに集権化が望ましい。

　他方，分権化には，すでに指摘したように局所情報の利用やモチベーションのメリットがある。たとえば表 10-6 のゲームを変更して，一方の事業部はプロジェクト B よりプロジェクト A，もう一方の事業部はプロジェクト A よりプロジェクト B に有利な経営資源を蓄積していると仮定しよう。前者の事業部がプロジェクト A，後者の事業部がプロジェクト B を行えば，各事業部は5 の収益を得るが，逆の場合には各事業部の収益を 4 とする。表 10-7（a）は事業部 1 がプロジェクト B より A，事業部 2 がプロジェクト A より B を得意とする場合のゲーム・マトリックス，（b）は逆の場合のゲーム・マトリックスである。どちらが正しいかは五分五分と仮定する。

　事業部はいずれも，どちらのゲーム・マトリックスが正しいかという局所情報を持つが，本社にはどちらが正しいのかがわからないとしよう。情報伝達が不可能な場合には，本社は確率 1/2 で望ましい分業を達成するが，1/2 で逆の分業を指示してしまう。分権化の場合には，情報を共有しているので，複数均衡の問題に直面することになるが，それぞれ得意のプロジェクトを選択しコーディネーションに成功することはそれほど難しくないと予想できる。

5.2　情報の偏在，伝達，共有

　事業部間で情報が偏在し，共有されていない場合には，分権化のもとでは複

表 10-7　コーディネーション・ゲーム#2

		事業部 2 プロジェクトA	事業部 2 プロジェクトB			事業部 2 プロジェクトA	事業部 2 プロジェクトB
事業部 1	プロジェクトA	0, 0	2, 2	事業部 1	プロジェクトA	0, 0	1, 1
	プロジェクトB	1, 1	0, 0		プロジェクトB	2, 2	0, 0
		(a)				(b)	

数均衡の問題とは異なる種類のコーディネーション問題が発生しうる。例として次のようなゲームを考えてみよう。事業部1，事業部2は，それぞれ独立に現状維持か新規プロジェクトのいずれかを選択する。新規プロジェクトを行うための費用はどちらの事業部にとっても五分五分で高いか低いかのいずれかで，かつ，独立に決まる。したがって，（事業部1の費用，事業部2の費用）と書くならば，（高い，高い），（高い，低い），（低い，高い），（低い，低い）がそれぞれ1/4の確率で生起する。本社にとっては，いずれの場合でもどちらかの一方の事業部のみが新規プロジェクトを行うことが望ましく，かつ，費用が異なる場合には，費用の低い事業部が行うことが望ましい。どちらの事業部も本社と利害が一致するが，各事業部には他の事業部の費用はわからない。また，本社には両方の事業部の費用がわからない。

分権化の場合に，各事業部は費用が低いならば新規プロジェクト，高いならば現状維持を選択すると仮定しよう。このとき，2種類のコーディネーションの失敗が生じる。第1に（低い，低い）の場合には，どちらの事業部も新規プロジェクトを行ってしまうという「重複」の問題が発生する。第2に（高い，高い）の場合には，どちらの事業部も新規プロジェクトを行わない決定をするため，本来行われるべき新規プロジェクトが行われないという「機会の損失」もしくはその後決定の変更が行われるとしても，新規プロジェクトの実行の「遅延」の問題が生じてしまう。集権化の場合には，新規プロジェクトを行う事業部，たとえば事業部1，を指示することになるので，「重複」も「遅延」も生じない。しかし，（高い，低い）の場合には費用の高い方の事業部に新規プロジェクトを行わせてしまうことになる。

以上の議論では，集権化において事業部が本社に局所情報を伝達する可能性を考慮していない。本社と事業部間で利害不一致があると，第4節のように集権化のもとでは戦略的な情報伝達の問題が発生する可能性がある。しかし第4節とは異なり，分権化のもとでも戦略的情報伝達の問題が発生しうる。各事業部の担当する経営環境の情報は，当該事業部の私的情報である可能性が高い。分権化のもとで事業部間でコーディネーションを円滑に行うためには，事業部間の双方向の情報伝達が必要となるが，事業部間でも目的の乖離がありメッセージが歪められる可能性が生じるためである。

集権化のもとでの垂直的な情報伝達と分権化のもとでの水平的な情報伝達の比較は複雑で，本書の範囲を超える。ここでは比較する際に考慮すべき点を

指摘するにとどめる。第1に，本社と各事業部の間の目的の乖離と，事業部1と事業部2の間の目的の乖離の相違である。本社が会社全体の利害を考慮し，各事業部長が自身の事業部の利害を考慮するならば，事業部間の利害不一致の方が，事業部と本社の間の利害の不一致よりも深刻である可能性が高い。その結果，垂直的な情報伝達の方が水平的な情報伝達よりも正しい情報が伝わりやすいことになる。第2に，分権化では双方向の情報伝達がもっぱらコーディネーション問題を解決するために行われるのに対し，集権化では垂直的な情報伝達が経営環境に適応する問題への対処としても使われる。その結果，コーディネーション問題が重要であるほど，分権化での情報伝達の方が相対的に改善の程度が大きくなり，分権化が集権化よりも望ましくなる可能性がある。

6 権限委譲のコミットメント問題と非公式な権限委譲

　前節までの集権化と分権化の比較では，会社のトップが公式の権限を委譲することが可能であると仮定してきた。すなわち，いったん決定権限が事業部に委譲されたならば，それは最終的なもので，その委譲が本社の意向によって取り消される可能性はないと想定している。しかし，権限関係を基礎に持つ企業組織では，公式の最終決定権は組織のトップが常に握っており，組織内部で公式に権限が委譲されるということはありえないという見方もある。この見方によると，トップはいつでも部下の決定を覆して権限を取り戻すことができることになる。

　たとえば，2001年に東芝の本社と社内カンパニーの間で起こった事例を紹介しよう。東芝は，各事業部門を独立採算のひとつの会社であるかのように位置づけて運営する社内カンパニー制を採用していた。社内カンパニーのひとつに家電機器社があり，社内カンパニー制によって「家電機器社単独で提携する案件は，経営会議や取締役会にかける必要はない」，すなわち単独の提携案件についての権限は家電機器社に委譲されていた。そこで家電機器社は，日本アムウェイと提携して，アムウェイの洗剤の特性に合った洗濯プログラムを搭載した全自動洗濯乾燥機を開発し，第1弾商品として予約受付を開始した。ところが最終的には東芝本社の介入によって，提携内容の説明と製品発表の会見は中止されてしまった。

　このようにトップが決定を覆す可能性を残しておくことにはメリットがあ

326　第III部　組織の違いは何から生じるのか？

る。事業部等組織下部での決定が，組織全体の目的から乖離することを防ぐことができるからである。上記の事例では，以前に「アムウェイ商法」に対する批判があったことから，今度問題を起こされると一カンパニーの問題ではなく東芝全体の問題になるとの判断があったようである。ここで問題なのは，その判断の正否ではなく，このように決定が覆される可能性を先読みして予想することで，家電機器社の今後のやる気が損なわれてしまう可能性である。実際，当時の家電機器社の社長（事業部門の長）は，「アムウェイは，問題を起こさないように，販売員への指導を徹底していくと約束している。それを信用しないというのは，いかがなものか。心配してもきりがない」とコメントしている。さらに，他の社内カンパニーのやる気にもマイナスの影響があるかもしれない。

　このような問題は東芝のような歴史のある会社特有ではなく，たとえばグーグルのような会社にとってもリアルな問題である。ある経営学者が「大企業病の原因は大企業であるからだ」と述べたことがあるが，規模の大きな会社にとって，組織が中央集権的・官僚的になることは不可避であり，究極的な決定権限をトップに残したままで分権化することは容易なことではない。

6.1　モデルの設定

　権限委譲が公式でないことによって「任されることによってやる気が出る」という権限委譲のインセンティブ効果が弱まってしまうという問題の本質は，第4章のトラスト・ゲームの分析で説明された，「努力に対し上司がきちんとボーナスを支払うことを，部下が信じることができない」という信憑性の問題と同じである。このことを理解するために，第3節で紹介したモデルを用いてより詳しい分析を行う。また，本節よりも一般的なモデル分析は，web付録10.1で提供される。

　第3節では，事業部が新規プロジェクトを提案してきても，本社にはプロジェクトがもたらす企業利益はわからないと仮定していた。本節ではこの仮定を変更し，本社は提案された新規プロジェクト案を調べることによって，企業の利益を正しく知ることができると仮定する。また，事業部が新規プロジェクトを実行することで得る私的利益は $B > 50$ を満たすと仮定する。すると事業部が $a = 1$ を選択した場合には，表10-2から明らかなように，新規プロジェクトが企業および本社にとって好ましくない場合でも，事業部は新規プロジェ

図 10-1　決定プロセス——集権化

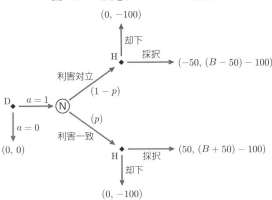

クトを現状維持プロジェクトよりも選好する。よって，確率 $1-p$ で本社と事業部の間で利害対立が生じる。

集権化の場合の決定プロセスは図 10-1 のゲーム・ツリーで表されている。まず事業部（D）が努力 a を選択する。事業部が新規プロジェクトを開発しない（$a=0$）場合には現状維持で終了する。事業部が新規プロジェクトを開発する（$a=1$）場合には，自然の手番によって企業の利益が決まる。事業部は提案することによって提案しない場合よりも損をすることはないので，事業部は新規プロジェクトを開発したら常に提案すると仮定し，事業部が提案するか提案しないかを選択する手番を省略する。また，第3節と同様に，$a=0$ を選んだ場合には新規プロジェクトをでっち上げて提案することはできないと仮定されている。その後，本社（H）は提案を採択・実行するか，却下するかを選択する。後者の場合には現状維持プロジェクトとなる。利得は本社，事業部の順番である。なお，本社と事業部の利害が一致する確率 p と事業部の私的利益 B の効果に焦点を合わせるために，事業部が新規プロジェクトを開発する機会費用を $c=100$ とする。

6.2　分析：集権化

このゲームをバックワード・インダクションによって解く。まず新規プロジェクトが開発された後の本社の決定は，利害一致の場合には採択，利害不一致の場合は却下となる。前者の確率は p，後者の確率は $1-p$ なので，新規プロジェクトを開発する場合の本社と事業部の期待利得は，以下のようになる。

本社： $p \times 50 + (1 - p) \times 0 = 50p$

事業部： $p \times (B + 50) + (1 - p) \times 0 - 100 = p(B + 50) - 100$

ゲームをさかのぼって事業部の努力決定を考察する。新規プロジェクトを開発しなかった場合の利得は 0，開発する場合の期待利得は $p(B + 50) - 100$ なので，$p(B + 50) - 100 \geq 0$ すなわち

$$p \geq \frac{100}{B + 50} \tag{ICC}$$

ならば，事業部は新規プロジェクトを開発することを選択する（無差別な場合には開発する，と仮定する）。しかし，(ICC) が満たされず

$$p < \frac{100}{B + 50} \tag{2}$$

となる場合には，新規プロジェクトが却下される可能性があることを先読みして，事業部のやる気が損なわれ，集権化のもとで新規プロジェクトは開発されない。

6.3 分析：公式権限の委譲

続いて分権化を考察する。本節では公式権限は常に会社のトップ，すなわち，ここで分析されている状況では本社に帰属するので，公式に権限を事業部に委譲することはできないという視点に立っている。しかし，集権化との比較で，仮に公式権限を委譲することが可能な場合に，はたして事業部のやる気が回復するかどうかを確認しておくことにしたい。

公式権限が事業部に委譲されている場合には，事業部が新規プロジェクトを採択・実行するかどうかを決めることができる。本社が決定することは何もない。図10-1のゲームで，本社が常に採択を選択している状況に対応する。したがって，事業部が $a = 1$ を選んだならば，本社と事業部の期待利得は以下のようになる。

本社： $p \times 50 + (1 - p) \times (-50) = 100(p - 1/2)$

事業部： $p \times (B + 50) + (1 - p) \times (B - 50) - 100$

$= B + 100(p - 1/2) - 100$

事業部が $a = 0$ を選んだ場合の利得は本社も事業部も 0 なので，$B + 100(p - $

$1/2) - 100 \geq 0$ すなわち

$$p \geq \frac{150 - B}{100} \tag{ICD}$$

ならば，事業部は仮に公式権限が委譲された場合には新規プロジェクトを開発する。(ICC) の右辺と (ICD) の右辺を比較すると，$B = 50$ のときに等しくなり，$B > 50$ の範囲では常に前者の方が大きい[4]。よって，

$$\frac{150 - B}{100} \leq p < \frac{100}{B + 50} \tag{3}$$

を満たす p が存在する。そして，利害が一致する確率 p がこの区間にあるならば，事業部は集権化のもとでは新規プロジェクトを開発しないが，仮に公式権限が委譲されれば新規プロジェクトを開発するようになる。

　以上の分析結果は図 10-2 にまとめられている。横軸は事業部の私的利益 B，縦軸は利害一致の確率 p である。これらの値が条件 (ICC) を満たす領域は図の「集権化」の領域で，本社が介入して新規プロジェクトを却下する可能性がある場合でも，事業部は新規プロジェクトを開発する。事業部の私的利益が十分に高い一方で，利害対立のために却下される可能性は十分に低いためである。最も興味深いのは (B, p) が「公式権限委譲」と記された領域にある場合である。この領域では条件 (ICC) は成り立たないが，条件 (ICD) は満たされる。このときには，集権化のもとで事業部は新規プロジェクトを開発しない。公式権限を委譲されてはじめて，事業部は新規プロジェクトを開発するようになる。最後に「現状維持」と記された領域ではどちらの条件も成り立たない。よって，集権化しても公式権限を委譲しても，事業部は新規プロジェクトを開発しない。新規プロジェクトの開発は不可能で，現状維持で終わる領域である。なお，公式権限委譲と記された領域で $p < 1/2$ となると，公式権限を委譲して事業部が新規プロジェクトを開発すると，企業および本社の期待利得はマイナスとなってしまう。したがって，この領域では現状維持が最も好ましいことになる。

---

　4)　(ICC) の右辺から (ICD) の右辺を引いて整理すると，

$$\frac{100}{B + 50} - \frac{150 - B}{100} = \frac{(B - 50)^2}{100(B + 50)}$$

となる。

図 10-2 最適な権限配分

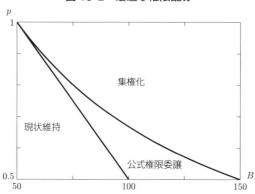

6.4 分析：コミットメント問題と非公式な権限委譲

ここまでの分析では，仮に本社が公式権限を事業部に委譲できるならば，という前提を置いていた。つまり，本社が介入して事業部の決定を後で覆すことができないという前提である。しかし，そのような前提が成り立たないならば，新規プロジェクトが現状維持ほど望ましくない場合には，本社は介入して新規プロジェクトを却下することを選ぶ。そのような介入の可能性が事業部のやる気をそぎ，新規プロジェクトを開発しなくなる条件は (2)，すなわち(ICC) が成り立たない場合であり，まさに図 10-2 で，公式権限委譲が可能ならばやる気を出させることができる領域を含んでいる。

以下では，公式権限の委譲はできないという前提に立って，非公式にもしくは実質的に権限を委譲する可能性を検討する。第 1 の方法は，「介入して決定を覆さない」という評判を築くというものである。いったん権限を委譲すれば，事業部が新規プロジェクトを開発するかどうか，本社が介入するかどうかという決定の機会は 1 回限りではなく，何度も訪れる。利害対立があるときに介入して新規プロジェクトを却下することによって，本社は短期的には利益を得るが，その結果，事業部が新規プロジェクトを開発しなくなってしまっては長期的には損失である。長期的損失が短期的な利益を上回るならば，本社は「介入して決定を覆さない」という決定に信憑性を持たせることができる。第 7 章（長期的関係）の分析ツールによる分析を web 付録 10.2 で行っているので参照されたい。

第 10 章　意思決定プロセスと集権化・分権化　331

　第 2 の方法は，新規プロジェクトの提案に対して本社が採択するかどうか
を決断する際に，新規プロジェクトが生み出すであろう成果をみえなくしてし
まう，というものである。この場合，本社の選択は利害一致，不一致にかかわ
らず「採択する」か「採択しない」となる。これは第 3 節の分析に対応する
もので，$p \geq 1/2$ ならば，図 10-2 の公式権限委譲の領域では「採択する」が
最適となる。事業部制組織の特徴のひとつは「戦略と事業の分離」にある。本
社が戦略策定に追われることによって，かえって権限委譲が確固たるものとな
る。スリムな本社機能も同様で，本社を忙しくしてしまうことによって実質的
な権限委譲が促進されることになる。また，立石義雄（当時オムロン会長）によ
る『日経ビジネス』2004 年 1 月 19 日号（1 ページ）の記事が，別の事例を提供
してくれる。

　　「課長の意識はどうすれば変わるのか。意識改革のために導入した制度の
　1 つが，最長 3 カ月間のリフレッシュ休暇です。『3 カ月も休んだら，課は
　どうなる』と心配した課長もいました。しかし，いざ休暇を取ったら，かえ
　って業績が向上する部署も出てきた。……課長が長期休暇を取ったにもかか
　わらず，課の業績が向上した理由は単純です。人材育成など，本来，課長が
　果たすべき職責を果たさず，課員に任せるべき仕事をしていたからにほかな
　りません。」

● まとめ

□ 会社組織のメンバー間の関係の基本は権限関係にある。市場取引においても権限関
　係と同様な対等でない関係は成立しうるが，権限関係が市場よりも組織の特徴とな
　る理由がある。

□ 会社の成長とともに，決定権限を組織下位（たとえば本社が事業部）に委譲して分
　権化する権限委譲のメリット・デメリットを注意深く考えることが組織の重要な問
　題となる。

□ 事業部への権限委譲を行い組織を分権化することと，本社が決定権を保ち集権化す
　ることの間には基本トレードオフがある。分権化には「情報を持つ人の手に意思決
　定の権限を委ねる」ことによる局所情報の利用，および「任せることによって人は
　やる気を出し人材が育つ」というモチベーション効果のメリットがあるが，本社に
　とっては好ましくない決定がなされる可能性が生じるというコントロールの喪失と
　いうデメリットがある。

332 第 III 部 組織の違いは何から生じるのか？

□ さらに本社と事業部間の情報伝達の可能性を考慮すると，適切な情報が正確に伝達
 されるかどうかというモチベーション問題が発生する。その結果，本社と事業部の
 間の利害対立が大きいほど事業部から本社への情報伝達の歪みが大きくなり，情報
 伝達を必要としない分権化がむしろ望ましくなる可能性がある。

□ 複数事業部間のコーディネーション問題が重要なほど意思決定が本社に集約される
 という点では集権化が望ましくなるが，各事業部から本社への垂直的情報伝達の歪
 みの方が，事業部間の水平的情報伝達の歪みよりも深刻になるという点では分権化
 が望ましくなる。

□ 権限委譲のより根源的な問題として，公式の最終決定権は常に本社が握っており，
 事業部に公式に権限が委譲されるということはありえず，本社はいつでも事業部の
 決定を覆して権限を取り戻すことができるという見方もある。この見方に立つと，
 本社は非公式な権限委譲にコミットメントするために，「介入して決定を覆さない」
 という評判を築く，事業部の決定を観察することをあえて難しくする，等のコミッ
 トメントの信憑性を高める工夫が必要になる。

● 文献ノート

　雇用関係に入ることで従業員に生じる義務等については，たとえば大内伸哉（2017）
『雇用社会の 25 の疑問——労働法再入門（第 3 版）』弘文堂，を参照のこと。第 3.1 項
でふれた「金融機関が経営統合して規模が拡大すると，ソフトな情報の活用や生産の
度合いが低下してしまうことを，日本のデータで確認した研究」は，小倉義明・内田浩
史（2008）「金融機関の経営統合とソフトな情報の毀損」『経済研究』一橋大学経済研究
所，vol. 59，no. 2, pp. 153-163 である。経営トップの時間の使い方を調査した最近の研
究（第 9 章「Column 9-2　情報共有と情報伝達技術」参照）は，レイ・フィスマン &
ティム・サリバン（2013）『意外と会社は合理的』土方奈美訳，日本経済新聞出版社，
第 6 章でも紹介されている。

　第 6 節で紹介した東芝と日本アムウェイの提携の事例の典拠は，「東芝が発表を延
期した日本アムウェイとの『握手』」nikkeiBPnet，2001 年 5 月 23 日（https://is.gd/
wJb0fl）である。グーグルにおけるコミットメントの問題は，次の記事で論じられて
いる。Sarah Lacy "Google Takes Another Big Step to Retain Employees: Autonomous
Business Units," *TechCrunch*, December 17, 2010（https://techcrunch.com/?p=
255641）.

　以下，本章の内容と関連する参考文献を，読みやすいと思われる順番で紹介する。

1. 伊藤秀史（1999）「権限委譲の経済学」日本経済新聞「やさしい経済学」1999 年 9
   月 30 日〜10 月 7 日
   　　本章の内容は上記連載に依拠している部分がある。以下のリンク先で読むことが

できる。https://sites.google.com/site/hideshiitoh/jp/pub-j/nikkei1099

2. 鈴木豊（2016）『完全理解　ゲーム理論・契約理論』勁草書房

　　第 11 章で，第 3 節および第 6 節が依拠する Aghion-Tirole モデル（web 付録 10.1）を解説している。

3. 柳川範之（2000）『契約と組織の経済学』東洋経済新報社

　　第 4，5 章で権限の配分，権限委譲の問題を解説している。

4. 菊谷達弥・林田修（2003）「組織における権限配分とモニタリング」伊藤秀史・小佐野広編『インセンティブ設計の経済学』勁草書房，第 4 章，75〜105 ページ

　　第 3 節および第 6 節が依拠する Aghion-Tirole モデル（web 付録 10.1），および第 6.4 項および web 付録 10.2 で展開される長期的関係下での非公式権限委譲の，より詳しい分析を行っている。

5. Gibbons, R., N. Matouschek, and J. Roberts（2013）"Decisions in Organizations," in R. Gibbons and J. Roberts eds., *The Handbook of Organizational Economics*, Princeton University Press, Chapter 10, pp. 373-431.

　　組織における意思決定プロセスに関する最近の学術研究を整理しており，このトピックに興味を持つ大学院生，研究者にとって必読の文献である。

　最後に，本章で紹介した分析の元となった学術論文を紹介する。第 3 節および第 6 節が依拠する定式化と分析をはじめて厳密に行ったのは，Aghion, P. and J. Tirole（1997）"Formal and Real Authority in Organizations," *Journal of Political Economy*, vol. 105, pp. 1-29 である。web 付録 10.1 の分析を参照されたい。第 5.1 項の議論は，主に Bolton, P. and J. Farrell（1990）"Decentralization, Duplication, and Delay," *Journal of Political Economy*, vol. 98, pp. 803-826 に基づく。第 5.2 項の議論は Alonso, R., W. Dessein, and N. Matouschek（2008）"When Does Coordination Require Centralization?" *American Economic Review*, vol. 98, pp. 145-179 に基づいている。第 6.4 項および web 付録 10.2 で展開される長期的関係下での非公式権限委譲の分析をはじめて行ったのは，Baker, G., R. Gibbons, and K. J. Murphy（1999）"Informal Authority in Organizations," *Journal of Law, Economics, and Organizations*, vol. 15, pp. 56-73 である。

第11章 企業文化

1 企業文化とは

　この章では，組織における文化について考察する。巷では企業文化や組織文化などとよばれているもののことである[1]。企業文化は経済学や経営学だけでなく，社会学などさまざまな研究分野で重要な研究対象である。経済学において企業文化の研究が始まったのは比較的最近のことである[2]。

　企業文化とは大雑把にいえば「組織メンバー間で共有された物事の考え方や行動様式」のことである。企業の規範や慣習のまとまりのことであるといってもよい。つまり，行動に関する非公式かつ明文化されていないルールのことである。もう少し詳しくいえば，組織のメンバーによって共有された経験，知識，言語に基づいた考え方や行動様式のことである。

　企業文化の概念を厳密に定義することは難しく，経済学の研究分野において

---

1) 経営学においても企業文化は重要な研究トピックであるが，用語の使い方は定まっていないように思われる。経営理念や組織風土を企業文化と同一視している文献もある。たとえば，経営学の定番の教科書である伊丹敬之・加護野忠男（2003）『ゼミナール経営学入門（第3版）』日本経済新聞社，では，企業文化とは「組織風土や社風といわれるものと本質的に同じである」（349ページ）といっている。経営理念は企業文化を組織内外に根づかせるために経営者が簡単な言葉で表したものであり，企業文化そのものではない。経営理念を変更したからといって企業文化もただちにそれに従うわけではない。また，組織風土とは企業文化に影響を与える組織環境のことであると理解すべきである。「風土」の辞書的な意味は「住民の慣習や文化に影響を及ぼす，その土地の気候・地形・地質など」（『大辞林』）のことであることからも，組織風土と企業文化は区別して考えるべきである。

2) 「Column 11-1 企業文化と経済理論」を参照されたい。

は今のところ合意された定義はない。個々の研究で独自の定義がなされている。

　企業文化は経済合理性とは整合的ではない部分が多く，経済学的な分析とは相容れないように思われるかもしれない。しかし，企業文化がどのような役割を果たし，どのように維持されるかについて一定の経済学的説明は可能である。

　そもそも企業文化は経済学的に分析すべき問題である。従業員が経営陣は信頼でき，倫理的であると信じているような企業ほど業績が高いことを報告した研究も存在する。つまり，よい企業文化を維持している企業ほど業績は高いのである。

　企業組織で働いたことのない読者には企業文化というと想像しにくいかもしれない。対応する例として，日本社会における日本文化を考えてみよう。日本では「列を作って順番を守る」という行動は常識となっている。たとえば，電車に乗るために早く着いた人から順番に列に並ぶというものである。列に並ぶ順番を守ることは法律で定められているわけではない。順番を守らなかったからといって，法律で裁かれるわけではない。しかし，日常生活の至る所で多くの人が自発的に列の順番を守っている。この行動様式は日本文化の典型例であり，幼い子供から成熟した大人まで，世代に関係なく，浸透している。

　さらに，列を作って並ぶことは非常時にも守られている。たとえば，大震災などの未曾有の災害が発生した場合でさえ，暴動を起こすことなく，配給物資を貰うために列を作り，自発的に順番を待つということは，日本ではよく知られた現象である。日常生活における行動様式が非常時においても自発的に採用され，大混乱が避けられるのである。

　企業文化についても同様の現象が観察されている。組織の中で明文化されていないにもかかわらず，メンバーは特定の行動様式に従っている。さまざまな選択可能な行動様式の中から，すべてのメンバーが自発的に特定の行動様式に従うのは企業文化があるためである。企業文化の存在により，特定の行動様式がフォーカル・ポイントとなるのである（第3章第5.4項参照）。第2節でこれについて解説する。

　とくに，事前に予測していなかった事態が発生した場合に企業文化は重要な役割を果たす。不測の事態といっても大震災のような非常事態だけでなく，日常的な業務においても予想もしない事態は頻繁に発生するものである。このような状況においても，「適正な対応」をしなければならない。不測の事態で

336   第 III 部   組織の違いは何から生じるのか？

Column 11-1   企業文化と経済理論

　経済学において企業文化の重要性を最初に主張したのはデヴィッド・クレプスである。1984 年に三菱銀行国際財団の支援で開催された「経済・経営問題に関する研究者国際交流会議」で「企業文化と経済理論」という表題で研究発表を行った。この研究は 1986 年に日本経済新聞社から出版された論文集に収録されている。また，1990 年にその英訳がケンブリッジ大学出版局から出版された論文集に収録されている。

　取引費用の経済学，契約理論，ゲーム理論の発展により，企業文化を経済学的に分析する道具はすでに揃っているとクレプスは主張している。クレプスの研究以降，経済理論家による企業文化の理論研究は増えてきている。いまだ発展途上であり，魅力ある研究分野のひとつである。

　企業文化は目にみえないものであり，直接に測定することが非常に困難なものである。このような分析対象については演繹的アプローチによる分析が適している。演繹的アプローチとはいくつかの前提から出発して推論を展開し，現象を説明するというアプローチであり，経済理論はこのようなアプローチで構築されている。

　かつては「市場」も目にみえない，捉えることの難しいものであったが，経済理論の発展により現在では市場について多くのことが明らかになっている。企業文化に関する研究についても同様の発展が期待されている。

あるため何が適正な対応かは事前には決められていないので，事後的に対応を判断しなければならない。このとき企業文化は何が適正かを判断する指針となり，組織のすべてのメンバーが納得する対応が可能となるのである。優れた企業文化を持つ企業はさまざま不測の事態に適正な対応ができるので，組織の環境適応能力が高いと考えることができる。第 3 節で不測の事態のゲーム理論的分析を紹介する。

　企業文化がどのように維持されるのかも重要である。企業組織は年若い新入社員から定年退職直前の老練な従業員までさまざまな世代の人間から構成される。毎年，何人かが退職し，また新しく入社してくる。常に組織のメンバーは入れ替わるが企業文化は受け継がれていくのである。特定の個人が企業文化を受け継ぐのではない。人が替わっても企業文化は維持される。企業が「組織のメンバーは適正な行動様式に従う」という評判を維持すると解釈することができる。第 4 節で企業が評判の維持装置としての役割を果たすことを解説する。

　第 5 節と第 6 節では企業文化の他の側面について考察する。第 5 節では，なぜ組織は同じような信念を持ったメンバーから構成される傾向にあるのか

を分析する。つまり，組織が同質的になる理由を考察する。第6節では，組織内言語について考える。組織内における専門用語の役割を明らかにする。

2 複数均衡と企業文化

第3章で考察したコーディネーション問題を復習することから始めよう。表11-1のゲーム・マトリックスは次のようなコーディネーション問題を表している。

メンバー1と2から構成される組織において，各メンバーはAという仕事のやり方（方法A）とBという仕事のやり方（方法B）が選択できる。両方のメンバーが方法Aを選択すると両方のメンバーは3の利得を得ることができ，両方のメンバーが方法Bを選択すると両方のメンバーが2の利得が得られる。異なる仕事のやり方が選択された場合には両方のメンバーは0の利得を得る。

表11-1の戦略形ゲームには2つの純粋戦略のナッシュ均衡とひとつの混合戦略のナッシュ均衡が存在する。以下では純粋戦略のナッシュ均衡のみに着目し，単に均衡とよぶことにする。どちらの均衡が実際にプレーされるかはナッシュ均衡という均衡概念からは絞り込むことができなかったことを第3章で確認した。

第3章第5.4項「企業文化」で説明されたように，明示的な情報伝達を行わずに複数の均衡の中から特定の均衡をプレーさせる原理やルールのことをフォーカル・ポイントという。企業組織について考える場合，フォーカル・ポイントは企業文化によって形成されると考えることができる。

上の例においては，均衡は複数存在するがパレート効率的な均衡はただひとつであるから，パレート効率的な均衡がプレーされるであろうという予想がメンバー間で共有されることは現実的な観点からは自然であろう。「パレート効率性を達成する」ことがフォーカル・ポイントとなるのである。

表 11-1　利害対立のないコーディネーション・ゲーム

メンバー2

		方法 A	方法 B
メンバー 1	方法 A	3, 3	0, 0
	方法 B	0, 0	2, 2

338　第 III 部　組織の違いは何から生じるのか？

表 11-2　抽象化されたコーディネーション・ゲーム

		若年	
		方法 A	方法 B
ベテラン	方法 A	S, j	$0, 0$
	方法 B	$0, 0$	s, J

　とくに企業文化が重要となる状況というのは，複数の均衡が存在し，どの均衡が選択されるかについて利害の衝突が発生している場合である。第 3 章のColumn 3-3 でもみた男女の争いのように，好ましい均衡がメンバーごとに異なる場合には企業文化は重要な役割を果たす。

　企業文化の重要性を考えるために，メンバーたちに属性を割り当てよう。メンバー 1 はベテランであり，メンバー 2 はメンバー 1 より若年であるとする。それぞれのメンバーは方法 A か B を選択することができる。以下の説明のために，両方のメンバーが同じ仕事のやり方を選択したときの利得を抽象化してアルファベットで表すことにする。ゲーム・マトリックスは表 11-2 のように表されるものとする。

　S, s, J, j のすべてが正の値をとるとき，上のゲームはコーディネーション・ゲームである。$S > s > 0$ かつ $j > J > 0$ の場合は，表 11-1 と同様に企業組織においてはパレート効率的な均衡が選択されることがフォーカル・ポイントとなると考えられる。

　企業文化の重要性を考えるために $S > s > 0$ かつ $J > j > 0$ を満たすものと想定する。この場合，男女の争いと同じゲームの構造をしている。ベテランと若年メンバーが同じ仕事のやり方を選択することが均衡であり，2 つの均衡が存在する。両方のメンバーが方法 A を選択する均衡を A 均衡とよび，両方のメンバーが方法 B を選択する均衡を B 均衡とよぶことにする。いずれの均衡についても，パレート支配するような戦略の組は存在しないので，両方ともパレート効率的である。

　ベテランのメンバーは A 均衡を好み，若年のメンバーは B 均衡を好む。実際にどちらの均衡が実現するのかはこのゲームがプレーされる文脈に依存する。このゲームが日本企業の中でプレーされるのであれば，ベテランを尊重することがフォーカル・ポイントとなりやすい。年功序列の行動様式は日本の企業文化によくあることである。企業文化のおかげで，コーディネーションがう

まくいき，A均衡が実際にプレーされるのである。企業文化の存在がコーディネーションの失敗を防ぐことになる。

上では，S，s，J，jの数値が固定されており，2つの均衡のどちらをプレーするかというコーディネーション問題であった。企業文化があれば，事前にどの均衡がプレーされるか解決できる。次節では，S，s，J，jは事前にはわからないものとする。つまり，事前にはどの均衡が組織にとって望ましいのかがわからない状況を考える。さまざまな状況で異なるコーディネーション・ゲームにメンバーたちが直面するというものである。このような状況においては，企業文化がさらに重要な役割を果たす。企業文化が事後的に適切な均衡の選択を規定するのである。

3　不測の事態と企業文化

ここでは**不測の事態**（unforeseen contingency）における企業文化の役割について解説しよう。不測の事態とは，事前に合意された対応策が準備されていない状況のことである。想定外の事態とよんでもよい。

また，不測の事態といっても，事前にまったく想像できないような事態のみを意味するわけではない。事前に実現可能であることは認識しつつも，当事者たちが何らかの理由（時間や費用など）で，その事態における対応策を事前に決めなかったということもある。このような事態も不測の事態に含めることにする。

現実の企業活動においては，あらゆる事態が予測可能なわけではない。不測の事態に対応しなければならない状況に必ず直面する。たとえば，未曾有の自然災害によって，生産施設が大きな被害を受け，生産計画の変更を迫られるというニュースをよく耳にする。日本では，台風や大地震によって，このようなことが頻繁に起こっている。また，外国の政策転換によって生産計画の変更を迫られることもある。イギリスの欧州連合からの脱退宣言も不測の事態であるといってよい。事態が発生した後にリストラを行うかなどさまざまな対応策の中から何かを決定しなければならない。

さらに，企業活動の現場では些細ではあるがさまざまな不測の事態が頻繁に発生している。とくに顧客と接する部門において，顧客からの想定外の要求に対応をしなければならない状況が頻繁に発生しているであろうことを想像する

340　第 III 部　組織の違いは何から生じるのか？

表 11-3　不測の事態におけるコーディネーション・ゲーム

		部下	
		信頼 A	信頼 B
上司	対応策 A	S, j	$0, 0$
	対応策 B	$0, 0$	s, J

ことは難しくないはずである。

　第 8 章の関係的契約の分析で登場した立証不可能な変数と不測の事態の違いについてふれておこう。関係的契約の分析では，事前に予測可能であるが事後的には立証不可能な事態に着目し，その事態の対応策について事前に合意できる状況を想定したものと解釈することができる。いうまでもないが，事態は立証不可能であるため，その対応策は正式の契約として合意するのではなく，関係的契約は自己遵守可能でなければならなかった。

　それに対し，不測の事態においては，事前には対応策が準備されていないので，事後的に対応策を考えなければならず，事前にはどの対応策が適切であるか合意できない。以下で明らかとなるように，不測の事態においては企業文化が，どの対応策が適切であるのかについての指針となる。

　不測の事態における問題を前節の抽象化されたコーディネーション・ゲームを利用して解説することにする。ただし，ストーリーを若干変更しよう。

　メンバー 1 は上司であり，メンバー 2 は部下とする（表 11-3）。不測の事態が発生したものとし，複数の解決策があるような状況に着目する。

　説明の簡単化のために不測の事態への対応策として A と B の 2 つのみがあるものとする。部下は対応策 A が選択されることを期待して上司を信頼する（信頼 A）か，対応策 B が選択されることを期待して上司を信頼する（信頼 B）かを選択することができる。上司は対応策 A か B を選択できる。部下の信頼と上司が選択した対応策が一致した場合には両者とも正の利得を得る。そうでない場合は 0 の利得を得る。

　部下は上司がある対応策を選択するものと信頼し，上司が対応策を選択するとしたが，その逆の解釈も可能である。つまり，上司は部下がある対策を選択するものと期待し対応策の選択を部下に任せ，部下がある対応策を選択するという解釈である。後者は後述の東京ディズニーランドの事例に対応する解釈である。

S, s, J, j の値は事前にはわからず，不測の事態が発生したときにわかるものとする。よって，すべてが正の値をとるとき，上司と部下はコーディネーション・ゲームに直面することになる。事前には対応策は決められていないため，不測の事態が発生した後に複数均衡の中からどの均衡がプレーされるべきかを考えなければならない。

不測の事態を考える場合，上司が選択可能な対応策も部下が選択可能な信頼も不測の事態が発生した後に与えられると解釈する方がよい。不測の事態ごとに固有の選択可能な行動があるものと考える。よって，事前にどの行動を選択するかを決めることはできない。

第 2 節の考え方を適用することによって，このような不測の事態においても企業文化が複数均衡の問題を解決するものと考えることができる。たとえば，「顧客第一」という企業文化が不測の事態への対応の指針を与えることになる。企業文化と整合的な対応は A であることが共有され，（対応策 A，信頼 A）が実現するのである。

東京ディズニーランドのキャストによるゲストへの対応が称賛されるニュースをしばしば耳にする[3]。ゲストに子供が多いということもあり，さまざまな不測の事態が発生しているものと考えられる。そのような状況では現場のキャストによる即座の対応が必要となる。強い企業文化によって対応の仕方（どのようにしてゲストに喜びを提供するのか）が共有されており，その結果，多数の称賛されるエピソードが生み出されていると考えられる[4]。

企業文化が機能しているとは，不測の事態への対応の仕方が共有されていることであるといってよい。何を信頼し，信頼に応えるということが何であるかが共有されている状態である。組織内においては，人の処遇に関わるような問題に対処しなければならない状況において信頼の問題はとくに重要となる。不

---

3) 東京ディズニーランドではスタッフのことを「キャスト」とよび，お客のことは招待された賓客として「ゲスト」とよばれている。これらの用語を使っている理由はスタッフの間で価値観を共有する，つまり，企業文化を浸透させることを意図しているものと考えられる。

4) 東京ディズニーランドなどを運営する株式会社オリエンタルランドの 2018 年 3 月期有価証券報告書によれば，テーマパークとホテルのスタッフの 77% は非正規従業員である。従業員の入れ替わりの多い職場であることが推測される。それにもかかわらず強い企業文化が維持されている。第 4 節で従業員の入れ替わりの多い職場でどのように企業文化が維持されるのかが明らかにされる。

342　第III部　組織の違いは何から生じるのか？

表 11-4　変形版コーディネーション・ゲーム

| | | 部下 | | |
		信頼 A	信頼 B	信頼しない
	対応策 A	7, 5	0, 0	2, 3
上司	対応策 B	0, 0	5, 7	2, 3
	自分優先	9, 0	9, 0	4, 1

測の事態が発生し組織内の誰かを処分しなければならないといった問題に直面したときに適切な処分を行うことができなければ，他の従業員のモチベーションが下がり将来の企業業績に大きな影響を与えてしまうこともありうる。

　以下では次節の準備のために不測の事態におけるインセンティブの問題についてもふれておこう。

　企業文化の存在は複数の対応策の中からどの対応策が組織にとって望ましいのかを定める。しかし，不測の事態において必ずしもコーディネーション・ゲームに直面するとは限らない。たとえば，次のような戦略形ゲームに直面することもありうる。上の不測の事態におけるコーディネーション・ゲームの変形版を考える。説明を具体的にするために，$S = J = 7$ かつ $s = j = 5$ としておく（表 11-4）。

　上司には「自分優先」という行動が追加されており，それが支配戦略となっている。一方，部下には「信頼しない」という行動が追加されている。上司がどの行動を選んだとしても，上司を信頼しないことによって，最悪の利得（0）を避けることができる。

　このゲームは支配可解であり，上司が自分優先を選択し，部下が信頼しないことが支配戦略均衡となる。よって，パレート効率性は達成可能ではない。対応策 A と信頼 A が選択されることが企業文化と矛盾しないうえにパレート効率性も達成できるとしても，上司は自分の利益を優先することが最も好ましくなっている。企業文化はないがしろにされてしまうのである。企業文化はコーディネーション問題解決の手助けとなるが，必ずしもインセンティブの問題まで解決するとは限らない。

　現実をみると，企業文化の観点からは正しい行動，たとえば（対応策 A，信頼 A）が観察されているが，短期的な観点からするとある主体（上司）にとっては最適な行動ではなく，企業文化と経済合理性は矛盾しているようにみえ

第 11 章　企業文化　　**343**

Column 11-2　我が信条（Our Credo）

　　ジョンソン・エンド・ジョンソンは「我が信条（Our Credo）」と名づけた企業理念・倫理規定を全社員に根づかせることに力を入れている*。「我が信条」にはジョンソン・エンド・ジョンソンが誰に対して責任を負うのかが定められている。

　　第 1 の責任はすべての顧客に，第 2 は全社員に，第 3 は全世界の共同社会に，そして最後は株主に対してであると定められている。いわば「顧客第一」という企業文化が根づいている。

　　ジョンソン・エンド・ジョンソンは 1982 年に不測の事態に直面した。現在では「タイレノール事件」とよばれ，危機対応のお手本として有名な事例となっている†。タイレノールとはジョンソン・エンド・ジョンソンが販売する解熱鎮痛剤の商品名であり，米国では非常に大きな市場シェアを占めている。

　　1982 年にジョンソン・エンド・ジョンソンは外部の第三者によってタイレノールに毒物が混入されたとの知らせを受けた。そのときの対応は非常に迅速であり，経営陣は毒物混入の可能性のあるタイレノールの全回収を即座に決定した。メディアを通じた情報公開も積極的に行った。経営陣だけでなく，全社レベルにおいて対応は迅速であったことが知られている。

　　事件直後には店頭からタイレノールは消えてしまったわけだが，事件の 2 カ月後には事件前の売上の 80% まで回復し，消費者からの信頼を大きく損なうことはなかったようである。

　　この対応は「顧客第一」の企業文化が浸透していたことにより可能であったと考えられる。株主の利益を重視するような企業文化であったなら，大規模な製品回収という株価にマイナスになる対応策は先送りにされ，大きな混乱を招き，消費者からの信頼を損なったかもしれない。

　　* https://www.jnj.co.jp/credo-jnj（2019 年 6 月 30 日閲覧）
　　† http://tylenol.jp/story02.html（2019 年 6 月 30 日閲覧）

ることはよくある。たとえば，株主でなく顧客を最も重視するという企業文化を持った企業が，利益を優先したくなる誘惑に負けないのはなぜかについて疑問を持つこともあるだろう。

　　次節で企業文化が維持されるには企業の評判という機能が重要となることが解説される。次節での分析のために表 11-4 の簡略化されたゲームを定義しておく（表 11-5）。

　　どの対応策が選択されるかは企業文化に従って定まるものとし，上司がどの対応策を選択するのか，部下がどの対応策を期待して信頼するのかはそれぞれひとまとめにして，単に「協調」と「信頼」と表すものとする。また，「自分

344 第 III 部　組織の違いは何から生じるのか？

表 11-5　トラスト・ゲーム

		部下	
		信頼	信頼しない
上司	協調	7, 5	2, 3
	非協調	9, 0	4, 1

優先」は「非協調」と表すことにし，抽象化しておく。不測の事態が発生したときに，選択される対応策に応じて上司と部下の利得は変わりうるが，それぞれの利得を 7 と 5 に固定しておく。次節では上司のインセンティブの問題に着目するので，本質を失うことにはならない。

4 評判の維持機能としての企業

　前節で指摘したように企業文化に従った行動を選択することは短期的な観点からは経済合理性と矛盾するようにみえることがある。文化を維持することは経済合理性では説明できないと考えられがちであるが，一定の経済学的説明は可能であることを紹介する。

　ここでは，有限期間のみ働くメンバーで構成されるが，永久に存続するような組織をモデル化する。第 4.1 項では不測の事態を考慮せずに，企業の評判維持装置としての役割について解説を行う。そして，第 4.2 項では不測の事態を考慮し，企業文化に従うことがインセンティブ両立となるメカニズムを説明する。

4.1　評判の維持

　ここでは，組織のすべてのメンバーは有限期間のみ組織に所属するが，働く時期にズレがある**世代重複モデル**（overlapping generations model）とよばれるゲームを考察する。すべてのメンバーは決まった期間（以下の説明では 2 期間）のみ働く。つまり，定年があるものとする。各メンバーは有限期間のみ働くが，有限回繰り返しゲームとは性質の異なるゲームとなる。有限回繰り返しゲームでは全メンバーが同時に最終期を迎えるのに対し，ここで考えるゲームでは，最終期はメンバーごとに異なっている。そのため，有限回繰り返しゲームとは異なる結果が得られることになるのである。

第 11 章　企業文化　345

《世代重複モデル》

　以下では 2 人のメンバーからなる組織を考える。第 4.2 項の説明のために抽象化して，囚人のジレンマ・ゲームがプレーされるものとする。等分配スケジュールのチーム生産がプレーされるものと考えて読み進めても問題はない。ただし，第 4.2 項での説明の簡便化のために第 2 章での数値例とは異なっている。ゲーム・マトリックスについては後述する。

　では，世代重複モデルを説明する。各メンバーは組織内で 2 期間のみ働くものとする。その 1 期目のことを若年期とよび，2 期目のことを老年期とよぶことにする。2 期間働いた後は退職することになる。

　第 0 期には 1 人のメンバーのみがいるものとする。そのメンバーのことを創業者または第 0 期のメンバーとよぶことにする。創業者は第 0 期（若年期）に企業を創業し，第 0 期と第 1 期の 2 期間のみ自分が立ち上げた企業で働く。

　第 1 期に創業者は老年期になり，メンバーを 1 人雇い入れる。そして，創業者と雇い入れた第 1 期のメンバーの 2 人で囚人のジレンマ・ゲームをプレーする。創業者と第 1 期のメンバーは同時に「協調」的行動または「非協調」的行動を選択する。そして，各メンバーはその期の利得を受け取る。老年期の創業者はその期の利得を受け取った後に退職する。

　第 1 期のメンバーは第 2 期には老年期に入り，第 2 期に新しいメンバーを雇い入れる。そして，2 人で囚人のジレンマ・ゲームをプレーする。これを無限に続けていく。以下にもう少し一般的に表現しておくことにしよう。

　各期には若年期のメンバーと老年期のメンバーの 2 人からなる囚人のジレンマ・ゲームがプレーされる。第 t 期に雇われたメンバーのことを「第 t 期メンバー」とよぶことにする。第 t 期メンバーの生涯は若年期と老年期の 2 期間からなる。第 0 期メンバーは創業者のことである。任意の $t \geq 1$ について，第 t 期には老年期の第 $t-1$ 期メンバーと若年期の第 t 期メンバーが存在する。これが，世代重複モデルとよばれる理由である（図 11-1）。

　第 t 期に 2 人は表 11-6 で表される囚人のジレンマ・ゲームをプレーする。行動選択後に各メンバーは自分の利得を受け取り，老年期のメンバーは退職する。第 $t+1$ 期には，第 t 期メンバーは老年期になり，第 $t+1$ 期メンバーを雇い入れ，2 人で囚人のジレンマ・ゲームをプレーする。その期の利得を受け取った後，第 t 期メンバーは退職する。これを無限に続けていく。各メンバーの生涯利得は若年期の利得と老年期の利得の単純和で表されるものと仮定する。

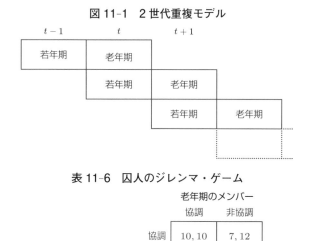

各メンバーは2期間のみ企業で働く，つまり，各メンバーにとっては有限期間のゲームに直面することになる。完全に世代が重複する場合は2回繰り返し囚人のジレンマ・ゲームとまったく同様である。有限回繰り返し囚人のジレンマ・ゲームの部分ゲーム完全均衡は各メンバーが常に非協調的行動を選択するものに限られ，協調的結果は実現不可能であることは第7章第3節で確認した。

《企業の評判維持機能》

世代が一部重複する場合には，完全に協調的な結果を均衡として実現することは可能でないが，部分的に協調的な結果を実現することができる。つまり，協調的行動を選択するメンバーが均衡において存在するのである。それを確認しよう。

以下では各メンバーは自分が組織に参加する際に，直前の期までに選択された行動の組すべてを観察することができるものと仮定する。ここでは，直前の期までのプレーの結果のことを**歴史**（history）とよぶことにする。直接には知らない過去のメンバーが選択した一連の行動を含むので企業の歴史と解釈することができる。

繰り返しゲームにおけるプレーヤーの戦略とは，各期の歴史ごとにその期

の行動を指定する行動計画であったことを思い出してほしい。よって、世代重複モデルにおける第 t 期メンバーの戦略は、若年期の期初における歴史、つまり、入社時に観察した歴史に応じて若年期の行動を指定し、さらに、老年期の期初における歴史に応じて老年期の行動を指定するものということになる。

次のようなトリガー戦略を変形した戦略を考える。そして、それが部分ゲーム完全均衡となることを示そう。各メンバーは同じ戦略に従うものとする。

- 若年期の期初における歴史が、過去のすべてのメンバーについて若年期に協調的行動を選択したものであった場合、そのメンバーは若年期に協調的行動を選択する。そうでない場合は非協調的行動を選択する（つまり、メンバーが若年期に選択する行動は、過去の老年期のメンバーが選択した行動とは無関係に定められる）。
- 老年期には、それまでの歴史がいかなるものであったとしても、非協調的行動を選択する。

この戦略が実行された場合、各期において、若年期のメンバーは協調的行動を選択し、老年期のメンバーは非協調的行動を選択することになる。部分的な協調が実現することになる。上記の戦略が部分ゲーム完全均衡となることを確認しよう。

まず、任意の第 t 期メンバーの老年期を考えよう。老年期を終えるとメンバーは退職しなければならないので、老年期は繰り返しゲームの最終期と同じように考えることができる。よって、老年期には相手がどの行動を選択しようと非協調的行動を選択することが最適となる。したがって、老年期のメンバーは上記の戦略に従うことが最適である。

次に、任意の第 t (≥ 1) 期メンバーの若年期について考える。第 $t-1$ 期メンバーと第 $t+1$ 期メンバーは上記の戦略に従うものと想定する。第 0 期メンバーは創業者であるが、説明の首尾一貫性のために若年期には協調的行動のみ選択可能であると仮定しておく。過去のすべてのメンバーが若年期に協調的行動を選択した歴史とそうでない歴史について、若年期の第 t 期メンバーは上記の戦略に従うことが最適であることを示す。

第 t 期の歴史を考える。そして、過去のすべてのメンバーが若年期に協調的行動を選択していたとする。若年期の第 t 期メンバーは第 t 期の期初に、第 t 期に老年期となる第 $t-1$ 期メンバーは非協調的行動を選択するものと予想することになる。また、第 t 期メンバーが若年期に協調的行動を選択すると、翌

期に若年期の第 $t+1$ 期メンバーは協調的行動を選択するものと予想する。よって，第 t 期メンバーが戦略に従った場合，若年期に 7 の利得を得て，老年期には 12 の利得を得ることになるので生涯利得は次のようになる。

$$7 + 12 = 19$$

一方，戦略から逸脱し，第 t 期メンバーが若年期に非協調的行動を選択するとその期に 9 の利得を得ることになる。そして，自分が老年期になると，若年期の第 $t+1$ 期メンバーは非協調的行動を選択するので，どのような行動を選択したとしても，老年期の利得は 9 を超えることはない。つまり，逸脱した場合の最大の生涯利得は次のようになる。

$$9 + 9 = 18$$

第 t 期メンバーは若年期だけでなく老年期も含めてどのような逸脱をしたとしても，上記の戦略に従うことよりも高い生涯利得を得ることはできない。よって，第 t 期が過去のすべてのメンバーについて若年期に協調的行動を選択したような歴史において，第 t 期メンバーが戦略に従うことは最適であることが示された。

最後に，過去のあるメンバーが若年期に非協調的行動を選択したことがある歴史について考える。若年期の第 t 期メンバーは，第 t 期に老年期である第 $t-1$ 期メンバーは非協調的行動を選択するものと予想することになる。そして，第 $t+1$ 期に若年期になる第 $t+1$ 期メンバーは，第 t 期メンバーが若年期に選択した行動に関係なく，非協調的行動を選択すると予想する。よって，第 t 期のメンバーは若年期も老年期も非協調的行動を選択することが最適である。

以上によって，任意の歴史について，どの世代のメンバーも上記の戦略に従うことが最適であることが示された。上記のトリガー戦略の組は部分ゲーム完全均衡であることが示された。

組織の各メンバーが有限期間のみ組織で働くような状況であったとしても，部分的に協調的な状態を維持することが可能となるのである。ここで重要な点は世代が重複しているということである。各期に異なる世代のメンバー（入社時期の異なるメンバー）が一緒に働くということが重要なのである。もし，各期において，同じ世代のメンバーのみから構成される場合，それは単純な 2 回

第 11 章　企業文化　349

繰り返しゲームとなり，協調的な結果を実現することはできないのである。

　ここで興味深いことは，各メンバーが個人として信頼されているというよりは，企業が信頼されていると解釈できることである。企業が評判を担っているのである。若年期のメンバーは自分の協調的行動に対して，将来に老年期のメンバーからそのお返しを得ることはないことはわかっている。若年期の協調的行動に対して報いてくれるのは次世代の若年期のメンバーであると信じているのである。次世代の若年期のメンバーはさらに次世代の若年期のメンバーが報いてくれるものと信じている。この一連の信頼が協調的行動を維持可能としているのである。

4.2　企業文化と評判

　第 4.1 項で用いた世代重複モデルを拡張して，企業文化の維持について考察してみよう。まず，前項の世代重複モデルを拡張して，毎期 3 人のメンバーからなるチーム生産を定義する。そして，そのモデルに不測の事態を導入する。最後に企業文化が維持されるような均衡が存在することを示す。

　前項の世代重複モデルでは毎期 2 人のメンバーによるゲームを考えたが，ここではメンバーをもう 1 人追加することにする。この新たなメンバーは 1 期間のみ企業で働くものとする。そして，毎期新たなメンバーに入れ替わる。このメンバーのことを部下とよぶことにする。2 期間働くメンバーの若年期は上司の立場にあるものとし，若年期のメンバーのことは上司とよぶことにする。

　よって，図 11-2 に表されるように毎期 3 人のメンバーでゲームをプレーすることになる。

　3 人のメンバーは毎期以下の戦略形ゲームをプレーするものとする。上司と老年期のメンバーは「協調」的行動か「非協調」的行動を選択することができ，部下は「信頼」するか「信頼しない」を選択することができる（表 11-7）。2 つの表の左側に書かれているのは上司が選択可能な行動であり，表の上に書かれているのは老年期のメンバーが選択可能な行動である。2 つの表の下に書かれているのは部下が選択可能な行動を表している[5]。

---

　5)　上司と老年期のメンバーは 4 種類の行動が選択可能であるかのようにみえるがそうではないことに注意してほしい。上司は両方の表で，上（協調）か下（非協調）を選択するものと考える。同様に，老年期のメンバーは両方の表の左（協調）か右（非協調）を選択

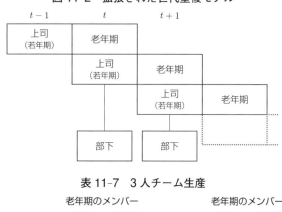

図 11-2 拡張された世代重複モデル

表 11-7 3人チーム生産

老年期のメンバー　　　　　　　　　　老年期のメンバー

上司	協調	非協調		協調	非協調
協調	10, 10, 5	7, 12, 5	協調	2, 5, 3	2, 7, 3
非協調	12, 7, 0	9, 9, 0	非協調	4, 2, 1	4, 4, 1

　　　　　信頼　　　　　　　　　　　　　信頼しない
　　　　　　　　部下

　各マスにはメンバーの利得の組が書かれており，左から，上司の利得，老年期のメンバーの利得，部下の利得の順である。たとえば，利得の組 $(7, 12, 5)$ に対応する選択された行動の組は上司が協調，老年期のメンバーが非協調，部下が信頼を選択したということになる。

　この戦略形ゲームにはナッシュ均衡がひとつのみ存在する。上司と老年期のメンバーは非協調的な行動が支配戦略となっている。自分以外のメンバーの行動の組を固定すると協調より非協調の方が必ず2だけ利得が大きくなっている。上司と老年期のメンバーが非協調を選択するものとすると，部下は信頼しないことが最適反応となっている。よって，この戦略形ゲームにはナッシュ均衡はひとつのみである。また，ナッシュ均衡は，上司と老年期のメンバーが協調し，部下が信頼するという行動の組にパレート支配されているのでパレート効率的ではない。

　この戦略形ゲームの構造を説明しておこう。囚人のジレンマ・ゲームとトラ

───────────
するものと考える。部下は左の表（信頼）か右の表（信頼しない）を選択するものと考える。

表 11-8　上司と部下によるトラスト・ゲーム

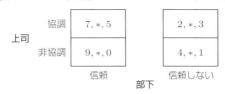

スト・ゲームが組み合わさったものになっている。部下が信頼するものと固定すると，上司と老年期のメンバーの間では囚人のジレンマ・ゲームに直面することになる。上司と老年期のメンバーの利得のみに着目すれば，第4.1項で考察した囚人のジレンマ・ゲームと同じものになっている。

一方，老年期のメンバーの行動を非協調に固定すると，上司と部下は第3節で紹介したトラスト・ゲーム（表11-5）に直面することになる。老年期のメンバーの利得を無視すると表11-8のようになる。

では，この世代重複モデルに不測の事態を導入することにしよう。それは表11-7で表される3人チーム生産の解釈を若干修正するだけでよい。毎期不測の事態が発生するものと解釈する。たとえば，次のような状況を考えるとよい。この3人のメンバーからなる企業は毎期新しい顧客と取引をする状況を想像すればよい。どの期の顧客も過去に経験したタイプとはまったく異なるため，事前に対応策を決めることができず，その期に対応を考えなければならない状況である[6]。

不測の事態における上司と部下の行動は第3節で解説した表11-5のトラスト・ゲームと同様に解釈する。部下の「信頼」という行動は企業文化と矛盾しない適切な対応策が選択されるものと期待して上司を信頼することを意味する。上司の「協調」的行動は企業文化と照らし合わせて適切な対応策を選択することを意味する。そして，上司の「非協調」的行動は上司が自分の利益を優先した行動と解釈する。

すでに上でみたように1回限りの関係においては，部下が上司を信頼することはない。世代重複モデルにおいては，部下が上司を信頼し，上司がそれに応え協調的行動を選択するような均衡が存在する。第4.1項で考察した戦略を

---

[6] 確率的に不測の事態が発生するというモデルも構築することはできるが，分析が複雑になるだけで分析の本質的な部分は何も変わらない。よって，説明の簡単化のために毎期確実に不測の事態が発生すると仮定して分析を進める。

352 第 III 部 組織の違いは何から生じるのか？

修正することによって，そのような均衡を構築することができる。まず，戦略を定義し，その後にその戦略の組が部分ゲーム完全均衡となることを示す。

2 期間働くメンバーの戦略とは歴史ごとに上司のときの行動と老年期の行動を指定したもののことである。各メンバーが同じ戦略に従うような均衡に着目する。戦略は次のとおりである。

- 若年期の期初における歴史が，過去のすべての上司が協調的行動を選択しており，かつ，過去のすべての部下が信頼していた場合，そのメンバーは上司のときに協調的行動を選択する。そうではない場合は非協調的行動を選択する（つまり，上司のときに選択する行動は，過去の老年期のメンバーが選択した行動には依存しない）。
- 老年期には，それまでの歴史がいかなるものであったとしても，非協調的行動を選択する。

各期の部下は同じ戦略に従うものとし，次のとおりである。

- 過去において，上司の立場にあったすべてのメンバーが協調的行動を選択しており，かつ，そのときのすべての部下が信頼していたという歴史の場合，部下は上司を信頼する。そうではない場合は上司を信頼しない。

すべてのメンバーがこの戦略に従う場合，経路上のどのような期においても上司は常に協調的な行動を選択し，部下は上司を信頼する。企業文化が維持されることになる。

4.3 企業文化に従うことのインセンティブ両立性

上記の戦略の組が部分ゲーム完全均衡であることを示せば，すべてのメンバーが企業文化に従うことがインセンティブ両立的であることを示したことになる。以下で上記の戦略の組が部分ゲーム完全均衡であることを示すが，2 期間働くメンバーについては第 4.1 項で行った証明とほぼ同様であり，部下の戦略が最適であることはほぼ明らかである。よって，この項は読み飛ばしても次項での議論に差し支えはない。

すべてのメンバーが上記の戦略に従う場合，各メンバーに逸脱のインセンティブがなければ，上記の戦略の組は部分ゲーム完全均衡である。各メンバーの戦略が最適であることを確かめよう。

2 期間働くメンバーの老年期の最適性から考える。老年期はそのメンバーにとって最終期であり，他の 2 人のメンバーが選択する行動に関係なく，非協

調を選択することが最適である。よって，どのような歴史においても，戦略どおりに非協調を選択することが最適であることが確認された。

次に，上司について，過去のすべての上司が協調的行動を選択しており，かつ，過去のすべての部下が信頼していたような歴史を考える。上司は戦略に従い，今期に協調を選択し，老年期に非協調を選択すると生涯利得は 19 ($= 7 + 12$) となる。一方，今期に非協調を選択すると一時的に 9 の利得を得るが，老年期になったときにそのときの上司は非協調を選択し，部下は信頼しないので，老年期には 4 の利得を得ることになる。よって，生涯利得は 13 ($= 9 + 4$) となる。したがって，過去のすべての上司が協調的行動を選択しており，かつ，過去のすべての部下が信頼していたような歴史においては，2 期間働くメンバーは戦略に従うことが最適であることが示された。

過去にある上司が非協調的行動を選択した，または，ある部下が信頼しなかったような歴史を考えよう。このとき，上司は，現在を含め将来の部下は上司を信頼しないし，老年期のメンバーは非協調を選択するものと予想することになる。戦略に従った場合，8 ($= 4 + 4$) の生涯利得を得る。一方，逸脱し，協調を選択したとしても最大で 6 の生涯利得を得るにとどまる。よって，戦略に従うことが最適であることが示された。

以上により，2 期間働くメンバーの戦略の最適性が示された。最後に部下の戦略の最適性を確認しよう。部下は 1 期間のみ働くので当期の利得を最大にするように行動する。

まず，過去のすべての上司が協調的行動を選択しており，かつ，過去のすべての部下が信頼していたような歴史を考えよう。部下は，上司は協調を選択し，老年期のメンバーは非協調を選択するものと予想することになる。このとき，部下は上司を信頼することが最適となっている。次に，過去にある上司が非協調的行動を選択した，または，ある部下が信頼しなかったような歴史を考える。部下は，上司も老年期のメンバーも非協調を選択するものと予想することになる。このとき，部下は上司を信頼しないことが最適となる。よって，部下は上記の戦略に従うことが最適であることが示された。

4.4 評判の維持装置としての企業

この節の考察で重要な点は，不測の事態において適切な対応をするという評判は企業に宿るのであり，個人に宿るのではないということである。各メンバ

354　第 III 部　組織の違いは何から生じるのか？

Column 11-3　ホンダの企業文化変質

　2016 年の日経ビジネスオンラインで元ホンダ専務執行役員である岩田秀信氏がホンダの企業文化の変質について説明をしている*。リーマン・ショック後の 2009 年に岩田氏はホンダ・オブ・アメリカ・マニュファクチャリングの最高経営責任者（CEO）に就任し，企業文化の風化を目の当たりにしている。その原因は元をたどれば 1980 年代後半のバブル期にあると語っている。岩田氏はホンダの企業理念であるホンダフィロソフィーの原点は次のようなものであったといっている。

　　「ホンダフィロソフィーは，『人間尊重』と『3 つの喜び（買う喜び，売る喜び，創る喜び）』から成る『基本理念』と，『常に夢と若さを保つこと』『理論とアイデアと時間を尊重すること』といった要素から成る『運営方針』で構成されています。ここから生まれる自由闊達さ，チャレンジ精神，誠意，誠実さこそがホンダの企業文化と呼ぶべきものです。」

　企業理念と企業文化が明確に区別して理解されていることは，本章で考える企業文化の定義はビジネス界でも受け入れられるものであることの証左である。

　ホンダの企業文化の転換点は 1980 年代後半のバブル期までさかのぼるといっている。バブル期に過大なプロジェクトを抱え込み，さらにバブル崩壊という不測の事態が発生した。1990 年代には，独創性や夢を追い求める方針から「対他競争力はあるか」「コストで勝てるのか」といった効果や効率が最優先される方針に転換を図るという対応を行った。それから企業文化の変質が始まった。さらにさまざまな要因も重なり，ホンダ・オブ・アメリカ・マニュファクチャリングにおける企業文化の風化へとつながったのである。

　1996 年ごろには体力を回復し，企業文化の再構築の機運はあったという。実際に新しいビジョンの発信を行っている。その効果について岩田氏は次のように語っている。

　　「……企業文化再構築のムーブメントを起こす機運はありましたが，現場の行動を変えるまでには到っていないということです。経営陣の一員でもあった私の発言としては相応しくないかもしれませんが，10 年以上続いた効果効率優先主義で染み込んだホンダ全体の『問題解決型体質』を変えることは，大変難しいことといわざるを得ません。」

　また，次のようにも語っている。

　　「しかし，素晴らしいビジョンを発信しても実際の事業運営や，意思決定の場でリーダーの皆さんの行動が変わらなければ錆び付いた現場の歯車は動き出せません。」

　企業理念やビジョンの発信のみで企業文化を変化させることは難しいといえる。企業文化を変容させるためにはリーダーシップが重要な役割を果たすと考えられる。

　　* 日経ビジネスオンライン「バブル期，制度疲労への対応が文化変質の契機に」（2016 年
　　　6 月 6 日）https://business.nikkeibp.co.jp/atcl/report/15/280921/051300030/
　　　（2019 年 6 月 30 日閲覧）

ーは限られた期間のみ組織に所属し，入れ替わり立ち替わり新たなメンバーが加わることになる。上司は評判を次の世代に渡すことによって次世代の上司が部下の信頼を得ることができ，老年期に高い利益を得ることができるのである。

　以上により，企業文化には第3節で考察したように不測の事態において何が適切な対応であるかについて指針を与えるものであり，この節で考察したように企業文化の維持に企業の評判が重要な役割を果たすことが示された。

5　組織の同質性

　ここでは前節とは異なる企業文化の側面に着目する。企業組織に限らず，さまざまな組織は同じような信念を持った人間によって構成される傾向があることが知られている。ここでいう「信念」とは「予想」とよんでもよい。たとえば，「組織に多様な人物がいることが成長につながる」や「組織の全メンバーが同じ行動を選択することが成長につながる」といった個人の考え方のことである。同じような信念を持ったメンバーからなる組織では企業文化が根づきやすいことは想像に難くない。

　以下では組織が同じような信念を持った人間によって構成される傾向にあることを簡単なモデル分析で示すことにしたい。分析を簡単にするために，信念に相当するものは経済状態に関する個人の予想であると解釈することにする。たとえば，ある個人が 70% の確率である状態が実現し，30% の確率で別の状態が実現すると**信じている**ことである。経済学では，このような予想のことを**信念**（belief）という。

　同じような信念を持った人々から構成される組織のことを同質的な組織という。組織が同質的になる傾向にあるひとつの理由は，同じような信念を持った人間がその組織で働くインセンティブがあり，組織側も同じ信念を持っている人間を雇うインセンティブがあるというインセンティブ両立条件が成り立っているからである。もうひとつの理由は，異なる信念を持った組織のメンバーがその組織で働くことは得ではないと考え，組織を去ることによる。以下で，前者の効果について，数理モデルを使って確認していくことにしよう。

5.1　モ デ ル

　1人の経営者と2人のメンバーから構成される組織を考える。メンバー1は

356　第 III 部　組織の違いは何から生じるのか？

技術開発部門に所属し，メンバー 2 は営業部門に所属しているものとする。各メンバーはスキルを選択しなければならない。スキル X と Y のいずれか一方を選択することができる。たとえば，大胆さ重視のスキルを身につけるか，慎重さ重視のスキルを身につけるかを選択できる。

メンバー 1 が選択したスキルを s_1 と表し，メンバー 2 が選択したスキルを s_2 と表す。各メンバー $i = 1, 2$ の業績は，自分が選択したスキル s_i と自分の仕事に関する状態 θ_i に応じて決まる。メンバー i の業績を $r_i(s_i, \theta_i)$ と書くことにする。

メンバー i の仕事に関する状態は $\theta_i = X$ または $\theta_i = Y$ のいずれかが実現する。つまり，大胆さが要求される状態か慎重さが要求される状態のいずれかが実現する。たとえば，$(\theta_1, \theta_2) = (X, Y)$ の場合は，技術開発部門には大胆さが要求され，営業部門には慎重さが要求される状態であると解釈する。

各メンバー $i = 1, 2$ の仕事による業績は以下を満たすものとする。

$$
r_i(s_i, \theta_i) = \begin{cases} 1 & \text{if } s_i = \theta_i \\ 0 & \text{if } s_i \neq \theta_i \end{cases}
$$

つまり，メンバー i の業績は自分の仕事に関する状態と同じスキルを選択した場合（$s_i = \theta_i$）には 1 の収益を生み出し，自分の仕事に関する状態とは異なるスキルを選択した場合（$s_i \neq \theta_i$）には 0 の収益を生み出す。

組織全体の収益はメンバー 1 と 2 の業績の和で表されるものとし，$R(s_1, s_2, \theta_1, \theta_2) = r_1(s_1, \theta_1) + r_2(s_2, \theta_2)$ と表される。説明の簡単化のために，経営者と各メンバーは同じ利得 $R(s_1, s_2, \theta_1, \theta_2)$ を得るものとする[7]。以下では，組織のメンバーが異なる信念を持つ可能性を考慮するので，全メンバーの期待利得は必ずしも等しくはならない。

メンバー 1 と 2 はスキルを選択するときに自分の仕事に関する状態も相手の仕事に関する状態も知ることはできないものとする。経営者もそれらを知ることはできないものとする。仕事に関する状態が実現する前にメンバー 1 と 2 は同時にスキルを選択しなければならない。

経営者をメンバー 0 と解釈することにし，経営者の各仕事に関する状態の事前の予想を (β_1^0, β_2^0) と書くことにする。β_1^0 は仕事 1 に関する状態が X であ

---

7)　収益を経営者と各メンバーで等分にするものと仮定しても以下の分析に影響はない。

る確率を表しており，β_2^0 は仕事 2 に関する状態が X である確率を表している。よって，経営者は仕事 1 に関する状態が Y となる確率は $1 - \beta_1^0$ であると信じ，仕事 2 に関する状態が Y となる確率は $1 - \beta_2^0$ であると信じている。ここで，$0 \leq \beta_1^0 \leq 1$ かつ $0 \leq \beta_2^0 \leq 1$ である。(β_1^0, β_2^0) のことを**経営者の信念**とよぶことにする。

同様にしてメンバー 1 と 2 の信念も定義されるものとする。メンバー 1 の信念は (β_1^1, β_2^1) と表され，自分が担当する仕事 1 に関する状態が X となる確率は β_1^1 であり，相手が担当する仕事 2 に関する状態が X となる確率は β_2^1 であると信じている。メンバー 2 の信念は (β_1^2, β_2^2) と表され，同様に解釈する。

ここでは，各メンバーが異なる信念を持つことを認めることにしよう。たとえば，メンバー 1 と 2 が異なる信念を持つことを認める。つまり，$(\beta_1^1, \beta_2^1) \neq (\beta_1^2, \beta_2^2)$ である。もし，$\beta_1^1 \neq \beta_1^2$ であれば，メンバー 1 が自分が担当する仕事 1 の状態が X である予想と，メンバー 2 が相手であるメンバー 1 が担当する仕事 1 の状態が X である予想が，異なることを意味する。

さらに，各メンバーの信念は共通認識であるものと想定する。たとえば，メンバー 0 と 1 は同じ信念を持っているが，メンバー 2 は異なる信念を持っていた場合，「メンバー 0 と 1 は同じ信念を持っており，メンバー 2 は異なる信念を持っている」ということがメンバー間では周知の事実であるということである。奇妙な想定のように思われるかもしれないが，現実的な状況とはそれほど矛盾しない。自分の考え方と相手の考え方は違うと認識しており，相手も同様に認識していることが 2 人の間で明らかである状況はよくあることである。

以下では，全員が同じ信念を持っている場合，つまり，$(\beta_1^0, \beta_2^0) = (\beta_1^1, \beta_2^1) = (\beta_1^2, \beta_2^2)$ が成り立っている場合と，そうでない場合について考察する。前者のケースを**一致信念**とよび，後者を**不一致信念**とよぶことにする。

まず，パラメータ p_1，q_1，p_2，q_2 を以下を満たすように定める。

$$0 < q_1 < \frac{1}{2} < p_1 < 1, \quad 0 < q_2 < \frac{1}{2} < p_2 < 1$$

$\beta_1^i = p_1$ である場合，メンバー i は仕事 1 に関する状態が X である確率は p_1 であると信じていることを表す。このとき，$p_1 > 1/2$ であることから仕事 1 について必要とされるスキルは X である可能性が高いとメンバー i は信じていることを意味する。同様に，$\beta_1^i = q_1$ である場合，メンバー i は仕事 1 について必要とされるスキルは Y である可能性が高いと信じていることを意味す

358 第 III 部 組織の違いは何から生じるのか？

る。

　以下の議論では，経営者（メンバー 0）は $(\beta_1^0, \beta_2^0) = (p_1, q_2)$ という信念を持っており，メンバー 1 も経営者と同じ信念 $((\beta_1^1, \beta_2^1) = (p_1, q_2))$ を持っているものと仮定しよう。よって，メンバー 2 の信念が $(\beta_1^2, \beta_2^2) = (p_1, q_2)$ を満たす場合は一致信念のケースであり，$(\beta_1^2, \beta_2^2) \neq (p_1, q_2)$ を満たす場合は不一致信念のケースである。

　説明の簡単化のために，メンバー 2 の信念は $(\beta_1^2, \beta_2^2) = (p_1, q_2)$ または $(\beta_1^2, \beta_2^2) = (q_1, p_2)$ の 2 つのいずれかであるとする。メンバー 2 は信念を選択できるわけではなく，外生的に与えられるものと仮定する。

　各メンバーの信念が固定されると，各戦略の組について利得が定められるので，それに対応する戦略形ゲームが定義されることになる。一致信念のケースと不一致信念のケースについて，ナッシュ均衡を導出し，前者における均衡利得の方が後者のケースより，すべてのメンバーについて利得が高いことを示す。そして，経営者は自分の信念と同じ信念を持ったメンバーを雇うことが最適であり，仕事を担当するメンバーも同じ信念を持った組織に属することが最適であることを明らかにする。

5.2　一致信念

　経営者を含め，すべてのメンバーの信念が (p_1, q_2) を満たす一致信念のケースを考える[8]。このとき，メンバー 1 と 2 からなるゲーム・マトリックスは表 11-9 のように表される。

　経営者は行動を選択しないものと仮定されているので，ここでは経営者の利得は明示しないことにする。

　メンバー 1 がスキル X を選択し，メンバー 2 がスキル Y を選択したときの利得の導出のみ説明しておく。メンバー 1 の仕事についてスキル X が必要とされる確率は p_1 であるとすべてのメンバーは信じているので，メンバー 1 がスキル X を選択すると，メンバー 1 の期待業績は $p_1 \times 1 + (1 - p_1) \times 0 = p_1$ であると全メンバーは信じることになる。

　メンバー 2 の仕事についてスキル X が必要とされる確率は q_2 であるとすべ

---

[8]　すべてのメンバーの信念が (q_1, p_2) を満たす一致信念のケースについてもまったく同様に分析できる。

第11章 企業文化 **359**

表11-9 一致信念のゲーム・マトリックス

メンバー2

		X	Y
メ ン バ ー 1	X	$p_1 + q_2,\ p_1 + q_2$	$p_1 + (1 - q_2),\ p_1 + (1 - q_2)$
	Y	$(1 - p_1) + q_2,\ (1 - p_1) + q_2$	$(1 - p_1) + (1 - q_2),\ (1 - p_1) + (1 - q_2)$

てのメンバーは信じているので，メンバー2がスキルYを選択すると，メンバー2の期待業績は$q_2 \times 0 + (1 - q_2) \times 1 = 1 - q_2$であると全メンバーは信じることになる。

　各メンバーの利得は2つの仕事の和で表されるという仮定により，メンバー1がスキルXを選択し，メンバー2がスキルYを選択したときの各メンバーの利得は$p_1 + (1 - q_2)$と表される。

　このゲームのナッシュ均衡を導出する。メンバー1には支配戦略が存在し，それはスキルXを選択することである。同様にメンバー2についても支配戦略が存在し，それはスキルYを選択することである。つまり，メンバー1がスキルXを選択し，メンバー2がスキルYを選択するもののみがナッシュ均衡である。よって，メンバー$i = 0, 1, 2$は$p_1 + (1 - q_2)$の利得を得ることになる。

5.3　不一致信念

　次に，メンバー0と1の信念は(p_1, q_2)を満たしており，メンバー2の信念は(q_1, p_2)を満たしている不一致信念のケースについて考える。このときのゲーム・マトリックスは表11-10のようになる。

　前項同様，経営者の利得は明示しないことにする。

　メンバー1がスキルXを選択し，メンバー2がスキルYを選択したときの利得の導出のみ説明しておく。メンバー1の仕事についてスキルXが必要とされる確率はメンバー0と1はp_1であると信じており，メンバー2はq_1であると信じている。このとき，メンバー1がスキルXを選択すると，メンバー0と1はメンバー1の期待業績を$p_1 \times 1 + (1 - p_1) \times 0 = p_1$であると信じ，メンバー2は$q_1 \times 1 + (1 - q_1) \times 0 = q_1$であると信じることになる。

　メンバー2の仕事についてスキルXが必要とされる確率はメンバー0と1はq_2であると信じており，メンバー2はp_2であると信じている。このとき，

360 第 III 部　組織の違いは何から生じるのか？

表 11-10　不一致信念のゲーム・マトリックス

メンバー 2

		X	Y
メンバー1	X	$p_1 + q_2,\ q_1 + p_2$	$p_1 + (1 - q_2),\ q_1 + (1 - p_2)$
	Y	$(1 - p_1) + q_2,\ (1 - q_1) + p_2$	$(1 - p_1) + (1 - q_2),\ (1 - q_1) + (1 - p_2)$

メンバー 2 がスキル Y を選択すると，メンバー 0 と 1 はメンバー 2 の期待業績を $q_2 \times 0 + (1 - q_2) \times 1 = 1 - q_2$ であると信じ，メンバー 2 は $p_2 \times 0 + (1 - p_2) \times 1 = 1 - p_2$ であると信じることになる。

各メンバーの利得は 2 つの仕事の和で表されるという仮定により，メンバー 1 がスキル X を選択し，メンバー 2 がスキル Y を選択したときのメンバー 0 と 1 の利得は $p_1 + (1 - q_2)$ と表され，メンバー 2 の利得は $q_1 + (1 - p_2)$ と表される。

このゲームのナッシュ均衡を導出する。メンバー 1 には支配戦略が存在し，それはスキル X を選択することである。そして，メンバー 2 についてもスキル X が支配戦略である。よって，メンバー 1 と 2 は同じスキルを選択することのみがナッシュ均衡となる。このとき，メンバー 0 と 1 の均衡利得は $p_1 + q_2$ となる。一方，メンバー 2 の均衡利得は $q_1 + p_2$ となる。

5.4　組織の同質性

最後に，経営者は一致信念の組織を構築することが最適であり，仕事を担当するメンバーも一致信念の組織に属することを好むことを確認する。

議論の簡単化のために，経営者はすでに仕事 1 を担当するメンバー 1 の雇用は決定しており，経営者とメンバー 1 は同じ信念 (p_1, q_2) を持っているものとする。そして，経営者はどのような信念を持ったメンバー 2 を採用するかという決定に迫られている状況を考える。

労働市場には信念 (p_1, q_2) と (q_1, p_2) を持った人のみがいるものとする。つまり，経営者は信念 (p_1, q_2) を持った求職者を雇うか，信念 (q_1, p_2) を持った求職者を雇うかの決定に迫られている。経営者は求職者の信念を知ることができるものと仮定する。たとえば，経営者は就職面接を行うことによって，求職者の信念を知ることができる状況である。

経営者が信念 (p_1, q_2) を持ったメンバー 2 を雇った場合には第 5.2 項の分析

により，ナッシュ均衡において，$p_1+(1-q_2)$ の利得を得ることになる。一方，信念 (q_1,p_2) を持ったメンバー 2 を雇った場合には第 5.3 項の分析により，ナッシュ均衡において，p_1+q_2 の利得を得ることになる。仮定により，$q_2 < 1/2$ であるから，経営者は自分と同じ信念 (p_1,q_2) を持ったメンバー 2 を雇うことが最適である。

次に，潜在的なメンバー 2 の決定について考えてみよう。いま，このメンバー 2 は信念 (p_1,q_2) を持っているものとする。そして，経営者とメンバー 1 が同じ信念 (p_1,q_2) を持っている組織に応募するか，経営者とメンバー 1 が同じ信念 (q_1,p_2) を持っている組織に応募するかを選択できる状況にあるとする。説明を簡単にするために，応募した場合には確実に採用されるものと仮定する[9]。

メンバー 2 が前者の組織に応募して採用された場合には，第 5.2 項の分析により，$p_1+(1-q_2)$ の利得を得ることになる。一方，後者の組織に応募して採用された場合には，第 5.3 項の分析を適用すると，$(1-p_1)+(1-q_2)$ の利得を得ることになる[10]。仮定により，$p_1 > 1/2$ であるから，前者の組織に応募することが最適である。

以上により，経営者は自分と同じ信念を持つメンバーを雇うインセンティブがあり，求職者であるメンバーも自分と同じ信念を持つ経営者のもとで働くインセンティブがあることが示された。

最後にひとつ付け加えておこう。上の分析は組織における多様性は好ましくないということを意味するわけではない。経営者が (p_1,q_2) という信念を持っているということは，仕事 1 についてはスキル X が必要であり，仕事 2 についてはスキル Y が必要であると信じていることを意味する。つまり，経営者は組織において多様なスキルが重要であると信じているのである。このとき，組織において多様性が重要であると経営者と同じように考えるメンバーを雇うことが経営者にとって望ましく，メンバーも同じ考えを持った経営者のもとで

---

9) 多数の応募者がいたために，応募したにもかかわらず，不採用となる可能性を考慮した分析を行うことは可能である。しかし，この場合の分析は非常に複雑となる。

10) メンバー 0 と 1 の信念が (q_1,p_2) であり，メンバー 2 の信念が (p_1,q_2) である不一致信念の場合は，第 5.3 項における p と q の役割を入れ替えることによって導出することができる。この場合，メンバー 1 と 2 の両方がスキル Y を選択するもののみがナッシュ均衡となり，メンバー 2 は $(1-p_1)+(1-q_2)$ の利得を得る。

362　第 III 部　組織の違いは何から生じるのか？

働く方が望ましいということを意味している。

6　企業内言語

　企業内や企業間ではさまざまな隠語や業界用語が使われていることはよく知られていることである。たとえば，ビジネスで「ブルーオーシャン」とは，競争相手のない未開拓の市場のことを意味する。このような隠語や業界用語は関係者間のコミュニケーションを円滑にする効果がある。

　企業内でも隠語（専門用語，ジャーゴン）が組織メンバー間のコミュニケーションを円滑にする。ここでは企業内の隠語のことを企業内言語とよぶことにする。企業内言語は企業文化と切り離すことのできない，重要な役割を果たすものである。

6.1　不測の事態とコード

　企業文化は不測の事態への対応において重要であることを第 3 節で考察した。不測の事態が発生した場合には，その事態への対応の仕方が共通認識となることが重要であることを説明した。ある事態が発生した場合，その事態を把握した人は，まずはその事態を上司や責任者に伝えることが必要となる。つまり，発生した事態を表現する言語が必要ということであり，企業文化と企業内言語は切り離せないのである。

　ここで着目するのは，発生した事態の内容をどれくらい詳細に伝える専門用語を作ることが最適となるのかである。つまり，どれくらい企業内言語を詳細に定めるべきかを考察する。

　ある発生した事態を x と書くことにする。事態とは解決すべき問題を意味する。発生しうる事態は $x_1, x_2, \ldots, x_n$ の n 種類あるものとする。事態 x が発生する頻度を f_x と書くことにする[11]。

　専門用語のことを k と書くことにする。ここでいう専門用語とはどの事態が発生した可能性があるのかを表す専門用語である。つまり，専門用語は必ず

11）　頻度 f_x は，任意の x について，$f_x \geq 0$ であり，かつ，$f_{x_1} + f_{x_2} + \cdots + f_{x_n} = 1$ を満たすものとする。頻度と確率は数式上は同じようにみえる。通常，確率という場合は数学的に論理的に導出されたものを意味し，頻度という場合は，経験的なデータをもとに統計学的に導出された割合を意味する。

しも発生した事態を完全に表すようなものではなく,「事態 x_1 か x_2 のいずれかが発生した」というような曖昧な意味を持つこともある。

組織のメンバーは処理能力に限界があるため,専門用語を最大で K 個だけ理解することができるものと仮定する。ここで,$K < n$ とする。つまり,非常に多数の事態が発生しうることはわかっているのだが,組織メンバーの限定合理性のために,それらひとつひとつに対応する専門用語を割り当て,覚えさせることは不可能であるものと想定している。よって,ひとつの専門用語が複数の事態に関連づけられる可能性がある。

たとえば,2 つの専門用語 k と k' のみが定められているものとする。専門用語 k は 1 番目の事態 x_1 から i 番目の事態 x_i のいずれかが実現したことを表し,専門用語 k' は $i + 1$ 番目の事態 x_{i+1} から n 番目の事態 x_n のいずれかが実現したことを表す。よって,エージェントが専門用語 k でもって,マネジャーに伝えた場合,マネジャーは 1 番目の事態 x_1 から i 番目の事態 x_i のいずれかが実現したことを知ることになる。専門用語 k が示唆する事態の数を z_k と書くことにする。ここでの例では,$z_k = i$ かつ $z_{k'} = n - i$ である。専門用語のリストのことを**コード**(code)とよぶことにする。

エージェントが専門用語 k でもってマネジャーに状況を伝達した場合,マネジャーは 1 番目の事態 x_1 から i 番目の事態 x_i のどれが実現したのかを調査しなければならないものとする。調査を行うと発生した事態を確実に特定できるものと仮定する。事態を特定できたことを「問題が解決された」ものと解釈することにする。専門用語 k が送られたときの調査費用を $d(z_k)$ と表す。$d(z_k)$ の値は z_k が大きければ大きいほど,大きいものと仮定する。つまり,専門用語が曖昧であればあるほど,調査費用は大きくなることを意味する。

6.2 最適コード

コードがひとつ与えられると期待調査費用を定義することができる。期待調査費用を最小にするようなコードのことを**最適コード**とよぶことにする。最適コードは以下の性質を持つことが導出できる[12]。

---

12) 証明は読者の練習問題としたい。

364 第 III 部 組織の違いは何から生じるのか？

> **最適コード**：最適コードは以下の性質を満たす。$z_k > z_{k'}$ であるとき，k に関連づけられるどのような事態 x と，k' に関連づけられるどのような事態 x' についても，$f_x \leq f_{x'}$ を満たす。

上の性質は次のことを意味している。z_k が $z_{k'}$ より大きいということは，専門用語 k に関連づけられた事態の数の方が多いということである。専門用語 k の方が k' より曖昧な意味を持つと解釈することもできる。そして，$f_x \leq f_{x'}$ を満たすということは，より曖昧な専門用語 k に関連づけられた事態 x の発生頻度と専門用語 k' に関連づけられた事態 x' の発生頻度を比較すると，前者の方が後者より高くなることはないということを意味する。

発生頻度の低い事態からひとまとめにして専門用語に関連づけることが望ましいのである。一方，発生頻度の高い事態については，より詳細な情報を伝達するように専門用語を作ることが望ましいのである。

例を使って最適コードを導出してみよう。3つの事態 x_1, x_2, x_3 が発生しうるものとする。それらの発生頻度は $f_{x_1} > f_{x_2} > f_{x_3} > 0$ を満たすものとする。つまり，事態 x_1 が一番発生しやすく，事態 x_2 が次に発生しやすく，事態 x_3 が一番発生しにくい状況である。そして，$K = 2$ と仮定する。つまり，発生しうる事態は3種類あるが，組織メンバーが覚えることのできる専門用語は2つのみであるため，事前にはすべての事態を完全に記述することはできない状況を考える。

$K = 2$ のとき，利用可能なコードは以下の3種類のみである。

コード C^0：事態 x_1 と x_3 は専門用語 k に関連づけられ，事態 x_2 は専門用語 k' に関連づけられる。

コード C^1：事態 x_1 と x_2 は専門用語 k に関連づけられ，事態 x_3 は専門用語 k' に関連づけられる。

コード C^*：事態 x_1 は専門用語 k に関連づけられ，事態 x_2 と x_3 は専門用語 k' に関連づけられる。

コード C^0 とコード C^1 は最適コードの性質を満たさないことは容易に確認することができる。それらが実際に最適コードではないことを確認しよう。コード C^0 における期待調査費用 D^0 は以下のとおりである。

$$D^0 = (f_{x_1} + f_{x_3})d(2) + f_{x_2}d(1)$$

第 11 章　企業文化　**365**

Column 11-4　企業合併と企業内言語

　企業合併と企業内言語の関係について分析した経済実験研究がある。ロバート・ウェーバーとコリン・キャメラーによる実験で，カリフォルニア工科大学とカーネギーメロン大学の学生を被験者として行われた[*]。

　被験者は上司役と部下役にランダムに分けられる。ペアになった上司役と部下役の2人で20回実験を行う。作業中のオフィスの写真が16枚ある。この中からランダムに写真が選択され上司に教えられるが，部下には教えられない。ショートメッセージを使って上司は部下に写真の説明をし，部下が選択された写真を当てていくという実験である。合計で8枚の写真がランダムに選択され，写真を特定する時間が短いほど被験者は高い報酬を受け取る。

　実験の最初の方では「○人が映っていて，全員がコンピュータをみている。そして，パワーポイントのグラフがある」というふうに詳細に状況を伝えていたが，実験が進むとそれは「パワーポイントのやつ」といった「企業内言語」で表現されるようになった。また，被験者が共通して知っている教授に似た人物が映っている写真は「○○教授のやつ」と表現されることもあった。

　ウェーバーとキャメラーはこのように生み出された企業内言語を企業文化とみなしている。企業文化（企業内言語）によって写真を特定する時間は劇的に短くなることが実験によって確認されている。また，企業文化は共通する経験に基づいて発生することも明らかとなった。

　さらに，彼らは企業が合併した場合，つまり，企業文化が統合された場合に何が起こるかも実験している。合併直後には企業のパフォーマンスは悪化することが明らかとされた。異なる企業内言語を使っているため写真の特定に時間がかかるのである。しかし，実験が進むにつれて新しい企業内言語が生み出され，写真を特定する時間は合併以前とほぼ同様になった。しかし，組織のメンバーにはマイナスの感情が残ったことが報告されている。

　ウェーバーとキャメラーの実験はフィスマンとサリバンによる著書『意外と会社は合理的』の第7章でも解説されている[†]。

　　[*] Weber, R. and C. Camerer (2003) "Cultural Conflict and Merger Failure: An Experimental Approach," *Management Science*, vol. 49, pp. 400-415.

　　[†] Fisman, R. and T. Sullivan (2013) *THE ORG: The Underlying Logic of the Office*, Twelve.（土方奈美訳『意外と会社は合理的──組織にはびこる理不尽のメカニズム』日本経済新聞出版社，2013年）

　専門用語 k が使われる頻度は $f_{x_1} + f_{x_3}$ である。また，$z_k = 2$ であるから，調査費用は $d(2)$ である。専門用語 k' が使われる頻度は f_{x_2} であり，$z_{k'} = 1$ より，調査費用は $d(1)$ である。

同様にして，コード C^1 における期待調査費用 D^1 は以下のとおりである。

$$D^1 = (f_{x_1} + f_{x_2})d(2) + f_{x_3}d(1)$$

そして，コード C^* における期待調査費用 D^* は以下のとおりである。

$$D^* = f_{x_1}d(1) + (f_{x_2} + f_{x_3})d(2)$$

D^* との大小関係を比較すると，以下が得られる。

$$D^* - D^0 = -(f_{x_1} - f_{x_2})\{d(2) - d(1)\} < 0$$
$$D^* - D^1 = -(f_{x_1} - f_{x_3})\{d(2) - d(1)\} < 0$$

不等号は，$f_{x_1} > f_{x_2} > f_{x_3}$ と $d(2) > d(1)$ の仮定より従う。

以上により，コード C^* の期待調査費用が最も小さいことから，コード C^* が最適コードであることが確認された。ここでは説明の簡単化のために $n = 3$ かつ $K = 2$ についてのみ考察したが，$K < n$ であれば，証明はほぼ同様である。

最適コードにおいては発生頻度の低い事態はできるだけひとまとめにした曖昧な意味を持つ専門用語にし，発生頻度の高い事態についてはできるだけ詳細な内容を伝える専門用語にすることが望ましいことを意味している。

● まとめ

□ 複数均衡の存在する状況において特定の均衡を選択させる原理のことをフォーカル・ポイントという。企業組織ではフォーカル・ポイントは企業文化によって形成される。

□ 不測の事態とは事前に対応策の合意がなされていないような状況であり，企業文化がそのような状況における適切な対応とは何かを方向づける指針となる。

□ 企業文化の維持のために企業は評判の維持装置としての役割を果たす。

□ 経営者が同じような信念を持った人間を採用する傾向には経済合理性がある。ただし，組織メンバーの多様性を否定するものではなく，多様性が重要であるという同じ信念を持った人間で組織は構成される傾向にあることを意味する。

□ 企業内言語は企業文化と切り離すことのできない重要な役割を担う。組織メンバーの限定合理性のために企業内言語は実現した状態を表現するには曖昧にならざるをえない。発生頻度の高い状態ほど詳細に表現される傾向にある。

● 文献ノート

Column 11-1 で解説したように企業文化を経済学的に考察した最初の研究はデヴィッド・クレプスによるものである。

1. Kreps, D.（1990）"Corporate Culture and Economic Theory," in J. E. Alt and K. A. Shepsle eds., *Perspectives on Positive Political Economy*, Cambridge University Press.（D. M. クレプス「企業文化と経済理論」, 土屋守章編『技術革新と経営戦略――ハイテク時代の企業行動を探る』日本経済新聞社, 1986 年）

本章の大部分は以下のサーベイ論文を参考にしている。組織の経済学における企業文化に関する主要な研究を紹介している。

2. Hermalin, B.（2012）"Leadership and Corporate Culture," in R. Gibbons and J. Roberts eds., *The Handbook of Organizational Economics*, Princeton University Press.

世代重複モデルのゲーム理論的分析の先駆的研究は以下のものである。

3. Crémer, J.（1986）"Cooperation in Ongoing Organizations," *Quarterly Journal of Economics*, vol. 101, pp. 33-50.

第 5 節は以下の研究の解説であり, エッセンスのみを説明するために大幅にモデルを単純化している。

4. Van den Steen, E.（2010）"On the Origin of Shared Beliefs（and Corporate Culture）," *RAND Journal of Economics*, vol. 41, pp. 617-648.

経済学的分析の中で企業文化における企業内言語の重要性を最初に主張したのはCrémer（1993）である。第 6 節は Crémer, Garicano, and Prat（2007）を簡潔に解説したものである。この研究は企業内言語に関する最も重要な研究のひとつである。

5. Crémer, J.（1993）"Corporate Culture and Shared Knowledge," *Industrial and Corporate Change*, vol. 2, pp. 351-386.

6. Crémer, J., L. Garicano, and A. Prat（2007）"Language and the Theory of the Firm," *Quarterly Journal of Economics*, vol. 122, pp. 373-407.

第 1 節で紹介した, 従業員が経営陣は信頼でき, 倫理的であると信じているような企業のパフォーマンスは高いことを明らかにした研究は以下のものである。

7. Guiso, L., P. Sapienza, and L. Zingales（2015）"The Value of Corporate Culture," *Journal of Finacial Economics*, vol. 117, pp. 60-76.

第12章 リーダーシップ

1 リーダーシップとは

　人が集まり組織やグループを形成し，その中でリーダーシップが発揮されたり，されなかったりということは，誰でも少なくとも一度は経験のあることであろう。また，書店などでビジネス書の付近を見回してみると，さまざまなリーダーシップに関連する書籍をみつけることができる。組織運営のうえで成果をあげるにあたって重要な要素であると，これほど多くの人に経験としては共有されているリーダーシップであるが，ではリーダーシップとは何か，と問われると明快に答えることはなかなか難しい。リーダーシップとは何か，というのは，実はこれだけでひとつの研究領域になるような大きなテーマである。

　たとえば，公式的な権限において上位に立つすべての人がリーダーシップを備えているかといえばそうともいえず，トップに立ってリーダーシップを発揮したり，発揮していなかったりする。これは近年の日本における総理大臣がどうであったかを考えれば，わかりやすい。他方，歴史的にみると，上位にある公式的な権限を持っていなくてもリーダーシップを発揮するという例もある。たとえば，百年戦争におけるジャンヌ・ダルクの活躍というのはまさにその例である。このように，リーダーシップという概念は，公式的な権限や，その人が所属する組織などと切り離して考えるべきものである，ということがわかる。

　そこで，ここではひとまずリーダーシップ現象を，これまでの経営学・社会心理学におけるリーダーシップ研究の成果を集めたハンドブックに基づいて，次のように定義する。それは，集団のあるメンバーの行動が，

- その集団の目標に照らして意味のある
- 何らかの変化を他のメンバーの行動に引き起こす

というときに，その集団において，当該メンバーによってリーダーシップが発揮された，と定義する。このような観点からリーダーシップ現象を理解するということは，

- どのような状況・環境において
- どのようなメンバーによって発揮され
- 結果的にその集団にどのような変化が起こり
- その結果がその集団にとって有効だったかどうか

を解明することである。ここでは，このような観点からリーダーシップについての研究を解説する。

　以降の説明を行うにあたり，ひとつだけ注意したい点がある。それは，上述のようにリーダーシップを定義するとき，ある組織においてリーダーシップが起こったか否かを測定することは大変難しい，ということである。確かに，近年，経済学の領域における内部組織についての実証研究において，インタビューとデータを用いた定量的分析が出てきている。しかし，そのような方向でのリーダーシップについての研究は少ない。そのため，以降では，読者の理解を促すために，テレビドラマでのストーリーを借りて，具体的に説明していく。

2　率先垂範とリーダーの信頼形成

　経済学の文脈の中で，最初にリーダーシップについて分析を行った先駆的研究はベンジャミン・ハーマリン（Benjamin E. Hermalin）によってなされた。ハーマリンはリーダーシップのあり方として，**率先垂範によるリーダーシップ**（leading by exmaple）を考察し，それによってチームのパフォーマンスが向上することを示した。本節では，彼の研究を概観することで，率先垂範によってリーダーの持つ情報が，第9章で紹介したシグナリングを通じてフォロワーに適切に伝達されることで，フォロワーの生産性についての予想が改善し，パフォーマンスが向上することをみていく。さらに，基本モデルを長期的関係に拡張することで，シグナリングでなく，単純なチープ・トークによるコミュニケーションでも同種の改善がみられることを示していく。

2.1 率先垂範としてのリーダーシップ

本節で説明するハーマリンの率先垂範型リーダーシップを理解するにあたり，フジテレビ系列で2009年に放映された人気ドラマシリーズ『救命病棟24時』の第4シリーズの第1回における次のような場面を考えたい。舞台は海南医大救命救急センターで，江口洋介扮する進藤医師（以下，進藤）が奮闘している。進藤の他は，研修医1人と眼科，耳鼻科から回されてきた医師2人がいるが，進藤以外は救急の経験が乏しく，進藤の指示を受けてあたふたしながらこなしている，という状況である。

そのようなとき，他のメンバーが反対する中，毒物を摂取した11名の救急患者を進藤が受け入れると，他の医師たちはそれまでの緊張の糸がはじけたかのように，やる気を失ってしまう。医師たちの間で不穏な空気が流れる中，1人の患者の容態が悪化し，心肺停止の状態となる。進藤は率先してその患者に心臓マッサージを施していくが，他の医師たちはそれを傍観している。そのような状況をみかねた看護師長が進藤をサポートし始めると，他の看護師たちもそれにあわせてサポートを展開していく。その甲斐もあり，その患者が回復してくると，今度は他の医師たちも進藤にあわせて治療を行っていくというスパイラルが生まれていく。これは，改めて述べるまでもなく，進藤の率先垂範的な行為が看護師や他の医師に影響を与え，救急患者を救うという結果が生まれており，これは進藤によるリーダーシップが発揮されたと考えてよいだろう。

さらに，このような率先垂範の実際のビジネスにおける例として，サントリーホールディングスの新浪剛史社長の例がある。サントリーホールディングスは，米国の蒸留酒ビーム（現・ビームサントリー）を2014年に買収した。日本のウイスキー人気の復活の起爆剤となったハイボールを米国でも売り込むべく，サントリー本体の社長である新浪氏自身が米国の現場の飲食店を訪れ，ハイボールとしての飲み方を提案している。すると，ビームサントリーの社長であるマット・シャトック氏も現場を回るようになった。こうした流れが現場には強いメッセージをもたらすこととなり，率先垂範を通じて両者の統合が進むきっかけとなっている。

では，上の2つの例は，それぞれのメンバーのどのような関わり合いの中で生まれてくるのだろうか。モデルを用いて具体的に考察していく。話を単純化するために，2人からなるプロジェクト・チームを考える。各メンバーは努

力するか怠けるかを選択することができ，努力するを 1，怠けるを 0 とおく。
努力する場合は 4 の努力費用が発生し，怠ける場合は努力費用はかからない
ものとする。また，プロジェクトの成果 x は各メンバーが選択する努力水準
e_i $(i = 1, 2)$ に依存しており，

$$x = \theta \cdot (e_1 + e_2) \tag{1}$$

という生産関数に基づいて決定される。これは，努力する人数が増えると成
果も増えるという生産構造を考え，単純化のために 2 人のメンバーの努力水
準の和で表されると仮定しているということである。さらに，得られた成果は
各人が投入した努力水準の如何を問わず，メンバーに均等に分配するという
契約に両者とも合意しているものとする。ここで，θ はランダムに決定される
変数で，チームの生産性を表す係数である。また，θ は，$\theta_H = 8$，あるいは
$\theta_L = 4$ の値を確率 1/2 ずつでとるものとする。

　リーダーがいる状況を考える前に，ベンチマークとして，リーダーがおら
ず，各自が独立に同時に意思決定する状況を考える。ここでは，各メンバーは
θ の値がどちらかはわからないまま，意思決定するものとし，このゲームにお
けるナッシュ均衡を調べる。

　まず，相手が努力するを選択しているとしよう。このとき，努力する（$e_i =$
1）を選択すると，

$$\frac{1}{2}\{4 \cdot (1 + 1) - 4\} + \frac{1}{2}\{2 \cdot (1 + 1) - 4\} = 2$$

となる。他方，怠ける（$e_i = 0$）を選択すると，

$$\frac{1}{2}\{4 \cdot (0 + 1)\} + \frac{1}{2}\{2 \cdot (0 + 1)\} = 3$$

となり，怠けることが最適となる。

　次に，相手が怠けるを選択しているとしよう。このとき，努力するを選択す
ると，

$$\frac{1}{2}\{4 \cdot (1 + 0) - 4\} + \frac{1}{2}\{2 \cdot (1 + 0) - 4\} = -1$$

となる。他方，怠けるを選択すると，

$$\frac{1}{2}\{4 \cdot (0 + 0)\} + \frac{1}{2}\{2 \cdot (0 + 0)\} = 0$$

となり，やはり怠けることが最適となる。以上の分析からわかることは，メンバーが独立に同時に意思決定すると，互いに怠けるということしか均衡とならない。第2章第4.1項で提示された価値最大化原理に基づくと，この互いに怠けるという均衡は，互いに努力するという状態よりも利得和が小さいことから，支配されているといえ，非効率性が発生している。これは，第2章，第6章で紹介されたチーム生産問題における結果と対応している。

　次に，チームにリーダーが存在する状況を考える。リーダーは，(1) チームの生産性の係数 θ について，θ_H であるか θ_L であるかを知っており，(2) 他のメンバーより先に，努力水準の選択を行うものとする。各プレーヤーは，次のような手順でプレーすることを考える。

　　$t = 0$：プレーヤー1がチームの生産性を表す係数 θ が θ_H であるか θ_L であるかについての情報を受け取る。他方，プレーヤー2はその情報がいずれであるかはわからないとする。

　　$t = 1$：プレーヤー1が努力水準 e_1 を選択する。

　　$t = 2$：プレーヤー2はプレーヤー1の努力水準 e_1 を観察する。

　　$t = 3$：プレーヤー2が努力水準 e_2 を選択する。

　　$t = 4$：各プレーヤーが選んだ (e_1, e_2) と実現した生産性の係数の値 θ に応じて利得が分配される。

　これをゲーム・ツリーを使って表すと，図12-1のようになる（利得はプレーヤー1，プレーヤー2の順番）。

　以上の設定からもわかるように，このゲームにおいてリーダーは私的情報を保有しているので，第9章第3.1項で議論された完全ベイジアン均衡を用いて分析を進めていく。ここでは，次のような分離均衡を考察する。リーダーの役割を務めるプレーヤー1は，θ_H を観察したときには努力することを選択し，そうでない場合には怠け，フォロワーとなるプレーヤー2はプレーヤー1が努力するのを観察した場合は，プレーヤー1は θ_H を観察していると確率1で予想して自分も努力で応え，怠けたことを観察した場合は，プレーヤー1は θ_L を観察していると確率1で予想して怠けることで対応する，という分離均衡を考える。

　まず，プレーヤー1が努力するのを観察した後のプレーヤー2の最適反応を調べる。この場合プレーヤー2は，プレーヤー1は θ_H を観察していると確率1で予想しているので，努力することを選択する場合は4の利得を得て，

図 12-1 率先垂範型リーダーシップ・ゲーム

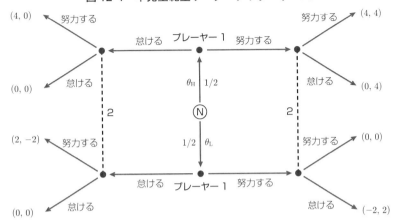

怠ける場合も4の利得を受け取るので，努力することと怠けることが無差別となり，努力することは最適な反応となっている．

次に，プレーヤー1が怠けるのを観察した後のプレーヤー2の最適反応を調べる．この場合プレーヤー2は，プレーヤー1はθ_Lを観察していると確率1で予想しているので，努力することを選択する場合は -2 の利得を得て，怠ける場合は0の利得を受け取るので，怠けることは最適な反応となっている．

以上のようなプレーヤー2の分析に基づいて，プレーヤー1の最適反応を調べる．まず，プレーヤー1がθ_Hを観察した場合を考える．このとき，プレーヤー1は努力をすると，プレーヤー2は努力で応えてくれるので，プレーヤー1は4の利得を得ることになる．他方，プレーヤー1が怠けると，プレーヤー2は怠けることで対応するので，プレーヤー1は0の利得を受け取ることになる．

次に，プレーヤー1がθ_Lを観察した場合を考える．想定どおりプレーヤー1が怠けると，プレーヤー2は怠けることで対応するので，プレーヤー1は0の利得を得ることになる．他方，プレーヤー1が想定に反して努力すると，プレーヤー2は努力で応えるので，プレーヤー1は0の利得を受け取ることになり，怠けることと努力することが無差別となり，怠けることが最適反応となる．

このような分析からわかることは，チームが直面している状況をよく把握しているメンバーがいる場合，その人に先に意思決定させることで，その行動が

374　第 III 部　組織の違いは何から生じるのか？

私的情報を伝え，他のメンバーの高い努力水準を引き出す可能性を生み出すということである。つまり，リーダーとなるプレーヤーの率先垂範行動が第 9 章第 4.2 項で紹介されたシグナリングの機能を果たすことで，フォロワーが適切に行動を調整するようになるのである。

　さらに，このゲームでは，上で議論した分離均衡の他に，次のような一括均衡も存在する。まず，リーダーを務めるプレーヤー 1 は，θ_H を観察しても，θ_L を観察しても怠ける。次に，フォロワーを務めるプレーヤー 2 は，怠けることで反応するが，プレーヤー 1 が努力するのを観察した場合は，確率 1 で θ_L が起こったものと予想して，怠けることを選択する。

　この一括均衡が均衡として成立しているかを調べることにする。まず，プレーヤー 1 が怠けるのを観察した場合は，事前分布と同じく確率 1/2 で θ_H，確率 1/2 で θ_L と予想するので，プレーヤー 2 は想定どおり怠けると 0 の期待利得を受け取り，逸脱して努力すると −1 の期待利得を受け取ることになるので，想定どおり怠けることは最適な反応となっている。また，プレーヤー 1 が努力するのを観察した場合は，確率 1 で θ_L が起こったものと予想するので，想定どおり怠けると 2 の期待利得を受け取るが，逸脱して努力すると 0 となってしまうので，やはり想定どおり怠けることが最適となっている。次に，プレーヤー 1 の意思決定について考える。θ_H を受け取った場合，想定どおりに怠けると，プレーヤー 2 も怠けるので，0 の期待利得を受け取るが，逸脱して努力しても同様に 0 となるので，想定どおりに行動してもよいと考えている。他方，θ_L を受け取った場合，想定どおりに怠けると，プレーヤー 2 も怠けるので，0 の期待利得を受け取るが，逸脱して努力すると −2 となってしまうので，この場合は怠ける方が明らかによい。以上の考察によって，上で想定した一括均衡が存在することがわかった。つまり，この一括均衡は，リーダーシップが発揮できる環境であるにもかかわらず，リーダーシップが発揮されなかったということを含意している。

　以上の分析によって，リーダーシップが発揮できる環境でも，そこで成立する均衡によって，リーダーシップが発揮されたり，されなかったりすることがわかる。このような複数存在する均衡のうちどの均衡が起こりやすいのかに関して，実験研究による探求がある。それについては Column 12-1 を参照されたい。

Column 12-1 ハーマリン・モデルの経済実験

本文で紹介したハーマリン・モデルは，すでに実験研究を通じた検証が進んでいる。たとえば，ジャン・ポッタースらは，ハーマリン・モデルに基づいて，生産性の係数が，「低い」「中位」「高い」の3つの水準をとるときに，理論モデルで想定しているような率先垂範型のリーダーシップ均衡が出現するかを検証している*。具体的には，情報に関する処置（2種類）と行動順序についての処置（2種類）を組み合わせて合計4種類の環境でそれぞれ実験を実施し検証している。まず，情報に関する処置として，(1) 理論モデルで想定されているようにリーダーは生産性を完全に知っているが，それ以外のメンバーは知らないという非対称情報の処置群と，(2) 対照群として全員が生産性を知っている対称情報の環境を用意した。他方，行動順序については，(a) 理論モデルのようにリーダーが先に行動を選択し，それを観察した後フォロワーが行動を選択するという逐次手番と，(b) 全員が同時に行動を選択する同時手番を用意した。

上記の設定のもとで理論的には，生産性が中程度のときに，対称情報の場合，同時手番でも逐次手番でもリーダー，フォロワーともに「怠ける」ことを選択するのに対し，非対称情報の場合には，同時手番ではリーダー，フォロワーともに「怠ける」が，逐次手番においてはリーダー，フォロワーともに「努力する」ことを選択するという率先垂範型の均衡が出現する。そして，ポッタースらの実験では，この理論どおりの結果が実験室実験でも出現することを確認している。

さらに，後続研究として，リーダーシップ均衡の出現と性別による行動パターンの違いを検証しているフィリップ・グロスマンらの研究がある†。彼らによれば，まず，女性だけからなるチームにおいては，リーダー，フォロワーともに男性だけからなるチームに比べて「努力する」を選択する確率が高くなることがわかった。次に，男女混成のチームでリーダーの性別がわかる状況では，女性がリーダーになる場合，そのリーダーが「努力する」を選択する確率が低下するが，フォロワーについては性差が観察されなかった。こうした研究は，女性の職業生活における活躍の推進が叫ばれる中では，とりわけ重要な論点である。また，実験経済学の中でも，さまざまな意思決定状況における性差の検証は大きな課題として掲げられている。ただ，経済学では，伝統的に個人の選好と行動の関係を明らかにすることを主眼としておく傾向にあり，上記のような性差が根源的に個人の選好のどのような側面と結びついているかについては，今後さらなる研究の蓄積が必要となるであろう。

* Potters, J., M. Sefton, and L. Vesterlund (2007) "Leading-by-Example and Signaling in Voluntary Contribution Games: An Experimental Study," *Economic Theory*, vol. 33, no. 1, pp. 169-182.

† Grossman, P. J., M. Komai, and J. E. Jensen (2015) "Leadership and Gender in Groups: An Experiment," *Canadian Journal of Economics*, vol. 48, no. 1, pp. 368-388.

2.2 長期的関係とリーダーの信頼形成

前項では，リーダーの率先垂範によるシグナリングを通じて，リーダーの持つ情報がフォロワーに適切に通じることで，チームのパフォーマンスが向上することを示した。本項では，シグナリングの代わりに，同時に努力水準を決定するチーム生産をもとに，長期的関係の中でリーダーのチープ・トークによるコミュニケーションによって情報が適切に伝達される可能性があることを示す。

《リーダーとフォロワーのチーム生産》

前項で導入した2人のメンバーからなるチーム生産モデルを考える。各メンバーは，独立に同時に努力水準 $e_i \geq 0$ を投入し，その努力コストを $\frac{1}{2}e_i^2$ とする。各メンバーの努力水準を所与として，(1) 式で表されるチームの生産関数において，成果が実現する。ここで，チームの生産性の係数 θ は，θ_H と θ_L の値をとる確率変数で，$\theta_H = 2$，$\theta_L = 1$ とする。また，θ_H が起こる確率を $p = 1/2$ とする。

これも前項と同様，チームメンバーの2人のうち1人はリーダーで，もう1人をフォロワーとする。リーダーはチームの生産性の係数 θ を努力投入の前に知ることができるが，フォロワーは知ることができないものとする。また，リーダーが θ の値を知っていることは，チーム内での共有知識となっている。

チーム生産の成果物は各メンバーで等分に分配されるものとする。このとき，フォロワーの努力水準を e_F とし，リーダーの努力水準を e_L とするとき，フォロワーの利得は，

$$\frac{1}{2}\theta(e_F + e_L) - \frac{1}{2}e_F^2$$

となる。ここで，$\theta = \theta_H$ についてのフォロワーの予想を μ とする。この予想 μ を所与としたときの，フォロワーが形成する生産性についての期待値は，

$$\mu\theta_H + (1 - \mu)\theta_L$$
$$= \mu \times 2 + (1 - \mu) \times 1$$
$$= 1 + \mu$$

となるので，期待利得は，

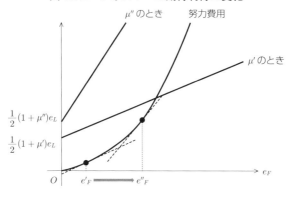

図12-2 フォロワーの期待利得の変化

$$\frac{1}{2}(1+\mu)(e_F + e_L) - \frac{1}{2}e_F^2$$

となる。

この期待利得から，フォロワーは，$\theta = \theta_H$ についてのフォロワーの予想 μ が大きくなるほど努力水準を上昇させるということがわかる。いま，2つの予想 μ' と μ'' があり，$\mu' < \mu''$ とする。フォロワーの期待利得のうち第1項は，

$$\underbrace{\frac{1}{2}(1+\mu)}_{\text{傾き}} e_F + \underbrace{\frac{1}{2}(1+\mu)e_L}_{\text{切片}}$$

のように分解することができるので，傾き $\frac{1}{2}(1+\mu)$，切片 $\frac{1}{2}(1+\mu)e_L$ の e_F についての直線となる。これが，図12-2の2本の直線である。下側の直線が μ' についての，上側の直線が μ'' についてのものである。これらは，それぞれの予想のもとでのフォロワーの期待収入を表している。フォロワーの期待収入の直線と努力費用の曲線との高さの差がフォロワーの期待利得を表している。その差が最も大きいところで，フォロワーは最適な努力水準を決定する。それゆえ，図12-2からも明らかなように，予想 μ が大きくなるほど最適な努力水準は上昇することになる。

上記の分析に基づいて考えると，リーダーは何らかの形でフォロワーの予想 μ を上昇させることができれば，フォロワーは努力水準を増加させるので，それがリーダーである自分の利得を上昇させることにもなるということである。また，チームの生産性が高くなるとリーダーの利得は増加することにも注意す

378 第 III 部 組織の違いは何から生じるのか?

表 12-1 リーダーの期待利得

μ	$\theta = \theta_H$	$\theta = \theta_L$
1	3/2	5/8
0	1	3/8
1/2	5/4	1/2

ると，$\mu = 0, 1/2, 1$ と $\theta = \theta_H, \theta_L$ のそれぞれの場合におけるリーダーの期待利得は，表 12-1 のようになる。(詳細については，web 付録 12.2 参照)

《チーム生産の無限回繰り返しゲーム》

さて，ここまでの準備をもとにして，本項の目的である，上述のチーム生産ゲームを段階ゲームとする，無限回繰り返しゲームを考えることで，長期的関係におけるリーダーの信頼形成について考察する。ここで，分析の単純化のために，フォロワーは 1 期のみプレーし，毎期新しいフォロワーに入れ替わるものとする。他方，リーダーは，無限期間にわたってプレーする状況を考える。また，両者とも過去に起こったプレーについての歴史を完全に観測することができるものとし，リーダーの割引因子を $0 < \delta < 1$ とする。

さらに，リーダーは毎期自分だけが知りえた情報である，チームの生産性の係数 θ を学習した後，これに関するアナウンスを，フォロワーに対して行うものとする。ただし，これは，第 9 章で考察されたチープ・トークであるものとし，リーダーは必ずしも真実を伝える必要はないものとする。

第 7 章で学習したように，この繰り返しゲームにおいても，次のような自明均衡が存在する。それは，毎期，段階ゲームにおける最適反応を，リーダーはプレーし，フォロワーもリーダーのアナウンスによらず，毎期事前分布に基づく信念 $\mu = p = 1/2$ による段階ゲームにおける最適反応をプレーするというものである。

次に，非自明均衡である，以下のような真実表明均衡が存在するかについて考察する。リーダーは常に真実の生産性係数 θ を表明し，フォロワーはリーダーが真実を表明している限り，リーダーのアナウンスを信頼し，その状態が確率 1 で起こるという予想のもとで最適な努力水準を選択する。他方，一度でもリーダーが嘘をついてしまった後では，リーダーのメッセージを信頼せず，これを無視して事前分布に基づいて努力水準を選択するものとする。つまり，均衡経路上では，リーダーのアナウンスどおりの θ が実現すると確率 1

で予想し，嘘をついてしまったという均衡経路外では，任意の予想を形成することができるため，事前分布 $p = 1/2$ で予想を形成する均衡を考える。

この繰り返しゲームにおけるインセンティブ両立性で問題となるのは，リーダーのインセンティブ両立条件であり，中でも $\theta = \theta_L$ が実現したときに，リーダーがきちんと θ_L とアナウンスするか否かという点である。つまり，$\theta = \theta_L$ のときに正直にアナウンスすることで得られる長期的な利得が，嘘のアナウンスをすることで得られる長期的な利益を上回っていなければならない。この条件を式で表すと，

$$\frac{3}{8} + \frac{\delta}{1-\delta}\left[\frac{1}{2} \cdot \frac{3}{2} + \frac{1}{2} \cdot \frac{3}{8}\right] \geq \frac{5}{8} + \frac{\delta}{1-\delta} \cdot \left[\frac{1}{2} \cdot \frac{5}{4} + \frac{1}{2} \cdot \frac{1}{2}\right] \tag{2}$$

となる。

ここで，まず，(2) 式の左辺を説明する。第 1 項は，今期は $\theta = \theta_L$ が実現し，リーダーはそれを知っているので，$\mu = 0, \theta = \theta_L$ の場合の利得を得るということを意味している。続いて，第 2 項は，次期以降は各期独立して θ_H か θ_L がそれぞれ確率 $1/2$ で実現し，リーダーはそれを知っていて真実表明をするので，その割引総利得が $\frac{\delta}{1-\delta}[(1/2) \cdot (3/2) + (1/2) \cdot (3/8)]$ となる。

次に，(2) 式の右辺を説明する。第 1 項は，生産性が $\theta = \theta_L$ でリーダーはそれを知っていて，本来正直に θ_L といわなくてはいけないときに，嘘をついて θ_H とアナウンスして，フォロワーに生産性を θ_H と信じさせる，つまり，$\mu = 1$ という予想を形成させることになる，という状況におけるリーダーの利得を表している。第 2 項は，上述の逸脱が発覚した場合における懲罰的な利得として，毎期自明均衡の利得をリーダーが受け取るということを意味している。つまり，リーダーの嘘が発覚すると，それ以降は誰もリーダーのアナウンスを信頼しなくなるので，予想としては事前分布である $\mu = p = 1/2$ ということになり，期待利得として毎期 $(1/2) \cdot (5/4) + (1/2) \cdot (1/2)$ を受け取るときの割引総利得が右辺の第 2 項として現れてくる。

ここで，(2) 式を δ について整理すると，(2) 式が成立する割引因子の下限 $\underline{\delta}$ は $\underline{\delta} = 4/5$ となる。さらに，実は，この $\underline{\delta}$ の式は，生産性が θ_H となる確率 $p = 1/2$ のとき最小となっている（詳細は web 付録 12.3 を参照のこと）。この事実は，チームの生産性についての不確実性が大きいほど，真実表明均衡が成立しやすいということを意味している。

チームの生産性についての不確実性が大きいほど，真実表明均衡が成立しや

380　第 III 部　組織の違いは何から生じるのか？

すいという上記の結果がなぜ成立するのかという直観的説明は以下のとおりである。まず注目すべきは，リーダーのインセンティブ両立条件である。リーダーのインセンティブ両立条件は，逸脱から得られる短期的な利益と逸脱によって生じる長期的な損失を天秤にかけ，後者が前者を上回っていなくてはならない，ということを意味している。そのうち，逸脱による長期的な損失は，

$$\underbrace{\frac{1}{2}\cdot\frac{3}{2}+\frac{1}{2}\cdot\frac{3}{8}}_{\text{逸脱で失われる協調利得}} - \underbrace{\frac{1}{2}\cdot\frac{5}{4}+\frac{1}{2}\cdot\frac{1}{2}}_{\text{逸脱しても得られる懲罰利得}} = \frac{1}{16} \tag{3}$$

である。今は $p = 1/2$ のように与えているが，不確実性が小さいとき，つまり，$p = 0$ や $p = 1$ に近い場合，(3) 式はゼロに近くなってしまう。一方で逸脱の短期的な利益は常に正であることを考慮すると，チームの生産性についての不確実性が少なくなるほど，逸脱の長期的な損失が小さくなり，リーダーの真実表明のインセンティブを確保することが難しくなる。この議論の詳細は，web 付録 12.3 を参照していただきたい。

3　リーダーの生まれ方

これまでの分析では，リーダーは生産活動に関連する有用な情報を独占的に所持していることを前提として議論してした。そして，その事実を前提として，当該メンバーに行動上，他のメンバーとは異なる役割を担ってもらうことで，チームの生産性の向上を導くような方法について議論した。では，なぜ当該メンバーがそのような情報を持つに至ったのか，あるいは，他のメンバーも何か有用な情報を持っている場合はどうするのか，という点については，これまでの分析では明らかになっていない。これは，さまざまな状況でどういうメンバーがリーダーとなるのか，という問題を考えることになる。本節では，このような問題に焦点を当てることで，リーダーがどのようにして生まれるのかについて考察していく。

また，上述の議論を踏まえると，ある一定の条件さえ揃えば，ある特定の個人がいつもリーダーの地位にいる必然性はないともいえる。つまり，状況や場面に応じてリーダーとなる人が異なっていてもかまわないということである。現実的な例としては，たとえば，グーグルでは採用するにあたり，グーグルで働く個人に求める属性のひとつして，リーダーシップを掲げている。それは，

前節において説明されたリーダーシップの形式とは少し様相が異なり，状況や場面に応じてリーダーとなる人が変わりうる，そういうリーダーシップ像を求めている。具体的には，グーグルでの人事のあり方について，ラズロ・ボック（Laszlo Bock）は次のように記している。

　「リーダーを欲しがらない企業はない。しかし，グーグルが探すのはある特別なタイプのリーダーシップで，『創発的リーダーシップ』と呼ばれる。これは正式な肩書きとは無関係なリーダーシップの一形式である――グーグルではどんな取り組みにも正式なリーダーはめったにいない。

(中略)

　グーグルでは，チームが存続するあいだはずっと，さまざまなタイミングでさまざまなスキルが必要だと考えられている。したがって，さまざまな人がリーダーシップを担い，貢献し――同じく重要なことだが――特定のスキルが役目を終えたらほかのメンバーと同じ立場に戻る必要がある。」

このように，状況に応じてリーダーシップを発揮する個人が異なるということは，実際の組織において起こりうることである。

3.1　リーダーシップのあり方

　では，こうしたリーダーシップのあり方は，どのような環境において，どのようなメカニズムで起こるのであろうか。まず，ハーマリン・モデルのようにあるメンバーが情報を独占的に保有していることを所与として，行動の順序についてはメンバーの投票で決めるというモデルを考察する[1]。具体的には，投票ステージにおいて，情報を保有するメンバーが先に行動し，他のメンバーが後から行動するという議案についてメンバー全員で投票を行うとき，全員一致でこの案が可決されるかについて考察していく。このモデルでは，上記の議案が否決された場合は，各メンバーが同時に行動することになる点に注意する。情報を保有するメンバーにとってみれば，もし反対に投票すると，同時手番で行動することになり，自分の保有する情報が活用されず，低水準の努力水準に落ち込んでしまう。他方，賛成に投票し，実際に逐次的に行動することになる

---

1)　投票というと少し大げさに思われる読者もいるかもしれないが，チームメンバー内で誰がリーダーとなるべきかについて公式に信認を与える場面と考えてもよいであろう。

382　第 III 部　組織の違いは何から生じるのか？

と，自分の行動をフォロワーが真似してくれるので，同時手番の場合に比べ高水準の努力水準が実現される。また，情報を保有していないメンバーにとっても，賛成に投票し，先手の真似をすることで，チームの収益が向上し，収入が増えるので，ここから逸脱するインセンティブはない。このようにメンバー間の投票でリーダーを決めるステージを導入しても，実際にハーマリン・モデルで考察された状況が選択されることになる。

3.2　リーダーシップが生まれる環境 1 ──非対称な要因

　次に，ハーマリン・モデルにおいて，あるメンバーだけが独占的に情報を保有するのはなぜかという問題に答えることで，リーダーがなぜそのような地位を得るに至ったかを考える。具体的には，ハーマリン・モデルにおけるチーム生産開始前に，各メンバーが費用をかけて情報を探索するステージを導入し，どのような人が実際にチームのために情報を探索するのかについて分析する。このモデルでは，実際に情報を取得したメンバーがリーダーとなり，それをハーマリン・モデルの分析でみたように，他のメンバーにシグナリングを通じて伝達することになる。これを各人が見越すと，なるべくなら誰か他のメンバーが情報獲得費用を負担してくれないかと皆が考えるため，メンバー間で様子見が起こり消耗戦となる。では，このような状況下で，どのような人がリーダーになるかというと，情報獲得費用の負担感が少ない人が結局は負担することになる。たとえば，情報獲得費用が各メンバーで同じであるならば，相対的に予算（所得）に余裕のある人がリーダーになりうるし，反対に予算（所得）に差はないが専門性などが異なるため情報獲得費用が各メンバーで異なる場合は，情報獲得費用が一番低いメンバーがリーダーとなる。

　さらに，先ほどの状況とは異なり，情報獲得費用はメンバー間で等しいが，プロジェクトに参加するための参加費用がメンバー間で異なる場合も存在する。とくに，このような状況下でチームの効率性を改善するには，どのようなメンバーがリーダーとなったらよいかを考察していく。この設定では，参加費用が一番高い人がリーダーになることで効率性が最大化されることが示される。参加費用が高いということは，参加するべきプロジェクトをよく吟味し，その費用を上回るときにはじめてプロジェクトに参加するはずである。そのため，そのような選別的なメンバーが参加するということは，プロジェクトの成功について他のメンバーに対する信憑性（credibility）を高め，他のメンバー

もリーダーを模倣してプロジェクトに参加し，より多くのメンバーがプロジェクトに従事することになる。

3.3　リーダーシップが生まれる環境2——不完全な部分情報

　上で述べた3つの環境においては，事前にメンバー間で何らかの非対称な要因があり，それがハーマリン・モデルにおけるリーダーの出現を説明している。そのような非対称性が存在しない場合には，リーダーは出現しないのであろうか。それでも，事前にはメンバー間では非対称な要因がない状況で，かつ，いつでも自分がよいと判断するタイミングで努力を投入できるとした場合においても，正の確率でリーダーが先に高い努力水準を投入し，それを観察したフォロワーもやはり高い水準の努力を投入するという，率先垂範型のリーダーシップが起こりうることを示すことができる。

　具体的には，2人がチームの生産性についての不完全な部分情報を保有しているとする。彼らは，その情報に基づいて，第1期か第2期のうち，自分がよいと判断した方の期で高い努力水準を投入する。第2期に行動する場合は，第1期に他のメンバーが第1期に高い努力水準を投入したか，第1期は様子見をして第2期で高い努力水準を投入することを選んだかを観察することができる。このとき，高い生産性を示す情報をあるメンバーが受け取り，他のメンバーは低い生産性を示す情報を受け取っている場合，前者が第1期に高い努力水準を投入し，後者が第2期にやはり高い努力水準を投入するということが，第9章第3.1項で説明した完全ベイジアン均衡として達成されることを示すことができる。

　この結果が起こる直観的な説明は次のとおりである。まず，後手となりうる低い生産性を示す情報を持つメンバーのインセンティブを考える。相手が第1期において高い努力水準を投入した場合，確率1で相手は高い生産性を示す情報を持っていると予想し，高い努力水準を投入し，それ以外の場合は低い生産性を示す情報しか持っていないと予想し，低い努力水準を投入する。このような行動を所与とすると，高い生産性を示す情報を持っているメンバーは，実際に第1期に高い努力水準を投入すると相手は高い努力水準で応じてくれるので，チームの収益が向上し，自分の収入が増える。他方，もし自分が様子見をしたり，低い努力水準を投入してしまうと，他のメンバーは自分も低い生産性を示す情報を持っていると予想し，低い努力水準を投入してしまう。これ

は，高い生産性を示す情報をせっかく持っているのにうまく活用されず，チームの収益は低くなってしまい自分の収入も低水準なので割に合わない。それゆえ，高い生産性を示す情報を持つメンバーは第1期に高い努力水準を投入することになる。

4 リーダーシップのスタイル

これまでは，リーダーの行動がフォロワーにどのような影響を与えるかについて考察してきた。ここでは，リーダーの持つ価値観や属性が組織のパフォーマンスに与える影響を考察する。

4.1 共感型のリーダーシップ

第2.1項の冒頭で紹介した，テレビドラマ『救命病棟24時』第4シリーズには，ユースケ・サンタマリアが扮する澤井悦司（以下，澤井）という医局長が登場する。澤井は，熱血漢の進藤とは異なり，現実主義・合理主義的であり，従来展開されてきた医師たちの善意に基づく救命医療のあり方に対しても懐疑的に考えており，2人はしばしば対立していた。とはいえ，2人は「命を助ける」という部分では共有する部分もあり，時には澤井のやり方に進藤が共感することや，反対に進藤の方針を澤井が認めるという場面もドラマでは登場する。つまり，場面に応じて，そのとき必要となるリーダーシップの発揮のされ方が異なりうることをこのエピソードは物語っている。こうした異なるスタイルのリーダー像というのは，このドラマに限らずよくある構図であり，米国の人気SFドラマ『スタートレック』におけるカークとスポックという2人もこの構図に近い。本節では，こうしたアイデアをもとにして，どのような場面でどのようなスタイルのリーダーシップが有効なのかについて考察をしていく。

具体的に，リーダーとフォロワーの間の次のようなやり取りを考える。リーダーはあるプロジェクトを実行するか否かを決定し，フォロワーはプロジェクトが実施される場合に実際に自ら費用 c をかけてプロジェクトを具現化する。c をかけて具現化しなければゼロの価値しか生み出さないものとする。このプロジェクトから生み出される利益の大きさを π とし，単純化のためそれは，

$$F(\pi) = \pi \tag{4}$$

という区間 $0 \leq \pi \leq 1$ 上の一様分布によってランダムに決定されるものとする。

リーダーとフォロワーは次のような時間の流れに沿って意思決定を行うとしよう。

$t = 1$：フォロワーが費用 c をかけて，プロジェクトを練り上げるか否かを決定する。

$t = 2$：プロジェクトの価値 π の値が実現する。

$t = 2$：リーダーがプロジェクトを実施するか否かを決定する。

$t = 3$：プロジェクトの成果が実現し，報酬の支払いが行われる。

さらに，プロジェクトの結果は，フォロワーが費用 c をかければ，リーダー，フォロワー双方にプロジェクトの価値 π が伝達される。しかし，この情報は立証可能ではなく，π の大きさに応じた契約を書くことはできない。ただし，リーダーがプロジェクトを実行すると決断したかどうかは立証可能であるとする。それゆえ，「リーダーがプロジェクトを実行すると決断したならば，フォロワーに報酬 w を支払う」という契約を書くことはできるものとし，w は $\pi \geq w$ を満たすものとする。

このモデルの特徴的な箇所である，リーダーのスタイル，あるいは，属性を反映した次のような効用関数を考える。

$$\lambda w + (1 - \lambda)(\pi - w) \tag{5}$$

λ は $0 \leq \lambda < 1$ を満たし，フォロワーに対する**共感**（empathy）の大きさを示している。つまり，λ が 1 に近づくほど，リーダーはフォロワーの報酬を重視するのでフォロワーに共感的で，$\lambda = 0$ の場合は，プロジェクト実施によって生まれる組織の利益にのみ関心を持つことになるので，組織の利益の最大化にのみ関心を持つことになる。

ここで，組織全体的な観点からすれば，$\pi \geq 0$ のとき，かつ，そのときに限りプロジェクトが実施されることが，ファーストベストである。他方，(5) 式を前提にすると，リーダーは (5) 式が正となるとき，つまり，

$$\pi \geq \frac{1 - 2\lambda}{1 - \lambda} w \tag{6}$$

という条件に従って，プロジェクトの実施の可否を決定する。$\lambda = 1/2$ のときには，これはたまたまファーストベストの条件と一致するが，それ以外の場合は，ファーストベストからはズレることになり，決定に歪みが生じる。

　では，具体的にどのような結果が起こるかについてバックワード・インダクションによって調べていくことにする。(6) 式によるリーダーの決定を前提とすると，(6) の状態が実現する確率は，プロジェクトから生まれる利益 π が $\frac{1-2\lambda}{1-\lambda}w$ を超える確率なので，プロジェクトから生まれる利益 π が $\frac{1-2\lambda}{1-\lambda}w$ 以下となる確率 $\frac{1-2\lambda}{1-\lambda}w$ を 1 から引いた値になる[2]。それゆえ，プロジェクト実施に伴う，フォロワーの期待報酬 $\bar{w}$ は

$$w \cdot \underbrace{\left[1 - \frac{1-2\lambda}{1-\lambda}w\right]}_{\text{(6) の状態が実現する確率}} \tag{7}$$

となる。これが，プロジェクト実施に関する費用 c を上回れば，プロジェクトがきちんと練り上げられ，実際に実行に移される。

　ここで，$c = 1/3$ という状況を考える。まず，リーダーのタイプが純粋な組織利益最大化タイプの場合，つまり，$\lambda = 0$ のとき (7) 式は $-(w-1/2)^2 + 1/4$ となるので，w の値に関係なく実施費用 $c = 1/3$ を常に下回ってしまう。それゆえ，プロジェクトは π の大きさによらず実行されることはない。次に，リーダーのタイプがバランス型，つまり，$\lambda = 1/2$ の場合，$w = 1/3$ という報酬を設定することで，プロジェクトが具現化する。またこのときは，(6) 式の右辺は 0 となるので，ファーストベストが達成される。さらに，$1/2 < \lambda < 1$ となる λ のときには，ファーストベストではないが，具現化される場合があり，共感型リーダーシップは純粋な組織利益最大化リーダーよりも，より高い利益を組織にもたらすことになる。

4.2　ビジョンを示すリーダーシップ

　前項において提示されたモデルを拡張し，ビジョンを示す役割としてのリーダーシップについて考察する。読者の理解を助けるために，ここでは 2017 年に TBS 系列で放映されたドラマ『陸王』の一場面を取り上げて状況を共有し

---

2)　$\frac{1-2\lambda}{1-\lambda}$ は $0 \leq \frac{1-2\lambda}{1-\lambda} \leq 1$ を満たし，w は $\pi \geq w$ で，かつ，π は $0 \leq \pi \leq 1$ なので，w も $0 \leq w \leq 1$ となる。それゆえ，$\frac{1-2\lambda}{1-\lambda}w$ は $0 \leq \frac{1-2\lambda}{1-\lambda}w \leq 1$ となる。

たい。

　このドラマは，役所広司扮する老舗足袋製造会社「こはぜ屋」の4代目社長宮沢紘一（以下，宮沢）が，新規事業として足袋型のランニングシューズ「陸王」を開発していく紆余曲折を描いている。そもそも，彼がランニングシューズの開発に乗り出そうとしたきっかけは，娘に頼まれてスニーカーを買いに行った際に足袋型に近いスニーカーをみつけ，そこに足袋で培った技術が援用できるのではないかと思いついたことに端を発している。そんな彼の特質上，もちろん綿密な事業計画があるわけでもないので，経理担当から反対されたり，古くからそこで働く従業員から不満が生じてきたりしている。しかし，それでも開発を進めていき，陸王の具体的な形がみえてくる中で，しだいに従業員の陸王事業に対する見方も変化し，全社的な共感が得られていくのである。

　ここにおけるリーダーシップは，第2.1項で取り上げた率先垂範型のリーダーシップとは次のような点で異なっている。それは，ドラマ『救命病棟24時』の進藤の場合は，どのような形でどのような治療を施せば，どれほどの人命が救われるかについてのおおよその見積もりがあるのに対し，宮沢の場合は自らの強い思い入れ以外にはないという点が大きな違いである。ただ，そういう宮沢のような場合でも，結果的にドラマで描かれたように多くの従業員が鼓舞され，仕事に邁進していくということがありうるということを本項では説明していく。

　具体的には，次のような状況を考える。当該企業には，部門Aと部門Bの2つがあり，それぞれの従業員がプロジェクトを計画し，それぞれの計画のうちひとつを当該企業のCEOが決定する。各部門iの従業員が努力コストをかけプロジェクトを計画すると，確率p_iでプロジェクトは成功し，収入を企業にもたらすが，努力コストをかけなければプロジェクトは確実に失敗するものとする。ここで，部門Aのプロジェクトはとてもリスキーで成功してもプロジェクトが持つ潜在的な価値に不確実性があり，その価値が大きい場合と，それほど価値が大きくない場合があるものとする。他方，部門Bのプロジェクトは手堅いプロジェクトで，成功時には部門Aのプロジェクトの成功・失敗時における潜在的価値の中間的な大きさの価値が確実にもたらされるものとする。また，プロジェクトを実施するにあたり，追加的に実施コストがかかるものとする。

388 第 III 部 組織の違いは何から生じるのか?

各部門の従業員と CEO は次のような時間の流れに沿って意思決定を行うとしよう。

$t = 1$：各部門 i の従業員が努力コストをかけて，プロジェクトを練り上げるか否かを決定する。

$t = 2$：各部門が提示するプロジェクトの価値が実現する。

$t = 2$：リーダー（CEO）が（どちらの）プロジェクトを実施するか否かを決定する。

$t = 3$：実施したプロジェクトの成果が実現し，実施された部門の従業員に報酬の支払いが行われる。

上記において，従業員へは当該企業から支払いが行われるが，これは十分低い金額であるとする。

ここで，本項におけるリーダーのビジョンの果たす役割を考察するため，CEO は各部門のプロジェクトについて一定のバイアスを持っているものとする。これは，CEO は当該企業の利益とは異なる自分自身のビジョンを持っており，そのため各部門のプロジェクトの真の価値とはズレた価値観を形成する状況を意味している。

ここでは CEO が部門 A のリスキーなプロジェクトへ肩入れすることで，プロジェクト選択において部門 A のプロジェクトが採択される可能性がある状況を考える。また，分析を明確にするため，まず，どちらのプロジェクトも，それぞれが優先的に実行されるのであれば，各部門の従業員は努力するインセンティブを持っていることを仮定する。

さらに，部門 A のプロジェクトが成功し，かつ，その成功の価値が大きい状況が実現したときにのみ部門 A のプロジェクトが実施されるという状況では，部門 A の従業員は努力インセンティブを持たない状況を考察する。つまり，部門 B のプロジェクトが相対的に優先的に実施される環境では，部門 A の従業員は努力するインセンティブを持たないという状況である。

以上の設定で，CEO がバイアスを含むビジョンを持つことが当該企業にとって有益となる場合がある。とくに，部門 B のメンバーはたとえ優先順位が低くても努力インセンティブを持つならば，CEO がバイアスを含むビジョンを持つことで，そうでない場合には努力インセンティブのなかった部門 A の従業員に努力インセンティブがもたらされることがあるということである。

では，バイアスがある場合に，相対的に優先順位の低い部門 B がそれでも

努力するインセンティブを持つ状況というのはどのような状況であろうか。それは，部門 A の成功確率 p_a が相対的に小さく，さらに，成功の価値が大きい状況がなかなか実現しにくい（つまり，成功しても価値が小さい状況の可能性が高い）場合である。このような状況は部門 B からみれば，自分たちの優先順位は低いとはいえ，優遇されているはずの部門 A の成功がなかなか見込めないので，かなり高い確率で自分たちのプロジェクトが実施されると推測されるからである。他方，部門 A にとっても，CEO がバイアスを持っていることで，ともかく優先的に自分たちのプロジェクトを実施してもらえるので，その分，努力インセンティブが保証される。このように，バイアスをうまく持つことで，複数の部門の努力インセンティブを確保することができる。

さらに，第 11 章で考察したように，リーダー自らが定めた経営者の信念にコミットすることで，その組織にはその信念に共感する人が集まり，その信念がより強固になる。また，そのようなプロセスでビジョンが高度に共有されると，リーダー＝フォロワー間，フォロワー同士における行動の調整費用が低下するので，組織全体の利潤が増加する可能性もある。こうしたビジョンの共有と強化が，第 11 章で考察した組織文化を形成することになる。

本項におけるモデルに対応するエピソードとして，ホンダの HONDA 1300 の開発における，エンジンの冷却方式の選択の事例を，ホンダのホームページにある「Honda のチャレンジングスピリット」に基づいて紹介したい[3]。エンジンの冷却方式としては，エンジンを空気冷却する空冷式と水によって冷却する水冷式エンジンがある。ホンダの創業者である本田宗一郎は，HONDA 1300 に搭載するエンジンとして空冷式を選択することが当然と考えていた。「研究員たちは，本当に大衆車と空冷エンジンが結び付くのだろうか，という疑問を抱いていた」が，「研究員たちの昼夜を問わずの試行錯誤の中から，“DDAC（一体構造 2 重壁空冷方式）”が誕生した。そして，1968 年 7 月には 1 号車が完成し，動力性能，測温などの基本的なテストが行われた。」その後，1968 年 10 月の記者発表では記者から賞賛を受けることになる。

本田宗一郎の「空冷式で行くんだ」というビジョンのもと，従業員たちが懸命に努力し，記者発表でも賞賛を受けるような空冷式エンジンを持つ自動車を完成させる，という部分は，リーダーのビジョンが従業員のインセンティブを

3）　http://www.honda.co.jp/50years-history/challenge/1968honda1300/index.
html（2019 年 6 月 30 日閲覧）

390　第 III 部　組織の違いは何から生じるのか？

引き出している事例として考えられる。

4.3　行動調整役としてのリーダーシップ

　これまでは，ハーマリン・モデルをはじめ，リーダーシップが発揮されることで，各メンバーのモチベーションが向上し，チームあるいは組織全体の生産性が上がりうることを概観してきた。ただ，リーダーの果たす役割としては，メンバーのモチベーションの向上以外にもいくつか役割がある。中でも，第3章で議論したような部門間での行動の調整においてリーダーが積極的に介入し行動を調整することで，組織的な効率性の達成がもたらされる可能性がある。本項では，この点について第3章での議論を振り返りながら検討していく。

　まず，第3章第4.3項で議論したボトルネック・ゲームを思い出してみよう。ボトルネック・ゲームは，各メンバーが同時に1から7の整数をひとつ選択するというゲームで，ナッシュ均衡としては，「全員が7を選ぶ」「全員が6を選ぶ」「全員が5を選ぶ」「全員が4を選ぶ」「全員が3を選ぶ」「全員が2を選ぶ」「全員が1を選ぶ」という7組のナッシュ均衡が存在するというものであった。ただ，これではどの均衡が起こりうるかはわからないので，調整の失敗が起こる可能性がある。

　そこで，事前にリーダーによるコミュニケーションを導入することで，この調整の失敗を解決できないか検討する。このゲームに追加的な要素として，ゲーム開始前にランダムに誰か1人を選び，その人にどの戦略を選択するかを宣言してもらう，というステージを追加する。このとき，ランダムに選ばれたメンバーは，「7を選択する」と宣言し，その後全員で7を選択し，万が一，他の宣言を聞いた場合は，1を全員が選択するという戦略の組は均衡となりうるので，コミュニケーションの導入で効率的な状況が達成される。

　読者はこれによって調整の失敗が解決されたように思うかもしれないが，実はこのゲームにおいても次のような悩ましい均衡が存在する。それは，ランダムに選ばれたメンバーは，「7を選択する」と宣言するものの，それを無視して1を全員が選択するという戦略の組であり，これもまた均衡となってしまう。この分析が意味することは，単に事前のコミュニケーションを行えば，行動がうまく調整され，効率性が達成されるとは必ずしもいえないということである。

　さらに，このコミュニケーションを追加したボトルネック・ゲームの実験が

ある。この実験では，チームのメンバー数が少ない状況と多い状況のそれぞれ
で，効率的な行動の調整が行われるかということと，そしてそれがなされたり
なされなかったりした場合，誰にその原因があると認識しているかを研究して
いる。第3章のColumn 3-2でもコミュニケーションがない場合の実験結果
が紹介されているが，メンバーの数が増えると行動の調整が難しくなり，一番
非効率的な均衡に落ち着いてしまう。つまり，メンバー数が少ない場合は，行
動の調整がうまく行われ，効率性が改善するが，メンバー数が多い場合は，行
動の調整がうまく行われず，非効率的な均衡が実現してしまう。そしてここで
の実験では，本項で紹介したようなコミュニケーションを導入しても，このメ
ンバー数の多寡による効率性の達成の可否は変わらず起こりうることを示して
いる。

　また，彼らの結果で興味深いのは，効率性の達成の可否の原因を，被験者た
ちはリーダーの資質に求めてしまうという点である。つまり，よい結果が実現
されれば，それはリーダーがよかったからだと認識し，悪い結果が起こればそ
れはリーダーがダメだったからこんな結果になったと考えてしまうということ
である。これは，上記の理論結果と過去の実験結果をみれば，大きな原因はチー
ムのメンバー数にあるわけであり，それが成否を分けているのであるが，メ
ンバーはそのようには認識しておらず，過度にリーダーに成否の原因を求めて
しまうというバイアスが存在していることを示している。

● ま と め

□ リーダーシップとは何か，という定義それ自体をどのように据えるかについて多く
の研究が蓄積されている。本章ではこれまで蓄積された経営学や社会心理学の定義
に沿って解説している。

□ チームにおけるリーダーの率先垂範行動は，チームの直面する生産性についての情
報を知っているリーダーが，そうでないフォロワーに自らの行動を通じて情報伝達
するという形で起こりうる。これは，第9章第4.2項で説明したシグナリングの理
論を用いて，リーダーによるシグナリングとして説明することができる。

□ チームが長期的関係にコミットしている場合には，リーダーによる真実表明が担保
され，コミュニケーションによって情報伝達が起こる。これは，第7章第3節の繰
り返しゲームの理論を用いて，嘘の表明が判明するとそれ以降はチームメンバーに
メッセージを信じてもらえなくなり，そうでなければ得られたであろう長期的な利

得が失われるためである。

□ リーダーは，メンバー間での何らかの非対称的な要素，たとえば情報獲得費用やチームが直面しているプロジェクトの成果についての期待の違いなどを手がかりとして発生する。

□ リーダーは単に自らの利得だけでなく，他のメンバーの利得を考慮することでチームのパフォーマンスが改善することがある。

□ リーダーによるビジョンの提示は，メンバーのモチベーションを向上させる。それは，不利な状況に直面している部門でも，向上する可能性があるほど強い働きを持っている。

□ ただし，単なる構造的な要因によってチームが不利な状況にいる状況でも，メンバーはそれをリーダーの資質に起因させて考えてしまう傾向にあるので，このような状況でリーダーは他のメンバーに対して十分に構造的な要因を説明する必要がある。

● 文献ノート

経済学におけるリーダーシップ研究は，

1. Hermalin, B. E. (1998) "Toward an Economic Theory of Leadership: Leading by Example," *American Economic Review*, vol. 88, no. 5, pp. 1188-1206.

によって切り開かれた。経済学に基づくリーダーシップ研究の紹介はまだまだ非常に限られている状況で，主に専門家に向けたものが主体である。その中では，

2. 石田潤一郎 (2014)「リーダーシップ」中林真幸・石黒真吾編『企業の経済学』有斐閣

3. 末廣英生 (2009)「リーダーシップのシグナリング理論——1つの展望」『国民経済雑誌』200 (4), 25-44 ページ

などが，意欲的な読者の参考になるであろう。末廣 (2009) は本章で解説してきた Hermalin (1998) を中心に，第3節の内容なども織り込みながら，専門家向けに解説している。他方，石田 (2014) は，本章では扱うことのできなかった，リーダーの決断力が，チームの生産性にどのような影響を与えるかを理論的に考察している。やはりこちらも上級的な内容ではあるが，意欲的な読者であれば本書で得た知識をもとに読み通すことも可能であろう。

最後に，本章の説明が依拠している研究や新聞記事を紹介する。まず，本章は，第11章の文献ノートでも紹介された以下のサーベイ論文を参考にしている。

4. Hermalin, B. (2012) "Leadership and Corporate Culture," in R. Gibbons and J. Roberts eds., *The Handbook of Organizational Economics*, Princeton University Press.

次に，本章の最初に紹介したリーダーシップの定義は，これまでの経営学におけるリ

ーダーシップ研究のハンドブックである．

    5. Stogdill, R. M.（1974）*Handbook of Leadership: A Survey of Theory and Research*, Free Press.

における定義に基づいている。さらに，本文中に述べた，近年展開されている内部組織の実証研究は，

    6. Ichniowski, C. and K. Shaw（2012）"Insider Econometrics," in R. Gibbons and J. Roberts eds., *The Handbook of Organizational Economics*, Princeton University Press.

によるサーベイがある。

  率先垂範によるリーダーの信頼形成についての理論モデルは，先に述べたとおり Hermalin（1998）であるが，ビジネスにおける事例として述べたサントリーホールディングスの新浪氏の事例は，2018 年 3 月 29 日付『日本経済新聞』夕刊「ビームに響いた『やってみなはれ』サントリーホールディングス　新浪剛史社長（上）」に依拠するものである。第 2.2 項における長期的関係を利用したリーダーとフォロワーの間の信頼形成の理論は，

    7. Hermalin, B. E.（2007）"Leading for the Long Term," *Journal of Economic Behavior and Organization*, vol. 62, no. 1, pp. 1-19.

に基づいている。

  また，第 3 節におけるグーグルの事例は，

    8. Bock, L.（2015）*Work Rules!: Insights from Inside Google That Will Transform How You Live and Lead*, Twelve.（鬼澤忍・矢羽野薫訳『ワーク・ルールズ！――君の生き方とリーダーシップを変える』東洋経済新報社，2015 年）

に詳しい。

  第 3 節のリーダーの生まれ方に関する研究は順番に，

    9. Potters, J., M. Sefton, and L. Vesterlund（2005）"After You—Endogenous Sequencing in Voluntary Contribution Games," *Journal of Public Economics*, vol. 89, no. 8, pp. 1399-1419.

  10. Andreoni, J.（2006）"Leadership Giving in Charitable Fund-Raising," *Journal of Public Economic Theory*, vol. 8, no. 1, pp. 1-22.

  11. Komai, M. and M. Stegeman（2010）"Leadership Based on Asymmetric Information," *RAND Journal of Economics*, vol. 41, no. 1, pp. 35-63.

  12. Kobayashi, H. and H. Suehiro（2005）"Emergence of Leadership in Teams," *Japanese Economic Review*, vol. 56, no. 3, pp. 295-316.

に対応している。

  第 4.1 項と第 4.2 項のリーダーのスタイルやビジョンの重要性についてはそれぞれ，

  13. Rotemberg, J. J. and G. Saloner（1993）"Leadership Style and Incentives," *Man-*

394   第 III 部　組織の違いは何から生じるのか？

agement Science, vol. 39, no. 11,　pp. 1299-1318.

14. Rotemberg, J. J. and G. Saloner（2000）"Visionaries, Managers, and Strategic Direction," *RAND Journal of Economics*, vol. 31, no. 4,　pp. 693-716.

に基づいている。さらに，第 4.2 項の最後に述べたリーダーの信念とフォロワーの行動調整については，

15. Van den Steen, E.（2005）"Organizational Beliefs and Managerial Vision," *Journal of Law, Economics, and Organization*, vol. 21, no. 1,　pp. 256-283.

16. Bolton, P., M. K. Brunnermeier, and L. Veldkamp（2012）"Leadership, Coordination, and Corporate Culture," *Review of Economic Studies*, vol. 80, no. 2,　pp. 512-537.

がある。

最後に，第 4.3 項のチームの直面する構造的要因をリーダーの資質に帰属させて考えてしまいがちであるというチームメンバーの特性は，Weber, R., C. Camerer, Y. Rottenstreich, and M. Knez（2001）"The Illusion of Leadership: Misattribution of Cause in Coordination Games," *Organization Science*, vol. 12, no. 5,　pp. 582-598 によって明らかにされている。

あとがき

　組織の違いは何から生じるのだろうか？　本書第Ⅲ部では，これまでの研究成果に基づき，組織の意思決定プロセスと権限委譲の設計，企業文化，リーダーシップという3種類の要素を紹介した。しかし，そもそも企業間で違いがあるのだろうか。また，違いは組織の業績に影響を及ぼすのだろうか。

　これらの問いに関連した大規模な実証研究成果が，2000年代以降に蓄積されつつある（文献はウェブサイトの付録を参照のこと）。代表的なプロジェクトである World Management Survey（WMS）は，運用工程，目標設定，業績測定，人材活用，インセンティブなど，主に公式の「経営慣行」を測定する指標を開発するとともに，30カ国，1万社を超えるデータを収集・分析している。分析結果によると，経営慣行指標の違いは，国家間，産業間以上に企業間で観察される。そして，同質的にみえる企業間の生産性の相違が，経営慣行指標の違いによってある程度説明される。この経営慣行指標は，意思決定プロセスや権限委譲の程度を測定するものではないが，権限委譲の程度と経営慣行指標の間にも，有意な正の相関があることがわかっている。

　一方，企業の業績は結局「ヒト」に左右されるという考え方もある。経営者が誰であるか，同族企業において外部から経営者を雇うかどうか，経営者がどのような特性を持つかなどが，企業の業績に影響を及ぼすことを示す研究成果も蓄積されている。経営者のリーダーシップの大切さを示唆しているともいえる。企業文化の測定と実証はいっそう難しいが，企業のウェブサイトに掲げられているコアバリューの情報を収集した研究では，従業員によく認識されている特定のコアバリューと企業業績の間に正の相関があることが見出されている（この研究は第11章第1節で紹介されている）。

　しかし，経営慣行，リーダーシップ，企業文化に大きな違いがあり，違いが組織の業績に影響を及ぼすとすると，企業は自らの直面する経営環境や特性に対して最適な組織を選択していないのではないか，という新たな疑問がわく。言い換えれば，最適な選択を阻害するさまざまな要因があるはずである。これは，組織の経済学の分野で現在進行中の研究テーマのひとつであるが，その成果を取り込んだ第Ⅳ部が加わった，本書の改訂版が執筆される日が来るかどうかはわからない。

ただ，そのような新たな疑問に答えるためには，関係的契約，情報伝達など組織のインフォーマルな側面への理解をいっそう深めることが欠かせない。実は本書第III部の各章は，組織のインフォーマルな側面の機能を重視している点で共通している。そして，理解を深めるためには厳密な理論を基礎においた思考が欠かせない。このあとがきでふれた実証研究も，組織の経済学分野の理論とのキャッチボールの成果である。

　本書は，組織の，とくにインフォーマルな側面を理解するために必要な理論分析ツールを入門レベルで提供している。本書を出発点とし，多くの読者が研究面・実務面で組織の経済学の考え方を駆使して活躍されることを期待して，本書の結びとしたい。

索　引

事　項

● あ 行

アウトソーシング（アウトソース）　6, 12
アドバース・セレクション（逆選択，逆淘汰）　154
暗黙の契約　→ 関係的契約
イエスマン　292
一意性　92
一括均衡　289, 374
一致信念　357, 360
インセンティブ　14
インセンティブ効果　160, 178, 180
インセンティブ両立条件　135
インフルエンス活動　15, 200
インフルエンス・コスト　16
エージェンシー関係　→ プリンシパル＝エージェント関係
エージェント　137
枝　125

● か 行

外発的動機づけ　162
外部効果　181
隠された行動　147, 259
確信ゲーム　79
価値最大化原理　49, 372
カニバリゼーション（共食い）　310
カルテル　230
関係的契約（暗黙の契約）　237, 244, 262, 340
関係特殊的投資　110
監視ゲーム　69
完全観測　206
完全情報ゲーム　102, 127
完全ベイジアン均衡　233, 277, 318, 372
機会の損失　324

機会費用　6, 24
危機対応　343
企　業　5
企業合併　365
企業統治　139
企業内言語　362, 365
企業内取引　3
企業文化　91, 334, 336, 354
企業理念　343, 354
期待利得　71, 96, 148, 215
基本的活動　2
逆選択（逆淘汰）　→ アドバース・セレクション
客観的評価　267
共　感　385
強支配　56, 58
　──関係　56
　──戦略　37
業績操作　197
業績連動分配スケジュール　30, 212, 224
業績連動報酬　147, 160, 199, 200, 312
協調均衡　222
協調的関係　230
共　謀　230
局所情報　307, 310
均　衡　38, 55, 126
金銭に関して加法的　47
均等報酬原理　197
繰り返しゲーム　205
群衆行動　296, 299
経営理念　334
経済実験　29
契　約　123, 134, 237
　──の束（要）　6
契約設計　135
契約理論　14
系　列　239

経路上／経路外にある　220
ゲーム　32
　　——の構造　34
ゲーム・ツリー　34, 103, 125
ゲーム・マトリックス（利得表）　34
ゲーム理論　31, 54
権　限　306
権限委譲　304, 312
　公式——　328
権限関係　6, 15, 306, 309
交　渉　112
効率性　41
効率賃金　250
互恵性　162
個人合理性条件　→ 参加条件
固定給報酬　241, 245, 259
　最適——　249
コーディネーション・ゲーム　61, 63,
　75, 83, 212, 337, 340, 342
コーディネーション問題　62, 87, 322,
　324, 337
コード　363
　最適——　363
コミットメント　134
コミュニケーション　→ 情報伝達
混合戦略　33, 54, 70, 96
コントロールの喪失　310, 312

● さ 行

財産権理論　14
最低保証利得　231
最適反応　65, 82, 95, 97
参加条件（個人合理性条件）　143
参入ゲーム　128
残余コントロール権　306
残余請求権　52
残余利益請求者　187
鹿狩りゲーム　83
事業部制組織　331
シグナリング　272
　　——・ゲーム　287
シグナル　233, 271, 296, 315

公的——　233
私的——　234
自己遵守可能　245
資産効果　47
市　場　5
自然の手番　116
私的情報　119, 274
支配可解　40, 59
支配関係にある／ない　39
支配戦略　38, 59, 65
支配戦略均衡　38, 59, 69
　　——利得の組　39
自明均衡　378
社会的選好　114
弱支配　56
ジャストインタイム・システム　203
社内カンパニー制　325
集権化　89, 307, 309, 321, 323, 327
終身雇用　179, 252
囚人のジレンマ　26, 68, 79, 231
　　——・ゲーム　35, 36, 205, 210
終　点　125
主観的評価　267
出世競争　178
純粋戦略　33, 54, 70
情　報　267, 270, 307
　　——の非対称性　154, 289
　ソフトな——　271, 308
　ハードな——　270
情報集合　120, 126, 208, 275
情報通信技術　309
情報デザイン　300
情報伝達（コミュニケーション）　85, 88,
　91, 205, 281, 283, 286, 324, 390
　　——均衡　284
　　——費用　309
情報分割　126
ジョブ・ローテーション　216
ジレンマ　23
信　念　233, 355, 389
　経営者の——　357
信憑性　107, 326, 382

索　引　**399**

信　頼　99, 226
垂直的統合　3, 11, 12
成果主義　195, 200
誠実義務　307
制度設計　300
セカンドベスト　51, 157
世代重複モデル　344
専門用語　362
戦　略　32, 54, 104, 107, 127, 208,
　214
　　——のオートマトン表現　219
　公的——　263
戦略形ゲーム　33, 55, 57, 64
　　——表現　32
　縮約——　59
戦略的情報伝達　270, 314, 317
戦略的相互依存関係　32
相互独立契約　173, 180
総純価値　141
相対業績契約　174, 178, 180
組　織
　　——の経済学　4
　　——の設計　46
　　——の同質性　355, 360
　　——のパフォーマンス　45
　　——の非効率性　16
組織の状態　60, 40
　実現可能な——　45
組織風土　334
組織文化　46, 334

●　た　行

タイプ　119
タイレノール事件　343
段階ゲーム　205, 242
談　合　230
男女の争い　87, 88, 338
チキン・ゲーム　87
逐次合理性　277
チープ・トーク　273, 284, 317, 378
チーム業績契約　174
チーム生産（パートナーシップ生産）

　24, 52, 63, 184, 207
長期的関係　123, 203, 226, 230, 376
続き戦略　211
強く支配された戦略の逐次消去　59
強く支配する／される　37, 56, 58
展開形ゲーム　103, 117, 121
　　——表現（展開形表現）　32, 103
動学ゲーム　205
等分配スケジュール　24, 207, 221, 224
トーナメント競争　178
共食い　→ カニバリゼーション
トラスト・ゲーム　101, 105, 113, 132,
　226, 344
トリガー戦略　219
取引費用　9

●　な　行

内発的動機づけ　161
ナッシュ均衡　37, 66, 67, 82, 95-97
　　——の精緻化　129
ナッシュ交渉解　8
日本的経営　290
根回し　285
年功序列　338
ノード　103, 125

●　は　行

バイアス　388
破産制約条件　155
バックワード・インダクション　106,
　113
パートナーシップ生産　→ チーム生産
パレート効率性　42, 60
パレート効率的　42, 141, 260
　　——な戦略の組　60
パレート支配　42, 60
ピア・プレッシャー　27, 180
非可逆的　110
非自明均衡　378
ビジョン　386
費　用　24
　　——代替的　192

——補完的　192
評　価　267
評　判　349, 353
ファーストベスト　46
不一致信念　357
フォーカル・ポイント　91, 335, 337
フォーク定理　232
不完全観測　206, 233
不完全公的観測　233
不完全私的観測　233, 234
不完備　9
複数エージェント　52, 166
複数均衡　322
不効用　24
不測の事態　335, 339, 351, 362
不平等回避　29, 79
部分ゲーム　106, 127, 141, 207, 218
部分ゲーム完全均衡　106, 127, 208
　自明な——　212, 221
　無限回繰り返しゲームの——　218
　有限回繰り返しゲームの——　211
プリンシパル　137
プリンシパル＝エージェント関係（エージェンシー関係）　136, 139
　3 階層——　200
プリンシパル＝2 人エージェント関係　167
プレーヤー　32
　——の分割　126
　合理的な——　37
分　業　62
分権化　90, 307, 321, 323, 328
分配スケジュール　24
分離均衡　288, 372
平均割引利得　231
ベイジアン・ゲーム　274
ベイジアン戦略　275
ベイズの定理　272
ヘルプの問題　204
報　酬　241
ボトルネック・ゲーム　81, 85, 86, 390
ボーナス報酬　241, 253, 259

最適——　258
ホールドアップ問題　14, 110

● ま 行

マルチタスク従業員　163, 189
マルチタスク組織　163, 189
マルチタスク問題　15, 188, 200
無限回繰り返しゲーム　205, 213, 243, 262, 378
無駄口均衡　280, 317
メインバンク　187
メカニズム・デザイン　300
メッセージ　276
モチベーション効果　308, 312
モチベーション問題　62, 314
モニタリング・エラー　234
モラル・ハザード　153, 154

● や 行

有限回繰り返しゲーム　205, 207
予算バランス条件　50, 186
予　想　67
　——の更新　272
　——の整合性　277
弱く支配する／される　56

● ら 行

リーダー　380
リーダーシップ　90, 368, 381, 384, 386, 390
　率先垂範による——　369
立証可能　146, 237
立証不可能　239, 259
利　得　25, 214
　最終——　28
　第一次の——　28
利得関数　55
利得表　→ ゲーム・マトリックス
留保利得　141, 158, 249
歴　史　346
レント　157

索　引　401

● わ 行

割引因子　214, 216, 232, 249

割引現在価値　214, 216
割引率　216

企 業 名

アップル　2, 253, 304
ウーバー（Uber）　144
オムロン　331
オリエンタルランド　341
グーグル　3, 290, 304, 380
サントリーホールディングス　370
ジョンソン・エンド・ジョンソン　343
住友電気工業　285
セーフライト　160
ソニー　3, 304

DeNA　292
東　芝　291, 325
トヨタ自動車　203, 237, 239, 249
ビームサントリー　370
フォード　252
富士通　3
ホンダ　354, 389
鴻海精密工業　2
リンカーン・エレクトリック　266

人 名

アベグレン（James C. Abegglen）
　290
アルキアン（Armen A. Alchian）　52
アロー（Kenneth J. Arrow）　99
ウィリアムソン（Oliver E. Williamson）
　9
ウェーバー（Roberto A. Weber）　365
ガンズ（Joshua Gans）　283
キャメラー（Colin F. Camerer）　365
クレプス（David M. Kreps）　113, 336
グロスマン（Sanford J. Grossman）
　14
グロスマン（Philip J. Grossman）
　375
コース（Ronald H. Coase）　5, 306
サイモン（Herbert A. Simon）　2, 5,
　306
サミュエルソン（Larry Samuelson）
　232
サリバン（Tim Sullivan）　365
シュミット（Klaus Schmidt）　29
ジョンソン（Noel D. Johnson）　113
タッカー（Albert W. Tucker）　36
ティロール（Jean Tirole）　138

デムゼッツ（Harold Demsetz）　52
ドレシャー（Melvin Dresher）　36
バーグ（Joyce Berg）　113
ハーシュマン（Albert O. Hirschman）
　283
ハート（Oliver Hart）　14
ハーマリン（Benjamin E. Hermalin）
　369
バンディエラ（Oriana Bandiera）　290
フィスマン（Ray Fisman）　365
フェール（Ernst Fehr）　29
フラッド（Merrill M. Flood）　36
ポッタース（Jan Potters）　375
ホルムストローム（Bengt Holmström）
　14, 52
マトウシェク（Niko Matouschek）
　266
ミスリン（Alxandra A. Mislin）　113
ミルグロム（Paul Milgrom）　14
ムーア（John H. Moore）　14
メイラス（George J. Mailath）　232
リー（Jin Li）　266
ルソー（Jean-Jacques Rousseau）　83

組織の経済学
Organizational Economics

2019 年 12 月 25 日　初版第 1 刷発行
2024 年 11 月 20 日　初版第 4 刷発行

著　者　　伊藤　秀史
　　　　　小林　創
　　　　　宮原　泰之

発行者　　江草　貞治

発行所　　株式会社　有　斐　閣
　　　　　郵便番号 101-0051
　　　　　東京都千代田区神田神保町 2-17
　　　　　https://www.yuhikaku.co.jp/

印刷・大日本法令印刷株式会社／製本・牧製本印刷株式会社
©2019, Hideshi Itoh, Hajime Kobayashi, Yasuyuki Miyahara.
Printed in Japan
落丁・乱丁本はお取替えいたします。
★定価はカバーに表示してあります。
ISBN978-4-641-16550-2

JCOPY　本書の無断複写（コピー）は、著作権法上での例外を除き、禁じられています。複写される場合は、そのつど事前に（一社）出版者著作権管理機構（電話03-5244-5088、FAX03-5244-5089、e-mail:info@jcopy.or.jp）の許諾を得てください。